그랜드슬램과 위대한 선수들, 그리고 미래의 별들

테니스 백과사전

존 파슨스 지음, 김기범 옮김

소우주

지은이 존 파슨스

작가이자 방송인인 존 파슨스는 50여 년간 저널리스트로 활동했다. 14세에 〈옥스퍼드 메일〉에서 처음 기자 생활을 시작한 그는 2004년 사망할 때까지 30년 이상 테니스에 관한 기사를 작성했다. 〈데일리 텔레그라프〉의 테니스 전문 기자로 활동하며 20여 년 동안 〈윔블던 연감〉을 썼고, 론 북맨 언론인 상을 받기도 했다.

옮긴이 김기범

대학 동아리 테니스부 주장 출신의 테니스 취재 기자. 연세대에서 영문학과 사회학을 전공했고 〈스포츠 투데이〉 〈스포츠 한국〉 등 스포츠 전문지를 거쳐 현재는 KBS 한국방송 스포츠 기자로 현장을 누비고 있다. 최근 네이버 블로그에서 필명 '키키홀릭'으로 활동하며 테니스 저변 확대에 힘쓰는 동시에 한국 테니스가 세계 정상에 서는 그날을 꿈꾸고 있다. 옮긴 책으로 『테니스 백과사전』, 『앱솔루트 테니스』, 『테니스 이너게임』이 있다.

블로그: http://blog.naver.com/kikibum86

4대 그랜드슬램은 호주오픈과 US오픈의 파란색 하드 코트와 롤랑가로스의 붉은 클레이 코트, 그리고 윔블던의 푸른 녹색 잔디 코트에서 열린다.

THE ULTIMATE ENCYCLOPEDIA OF TENNIS

Copyright © Carlton Books Ltd, 2018
First published in 1998 by Carlton Books Limited as The Ultimate Encyclopedia of Tennis
This revised edition first published in hardback in 2018 by Carlton Books Limited
All rights reserved

Korean translation copyright © 2022 by SoWooJoo
Korean translation rights arranged with CARLTON BOOKS LIMITED through EYA(Eric Yang Agency).

이 책의 한국어판 저작권은 EYA(Eric Yang Agency)를 통한 CARLTON BOOKS LIMITED 사와의 독점 계약으로 소우주가 소유합니다.
저작권법에 의해 한국 내에서 보호를 받는 저작물이므로 무단 전재 및 복제를 금합니다.

테니스 백과사전: 그랜드슬램과 위대한 선수들, 그리고 미래의 별들

초판 1쇄 발행 2022년 9월 26일

지은이	존 파슨스
옮긴이	김기범
디자인	류은영
펴낸이	김성현
펴낸곳	소우주
등록	2016년 12월 27일 제 563-2016-000092호
주소	경기도 용인시 기흥구 보정로 30
전화	010-2508-1532
이메일	sowoojoopub@naver.com
ISBN	979-11-89895-07-5

값 30,000원

목 차

- 4 팀 헨만의 서문
- 6 들어가며
- 8 테니스의 기원
- 14 위대한 토너먼트 대회
- 42 코트의 전설들
- 72 위대한 선수들
- 126 현재와 미래의 스타들
- 144 위대한 경기장
- 154 최고의 명승부
- 168 테니스 비즈니스
- 172 테니스 규정
- 176 테니스 장비
- 182 테니스와 정치
- 188 스캔들과 논란
- 194 테니스 사건 사고
- 200 테니스 연대기
- 202 인명 색인

팀 헨만의 서문

테니스 전문 서적의 출간은 늘 환영이지만, 특히 〈데일리 텔레그라프〉의 테니스 전문 기자였던 존 파슨스가 만든 책이라면 더욱 반갑다. 파슨스는 테니스란 스포츠에 평생을 바친 기자로, 테니스인들은 누구나 잘 알고 있는 존재였다. 2004년 4월 플로리다 마이애미에서 그가 갑작스레 세상을 떠난 건 참으로 슬픈 일이었다.

파슨스의 꿈은 윔블던에서 영국 선수가 우승을 차지해 프레디 페리와의 시간 간격이 점점 벌어지는 데 마침표를 찍는 것이었다. 그 위업을 해낼 수 있는 선수 가운데 하나로 파슨스가 나를 지목했다는 것도 잘 알고 있다. 믿어줬으면 좋겠다. 정말 노력했다고!

나는 영국 테니스가 더 강력해진 데 힘을 보탰다고 생각한다. 또한 앤디 머리가 향후 5년간 그랜드슬램 타이틀에 도전할 수 있는 아주 뛰어난 선수가 될 수 있다는 사실도 굳게 믿고 있다.

독자 여러분이 이 책을 읽으면서 알 수 있겠지만 테니스의 기본적인 토대를 마련한 이는 다름 아닌 테니스 선수들이다. 아마도 많은 사람들이 오늘날의 테니스에 깃들어 있는 100년이 넘는 기간 동안 형성된 역사, 전통을 실감하지 못할 수도 있다. 위대한 테니스 대회의 성장 과정과 테니스 규정의 진화, 테니스의 상업화 등 풍부한 내용이 이 훌륭한 책에 담겨 있다.

특히 〈위대한 선수들〉과 〈최고의 명승부〉 등 역사를 다룬 부분은 매력적이다. 로저 페더러와 라파엘 나달의 2008년 윔블던 챔피언십 결승전은 특히 더 두드러진다.

평생을 테니스와 함께해 온 파슨스를 그랜드슬램과 다른 토너먼트 대회에서 더 이상 볼 수 없어 아쉬움이 크다. 그러나 그의 기사와 책은 끊임없이 회자될 것이며, 특히 그가 남긴 이 책은 테니스계가 정말 감사해야 할 귀중한 유산이다.

〈테니스 백과사전〉은 지식과 정보가 풍부한 동료 테니스 작가인 헨리 완케에 의해서 업데이트됐다. 당신도 나만큼 이 책을 즐길 수 있길 바란다.

들어가며

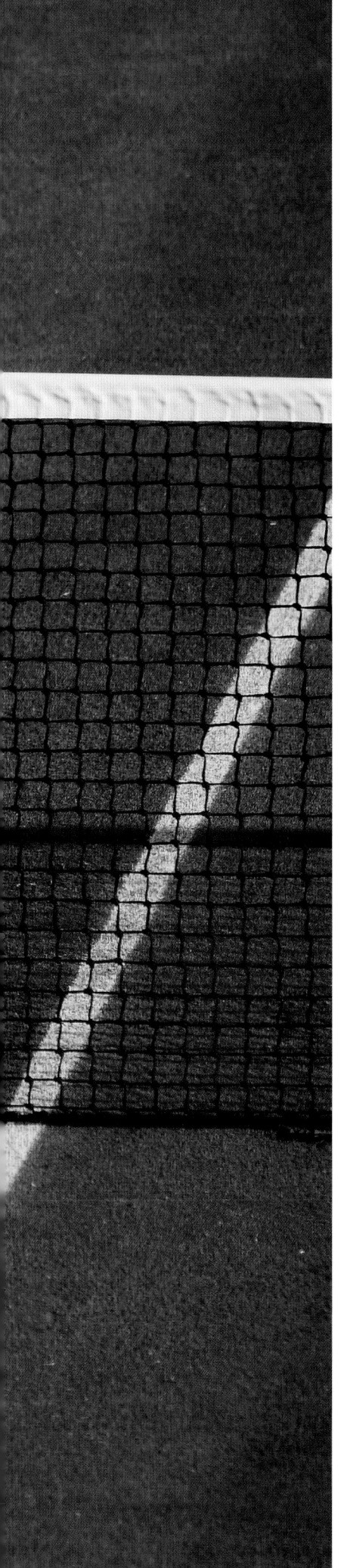

연극 대사 스타일의 오래된 표현이 있다. "테니스 칠 사람?(Anyone for Tennis?)" 그러나 지금 지역과 세대를 뛰어넘어 광범위한 사람들이 즐기는 이 시대에는 이렇게 바뀌어야 할 것 같다. "누구나 즐길 수 있는 테니스(Everyone for Tennis)"

윔블던과 영국 테니스협회가 주도해 오픈 테니스 시대(Open Era)를 연 이후 54년간 테니스의 성장은 그야말로 스펙터클했다.

최근 미국 테니스의 침체도 보다 큰 관점에서 바라볼 필요가 있다. 1970년대 중반 미국 테니스는 실로 엄청난 위력을 떨쳤기 때문에 그에 비해 다소 하락세를 겪고 있을 뿐이다. 미국 테니스의 가장 큰 걱정거리는 한두 명의 선수를 제외한다면 더 이상 많은 이들이 기대하는 것처럼 테니스계를 지배하지 못하고 있는 것이다.

그러나 거꾸로 이는 남녀의 테니스 랭킹 범위가 훨씬 광범위한 국가로 퍼져 나갔다는 뜻이다. 따라서 미국 테니스의 후퇴는 글로벌 테니스의 약진이라고 볼 수 있다.

〈테니스 백과사전〉은 풍부한 사진과 인터뷰를 통해 '어떻게 테니스라는 게임이 영국 중세 시대의 잔디밭에서 우연히 태어나, 모두가 즐기는 스포츠로 진화해 나갔는가'를 보여줄 것이다.

전 프랑스 테니스협회 및 ITF 회장인 필립 샤트리에는 테니스야말로 요람에서 무덤까지 즐길 수 있는 스포츠라고 주장한 바 있다. 5살짜리 꼬마가 쉽게 배우고 85세 어른까지 랭킹을 매길 수 있는 지금의 현실은 그 말이 진실이었음을 증명하고 있다.

이 책의 상당 부분은 자연스럽게 과거와 현재 선수들과 경기장, 대회의 역사에 집중하게 될 것이다. 수잔 랑랑, 프레드 페리, 돈 버지, 로드 레이버, 빌리 진 킹, 크리스 에버트, 마르티나 나브라틸로바, 존 매켄로, 피트 샘프러스, 슈테피 그라프 등 과거 전설들부터 로저 페더러, 라파엘 나달, 노박 조코비치, 세리나·비너스 윌리엄스, 마리아 샤라포바, 도미닉 팀, 다닐 메드베데프, 알렉산더 즈베레프, 이가 시비옹테크, 나오미 오사카, 애슐리 바티, 카를로스 알카라스 등 현재의 선수들까지 총망라했다.

여러분은 역사상 최고의 선수들과 4대 그랜드슬램, 해외의 저명한 테니스 코트 등 200장이 넘는 생생한 사진들을 즐길 수 있다. 이 책은 또한 테니스의 상업화와 쇼비지니스 측면에 관해서도 소개할 것이고, 현대 테니스 라켓의 발달 과정과 플레이 스타일의 변화도 다룬다. 그와 함께 아주 유명한 사건과 때로 심각하고 유쾌한 테니스의 역사도 보여준다. 테니스의 본질처럼, 이 책은 '모든 이들을 위한' 것이다.

테니스의 기원

엘리자베스 1세 여왕이 영국 햄프셔주의 엘브덤에서 하트퍼드 공작과 점심을 먹으며 휴식을 취하고 있을 때였다. 오후 3시가 되자, 10명의 하인들이 잔디 위에 라인을 긋고 현대 테니스 코트 형태의 사각형을 만들었다. 이 모든 것은 "여왕 폐하의 지극한 즐거움"을 위해서였다.

잔디 테니스의 기원은 1858년으로 거슬러 올라간다. 버밍엄의 치안 판사인 헨리 젬 대령과 왕실 근위대 출신인 월터 윙필드 대령은 워릭셔 에지바스턴의 잔디 위에 구획선을 긋고 이것을 테니스 코트라고 불렀다. 1872년 영국 레밍턴에서 최초의 잔디 테니스 클럽이 창설되기 전까지 테니스라는 용어의 기원이라고 볼 수 있는 건, 프랑스의 죄드폼(Jeu de Paume), 영국의 리얼 테니스, 미국의 코트 테니스, 그리고 호주의 로얄 테니스를 들 수 있다.

몇몇 역사학자들은 잔디 테니스의 태동이 그보다 수 세기 전으로 거슬러 올라간다고 주장한다. 서기 500년쯤 비슷한 유형의 야외 스포츠가 이집트와 페르시아에 존재했다는 것이다. 영국 역사에서 테니스가 가장 오래전에 언급된 게 기독교 고서라는 사실은 테니스가 중세 수도원에서 시작됐다는 믿음에 신빙성을 부여한다. 실제로 3개의 기둥이 지붕을 떠받치고 한쪽 구석에 출구가 있는 실내 테니스장 디자인은 수도원에서 비롯되었다.

헨리 8세 치세에 윈저성에서 열린 테니스의 모습.

왕실 스포츠

진실이 무엇이든 테니스는 프랑스 루이 10세 재임(1314~1316) 동안 귀족들의 스포츠로 선풍적인 인기를 끌었다. 유럽의 궁전에서 큰돈이 걸린 시합이 열렸고, 실제로 루이 10세는 격렬한 테니스 경기 직후 항아리에 가득 담긴 차가운 와인을 마시다 사망했다는 설도 제기된다. 루이 11세의 아들인 샤를 8세(1483~1493) 역시 테니스를 즐기다 죽은 왕으로 알려져 있다. 직접적인 원인이라고 보기는 어렵지만, 그는 테니스장 근처의 문틀에 머리를 세게 부딪쳐 회복하지 못했다.

1427년 프랑스 기록을 살피면 마고라는 여성이 리얼 테니스를 쳤다는 언급이 발견된다. 마고는 손으로 공을 치는 게임을 심지어 남자보다 더 잘했다고 하는데, 죄드폼이라는 용어가 여기서 비롯됐다는 설도 있다. 잉글랜드 역사에서는 테니스가 '금지된 스포츠'로 처음 언급됐다. 테니스 말고 양궁 등의 종목이 권장됐다고 한다. 하지만 헨리 5세(1413~1422)가 프랑스 황태자로부터 울로 된 뭉치처럼 생긴 공을 선물 받고 난 뒤에 '개종'을 허용했다고 전해진다. 물론 헨리 5세가 그 선물에 깊이 감사한 건 아니다. 오히려 이를 건방지고 호전적인 뜻으로 받아들여 1415년 아쟁쿠르 전쟁 준비에 박차를 가했다.

근대 잔디 테니스는 아마도 이 전쟁에 많은 빚을 지고 있을 것이다. 당시 영국은 프랑스 왕자인 샤를 도를레앙을 전쟁 포로로 잡았다. 그런데 이 인물은 그의 부친과 조부처럼 테니스 전도사였다. 실제로 루이 12세가 프랑스 국왕이었을 때(1498~1515) 샤를 도를레앙의 고향에는 테니스 코트가 40개 이상 있었을 정도로 인기가 높아 단순한 귀족 스포츠의 범위를 넘어선 상태였다.

샤를 도를레앙 왕자는 영국 곳곳의 감옥에서 25년간 유배 생활을 했는데 프랑스의 반발이 심해지면서 교도관 존 윙필드의 보호를 받게 됐다. 윙필드는 다른 교도관들과 달리 샤를 왕자에게 성안에서 여가 시간을 보장해야 한다고 생각했다. 그때가 1435년이었다. 그로부터 수백 년 뒤인 1873년, 교도관 윙필드의 직계 후손인 월터 윙필드 대령은 남녀 누구나 야외에서 즐길 수 있는 스포츠로서 테니스의 근대화를 완성하게 된다.

영국 헨리 8세(1509~1547)는 뛰어난 테니스 선수로 명성이 높았다. 그의 궁전에는 4개의 테니스 코트가 있었고 자신의 두 번째 왕비인 앤 불린을 위해 세인트 제임스 궁전에 코트 한 개를 만들었다. 이 스토리는 결국 비극으로 치달았는데, 헨리 8세는 자신의 아내인 앤 불린이 교수형을 당할 때조차 테니스를 즐겼다고 한다. 그 가운데 가장 유명한 테니스 코트는 햄프턴 궁전에 첫 번째로 조성된 코트였다. 이는 런던의 퀸스 클럽과 함께 지금까지 잉글랜드에 남아 있는 가장 유명한 두 개의 리얼 테니스 코트다. 이 밖에 엘리자베스 여왕 시대에도 리얼 테니스가 야외 스포츠로 유행했다는 기록이 남아 있다.

유럽의 코트

테니스는 영국과 프랑스에 국한되지 않았다. 16세기 유럽의 대부분에서 인기 있는 스포츠였고 특히 스페인과 이탈리아, 스위스, 브뤼셀 등에서 인기가 높았다. 독일과 오스트리아 제국에도 코트가 널리 퍼져 있었고, 프라하에도 코트가 있었으며, 적어도 1866년까지는 러시아 상트페테르부르크에도 분명 한 개의 코트가 존재했다.

17세기 중반에는 뉴욕에 테니스가 도입됐다. 테니스에 대한 열정은 전 세계 공통이었다. 이탈리아 화가인 카라바조는 이 운동에 푹 빠졌는데, 1606년 로마에서 경기 도중 상대 선수를 죽여 도망자 신세가 됐다.

잔디 테니스

당시 주요 스포츠가 되기 위해서 보다 많은 사람들이 즐길 수 있어야 했던 리얼 테니스는 새로운 라켓 종목

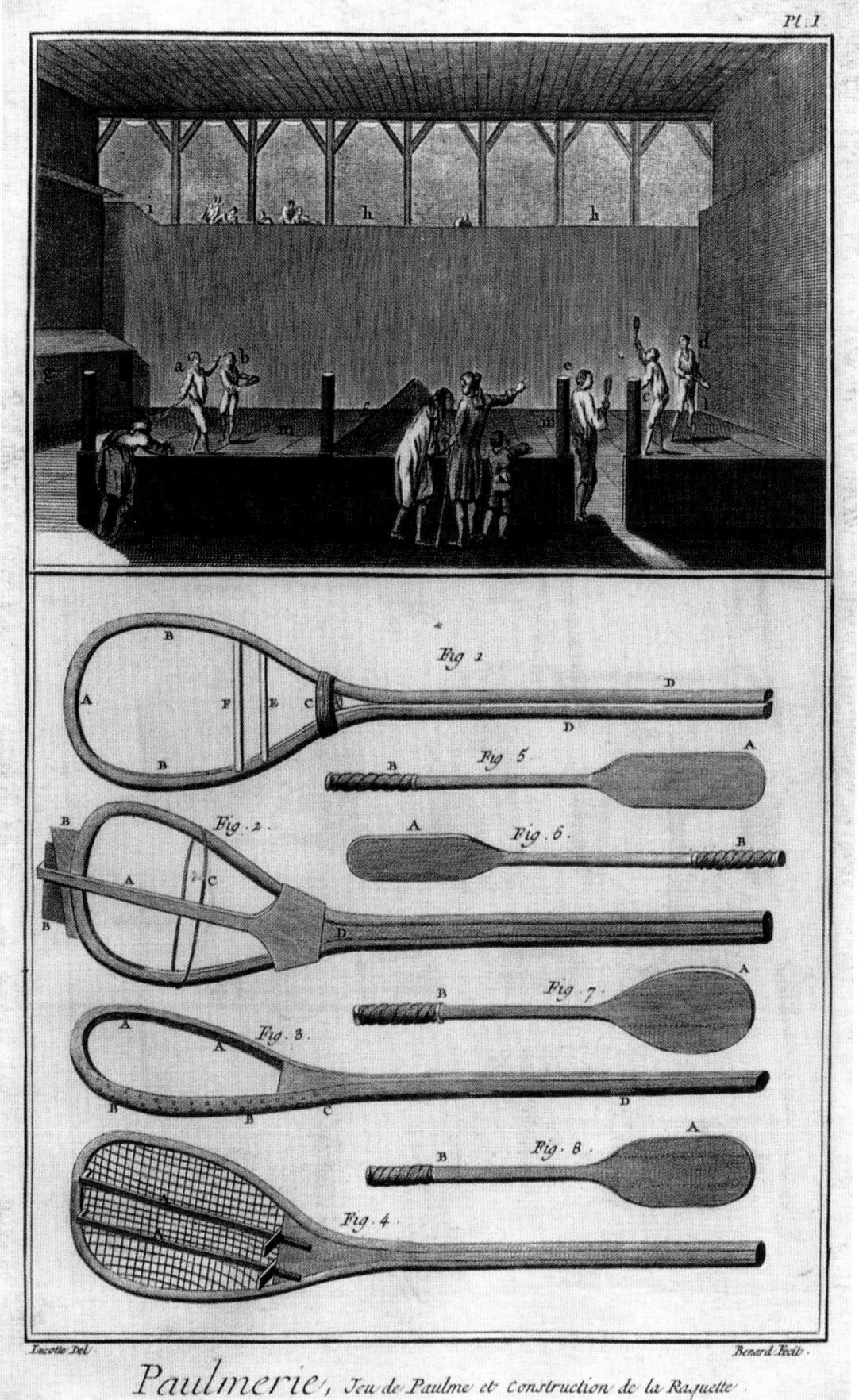

죄드폼과 라켓츠를 즐기는 사람들

테니스의 기원

헨리 8세는 뛰어난 테니스 선수로 명성이 높았다.

네트의 높이는 146cm로, 당시 그려진 삽화를 살펴보면 양쪽 사이드와 센터의 높이가 같았다. 윙필드 대령은 네트를 더 낮게 사용한 것으로 유명했는데 60cm도 안 되는 높이였다고 한다. 윙필드 대령은 1860년대 중반 새로운 네트 사용을 계속 시도했으며, 1874년에는 스스로 스페어리스티크(Spharistike)라고 부른 "고전적인 테니스 경기를 위한 새롭고 개선된 코트"에 대한 특허를 신청하기도 했다. 당시 윙필드는 특허 출원을 두고 협상 중 "스티키(Sticky)"로 줄여 불린 이름이 못마땅해 결국 '잔디 테니스'를 정식 이름으로 결정한 것으로 보인다.

윙필드 대령의 테니스 게임 세트는 5.25파운드의 가격에 공과 4개의 라켓, 네트로 구성되었다. 테니스는 빠르게 인기를 얻어 당시 귀족들의 최고 스포츠인 크로케를 능가했고, 또한 여성도 즐길 수 있는 최초의 스포츠로 자리매김했다.

테니스 도입 초창기에는 여성에게 바운스를 두 번 허용할지가 고민이었다. 당시 여성은 긴 드레스에 무거운 속치마까지 입어야 했기 때문이다. 그런데 당시 기록을 살펴보면 여성들은 정중하면서도 단호하게 이를 거절했다고 한다. 휠체어 테니스에서는 지금도 바운스를 두 번 허용하는데, 최근 뛰어난 기술과 체력, 과감성 등이 요구되면서 급속도로 전파되고 있는 종목이다.

을 출범시켰고, 이는 스쿼시 라켓의 도입으로 이어졌다. 1880년대 해로 스쿨에서 처음 시연된 스쿼시 라켓은 라켓 제조 기술의 발전에 기인하는데, 이러한 기술 발전은 젬과 윙필드 대령이 잔디 테니스를 발전시켜 나가는 데에도 일조했다. 또한 제조업자들이 잔디에서도 잘 뛰는 고무공을 만드는 법을 알아낸 것도 이즈음이었다.

윙필드 대령이 고안한 새로운 방식의 테니스에서는 더 이상 고상하고 비싼 실내 코트가 필요 없었다. 코트는 모래시계 모양이었다. 베이스라인은 길이가 9.1m로 네트(6.4m)보다 폭이 더 넓었고, 코트의 세로 길이는 약 18m로 현재보다 5.4m 짧다.

테니스 규정

잔디 테니스의 인기가 높아지면서 각종 업자들이 자체적으로 게임에 발을 들여놓기 시작했고 이에 따라 교통정리가 요구됐다. 리얼 테니스와 라켓츠를 관장하는 메릴번 크리켓 클럽(MCC)이 잔디 테니스 규정 도입을 제안했고, 1875년 첫 회의가 열려 5월 24일 새로운 규정이 발표됐다.

규정에 따르면 테니스 코트는 9.1m의 넓이에 23m 길이여야 한다. 서비스 라인은 베이스라인이 아닌 네트를 기준으로 7.9m 떨어진 곳에 그려졌다. 서브를 넣을 때는 한쪽 발이 베이스라인 바깥에 있어야 하고 네트와 서브 라인 사이에 공이 떨어져야 한다. 서브는 대각선으로 넣는다. 윙필드 대령의 오리지널 룰에 따르면 모든 서브는 한쪽에서만 넣게 되어 있었다. 모든 규정은 남녀 똑같이 적용된다고 합의됐다.

이 규정은 당시 참석자들이 승인했지만 1878년 수정안이 나왔다. 1877년 첫 윔블던을 치르면서 경험한 시행착오 때문이다. 네트의 높이가 양쪽 포스트의 경우 145cm로 줄었고 중앙은 91cm로 정해졌다. 원래 포스트의 높이는 2m 13cm에 양쪽 너비가 7m 32cm였지만, 2년 뒤 포스트는 1m 22cm로 줄었고 1884년에는 한 번 더 줄어 현재 높이인 107cm로 정해졌다.

이러한 변화는 너무 신속하게 이뤄져, 맨 처음 MCC가 발표한 규정이 한 번이라도 적용된 적이 있었는지를 확인할 수조차 없다. 다만 1875년 6월 케임브리지에서 열린 경기에 적용됐을 가능성이 있다.

이 무렵 테니스공은 털이 없었고 고무 재질도 아니었다. 다만 1874년 테니스 선수였던 존 메이어 헤드코트가 흰색 플란넬이 가미된 테니스공이 더 잘 될 뿐 아니라 눈에도 잘 띈다는 글을 발표해 이것이 널리 일반화하게 됐다.

크로케 vs. 테니스

테니스는 날로 번성하며 미국에도 알려지게 됐지만, 한때 유행하는 스포츠 이상의 의미를 갖게 된 건 윔블던의 올 잉글랜드 크로케 클럽 덕택이었다. 1875년 크로케 마니아인 헨리 존스는 올 잉글랜드 크로케 클럽이 잔디 테니스로 지평을 넓혀야 한다고 제안했다. 연례 회의에서 이것이 승인됐고 약 2파운드의 멤버십 회비가 크로케와 테니스 두 종목에 사용됐다. 2년 뒤 잔디 테니스가 확대되면서 클럽의 명칭이 올 잉글랜드 크로케 앤드 론 테니스 클럽으로 거듭나게 됐다. 오늘날 이 명칭은 올 잉글랜드 론 테니스 앤드 크로케 클럽으로 순서가 바뀌었다.

지금은 믿기 어렵겠지만 세계 최고의 잔디 테니스 클럽은 한때 자금난에 봉착한 적이 있었다. 실제로 초창기 3년간 윔블던 위플 로드 부근 구 런던 및 남서부 철도에 인접한 약 5000평의 땅을 임대하는 돈이 50파운드에서 75파운드, 그리고 다시 100파운드까지 불어났다. 그로 인해 부가적인 수익원을 마련해야 할 필요에 직면하면서 테니스 대회의 도입이 제기되었다.

윔블던 챔피언십

1877년까지 재정 상태는 암울했다. 테니스보다 크로케에 더 요긴한 당나귀 롤러의 수리 비용이 필요했지만 돈이 충분하지 않았다. 그래서 헨리 존스가 또 하나의 제안을 내놨다. 대중에게 잔디 테니스 이벤트를 열어주자는 것이었다. 클럽의 중추적 역할을 맡고 있던 잡지 〈더 필드〉의 편집장 월시는 그 의견에 찬성했고, 자신이 소유한 25기니 상당의 은접시를 기증하며 회원들을 설득했다. 월시는 1896년 자신의 딸을 클럽 회원으로 받아준 대가로 당나귀 롤러를 기부했던 사람이었다. 그래서 마침내 1877년 7월 9일 월요일,

'행복한 1890년대'에 흔히 볼 수 있었던 테니스 가든파티. 화가 하이 샌드먼의 작품.

허버트 로퍼드와 어네스트 렌쇼의 1881년 윔블던 4강전

오늘날 모든 사람들이 알고 있는 바로 그 챔피언십 대회가 탄생했다.

대회 초창기에는 늘 문제가 있는 법이다. 테니스 대회를 개최하는 것도 중요한 문제였지만 모두가 동의하는 규정을 도입하는 것도 시급한 과제였다. 대회 조직위는 메릴번 크리켓 클럽의 규정에 만족하지 않았다. 그와 동시에 테니스가 라켓츠의 점수 산정 방식을 따를 때 장단점에 대해 기나긴 논의가 이어졌다. 네트의 높이와 서비스 라인의 위치, 첫 서브 폴트를 인정할 것이냐 등도 거론됐다. 그러나 논의가 이성적으로 진행된 것만은 아니어서 올 잉글랜드 클럽은 결국 챔피언십의 규정을 결정할 소위원회를 꾸리기로 했다.

그 결과 테니스 코트는 모래시계가 아닌 사각형 모양에 길이 23m, 너비 8m로 결정됐다. 또 네트는 코트 바깥 포스트에 91cm 높이로 설치되어야 했다.

당시 더욱 논란이 됐던 건 라켓츠 점수 방식을 적용하지 않고 테니스 자체 스코어 시스템을 사용한 것이었다. 서브 시 공이 네트에 걸리거나 서비스 박스 밖으로 나갔을 때 바로 실점을 주지 않고 한 차례 폴트를 허용하기로 했다. 이러한 결정들이 자리 잡기까지는 오랜 시간이 걸렸다. 종종 서브를 한 번만 하게 하거나 서비스 박스의 크기를 줄이려는 시도가 간헐적으로 있기도 했다. 실제로 1880년에는 서브의 위력을 줄이기 위해 네트에서 서비스 라인까지의 거리를 7.9m에서 6.4m로 줄였다.

또 다른 결정들, 예컨대 서브 시 한쪽 발을 베이스라인 바깥쪽에 놔야 한다는 규정은 시간이 지남에 따라 바뀌곤 했다. 이 규정은 한 번 이상 수정됐는데 오리지널 버전이 현대에도 환영받고 있다. 또 논의되긴 했지만 결국 받아들여지지 않은 룰 가운데 하나는 네트를 맞고 들어온 서브를 인정하는 것이었다.

그러나 1877년 당시 가장 획기적으로 적용된 룰은 네트 높이가 포스트 양쪽에서 가운데로 올수록 낮아진다는 것이었다. 이 규정으로 특히 복식에서 다운더라인 패싱샷의 성공률이 눈에 띄게 줄었다. 그로부터 5년 뒤 네트 높이는 바로 우리가 지금 알고 있는 양사이드 107cm에, 가운데 91cm로 바뀌게 된다.

스코어 방식

테니스 자체의 역사보다 어려운 것이 테니스 스코어 시스템의 기원을 추적하는 것이다. 포인트 시스템은 아마도 시간의 쿼터에 기반하고 있다고 본다. 그렇게 본다면 15와 30은 이해할 수 있어도 40은 무엇인가? 대부분의 테니스 역사학자들은 원래 45였다가 말하기 짧은 40으로 사용했을 거라는 의견에 동의한다. 러브(0)에 관해서는, 흔히 두 가지 이론이 있다. 하나는 프랑스어 달걀(l'oeuf)에서 왔다는 것인데, 거의 모든 생명이 알에서 기인한다는 점을 고려할 때, 이는 0이나 무(無)를 상징한다. 또 한 가지는 문학가들이 선호하는 이론으로, "not for love nor money(절대 불가능한)"라는 표현에서 유래했다는 것이다.

그와 유사하게 "tennis"라는 영어 단어의 기원도 엄청난 자료 조사가 요구된다. 잠시 20세기 말로 돌아가 보자. 주미 프랑스 대사인 장 쥘 쥐세랑은 테오도르 루즈벨트 대통령 시절 테니스 내각 가운데 한 명이다. 그가 이 수수께끼를 풀었다.

통상적으로 테니스는 프랑스어 탕드르(tendre)에서 나왔다고 간주되는데, 이는 멈추고 있다(to hold)는 뜻이다. 예전에 서버는 리시버에게 "탕드르"라고 외치면서 서브를 넣을 준비가 되었다고 알렸다는 것이다. 이는 "attendez(기다리다)"라는 말이 똑같은 의미로 사용된다는 연구 결과가 몇 해 전 브뤼셀에서 발표되면서 신빙성을 얻었다.

최근 테니스가 기술보다 파워 위주로 흘러가는 양상에 대한 우려가 크다. 특히 남자 테니스가 그렇다. 그런데 이와 유사한 고민이 135년 전 첫 윔블던 대회에서도 있었다는 사실을 알고 있는가? 헨리 존스는 모든 스코어 카드를 분석해 다음과 같은 결론을 내렸다. 서브 게임의 대부분이 너

장 쥘 쥐세랑 주미 프랑스 대사

무 힘에 기반하고 있어 장기적인 관점에서 좋지 않을 것이라고. 그래서 세 가지 방안이 도입됐다. 첫째, 네트 중앙의 높이를 올린다. 둘째, 첫 서브 폴트를 없앤다. 셋째, 서비스 라인을 네트 쪽으로 당겨 서비스 박스 크기를 줄인다. 당시 대다수 선수들은 서브를 한 번으로 제한하는 것에 찬성했다고 한다. 하지만 올 잉글랜드 클럽은 이렇게 하면 테니스 입문자들이 너무 어렵게 받아들일 거라고 생각했다. 대신 그들은 서비스 박스의 크기를 6.7m로 줄이는 선택을 했다.

제1회 윔블던

1877년 첫 윔블던에는 22명의 선수가 1.05파운드의 참가비를 내고 출전했다. 1년 뒤 참가자는 34명으로 늘었고 오버핸드 서브가 도입됐다. 결승전 관중 수는 200명에서 700명으로 3배 이상 늘었다. 이와는 별개로 테니스의 인기는 영국 전역에서 점점 높아져 가고 있었다. 사상 첫 공식 복식 대회가 1878년 스코틀랜드에서 열렸다. 이는 옥스퍼드대학교에서 열린 첫 번째 윔블던 남자 복식보다 1년 앞선 것이었다. 첫 여자 대회도 1879년 아일랜드에서 열려 세계에서 가장 오래된 여성 참가 대회로 기록됐다.

재미있는 건 초창기 윔블던 우승자들은 지금처럼 이 대회 우승에 사활을 걸지 않았다는 점이다. 1877년 초대 우승자인 스펜서 고어는 3년 뒤 이렇게 썼다. "크리켓과 리얼 테니스, 또는 라켓츠 종목에서 뛰어난 사람들은 잔디 테니스를 중요하게 여기지 않을 것이다. 설사 재능이 뛰어나 촉망받는 선수라 하더라도 잔디 테니스는 다른 종목에 비해 굉장히 단조로워 쉽게 질려 버릴 것이기 때문에 오래 버티지 못할 것이다." 2회 대회 챔피언 프랭크 헤도우 역시 마찬가지였다. 타이틀 방어를 하지 않고 스리랑카로 돌아가 차를 재배하는 본업에 충실했으니까.

미국 테니스

미국 테니스의 기원에 대해서는 의견이 분분하다. 그러나 뉴욕 스태튼 아일랜드 일가의 메리 아우터브릿지가 1874년 버뮤다를 방문했을 때 영국 군인들이 잔디 테니스를 치는 것을 지켜봤고 그들로부터 네트와 라켓 두 개, 공 한 세트를 구해서 집으로 돌아왔다는 설에 무게가 실린다. 1세기가 더 지난 뒤 영국 테니스 역사학자인 톰 토드는 보스턴의 라이트 박사가 그보다 적어도 몇 달 전에 미국에 테니스를 보급했다는 사실을 밝혀냈다. 1974년 미국의 역사학자인 조지 알렉산더는 첫 공식 테니스 시합이 뉴욕이나 매사추세츠에서 열린 것이 아니라, 1874년 애리조나의 황야에서 미 육군 장교의 아내 엘라 윌킨스 베일리의 주도하에 열렸다는 증거를 제시했다.

누가 확실히 옳다고 할 수는 없다. 다만 위 세 가지 주장의 공통점은 대략 비슷한 시기에 테니스가 미국에 도입됐다는 점이다. 누가 도입했든지 간에 그들의 후손들이 훗날 세계 테니스를 지배했기에 이들은 조상에 두고두고 감사해야 할 것이다.

테니스 국제대회

잔디 테니스는 19세기 말 특히 대영 제국에서 빠르게 전파됐다. 호주의 첫 국내 챔피언십 대회는 독립을 쟁취한 1905년에야 비로소 열렸지만, 1880년 이미 빅토리아 챔피언십이 열리는 등 그보다 10년 이상 앞선 시대부터 테니스가 성행하고 있었다. 파나마에서는 그보다 2년 전 테니스가 자리를 잡았다. 1881년 남아공 더반에서 토너먼트 대회가 열렸고, 이는 10년 뒤 남아공 챔피언십의 모태가 됐다. 뉴질랜드 역시 첫 잔디 테니스 클럽이 1875년 출범했다고 주장한다.

테니스가 유럽으로 뻗어 나가게 된 계기는 영국 선수들이 프랑스 리비에라 리조트에서 봄철 훈련을 할 때였다. 1877년 프랑스 파리에 데시멀 클럽이 존재했다는 기록이 발견되는데, 이는 1899년 프랑스 최초의 국제 챔피언십 대회를 주관한 라싱 클럽보다 5년 앞선 기록이다. 라싱 클럽이 주최한 프랑스 국내 챔피언십은 2년 뒤부터 시작됐는데, 롤랑가로스의 전신인 이 대회는 1925년까지만 해도 국내 선수들만 출전할 수 있었다. 독일 챔피언십은 1893년 시작됐다.

잔디 테니스가 가장 먼저 시작된 건 영국이지만, 범국가적인 최초의 테니스 단체는 미국이 먼저 만들었다. 미국 테니스협회는 1881년 발족됐다. 잉글랜드의 잔디테니스협회는 7년 뒤인 1888년에, 국제잔디테니스연맹, 지금의 국제테니스연맹(ITF)은 1913년에 출범했다.

1858년 워릭셔주의 잔디에서 시작된 테니스는 전 세계로 뻗어 나가고 있으며 지금도 멈출 기미를 보이지 않는다.

1881년 미국 뉴욕에서 열린 실내 테니스 대회

위대한

4대 그랜드슬램 대회인 호주오픈, 프랑스오픈, 윔블던과 US오픈은 테니스 캘린더에서 가장 주목받는 대회다. 그보다 조금 아래 ATP 투어와 WTA 투어, 데이비스컵, 페드컵, 그리고 올림픽이 있다. 이 대회들은 전 세계 총 3000명이 넘는 프로 선수들이 참가하는, 수백만 달러 가치의 초대형 스포츠 비즈니스를 형성하고 있다.

호주오픈

호주 그랑프리 자동차 경주의 본고장, 멜버른의 알버트 파크에서 미약하게 시작한 호주오픈은 이제 선수는 물론 팬들의 사랑을 받으며 다른 메이저 대회들에 견줘 전혀 뒤지지 않는 대회로 거듭났다. 그러나 1980년대 초까지만 하더라도 어려움이 적지 않았다. 톱클래스 선수들이 크리스마스 휴가 기간에 호주로 여행을 꺼렸을 뿐 아니라, 남녀 대회를 다른 시기에 치르는 방식 역시 흥미를 반감시키는 요소였다. 게다가 비슷한 시기 지구촌 다른 곳, 특히 일본과 독일에서 열리는 대회는 멜버른을 대신해 그랜드슬램의 지위를 호시탐탐 갈망하고 있던 터였다.

1983년 반전이 일어났다. 호주오픈 조직위가 멜버른의 쇠퇴를 막은 건 물론, 커다란 변화를 통해 이 대회를 남반구 최고의 스포츠 이벤트로 만들고자 했다.

남녀 토너먼트 대회를 다시 한데 모으고 윔블던과 프랑스오픈, US오픈에 뒤지지 않는 상금을 제공하는 것도 물론 중요했다. 하지만 가장 결정적인 건 쿠용이란 기존의 장소를 버리고 멜버른의 유명한 크리켓 경기장이 있는 도심의 심장부로 이동해, 스포츠와 엔터테인먼트를 모두 소화할 수 있는 새로운 장을 열어젖힌 선택이었다.

쿠용은 호주의 시골스러운 모습을 잘 간직하고 있어 마치 뉴욕의 포레스트 힐과 같았다. 그러나 그곳은 점점 늘어나는 남녀 128명의 대진표를

호주오픈 – 멜버른의 거대한 로드 레이버 아레나는 테니스 경기장 최초로 개폐식 지붕을 설치했다.

토너먼트 대회

루 호드는 위대한 챔피언이자 팬들의 사랑을 한 몸에 받은 선수였다.

더 이상 감당할 수 없었다. 관중과 미디어를 수용할 수 없는 건 물론이었다.

개최지 이동은 결코 쉬운 결정이 아니었다. 특히 이는 과거 80여 년간 지속된 잔디 코트의 변경을 의미했기 때문이다. 처음에는 인조 잔디 코트가 유력했지만, 나중에는 결국 리바운드 에이스(Rebound Ace)라는 합성 하드코트가 선택됐다. 물론 이 코트는 아주 가끔 "살인적"이라는 오명을 뒤집어쓰기도 했다. 왜냐면 날씨가 뜨거울 때 신발과 발바닥에 올라오는 뜨거운 지열은 가히 화상을 입는 듯한 느낌이 들었기 때문이다.

호주오픈의 새 보금자리는 1988년 문을 열었다. 원래 플린더스 파크로 불리다 1996년 멜버른 파크로 개명했다. 왜냐면 이 도시의 설립자들이 자신들이 쏟아부은 돈을 생각해 볼 때, 멜버른이라는 도시 이름이 보다 세계적인 주목을 받아야 한다고 생각했기 때문이다. 오늘날 멜버른 파크는 새로운 이름은 물론, 대회 기간 피크닉을 나온 사람들이 잔디 위에서 일광욕을 할 수 있는, 아주 뛰어난 풍광을 가진 곳으로 탈바꿈했다. 관중도 매년 늘어 노박 조코비치가 결승전에서 앤디 머리를 꺾고 통산 5번째 우승을 차지한 2015년에는 무려 70만 3899명이 입장했다.

2006년 대회 역시 흥행에 성공했다. 3년의 공백을 딛고 돌아온 마르티나 힝기스가 8강까지 올라갔고, 아멜리에 모레스모가 자신의 첫 그랜드슬램 트로피를 들어 올리며 세상에 이름을 알린 대회였다.

지금의 호주오픈은 초창기와 비교하면 격세지감이다. 호주의 3개 주에서 건너온 17명의 남자 선수들만 참가했던 때와는 변해도 너무 변했다. 당시 '오스트랄라시안 챔피언십(Australasian championship)'으로 불린 이 대회는 뉴질랜드에서 2번 열렸고 또 한 번은 1906년 크라이스트처치에서, 그리고 6년 뒤에는 헤이스팅스에서 개최됐다. 즉, 1972년 멜버른에 정착되기 전까지는 호주 본토의 주요 도시에서 순환 개최된 셈이다.

그런 가운데, 국가가 관장하는 테니스 협회가 탄생했다. 국내 챔피언십 대회 개최가 목적이라기보다 데이비스컵 출전을 위해서였다. 당시 데이비스컵 규정은 참가국 대표팀이 국가별 협회 산하에 소속되어 있어야 했다. 결국 뉴질랜드 테니스 관계자들의 열띤 성원을 앞세워 시드니에서 회의가 소집됐고, 1904년 9월 오스트랄라시안 잔디 테니스 협회가 결성됐다.

노만 브룩스와 토니 윌딩 같은 강력한 선수들이 뛰고 있었지만 호주 챔피언십은 쉽게 뿌리내리지 못했다. 1922년 도약이 시작됐다. 우선 여자 선수들이 단식과 복식, 혼합복식에 참가할 수 있게 된 것이다.

1922년은 뉴질랜드가 데이비스컵 자체 출전을 포기한 해이기도 했다. 그와 함께 점점 퍼스, 브리즈번 등의 도시들이 대회 순환 개최를 포기하기 시작했다. 그래서 시드니와 멜버른, 애들레이드 이렇게 3대 도시로 좁혀졌다. 1926년 호주 챔피언십이란 대회 이름이 정식으로 간판을 내걸었다. 대회 장소는 쿠용으로 바뀌었고, 개최 시기 역시 1월 말로 이동해 '호주의 날' 기념 주간에 열리게 됐다.

호주로의 여행이 쉽지 않았음에도 이후 30년간 대회는 날로 번창해갔다. 조세프 존슨이『그랜드슬램 호주』라는 책에서 쓴 것처럼 이 기간 대회 우승자의 수준은 매우 높았다. 장 보로트라, 프레드 페리, 돈 버지, 모린 코놀리, 루이스 브로우, 도로시 라운드 등 호주 국적의 뛰어난 선수들 외에도 상당수가 챔피언에 올랐다.

2차 대전 뒤 호주 챔피언십은 계속해서 세계 최고의 선수들을 끌어들였다. 하지만 팬들을 가장 환호하게 만든 건 1950~1960년 노만 브룩스와 해리 호프만 등이 주도한 선수 육성 프로그램에 힘입어 호주 출신 영웅들이 도약한 것이다. 아드리안 퀴스트와 프랑크 세즈먼이 먼저 길을 닦았고 그 뒤를 켄 맥그리거, 켄 로즈웰, 멀빈 로즈, 닐 프레이저, 루 호드, 애슐리 쿠퍼, 로이 에머슨, 로드 레이버, 프레드 스톨, 존 뉴콤 등이 길게 이어받았다. 역대 최고 복식 선수로 꼽힌 토니 로체 역시 이 시기에 뛰었다.

이들이 세계 각지에서 거둔 성공에 힘입어 호주는 19년간 데이비스컵에서 16회 우승했다. 호주 테니스의 황금시대였다. 그러나 국제 테니스계는 빠르게 변하고 있었고, 다소 위선적인 방향으로 흘러가고 있었다. 겉으로는 프로 선수들을 받아들여 상업적인 이익을 취하는 것을 거부하면서도, 뒤로는 많은 뒷돈을 건네주고 있었다. 이러다 보니 세계 최고 선수들이 한 해 활약하고 나면, 이듬해 미국 프로 테니스로 진출해버리는 일이 빈번했다. 결과적으로 이는 호주 테니스를 정말 어렵게 만들었다. 데이비스컵의 전성기가 끝났을 뿐만 아니라, 호주 챔피언십 출전 명단조차 보잘것없게 되면서 대중의 인기마저 떨어졌다.

오픈 시대 이후 약 20년간 비슷한 문제가 계속됐다. 다른 메이저 대회처럼 호주오픈도 약화됐고 특히 1972~1973년에는 정책적인 오판까지 겹쳤다. 1972년 호주오픈 개최 시기가 1월 말에서 크리스마스 연휴 기간으로 옮겨졌다. 일단 이 변화는 팬들에게 좋았다. 연휴 기간에 대회를 즐길 수 있고 TV 중계 시간도 길어져 당시 첫 타이틀 스폰서인 담배 회사 말보로에게는 좋은 일이었지만 선수들에겐 그렇지 않았다. 특히 가정을 이룬 선수들은 이 시기에 가족과 떨어지길 원치 않았기 때문이다. 이로부터 10년간 호주오픈은 출전 선수들의 수준이 크게 떨어져 한동안 남녀 톱10 선수들이 호주 국적 외에는 한 명도 나오지 않는 상황까지 벌어졌다.

여러 처방이 내려졌다. 1980년부터 11월에 여자 대회를 따로 열기로 했다. 처음 2년 동안은 아주 성공적이었다. 하지만 그랜드슬램의 중요한 가치는 남자와 여자, 그리고 다음 세대의 유망주들까지 세계 최고의 선수들을 한데 모아 1년에 4차례 축제를 펼치는 것이었다. 다행히 빠르게 개선됐다. 호주오픈은 최근 수년간 관중과 선수를 위한 시설 측면에서 새로운 기준을 제시했으며, 이는 다른 메이저 대회들에 귀감이 되어 동반 성장으로 이어지고 있다.

명승부는 헤아릴 수 없이 많았다. 오픈 시대 개막을 알린 1969년 로드 레이버와 토니 로체의 남자 단식 준결승 역시 가장 기억에 남는 경기로 꼽는다. 레이버는 프로 전향 이후 다시 돌아와 톱시드를 받았고 로체는 4번 시드였다. 로체는 8강에서 그의 복식 파트너이기도 했던 존 뉴콤을 5세트 접전 끝에 물리치며 시드값을 톡톡히 해내고 있던 터였다.

1975년 윔블던 복식 준우승자인 앨런 스톤은 당시 경기를 이렇게 기억한다.

"브리즈번의 태양은 정말 뜨거웠습니다. 관중석에는 200명 정도밖에 없었지만, 다른 선수들이 죄다 이 경기를 지켜보기 위해 달려왔죠. 이런 분위기에서는 특별한 일이 생기곤 합니다. 정말 숨 막히는 멋진 샷들이 교환된 명승부였습니다."

뜨거운 격전은 4시간 35분간 이어졌고 게임 수가 90에 이르렀다. 2세트만 두 시간을 넘겼다. 레이버가 결국 7-5, 22-20, 9-11, 1-6, 6-3으로 이겼지만 타이 브레이크가 적용되기 한참 전이었던 당시, 2세트에서 로체는 7-6 상황에서 세트 포인트 3개를 잡았고 레이버는 12-11 상황에서 2개를 잡았다. 첫 세트에서도 로체는 3차례 브레이크 당했지만 곧바로 반격에 성공했고, 3세트 2-3, 7-8 상황에서 잘 견뎌냈다.

5세트 3-4, 15-30에서 로체의 서브. 레이버가 친 샷은 명백한 아웃으로 보였지만 인으로 선언됐다. 강인한 왼손잡이 로체는 듀스를 만드는 저력을 발휘했지만 결국 그 게임을 내줬고, 경기는 마지막 서브를 잘 지킨 레이버의 승리로 끝났다.

1975년 존 뉴콤과 지미 코너스의 결승전 또한 명승부였는데, 그들의 스타일이 많이 달라서인 점도 있지만 그 경기는 '앙숙 간의 전쟁'이었기 때문이기도 하다. 코너스는 1974년 103전 99승을 기록하며 호주오픈과 윔블던, US오픈에서 우승을 차지했다. 코너스는 그해 월드 팀 테니스 대회에 참가하면서 프랑스오픈 출전이 금지됐는데, 코너스는 자신이 출전만 했다면 돈 버지와 로드 레이버처럼 캘린더 그랜드슬램을 달성했을 거라고 믿었을 것이다.

1995년 호주 오픈 도중 피트 샘프러스가 자신의 코치인 팀 굴릭슨이 뇌종양 말기 상태라는 사실을 알게 되자 눈물을 주체하지 못하고 있다.

1973년 뉴콤이 2연승을 거둔 이후 둘의 맞대결은 처음이었다. 당시 뉴콤은 "코너스와의 대결을 학수고대했다"고 말했다. 이에 코너스도 맞받았다. "뉴콤은 입보다는 라켓으로 말해야 한다. 내가 결승에 올라갈 때마다 뉴콤은 대체 어디 있었나."

실제로 뉴콤이 첫 세트를 이겼을 때 관중석에서는 "어떻게 된 거냐, 입만 살아서!"라는 비아냥이 나왔다. 그런데 코너스는 2세트를 따내고 3세트 3-3 상황에서 서브를 넣을 때 자신의 인생에서 처음이자 마지막으로 일부러 포인트를 내주는 기이한 행동을 저질렀다. 40-15에서 한 번도 아닌 세 번이나 의심스러운 판정이 나오자, 일부러 더블 폴트를 한 것이다. 뉴콤은 6-4로 세트를 가져갔다.

이 기이한 상황에 대한 한 가지 가설은 코너스가 적대적인 관중들을 자기편으로 만들기 위해서였다는 것이다. 뉴콤은 4세트, 5-3 자신의 서브 게임에서 매치 포인트를 잡았지만 이를 연결하지 못하고 이후 두 번이나 코너스의 세트 포인트를 막아야 했다.

그는 결국 타이 브레이크까지 가서 9-7로 승리할 수 있었다. 뉴콤은 "내가 코너스처럼 포인트를 헌납하는 일은 결코 없을 것이다"라고 말했다. 이에 코너스 역시 "앞으로 이렇게 점수를 내주는 일은 두 번 다시 없을 것이다"라고 단언했다. 경기 전 코너스를 싫어했던 관중들도 174분의 혈투가 끝난 뒤 두 선수 모두에게 기립 박수를 보냈다. 뉴콤은 "오늘 코너스는 챔피언은 이기는 방법뿐만 아니라 지는 방법도 알아야 한다는 사실을 잘 보여줬다. 그는 진정한 챔피언임을 입증했다"고 칭찬했다.

비교적 최근에는 매츠 빌랜더가 1988년 결승전에서 팻 캐시를 마지막 5세트 8-6으로 이긴 경기를 꼽을 수 있다. 멜버른 파크에서 열린 첫 결승인 이 경기는 한 편의 클래식이었다. 여자부에서는 1981년 나브라틸로바와 크리스 에버트의 결승전을 능가한 경기가 아직 나오지 않았다. 심한 바람으로 범실이 쏟아진 쿠용의 센터 코트에서 두 여자 테니스 거장은 치열한 심리전을 벌이며 관중의 눈과 귀를 사로잡았다. 당시 나브라틸로바는 세계 1위에서 3위로 떨어져 하락세에 있었을 뿐 아니라 첫 세트 타이 브레이크마저 빼앗기면서 승부가 기울어진 것처럼 보였다. 비록 마지막 끝내기에서 애를 먹기는 했지만 그녀는 6-7, 6-4, 7-5로 역전승을 거뒀다. 나브라틸로바는 마지막 세트 3-0에서 여섯 번이나 게임 포인트를 잡고도 게임을 따내지 못했다. 그녀는 또 게임스코어 5-1로 앞서고 있다가 에버트 특유의 저력에 밀려 5-5로 동점을 허용했다. 나브라틸로바는 마지막 안간힘을 짜내 간신히 승리할 수 있었다.

노박 조코비치는 2011년부터 2016년 사이에 다섯 차례 호주오픈 정상에 올랐다.

멜버른 파크에서 열린 경기 가운데 존 매켄로의 자격 상실 사건도 빼놓을 수 없을 것이다. 1990년 매켄로는 심판에게 불손한 발언을 해 그랜드슬램 대회 사상 처음으로 실격패를 당한 선수가 됐다. 피트 샘프러스가 1995년 짐 쿠리어와의 경기에서 눈물을 쏟아내며 기적의 역전승을 거둔 것과, 1996년 찬다 루빈이 아란챠 산체스와 3시간 33분 동안의 접전 끝에 6-4, 2-6, 16-14로 승리한 것 또한 명승부로 미래 세대의 기억에 오래 남을 것이며, 마지막 세트 2시간 22분은 아직도 깨지지 않은 기록이다. 4대 메이저 가운데 하나로 당당히 자리매김한 호주오픈은 이제 선수들이 1월 달력에 기록해 놓고 시즌 시작과 함께 반드시 거쳐야 하는 이벤트로 받아들여진다.

마르티나 힝기스가 세 차례(1997~1999), 제니퍼 캐프리아티는 두 차례(2000~2001) 우승을 차지했고, 쥐스틴 에넹과 아멜리 모레스모, 마리아 샤라포바와 세리나 윌리엄스도 단식 우승자로 이름을 올렸다.

최근 남자 단식 챔피언에는 안드레 애거시(2000~2001, 2003), 로저 페더러(2004, 2006~2007, 2010, 2017~2018)가 있고 카펠니코프와 토마스 요한슨, 마라트 사핀과 스탄 바브린카도 정상에 올랐다. 하지만 누구보다 멜버른에서 최고의 시간을 보낸 건 노박 조코비치일 것이다. 세르비아의 이 뛰어난 천재는 2008년 생애 첫 메이저 타이틀을 거머쥔 뒤 8번이나 더 우승했다(2011~2013, 2015~2016, 2019~2021). 영국 팬들에게는 뼈아픈 일이지만 이 과정에서 조코비치는 앤디 머리를 4번이나 물리쳤다.

프랑스오픈

프랑스 여자 테니스의 전설 수잔 랑랑의 존재가 윔블던 챔피언십의 성공에 지대한 영향을 끼쳤다는 사실은 아이러니다. 그런데 프랑스오픈은 데이비스컵의 영향이 매우 컸다. 그렇다고 랑랑의 인기가 런던보다 파리에서 떨어진다는 뜻은 아니다. 파리지앵느는 랑랑을 마음속 깊이 흠모했으니까.

그러나 1970년대 나브라틸로바와 에버트의 등장 전까지 유럽 전역에는 여자 테니스에 대한 일종의 반감이 있었던 것이 사실이다. 영국만이 예외였다. 이런 분위기 탓에 랑랑의 진가를 관중들이 만끽할 기회 자체가 많지

2005년부터 2022년까지 14번의 프랑스오픈 우승을 차지한 라파엘 나달은 이론의 여지 없는 클레이의 황제로 꼽힌다.

1974년 비외른 보리가 자신의 여섯 개 프랑스오픈 타이틀 가운데 첫 번째 우승에 도전하고 있다.

않았다. 1926년 칸에서 세계적인 관심 속에 랑랑과 헬렌 윌스의 맞대결이 열린 뒤에야 비로소 주목을 받았다고 해야 할까. 랑랑은 심지어 은퇴 직전인 프랑스 챔피언십 초창기 2년간 정말 압도적인 경기력을 보여줬는데, 1925년 결승에서 단 세 게임만 내줬고 이듬해에는 한 게임만 잃었다.

게다가 랑랑은 영국보다 프랑스에서 언론의 주목을 더 많이 받았는데, 이때는 당시 프랑스 남자 테니스 사총사로 불린 보로트라, 라코스테, 코셰, 브루뇽이 활약할 때였다.

프랑스 챔피언십에 해외 선수들의 출전이 허용된 건 1925년부터였다. 그 전까지 1891년 발족한 프랑스 토너먼트 대회(윔블던보다 14년, US오픈보다 10년 늦고 호주오픈보다는 14년 앞선다)는 프랑스 국적이거나 프랑스 클럽에 가입한 선수들로 엄격히 제한됐다.

프랑스 챔피언십에 다른 나라 선수들 참여가 늦어진 또 다른 이유로는 1912~1924년까지 프랑스 파리의 세인트 클라우드 파크에서 국제 클레이코트 챔피언십이 열렸기 때문이다(이 대회는 1924년 폐지됐다). 이 대회의 폐지가 결국 프랑스 챔피언십 국제화의 마지막 기폭제가 됐다.

초창기 프랑스 챔피언십은 크루아-카텔란의 라싱 클럽과 파장드리의 스타드 프랑세에서 번갈아 열렸다. 당시의 기록에서 알 수 있듯이 이 두 클럽은 얼마 안 가 빌 틸든과 프랑스 사총사의 맞대결, 또 수잔 랑랑의 '신기에 가까운' 플레이를 보기 위해 몰려든 관중들을 감당할 수가 없었다.

1927년 프랑스가 미국에 두 번 연속 패하며 준우승에 머물다, 필라델피아에서 열린 데이비스컵 챌린지 라운드에서 3-2 승리를 거두면서 문제는 본격화됐다. 이듬해 챌린지 라운드를 프랑스 파리 어느 곳에 유치할지를 정해야 했기 때문이다. 당시 데이비스컵 우승 트로피를 구경하기 위해 수천 명의 군중이 몰려든 것을 감안하면 이는 매우 중대한 문제였다.

프랑스 챔피언십을 유치한 두 클럽과 훗날 프랑스 테니스협회장에 오르는 앨버트 카네는 힘을 모아 파리시의 협조를 구했다. 포르트 도테이유에 있는 프랑스 스타디움 근처의 부지를 사용하는 것이 가능했고 1년도 안 돼 프랑스 공군 조종사 롤랑 가로스의 이름을 딴 새로운 경기장이 준비됐다. 프랑스와 영국 여자 대표팀의 챌린지 매치가 그 유명한 레드 클레이 코트에서 열린 첫 경기였다. 이틀 뒤에는 프랑스 챔피언십이 열려 앙리 코셰와 헬렌 윌스가 우승을 차지했다. 1928년 데이비스컵에서 프랑스는 새로 지은 아름다운 경기장에서 챌린지 라운드 승리를 거뒀고, 1933년 영국에 우승컵을 내주기까지 계속 타이틀을 보유했다.

1995년 롤랑가로스의 멋진 2번 코트가 수잔 랑랑의 이름을 따서 만들어졌고, 랑랑과 사총사의 동상이 건립된 건 어찌 보면 당연했다. 이들은 말 그대로 프랑스 테니스의 황금시대를 열었기 때문이다. 1925~1932년까지 라코스테, 코셰, 보로트라는 프랑스 챔피언십에서 번갈아 우승을 차지했고, 데이비스컵도 마찬가지였다. 프랑스는 그들 세대 이후 또다시 영광을 맛보기까지 1946년 마르셀 버나드의 등장을 기다려야 했다.

1930년대 중반부터 2차 세계 대전까지 프랑스오픈의 영광은 다음 3명의 호주와 영국, 미국 선수들의 차지였다. 호주의 잭 크로포드. 플란넬로 만든 긴소매 셔츠를 입은 멋쟁이 선수였다. 영국의 프레드 페리. 강력한 포핸드를 구사한 영국 선수. 그리고 돈 버지라는 빨강머리 미국인까지. 그러나 가끔 프랑스를 침공한 선수도 있었다. 고트프리드 본 크람은 1934~1936년까지 타이틀을 가져간 독일인이다. 여자 테니스는 기본적으로 헬렌 윌스와 영국의 마가렛 스크

벨기에의 쥐스틴 에넹이 프랑스오픈에서 그녀의 트레이드마크인 백핸드를 시도하고 있다.

리브, 독일의 힐데 스컬링의 시대였고, 1938~1939년 시모네 마티유가 다시 프랑스의 영광을 되찾았다.

1946년 세계 대전 직후 첫 타이틀을 차지한 마르셀 버나드의 나이는 32살이었다. 이는 당시 새로운 세대인 판초 세구라, 버지 패티, 야로슬라브 드로브니, 그리고 프랑스 최고 선수였던 이본 페트라(전후 첫 윔블던 우승자) 등을 제치고 얻은 우승이어서 더욱 놀라운 업적이었다. 더욱 놀라운 사실은 이 우승이 버나드가 자신의 혼합복식 파트너가 출전을 포기하면서 단식에 나가게 돼 얻은 결과라는 점이다.

드로브니의 세밀한 기술은 롤랑가로스 코트에 안성맞춤이었다. 하지만 그가 2연패를 하기까지는 두 번 준우승의 고배를 마셔야 했다. 1948~1949년에는 프랑크 파커가 연거푸 정상에 올랐고 토니 트라버트가 1954~1955년 우승을 차지한 이후, 미국 남자 선수들은 롤랑가로스에서 지금까지도 우승하지 못하고 있다. 여자의 경우는 다르다. 2차 대전 직후 미국의 마가렛 오스본, 도리스 하트, 셜리 프라이, 모린 코널리 등이 프랑스오픈을 지배했으며, 그 이후 영국의 안젤라 모티머가 성조기를 끌어내렸다.

그로부터 10년 뒤 남자 테니스는 뛰어난 재능의 소유자들이 프로로 빠르게 전향해 버리기 시작했다. 켄 로즈웰, 루 호드, 로드 레이버 등은 승리와 함께 사라져 버렸다. 그럼에도 불구하고 독특한 스타일의 유럽 선수들이 니콜라 피에트란젤리와 마뉴엘 산타나와 같은 통산 2회 챔피언들이 우승 후보로 이 대회에 이름을 올렸다. 1961년 산타나는 첫 우승을 차지하는 과정에서 피에트란젤리에게 두 세트를 먼저 내줬지만 승리를 거두고 그의 3년 연속 이탈리아 챔피언의 등극을 막았다. 그래도 경기 뒤 눈물을 흘린 선수를 위로한 건 산타나가 아니라 피에트란젤리였다. 로드 레이버의 이듬해 우승도 극적이었다. 두 세트를 먼저 내주고 매치 포인트 위기까지 극복한 뒤 데이비스컵 동료인 로이 에머슨에게 3-6, 2-6, 6-3, 9-7, 6-2로 이겼다.

에머슨도 빼놓을 수 없다. 그는 1967년 마지막 아마추어 선수로서 우승컵을 안았고 복식에서도 우승해 통산 최다인 6차례 챔피언에 올랐다. 프레드 스톨과 토니 로체 등 호주 선수들도 단식에서 우승하며 호주 전성시대를 열었다. 호주 여자 선수들도 마찬가지였다. 물론 영국 선수인 셜리 블루머, 크리스틴 트루먼, 안 헤이든, 모티머가 1961년까지 번갈아 정상에 올랐지만, 마가렛 코트와 레즐리 터너는 그 뒤 4년간 영광을 나눠 가졌다.

테니스 역사상 첫 공식적인 '오픈' 대회는 본머스에서 몇 주 앞서 열리긴 했지만, 최초의 '오픈' 그랜드슬램은 1968년 5월 파리에서 열렸다. 우연의 일치로 프랑스 학생 운동이 일어난 시기와 겹친 데다 대중교통에 영향을 미친 프랑스 파업에도 불구하고 엄청난 관중들이 당시 켄 로즈웰이 라이벌 로드 레이버를 물리치고 15년만에 자신의 두 번째 우승 타이틀을 들어 올리는 것을 지켜봤다. 결승에서 패한 레이버 역시, 12개월 뒤 롤랑가로스에서 우승을 차지하면서 자신의 두 번째 캘린더 그랜드슬램을 달성할 수 있었다.

미국의 낸시 리치는 오픈 시대 사상 첫 그랜드슬램 여자 단식 우승자로 기록됐다. 그 뒤를 이어 마가렛 코트와 에본 굴라공, 빌리 진 킹과 10대 소녀 크리스 애버트 등 거물들이 나타났고, 남자 테니스에서는 얀 코데스, 안드레 기메노, 일리 나스타세, 그리고 18살 긴 금발 머리로 혜성처럼 나타난 '바이킹' 비외른 보리 등 유럽 선수들이 득세했다. 보리는 1974년 첫 출전 이후 8년간 6번 우승을 차지했고 패배는 딱 한 차례였다. 1976년 8강전에서 아드리아노 파나타에게 패했을 뿐이었다.

보리가 겨우 26살의 나이에 은퇴를 선언하고 얼마 지나지 않았을 때였다. 17살의 주니어 대회 우승자 출신인 매츠 빌랜더가 17세 9개월의 역대 최연소 우승 기록을 쓰며 베테랑 기예르모 빌라스를 꺾었다. 빌랜더는 1985년과 1988년 두 번 더 우승했다. 1983년에는 엄청난 테니스를 선보인 프랑스의 야니크 노아에게 우승컵을 양보해야 했다. 미국의 흑인 선수 아서 애시의 추천으로 필립 샤트리에가 카메룬 출신의 노아를 데려와 프랑스 국적으로 뛰게 했다. 노아의 우승은 프랑스 출신 선수가 37년 만에 롤랑가로스 단식 정상에 올라선 걸 뜻했다.

이 시기 프랑스오픈 결승전은 정말 볼만했다. 1984년 팬들은 5차례나 결승에 올라 모두 패하기만 한 이반 랜들이 과연 그랜드슬램 우승 징크스를 깰 수 있을지 여부를 궁금해했다. 그런데 바로 존 매켄로가 불가사의한 컨디션 난조를 보이며 랜들의 숙제를 해결해줬다. 매켄로는 랜들에게 두 세트를 먼저 앞서고 마지막 세트에서도 먼저 브레이크를 하며 4-3으로 승기를 잡았음에도 불구하고 3-6, 2-6, 6-4, 7-5, 7-5로 패했다. 그 경기는 키가 크고 무뚝뚝한 체코슬로바키아 출신 랜들의 커리어를 송두리째 바꿔 버렸다. 랜들은 프랑스오픈에서 두 번 더 우승했다. 그런데 1989년 랜들 역시 이 대회 역사상 가장 큰 이변의 희생양이 되기도 했다. 16강전에서 랜들이 17살을 갓 넘긴 마이클 창을 만났을 때만 해도 모든 것이 순조로워 보였다. 게다가 창은 다리에 쥐가 나기까지 했다.

창은 기적과 같은 역전 드라마를 썼다. 5세트 쥐가 나는 상황에서 과감하게 언더서브를 넣었고, 이는 포인트로 연결됐을 뿐 아니라 랜들의 짜증과 불안감을 증폭시키는 결정적 계기가 됐다. 창은 결승에서 스테판 에드버리를 만나 2대 1로 뒤지다 또다시 역전승을 거두며 프랑스오픈 최연소 챔피언에 등극했다.

이 기간 여자 테니스에서는 수 바커, 미마 자우소베치, 버지니아 루지치 등이 톱10 선수들의 전반적인 수준 하락 속에 어부지리 기회를 잡았다. 1981년 챔피언에 오른 하나 만들리코바는 이후 크리스 에버트와 마르티나 나브라틸로바, 그리고 슈테피 그라프가 만들어낸 희대의 라이벌 구도 속에서 빠르게 사라져 버렸는데, 이들 3명은 1980년대 그랜드슬램 대회 40개 가운데 33개의 트로피를 나눠 가졌다. 1989년 마이클 창이 젊음을 앞세워 펄펄 날았던 바로 그때 여자 단식에서도 17살의 아란차 산체스 비카리오가 디펜딩 챔피언 그라프를 물리치고 정상에 올랐다. 당시 그라프는 마지막 세트 5-3에서 서브권을 갖고 있었지만 역전패했다. 산체스는 1998년 한 번 더 정상에 오른다.

그 뒤 여자 테니스에서는 모니카 셀레스라는 새로운 클레이의 여왕이 등장했다. 만약 셀레스가 1993년 함부르크에서 한 독일 미치광이가 휘두른 칼에 찔리지만 않았다면 얼마나 많은 프랑스오픈 우승을 차지했을지 아무도 모른다. 그라프는 그해 다시 한번 프랑스오픈 정상에 올랐고 1995~1996년 2연패에 성공했다. 그라프는 1999년 6번째 프랑스오픈 트로피를 들어 올렸다. 이바 마졸리(1997)와 아나스타샤 미스키나(2004)는 이름을 날렸다가 빠르게 기억에서 사라진 경우다.

2000년 매리 피어스는 클레이 코트 스페셜리스트인 콘치타 마르티네스를 6-2, 7-5로 물리치고 1967년 프랑시스 더르 이후 처음으로 프랑스 출신 챔피언에 올랐다. 그녀는 5년 뒤 다시 결승에 올랐지만 쥐스틴 에넹에게 완패했다. 벨기에의 에넹은 화려한 백핸드를 앞세워 자신의 2번째 프랑스오픈 트로피를 들어올렸으며 그 뒤에도 2년 연속으로 우승했다.

세르비아의 아나 이바노비치는 2008년 깜짝 우승을 차지했고 쿠즈네초바는 2009년, 이탈리아의 프란체스카 스키아보네는 2010년 정상에 올랐다. 2011년 챔피언은 중국 테니스 역사상 첫 우승자인 리나였고 최근에는 마리아 샤라포바(2012, 2014)와 세리나 윌리엄스(2013, 2015)가 두 번씩 나눠 가졌다. 가르비네 무구루사(2016)와 엘레나 오스타펜코(2017)가 첫 그랜드슬램 트로피를 이곳에서 들어 올렸다.

최근 롤랑가로스에서 발견되는 가장 큰 즐거움은 현대식 라켓과 더 단단해진 코트 표면의 조화가 전체적인 스피드를 끌어올리면서 다른 코트에서는 볼 수 없는 기술 테니스가 더욱 발전했다는 점이다. 클레이 코트 스페셜리스트가 여전히 득세하긴 했지만 이제 올라운드 플레이어에게도 유리한 면이 생겼고, 이는 1996년 대회에서 입증되었다. 1992년 짐 쿠리어, 1993~1994년 세르게이 부르게라, 그리고 1995년에는 토마스 무스터가 근성과 체력으로 우승컵을 선물받은 데 이어 1996년 카펠니코프는 뛰어난 기량을 펼치며 마이클 스티치에게 3-0 완승을 거두고 러시아 사상 첫 그랜드슬램 챔피언에 올랐다.

1999년 안드레 애거시 역시 안드레이 메드베데프를 5세트 접전 끝에 꺾고 3번째 결승 도전 만에 마침내 우승을 차지했다. 결코 빼놓을 수 없는 선수로는 구스타보 쿠에르텐을 들 수 있는데 그는 21세기 '스페인 정복 시대'로 넘어가기 전 마지막 타이틀을 거머쥔 선수다. 아르헨티나 선수가 딱 1년 점령한 직후인 2005년, 라파엘 나달이 화려하게 등장해 비외른 보리의 5회 연속 우승을 넘어 14번의 타이틀을 차지했고 이 과정에서 겨우 3번만 패하는 전무후무한 기록을 남기게 된다. 그 3번 가운데 한 번의 패배를 틈타, 로저 페더러는 2009년 프랑스오픈 우승이란 숙제를 풀 수 있었다. 스탄 바브린카는 2015년에 우승했고, 노박 조코비치는 2016년 정상에 올라 커리어 그랜드슬램을 완성했다.

윔블던

윔블던! 이 세상에서 단 하나의 특별한 스포츠 이벤트로 이보다 잘 어울리는 단어가 있을까. 최고의 전통과 인지도, 그리고 의심할 바 없이 가장 권위 있는 테니스 대회인 윔블던은 영국의 여름 햇살 아래 2주간 올 잉글랜드 클럽의 완벽하게 관리된 잔디에서 열린다. 여자 선수 최초로 그랜드슬램을 달성한 모린 코널리의 코치였던 엘리너 테넌트는 "런던 SW19(영국 윔블던의 우편번호로, 윔블던을 일컫는 또 다른 용어로 사용된다 – 옮긴이)은 테니스의 천국"이라고 묘사한 바 있다. 거의 80년 동안 윔블던은 과거 영국 시골 정원의 풍경을 그대로 유지하는 정책을 펼쳐 왔다. 물론 그동안 좌석 수와 경기장이 대폭 늘어났고 1번 코트부터 2~3번 코트의 증축, 그리고 2009년 개폐식 지붕이 설치된 새로운 센터 코트가 등장하고 늘 입장권이 동나는 상황 속에서도 이 정책의 큰 방향에는 흔들림이 없었다.

대회의 기원 자체가 스포츠의 전설이다. 1875년 올 잉글랜드 크로케 클럽은 워플 로드와 런던-남서부 간 철로 사이에 놓인 4800평 부지의 잔디 테니스 코트 임대 비용이 급격히 올라 당나귀가 끄는 롤러 수리 비용을 댈 수 없다는 사실에 직면한다.

"그렇다면 잔디 테니스 대회를 여는 게 어때?"라는 제안이 나왔다. 사람들은 점점 인기를 끌고 있는 테니스가 구세주가 될 수 있겠다고 생각했다. 〈더 필드〉라는 잡지를 통해서 1877년 6월 9일 공식 발표문이 나왔다. 윔블던 대회가 공식적으로 탄생한 날이었다. 발표문은 다음과 같다.

로티 도드는 15살 285일의 나이로 우승해 최연소 윔블던 챔피언의 기록을 세웠다.

"올 잉글랜드 크로케 & 잔디 테니스 클럽인 윔블던은 7월 9일 월요일부터 화요일까지 이틀 동안 모든 아마추어 선수들이 참가하는 모임을 제안합니다. 참가비는 1파운드 1센트. 이름과 주소를 이날까지 대회 조직위원장 앞으로 보내시기 바랍니다. 시상은 두 가지입니다. 우승자에게 금상, 준우승자에게 은상을 드립니다. 상금은 참가 규모에 따라 결정되고 대진 추첨 전에 발

지미 코너스와 크리스 에버트는 1974년 남녀 단식 정상에 올랐을 때 약혼한 상태였다.

표될 것입니다. 다만 어떤 경우라도 참가비보다 적은 상금을 받지는 않을 것이며 10파운드 10센트보다는 많이 받을 것입니다."

22명의 남자 선수들이 참가했고, 관중 200명이 1센트씩 내고 관람했으며, 크리켓 고수로 이름난 스펜서 고어가 결승에서 W.C. 마샬을 꺾고 초대 챔피언이 됐다. 대회는 목요일인 7월 19일이 되어서야 마무리됐는데 7월 13일과 14일에는 크리켓 빅 매치가 열렸기 때문이다. 크리켓 경기는 당시 영국의 여름에 가장 관심을 받는 사회적 이벤트였다.

윔블던 탄생의 근원이 된 롤러는 현재 1번 코트와 19번 코트 사잇길에 전시되어 있다. 2006년 옛 출입문에서 윔블던 테니스 박물관으로 옮겨졌는데, 지금은 런던 관광객이라면 한 번쯤 반드시 들러야 하는 명소인 동시에 과거와 현재를 연결해주는 매개 역할을 하고 있다. 1884년까지는 남자 단식만 열렸다. 그 뒤 여자 단식도 개최돼 13명의 출전자 가운데 마우드 왓슨이 초대 챔피언이 됐고 1879~1883년까지 옥스퍼드대학교에서 열린 남자 복식도 1884년부터 윔블던에 도입됐다.

윔블던의 인기는 빠르게 높아졌다. 1880년대 중반에는 렌쇼 쌍둥이 형제가 뛰어난 기량을 펼쳤고 로티 도드는 15살에 최연소 챔피언에 오르며 화제를 낳았다. 정식 좌석도 생겼다. 그런 윔블던도 쇠퇴한 시기가 있어 1895년에는 33파운드의 적자를 보기도 했다. 그러나 로리 도티와 레기 도허티 형제가 20세기 전환을 앞두고 10년간 압도적인 활약을 펼치며 팬들의 열정을 다시 일깨우기 시작했다.

최근 윔블던은 흥행에 전혀 문제가 없다. 2019년에는 50만 397명의 역대 최다 관중이라는 기록을 세웠고, 이는 곧 영국 테니스 발전으로 이어졌다. 1930년 이후 거둔 모든 흑자는 영국 테니스협회에 발전 기금으로 전해졌다. 2012년 최대 흑자가 기록되어 협회는 당시 557억 원의 엄청난 돈을 받았다.

로저 페더러나 세리나 윌리엄스와 같은 위대한 챔피언들이 이 세상에서 단 한 개의 대회만 우승할 수 있다면 무엇을 택하겠느냐란 질문에 한목소리로 윔블던을 외치는 이유는 무엇일까? 도대체 무엇이 남녀노소 가리지 않고 수천 명이 밤새 긴 줄을 서가며 티켓을 구하려 하고, 또 특별한 분위기를 느끼기 위해 코트 밖에 서서 보고 있

로저 페더러는 테니스계에 그의 후계자들이 범접하기 힘든 새로운 기준점을 세웠다.

는 것일까?

오랜 전통은 분명 그 이유 가운데 하나일 것이다. 잔디 역시 그렇다. 때로 잔디를 뒤집어엎은 다음, 보다 관리가 쉬운 걸로 바꾸자는 목소리도 있다. 하지만 오직 윔블던 우승만 해보지 못했던 매츠 빌랜더조차 "절대 안 된다. 그렇게 한다면 대회는 망할 것이다"라며 만류했다.

사실 올 잉글랜드 클럽은 지속적인 변화와 발전을 추구했지만 과거의 전통을 포기하지 않으려 하는 부분이 있어 그 변화를 감지하기 어렵다. 하지만 어떤 면에서는 결코 그렇지 않다. 1900년 이후 윔블던은 언제나 8월 1일에서 정확히 6주 전 월요일에 시작하는 것을 고수했다. 사실 윔블던 조직위는 프랑스오픈과의 간격을 한 주 더 벌리기 위해 1주일 뒤로 미루는 것을 계속해서 진지하게 검토해 왔다. 선수와 관계자들이 100% 찬성한다는 전제에서였다. 또 남자 단식 우승자는 이듬해 정확히 오후 2시에 센터 코트에서 경기해야 한다는 사실을 잘 알고 있다(단 한 번 예외는 1997년으로, 새로 개장한 1번 코트의 오프닝 행사 때문에 지연됐다).

앤디 머리는 윔블던 챔피언에 올라 홈팬들을 열광시켰다.

하지만 다른 시각에서 보면 윔블던은 변화를 선도하기도 했다. 지속적으로 확대되던 남자 단식 참가 인원을 1924년 128명으로 고정했고, 그해 시드 배정을 도입해 8개에서 10개, 12개를 거쳐 32까지 확대했다. 또 1925년부터는 예선을 도입했다. 그러나 무엇보다 가장 중요한 변화는 윔블던이 앞장서서 "사이비 아마추어리즘"의 위선을 혁파했다는 점이다. 1968년 오픈 테니스 시대를 연 것이다. 기록에 따르면 윔블던은 1930년대 중반부터 줄기차게 프로 선수들의 오픈 대회 출전을 요구해왔다. 결국 1967년 실행에 옮겼는데, 당시 윔블던은 사흘 동안 센터 코트에서 프로 선수들의 시합을 개최해 전 세계를 충격에 빠뜨렸다. 이것의 의미는 간단했다. 윔블던은 이듬해부터 프로와 아마추어 선수들의 경쟁을 무조건 허용하겠다는 뜻이었다.

서브 라인 판독 도입 역시 윔블던이 선도한 혁신이었다. 윔블던과 다른 메이저 대회들이 계속 성장해가면서 TV 중계도 인기를 얻기 시작했다. NBC 방송국의 "윔블던에서 아침을(Breakfast at Wimbledon)"은 확실히 자리를 잡은 프로그램이다.

호주에서는 윔블던을 보기 위해 TV 앞에서 밤을 지새우는 게 유행하기도 했는데, 특히 1987년 팻 캐시가 윔블던 챔피언에 오를 때가 압권이었다.

윔블던의 위대한 챔피언들과 명승부, 그리고 유명한 사건들을 이 한정된 지면에 열거하는 건 불가능한 일이다. 가장 뛰어난 개인적 성취는 이 책의 다른 장에서 다룰 것이므로 여기서는 몇 가지만 살펴보자.

여자 테니스를 먼저 얘기하자면, 실로 전 세대에 걸쳐 윔블던 역사에 기록될 만한 뛰어난 인물들이 있다. 로티 도드와 도로시아 램버트 챔버스, 수잔 랑랑, 키티 갓프리 등. 갓프리는 1924년 윔블던에서 우승할 때보다 80세에 선수 생활을 하면서 더 많은 사랑을 받은 인물이다. 헬렌 윌스, 모린 코널리, 마가렛 코트, 빌리 진 킹, 크리스 에버트, 마르티나 나브라틸로바, 슈테피 그라프와 윌리엄스 자매도 있다.

남자 선수로 넘어가 보면, 아마도 수잔 랑랑과 같은 강렬한 임팩트를 준 최초의 남자 선수는 영국의 프레드 페리일 것이다. 윔블던 티켓 박스 근처에 자리한 그의 동상은 그가 윔블던과 영국 테니스에 얼마나 큰 의미가 있는 존재인지를 잘 보여준다. 페리는 1909년 아서 고어 이후 첫 영국 챔피언이었다는 것도 기억해둘 만하다.

요즘에는 미디어가 테니스 그 자체, 즉 선수들의 포핸드와 백핸드보다는 개성과 사생활에 더 많은 관심을 기울이고 있다. 그것이 바로 비외른 보리와 지미 코너스, 존 매켄로와 보리스 베커, 안드레 애거시와 피트 샘프러스 등이 과거 전후 세대 전설들인 로드 레이버나 루 호드, 매너 좋은 스테판 에드버리보다 더 많은 뉴스에 등장하는 이유이기도 하다.

윔블던의 가장 위대한 명승부 가운데 하나는 세계대전 이후 첫 결승이기도 했던 디펜딩 챔피언 램버트 체임버스와 20살 신예 수잔 랑랑의 대결이다. 체임버스는 당시 41세였다. 속치마를 입은 체임버스와 무릎 위까지 오는 원피스를 입은 랑랑의 대결은 박빙의 승부였다. 체임버스가 마지막 세트 1-4의 열세를 딛고 승부를 뒤집어 매치 포인트를 두 차례 잡았지만 결국 10-8, 4-6, 9-7 랑랑의 승리였다.

뛰어난 역전승 가운데 하나로는 아마도 앙리 코셰의 1927년 윔블던을 빼놓을 수 없을 것이다. 당시는 단식부터 혼합복식까지 5종류의 시합에 모두 시드가 배정된 첫해였고 처음으로 센터코트 경기가 중계 방송됐을 뿐 아니라 8강 진출자들이 전부 해외에서 온 선수들이었다. 코셰는 미국의 거인 빌 틸든과의 준결승에서 두 세트를 내주고 5-1까지 밀렸지만, 갑자기 살아나기 시작했다. 17개 연속 서브 에이스를 터트리며 다음 5게임에서 단 두 포인트만 내줬다. 틸든은 결국 마지막 세트에서 6-3으로 코세에게 패했는데 힌두교도들에게 최면을 당했다는 설도 있었다. 그에 앞서 8강전에서도 두 세트 뒤지다가 역전한 코세는 결승에서 또다시 4-6, 4-6, 6-3, 6-4, 7-5로 이겼다. 마지막 세트 3-5 상황에서 발리 경합 도중 백핸드 위너로 3번째 매치포인트 위기에서 벗어났는데, 사실 그 발리는 투터치였다고 한다.

1933년 잭 크로포드가 엘스워스 바인을 상대로 거둔 4-6, 11-9, 6-2, 2-6, 6-4 승리도 한편의 대서사시였고 자로슬라프 드로브니가 1953년 켄 로즈웰에 거둔 승리, 그리고 스탠 스미스가 1972년 일리 나스타셰를 이긴 것도 명승부에 속한다. 그러나 최고의 승부로 기억되는 건 역시 2008년 남자 단식 결승으로, 라파엘 나달이 통산 5회 챔피언 로저 페더러를 상대로 거둔 승리였다. 나달은 당시 페더러의 현대 테니스 최고 기록이 될 6회 연속 윔블던 우승을 저지했다. 이 경기는 대부분의 전문가들이 "역대 최고의 경기"로 꼽는 명승부이기도 하다. 2007년까지 남자보다 상금을 더 적게 받은 여자부에서는 1953년 모린 코놀리가 힘과 정확성을 앞세워 3회 연속 챔피언에 오른 장면을 빼놓을 수 없다. 슈테피 그라프가 1991년 가브리엘라 사바티니를, 2년 뒤 야나 노보트나를 간신히 이긴 것도 기억에 남는 명승부다. 1936년 이후 영국 팬들이 가장 기다려온 순간이 2013년에 왔다. 앤디 머리가 결승에서 노박 조코비치를 이기고 77년 만에 영국 출신 윔블던 챔피언에 오른 것이다.

조코비치는 이후 2014년과 2015년 두 차례 타이틀을 차지했고, 머리는 2016년 두 번째 윔블던 정상에 올랐다. 그러나 2017년 윔블던에서 화려한 부활로 팬들을 기쁘게 하며 통산 8차례 우승을 차지한 로저 페더러야말로 윔블던 역사상 가장 성공한 선수다.

US오픈

미국에서 공식 기록된 첫 테니스 시합은 1876년 8월 매사추세츠주의 나한

빌 틸든은 대포알 같은 강서브로 US오픈에서 7번 우승을 차지했다.

트에서 열린 것으로 추정되는데 '라켓츠' 종목처럼 15점제였다. 1881년 뉴욕 맨해튼의 5번가 호텔에서 전국 34개 클럽 회원들이 모였다. 이곳에서 미국 잔디테니스협회가 출범하면서 US 내셔널 단식 챔피언십 대회가 탄생했다. 협회는 1920년 "National"을 뗐냈고 1975년에는 "Lawn"이란 글자도 지워버렸다. US 내셔널 챔피언십은 윔블던 규정과 공, 선수들까지 일부 수입해 뉴포트 카지노에서 개최됐다. 그들 가운데 한 명인 윌리엄 글라인이 결승에 올랐지만 하버드대학생 리처드 시어스에게 6-0, 6-3, 6-3로 패했다.

시어스는 챌린지 라운드(전년도 우승자는 마지막 결승만 치르는 테니스 도입 초창기 경기 방식, 1884년 도입돼 1912년 남자부 폐지, 1919년 여자부 폐지)의 이점을 활용해 6년간 정상에 올랐다. 이 기간 대회의 인기는 무섭게 상승했다. 시어스는 미국 테니스의 또 다른 개척자인 제임스 드와이트와 함께 복식에서 6년간 5번 우승하기도 했다.

남자와 별도로 여자 US챔피언십은 1887년 필라델피아 크리켓 클럽에서 시작됐다. 1889년에는 여자 복식도 포함됐다. 분리돼 열리던 US 챔피언십은 1935년 포레스트 힐스에서 함께 출전하면서 통합되었는데, 남자는 1915년 뉴포트에서 포레스트 힐스로 옮겼고 이곳에서 1977년까지 계속됐다(단 1921~1923년은 저먼타운 크리켓 클럽에서 개최했는데 이 기간 포레스트 힐스가 경기장 신축 공사에 들어갔기 때문이다).

여자부는 1921년부터 포레스트 힐스로 왔는데, 당시까지만 해도 별개의 대회였다. 첫 여자 단식 챔피언은 엘렌 한스웰로, 기록을 보면 "사이드암 서브를 구사했고 슬라이스를 활용했는데 결코 네트 앞으로 나오지 않았다"고 나와 있다.

데이비스컵의 창설은 미국 테니스 클럽들이 하나로 뭉쳐 빠르게 성장하는 결정적인 요인이었다. 1900년 당시는 골프가 처음 도입된 시기이기도 했는데 44개 테니스 클럽이 8년 뒤 100개로 늘었으며 주로 동부와 서부 연안에 집중됐다. 캘리포니아 출신의 메이 서튼과 헤이즐 호치키스가 두각을 나타냈다. 서튼은 훗날 토마스 번디 부인으로 불렸는데, 1904년 US챔피언십에서 16살의 나이에 우승했다. 잉글랜드가 고향인 그녀는 1년 뒤 윔블던에

플러싱 메도우는 1978년 이래로 US오픈의 매우 인상적인 경기장이 되었다.

서 우승한 최초의 미국인이 됐다.

그러나 가장 중요한 사실은 1차 대전 직후 US 챔피언십이 확고한 대회로 자리를 잡았다는 것이다. 그 기간 빌 틸든은 6년 동안 무적의 테니스를 펼쳤고 몰라 말로리와 헬렌 윌스는 여자 단식을 지배했다. 포레스트 힐스에 새로 건설된 테니스장은 윔블던에 이어 세계에서 두 번째로 큰 규모였다. 1920년대 경제 불황에도 불구하고 US챔피언십을 향한 지원은 시들지 않았고 지금까지 세계 최고의 선수들을 끌어모으고 있다. 실제로 빌 틸든의 6년 연속 집권기가 끝난 1925년부터 르네 라코스테, 앙리 코셰, 프레드 페리 등이 향후 9년간 5번 타이틀을 나눠 가졌다.

코셰가 1926년 8강전에서 틸든을 물리친 건 US오픈 초창기 50년 가운데 최고 명승부로 꼽힌다. 판단력이 빠른 전략가 코셰는 틸든의 강서브에 잘 대응했고 이를 역이용해 빠르게 네트 대시한 뒤 멋진 발리로 포인트를 끝냈다. 경기를 앞두고 무릎 부상이 의심된 틸든은 네트 앞 위너를 앞세워 5세트 1-4에서 4-4까지 따라붙는 저력을 보였지만 코셰의 벽을 넘지 못했다. 당시 뉴욕 타임스의 앨리슨 단치히는 코셰의 테니스를 "역습의 예술"이라고 평가했다.

2차 대전에도 미국 테니스는 크게 위축되지 않았다. 전쟁 당시 병참기지로 활용돼 폭격 후유증을 앓아야 했던 윔블던과 달리 US오픈은 곧바로 정상적인 모습을 찾을 수 있었다. 1946년 포레스트 힐스의 테니스장은 너무 많은 관중이 찾아 종종 출입문을 닫기도 했

세리나 윌리엄스는 US오픈 정상에 총 6차례 올랐다.

는데, 이는 훗날 1968년 오픈 시대 개막 이후 모든 그랜드슬램 대회가 겪을 첫 번째 딜레마이기도 했다. 1946년 대회에서는 톰 브라운이라는 새로운 선수가 프랭크 파커와 가드너 말로이를 물리쳤으나 결승에서 잭 크라머에게 졌다. 잭 크라머는 윔블던 사상 처음으로 반바지를 입고 우승해 유명세를 탄 선수다.

크라머가 1946~1947년 우승한 뒤 판초 곤잘레스가 2년 연속 US오픈을 정복했다. 사실 1949년에는 비교적 약체로 평가된 테드 슈로더라는 선수에게 연패를 당하면서 곤잘레스의 패배가 예상되기도 했다. 곤잘레스는 첫 세트를 18-16으로 내줬는데, 이 과정에서 그는 33번째 게임에서 심판의 오심에 좌절해야 했다. 2세트 역시 졌지만 20년 뒤 윔블던에서 그랬던 것처럼, 곤잘레스는 상처 입은 맹수가 포효하듯 나머지 세 세트를 6-1, 6-2, 6-4로 가져갔다.

곤잘레스는 그를 추종하는 호주와 미국의 다른 뛰어난 선수들처럼, 프로 투어에 출전하기 안성맞춤인 선수였다. 이 때문에 오픈 시대 전인 1950~1960년대 US오픈의 미국 출신 우승자는 대부분 여자 선수들이었다. 폴린 베츠, 루이스 브로우, 마가렛 듀퐁, 모린 코널리, 도리스 하트, 셜리 프라이와 알시아 깁슨 등이다.

훗날 결국 윔블던과 영국 테니스협회의 뜻을 따르긴 했지만, 미국 테니스협회가 US오픈을 끝까지 아마추어 대회로 남기려고 노력했다는 건 사실이다. 오픈 시대 개막 이후 2년간 프로와 아마추어에게 동시에 문호를 개방했지만, 미국 테니스협회는 보스턴의 롱우드에서 US 아마추어 챔피언십을 계

속 열었다. 반면 포레스트 힐스에서 열린 US오픈을 10만 달러의 상금이 걸린 세계에서 가장 비싼 대회로 격상시켰다. 예상과 달리 프로들이 고전하면서 아마추어였던 아서 애시가 결승에 올라 네덜란드의 '무늬만 프로'인 톰 오케르를 꺾고 우승을 차지했는데, 그는 아마추어 신분 탓에 우승 상금 수령을 못한 채 소속 협회의 처분에 따를 수밖에 없었다. 반면 버지니아 웨이드는 오픈 시대 US오픈 첫 여자 단식 우승자로 6000달러의 상금을 챙겼다.

1969년은 로드 레이버의 인생에서 가장 중요한 시기였다. 레이버는 토니 로체를 7-9, 6-1, 6-3, 6-2로 제압하고 테니스 역사상 유일하게 캘린더 그랜드슬램을 두 번 달성한 인물로 기록됐다. 게다가 그곳은 1938년 돈 버지가 사상 첫 캘린더 그랜드슬램을 달성한 장소이기도 했다.

비가 내려 결승전은 대회 3주 차 월요일로 미뤄질 수밖에 없었고 당일에도 헬리콥터가 경기장 상공에서 바닥을 말리는 등 경기는 95분이나 지연됐다. 레이버는 미끄러운 잔디 탓에 신발을 바꿔가면서도 기념비적인 우승을 달성했다. 하지만 겨우 3708명의 관중이 지켜봤고, 오늘날이라면 당연히 있었을 TV 중계도 없었다.

마가렛 코트는 1970년 여자 단식에서 우승하면서 캘린더 그랜드슬램을 달성했는데 그해 타이 브레이크가 처음 도입됐고 켄 로즈웰이 남자 단식 챔피언에 올랐다.

US오픈의 인기는 계속 높아졌다. 1973년 남녀 상금이 동일하게 지급되기 시작했고, 존 뉴콤과 마가렛 코트 모두 2만 5000달러의 우승 상금을 받았다. 1년 뒤 잔디 코트와 작별을 고한 US오픈은 크리스 에버트가 좋아한 녹색 클레이 코트를 사용했을 뿐 아니라, 조명을 설치해 야간 경기를 실시했다. 그러나 웨스트사이드클럽에서 열린 US오픈은 2번의 낮 경기를 치르기도 버거웠다. 결국 1977년이 마지막 해였다. 14세의 트레이시 오스틴과 17살 존 매켄로가 처음 출전했고 트랜스젠더인 42살의 르네 리샤르도 모습을 드러낸 대회였다. 결국 이듬해부터 US오픈은 플러싱 메도우에서 개최됐다.

맨해튼에 가까우면서도 그랜드슬램을 개최하기에 충분한 공간을 지닌 장소를 찾기는 쉽지 않았다. 또 한 가지 위협 요인도 있었다. 당시에는 과소평가됐을지 모르지만 루이 암스트롱 스타디움은 과르디아 공항으로 향하는 비행경로 바로 아래에 있었다. 1978년 첫해부터 범상치 않았다. 16살의 팸 슈라이버가 프린스 점보 라켓을 손에 쥐고 결승에 올라 에버트와 한판 승부를 벌였다. 한편 유일하게 3개의 다른 코트 표면에서 US오픈 우승을 맛본 코너스는 1978년 결승전에서 비외른 보리를 꺾었는데, 그 이후 보리는 플러싱 메도우에서 우승하지 못했다.

다른 선수들은 새로운 경기장에서 승승장구했다. 1979년 트레이시 오스틴은 16살 28일의 나이에 최연소 여자 단식 챔피언에 올랐고 로스코 태너는 총알 같은 강서브로 센터 코트의 네트를 박살냈을 뿐 아니라 비외른 보리의 우승을 또다시 가로막았다. 결국 결승에서 존 매켄로가 비타스 제룰라이티스를 꺾고 생애 첫 US오픈 우승을 차지했다.

1980년 보리-매켄로 클래식 매치가 성사됐다. 매켄로가 자신의 총 4차례 우승 가운데 2번째를 완성한 경기였다. 코너스는 한 번 더 우승해 통산 5회 챔피언에 올랐고 이후 이반 렌들이 3연패했다. 여자부에서는 6회 우승을 차지한 에버트와 나브라틸로바, 그라프, 모니카 셀레스가 뛰어난 활약을 펼쳤다. 윌리엄스 자매는 도합 8차례 우승했는데 세리나가 6번, 비너스가 2번이었다.

1990년 피트 샘프러스가 등장했다. 19살 28일로 역대 US오픈 최연소 남자 챔피언에 오른 것이다. 샘프러스의 커리어를 살펴보면 짜릿하고 감동적인 명승부들이 이곳에서 많이 펼쳐졌는데, 1996년 8강전 매치 포인트에서 더블 폴트를 범한 알렉스 코레챠와의 경기가 특히 그랬다. 샘프러스는 확실히 몸이 아파 보였지만 이를 극복했고 그의 코치인 팀 굴릭슨이 세상을 떠난 직후 첫 그랜드슬램 우승을 차지하며 더 큰 감동을 남겼다. 그리고 로저 페더러의 탁월함이 이어졌다. 2008년 전문가들의 비관적인 전망 속에서도 페더러는 앤디 머리와의 결승전에서 6-2, 7-5, 6-2로 승리해 1920년대 빌 틸든 이후 처음으로 US오픈 5회 연속 우승을 달성했다. 페더러는 이로써 윔블던과 US오픈을 5회 연속 우승한 역사상 유일한 선수로 기록됐다.

그러나 페더러는 6회 연속 우승에는 실패했다. 2009년 5세트 접전 끝에 후안 마틴 델 포트로에게 패했다. 라파엘 나달은 2010년과 2013년, 노박 조코비치는 2011년과 2015년, 2018년에 우승했고, 앤디 머리는 2012년 첫 메이저대회 우승을 US오픈에서 해냈다. 마린 칠리치가 2014년, 스탄 바브린카는 2016년에 이변을 일으켰고 나달은 2017년 다시 US오픈 타이틀을 찾은 데 이어 2019년에도 통산 4번째 우승에 성공했다.

팸 슈라이버는 현대 여자 테니스에서 가장 에너지가 넘치는 선수로 꼽힌다.

빌리 진 킹이 1973년 보비 릭스와의 "세기의 성 대결"에서 승리를 거둔 뒤 기뻐하고 있다.

WTA 투어

오픈 시대 개막 이후 모든 메이저 대회가 남녀 상금을 동일하게 지급하기까지는 39년의 세월이 걸렸지만, 현재의 슈퍼스타들은 과거 힘겨운 투쟁 끝에 승리해 여자테니스의 존재감을 끌어올린 선배들에게 큰 빚을 지고 있는 것이 사실이다.

2015년 기준, 전 세계 30개국에서 1월부터 11월까지 54개의 토너먼트 대회가 열리고, 총상금 8500만 달러가 걸려 있다. 인플레이션을 감안해도 이 같은 잭팟을 터트리기까지는 엄청난 투쟁을 벌인 사실을 기억해야 한다. 특히 빌리 진 킹과 미국의 테니스 잡지〈월드 테니스〉의 편집장 글래디스 헬드먼을 주목해야 한다. 그들은 1970년대 테니스의 여성 참정권 운동가라고 할 수 있다.

그들의 노력이 남녀의 동일한 상금 지급이라는 결과로 정확히 이어지지는 않았지만 그들의 투쟁은 빈틈없었고 무엇보다 정당했다. 사건의 발단은 1947년 윔블던 챔피언이자 미국 테니스 프로모터의 선두 주자로 꼽히는 잭 크라머가 LA에서 열린 남서부 태평양 챔피언십에서 여성의 상금을 높이는 걸 거부하면서 시작됐다. 그는 남자에게 1만 2500달러를 주는 반면 여자에게는 단 1500달러의 우승 상금만 책정했다. 빌리 진 킹과 그녀의 오랜 복식 파트너인 로지 카살스는 행동해야 할 때라고 느꼈다. 그들은 헬드먼 편집장에게 연락했다. 헬드먼은 특히 크라머의 대응을 전해 듣고 더욱 격분했다. 당시 크라머는 여자 선수들의 대회 보이콧 움직임에 대해 "괜찮아, 그 돈을 남겨서 남자 선수들에게 주면 되니까"라고 반응했다.

신속한 조치가 이뤄졌다. 헬드먼은 휴스턴에서 상금 5000달러를 내걸고 8명의 여자 선수가 출전하는 투어 대회를 만들었다. 그녀는 또한 친구이자 필립 모리스 회장 요세프 컬먼 3세에게 연락해 당시 새로운 담배 브랜드인 버지니아 슬림을 대회명으로 사용하면 2500달러를 더 내겠다는 약속을 받았다.

1970년 9월 23일. 마가렛 코트가 US오픈에서 남자 우승 상금의 3분의 1 수준만 받은 지 불과 2주 뒤였다. 헬드먼은 9명의 선수를 휴스턴에 모아〈월드테니스〉잡지와 상징적인 1달러 프로 계약을 맺었다. 그래야만 미국테니스협회(USTA)의 징계를 피할 수 있었기 때문이었다. 당시 USTA는 휴스턴 대회에 참가하면 자격 정지를 주겠다고 지속적으로 선수들을 위협했다. 참가 선수들의 면면을 살펴보면 피치스 바트코비치, 로지 카살스, 줄리

헬드먼, 빌리 진 킹, 크리스티 피전, 낸시 리치, 발 지겐푸스, 그리고 두 명의 호주 선수인 주니 달턴과 케리 멜빌이 있었다.

며칠 뒤 USTA에서 이 대회에 참가한 미국 선수들에게 전보를 쳤다. 자격이 정지됐고 따라서 그랜드슬램과 페드컵, 와이트먼컵에 뛸 수 없다는 통보였다. 하지만 반란은 멈추지 않았다. 휴스턴 대회는 계속됐고 2개의 대회가 추가돼 1971년까지 19개 도시에서 활발히 개최됐다.

1972년에 이르러, 9명으로 시작한 "오리지널 9" 투어 대회는 참가 선수 50명으로 확대됐다. 가장 큰 전환점은 1973년이었다. USTA가 당시 한창 주가를 올리고 있는 크리스 에버트와 에본 굴라공을 앞세워 라이벌 투어를 후원했는데, 버지니아 슬림 투어의 22개 이벤트보다 상금이 더 적었던 것이다. 여기에 더해, 빌리 진 킹이 "세기의 성 대결"에서 보비 릭스에게 승리를 거뒀다. 3만 472명의 기록적인 관중이 운집했고, 전 세계 5000만 명이 TV로 스포츠와 쇼비즈니스를 넘나드는 역사적인 첫 테니스 이벤트를 시청했다. USTA는 그제서야 더 이상 여자 테니스의 상업적 발전을 통제할 수 없다는 사실을 깨달았다. USTA는 버지니아 슬림 투어 대회의 제한을 풀었고 이듬해 US오픈에서 마침내 남녀 상금을 동일하게 지급하기로 했다. 이 결정은 2001년 호주오픈이 이어받았고, 롤랑가로스는 2005년, 윔블던은 2007년에 동일하게 적용했다. 그러나 통계에 따르면 아직도 여자보다는 남자 경기의 인기가 높은 것이 사실이다. 또한 여자 대회는 출전 선수가 화려하고 개최지 출신의 스타가 포함되어 있을 때 성공이 보장되는 편이었다.

아이러니하게도 최근 흐름은 그랜드슬램 외에도 남녀가 함께 가는 방향으로 흘러가고 있다. 마이애미 오픈의 성공 이후 현재 독일, 이탈리아, 인디언웰스 대회는 남녀 동반 대회로 열리고 있으며, 완전히 함께 진행되지는 않더라도 적어도 1주 단위로 이어서 개최한다. 2009년 이후에는 이러한 흐름이 더욱 가속화되었고, 프리미엄급 대회에 상위 랭커의 참가를 보장하기 위한 제재 조치도 마련됐다.

현재 WTA 투어는 76개국 1000명이 넘는 선수들이 활동하고 있고, 지역적인 범위를 더욱 넓혀가고 있다. 물론 여자 테니스가 항상 성공 가도를 걷지는 않았다. 박스오피스를 강타할 만큼 뛰어난 선수의 수가 현저히 적을 때도 있었다. 실제로 1980년대 중반부터 1990년대 초까지 그랜드슬램 여자 경기에서 8강 이전에는 빅매치를 찾아보기 어려웠다.

지난 10년간 안젤리크 케르버, 가르비녜 무구루사, 카롤리나 플리스코바, 슬론 스티븐스 등 젊고 뛰어난 선수들의 등장은 논외로 치더라도, 여자 테니스는 라켓 테크놀러지의 진화 덕분에 한층 긍정적인 발전이 이뤄졌다. 그런 변화가 남자 테니스에서는 정반대의 효과를 줄 수 있었다 해도 여자 테니스는 흥미로워진 것이 사실이다.

아마 WTA가 직면해 온 가장 큰 문제는 ITF와 마찬가지로 출전 연령 제한일 것이다. 윔블던에서 로티 도드가 15살에 우승해 그랜드슬램 사상 최연소 기록을 세웠지만 몇 년 뒤 여자는 16살 이후 단식에 출전할 수 있는 규정이 생겼다. 1974년까지는 이 규정이 별문제가 되지 않았다. 하지만 키 크고 깡마른 러시아 주니어인 나타샤 킴레바가 로헴턴에서 열린 윔블던 예선 1회전을 통과했을 때 15살이라는 것이 밝혀지고 말았다. 그녀의 출전은 취소됐다.

1976년부터 새로운 연령 제한 규정이 도입된 1995년까지, 점차 연령 제한을 허용하는 추세가 굳어지면서, 이

마리아 샤라포바는 도핑 양성반응으로 15개월의 자격 정지를 받았지만 이후에도 여자 테니스 최고의 슈퍼스타로 군림했다.

20년의 기간 동안 각종 새로운 기록들이 양산됐다. 트레이시 오스틴은 아봉퓨처스 투어에서 14살 28일에 우승을 차지했고, 슈테피 그라프 역시 13살부터 그랜드슬램에 출전했다. 안드레아 제거와 15살에 US오픈 준우승을 차지한 팸 슈라이버, 케시 리날디와 제니퍼 캐프리아티 등이 10대 시절 주목받은 선수들이다. 그러나 문제의 핵심은 단순히 16세 이하 선수들이 투어에 출전하는 것만이 아니었다. 어린 시절 너무 많은 테니스를 치게 돼 겪는 심각한 부작용이 더 컸다.

대부분 신체적인 문제로, 학령기 소녀들은 무릎과 팔꿈치, 어깨를 비롯해 온몸에 얼음찜질을 해야 했다. 더욱 심각한 문제는 어린 소녀들이 그들의 연령대와 어울리며 정신적, 육체적으로 성장하는 대신 갑작스럽게 어른들의 세계에서 겪는 삶의 중압감에 상처받는다는 사실이다. 급작스럽게 백만장자 반열에 오른 선수들은 그만큼 더 위험에 노출되기 쉬웠다.

1990년대 초반 제니퍼 캐프리아티 신화가 무너지기 전(1990년 13세의 나이에 투어 데뷔전 결승까지 올라 화제를 모았지만 이후 마약 소지와 절도죄 등을 저질렀고, 이는 WTA의 연령 제한 규정을 재정비하는 계기가 됐다 - 옮긴이) 이와 관련한 광범위한 연구가 이뤄졌다. 2년간 선수와 부모, 코치, 의사, 트레이너 등과 심도 깊은 논의 끝에 1995년, 14~18세 선수들의 토너먼트 대회 참가 횟수를 제한하는 룰이 도입됐다.

마르티나 힝기스나 이미 14살부터 뛰기를 원한 안나 쿠르니코바처럼 이 규정이 도입 전 데뷔한 선수들을 위한 예외 조항도 있었다. 이 규정에서 한

잭 크라머는 1973년 남자 선수들의 윔블던 보이콧을 조장한 인물이다.

아서 애시는 그랑프리 서킷의 초창기 챔피언이다.

가지 추가된 것은, 15살이 넘은 선수의 경우 랭킹이 출전 가능한 범위에 있다면, 4대 그랜드슬램 대회 가운데 하나 이상 참가가 허용된다는 것이었다.

여자 테니스의 또 한 가지 중요한 혁신은 1984년 연말 왕중왕전 결승전에 5세트 제도를 도입한 것이다. 1902년 US오픈이 여자 5세트 제도를 없앤 이후 처음이었다. 그러나 이 제도는 1990년까지 사용될 일이 없었다. 1990년 모니카 셀레스가 가브리엘라 사바티니에게 승리했을 때 비로소 5세트 경기가 발생했기 때문이다.

이 제도는 1999년 폐지되기 전까지 딱 두 차례 적용됐다. 가장 흥미진진했던 승부는 1996년 그라프가 16살 힝기스에게 5세트까지 끌려갔을 때였다. 힝기스는 5세트까지 승부를 끌고 갔지만 정신적, 육체적으로 완전히 소진돼 6-0으로 허무하게 졌다.

1972년부터 시작된 연말 왕중왕전은 53년간 겨우 19명에게만 챔피언의 영광을 허용할 정도로 권위가 있었다. 크리스 에버트, 에본 굴라공, 나브라틸로바, 트레이시 오스틴, 실비아 하니카, 그라프, 사바티니, 모니카 셀레스, 야나 노보트나, 힝기스, 데븐포트, 세리나 윌리엄스, 비너스 윌리엄스, 킴 클리스터스, 아멜리에 모레스모, 쥐스틴 에넹, 페트라 크비토바, 아그네슈카 라드반스카였다. 이들 가운데 하니카를 제외하고는 모두 세계 랭킹이 1위 아니면 2위였다.

1973년 마가렛 코트는 한 시즌 18승의 최다 우승 기록을 세웠다. 1971년 빌리 진 킹이 17승, 에버트와 나브라틸로바의 가장 성공한 시즌은 16승이었다.

가장 긴 연승 기록은 나브라틸로바가 갖고 있다. 1984년 1월 버지니아 슬림 대회에서 만들리코바에게 패한 이후 12월 호주 오픈 4강 헬레나 수코바전까지 74연승의 기록이다. 나브라틸로바는 당시 13개의 타이틀을 거머쥐었다. 에버트는 1973년 8월 12일부터 1979년 5월 12일까지 클레이 코트 125연승을 질주했다. 이 기록은 오스틴이 이탈리아오픈 준결승에서 6-4, 2-6, 7-6으로 극적으로 승리하면서 끝났다.

그러나 나브라틸로바는 단식에서의 74연승 외에도, 팸 슈라이버와 함께 복식 109경기 연승의 기록도 보유하고 있다.

ATP 투어

엄밀히 말해 ATP 투어의 역사는 1990년 시작됐다. 그때가 선수들 스스로 직접 뽑은 대표자와 관계자들이 주도한 첫해이기 때문이다. 이때부터 비로소 선수와 투어 관리자, 그리고 그랑프리라는 기치 아래 서킷을 운영해 온 ITF 3자의 사슬에서 벗어날 수 있었다. 흥미로운 건 ATP 투어가 그간의 발전에도 불구하고 1998년이 되자, 각자 자기 역할에 충실한 남자 테니스계 통일이 그다지 나쁘지 않다는 생각을 다시금 하게 된 것이다.

ATP 투어의 전신이기도 한 그랑프리 남자 서킷은 윔블던 챔피언이자 초창기 ATP의 회장을 역임한 토너먼트 기획자 잭 크라머의 작품이다. 1970년 ITF와 펩시콜라의 후원을 받아 시작한 그랑프리 서킷은 20개의 전통적인 토너먼트 대회를 3가지 카테고리로 분류했다. 체계적인 연간 대회 일정을 갖추고 선수들이 대회 카테고리에 따라 포인트를 획득한 다음, 이를 기준으로 연말 2만 5000달러의 보너스 상금을 받을 수 있는 대회 참가 자격이 주어지는 시스템은 상당한 혁신이었다.

그랑프리 서킷은 4월 본머스에서 시작해 11월 스웨덴 스톡홀름 실내 챔피언십으로 막을 내렸다. 그 안에는 윔블던과 US오픈, 프랑스오픈이 포함됐지만 호주오픈은 빠져 있었다. 첫해 연말 성적 1위는 미국의 클리프 리치였고 아서 애시, 켄 로즈웰, 로드 레이버와 스탠 스미스가 뒤를 이었다. 최상위 6명은 그해 처음 열린 도쿄 그랑프리 마스터스 출전권을 얻었고 라운드 로빈 방식을 치른 뒤 우승자는 1만 5000달러의 상금을 더 받았다. 리치는 몸이

일리 나스타셰는 1970년대 테니스의 대중성을 이끌었다.

아파 기권했고 결국 곧 군입대가 예정된 스미스에게 우승이 돌아갔다.

1974년까지 보험 회사 커머셜 유니온의 후원하에 호주오픈 포함 48개의 토너먼트가 열렸다. 하지만 대부분의 대회가 월드 챔피언십 테니스의 26개 대회가 끝난 뒤인 하반기에 몰려 있었다. 종종 한 주에 여러 대회가 유럽과 미국에서 각기 열리기도 했다. "댈러스로 향하는 경쟁"으로 알려진 이 투어에서, 8명의 톱 선수들은 10만 달러의 상금뿐만 아니라 금으로 만든 테니스공과 1년 석유 시추권도 받을 수 있었다.

월드 챔피언십 테니스(WCT)가 1977년을 마지막으로 막을 내림에 따라, 그랑프리는 단조로운 95개의 장기 토너먼트로 진행됐다. 도쿄, 파리, 바르셀로나, 보스턴, 멜버른, 스톡홀름, 휴스턴 등 세계 전역에 걸쳐 장소를 바꿔가며 개최되던 마스터스(연말 왕중왕전)는 선수들이 독립된 단체를 구성하기 전까지 뉴욕 메디슨 스퀘어 가든에서 계속해서 열렸다. 이후 마스터스는 2005~2008년까지 상하이로 장소를 옮긴 다음, 2009년부터는 영국 O2 아레나에서 열렸으며, 2021년부터는 이탈리아의 토리노에서 개최되고 있다.

초창기 마스터스는 짜릿한 명승부와 숱한 논란을 만들어냈다. 클레이 코트에서 나고 자란 기예르모 빌라스가 쿠용의 잔디에서 존 뉴컴과 비외른 보리, 일리 나스타세를 잇달아 물리친 건 놀라운 업적이었다. 1년 뒤 스톡홀름에서는 아서 애시와 일리 나스타세가 차례로 몰수패를 당했다 다시 복권되는 보기 드문 일이 벌어졌다.

로저 페더러는 310주 동안 세계 랭킹 1위 자리를 유지했다.

대회 첫날 애시가 1-6, 7-5, 4-1로 앞서가던 중이었는데, 나스타세가 계속해서 시간을 끌고 항의하고 자신에게 불쾌한 행동을 하자 그냥 나가 버린 것이었다. 때는 마침 독일인 심판 홀스트 클로스터켐퍼가 막 나스타세에게 경고를 날리려던 참이었다. 그는 나중에 이렇게 말했다. "저는 나스타세가 경기 속행을 거부해 실격을 주려던 참이었습니다. 하지만 애시가 나가서 돌아오지 않게 되면서 둘 다 실격 처리할 수밖에 없었습니다."

그 결정은 4명씩 두 조로 나뉘어 경기를 치르는 라운드 로빈 방식의 딜레마를 드러내기도 했다. 다음 날, ITF의 새 회장 데릭 하드윅의 중재하에 덜 공격적인 행동을 벌인 애시에게 승리가 돌아갔고, 나스타세 역시 남은 경기를 치를 수 있도록 허용됐다. 나스타세는 그런 상황에서도 라운드 로빈을 통과해 4강에 오르는 저력을 보였고 준결승에서 빌라스를, 결승에서 비외른 보리를 상대로 단 5게임만 내주며 우승을 차지했다.

1년 뒤 휴스턴에서는 코트 안팎에서 더 극적인 드라마가 펼쳐졌다. 멕시코의 라울 라미레즈는 브라이언 고트프리드와의 경기에서 실수를 남발했다. 3세트 2-0, 30-15로 뒤진 상황에서 라미레즈는 서브 리턴조차 하지 않았다. 그는 건너편 선심이 폴트라는 뜻으로 팔을 들었다고 주장했고, 미국인 주심 잭 스타에게 렛을 요청했다. 그런데 알고 보니 선심은 폴트 콜을 한 적도 없고 팔을 든 건 코트 옆 사진 기자였다고 반박했다. 라미레즈는 주심에게 렛을 계속해서 요구했고 관중석은 술렁이기 시작했다. 그러자 심판은 10초 안에 판정에 순응해 자리로 돌아가라고 명령했고 라미레즈가 돌아갔으나 심판은 라미레즈의 실격을 선언하며 "이 경기는 종료됐습니다"고 외쳤다.

그런데 반전은 또 있었다. 스타르 심판이 기자실에서 이 상황에 관해 설명하고 있는 동안, 누군가 들어와서 외쳤다. "이봐요, 저 선수들 다시 시합하고 있어요!" 대회 관계자가 라미레즈의 실격을 번복하고 다른 심판을 세워 경기를 재개한 것이었다. 라미레즈는 그럼에도 불구하고 이후 단 한 게임도 따내지 못하고 졌다.

마스터스의 라운드 로빈 방식의 적절성에 대한 논란도 있었다. 전통주의자들은 한 번 패한 선수가 토너먼트에 남아 챔피언에 오르는 걸 인정하기 싫어했다. 실제로 1990년 마스터스 도입 이후 단 4명의 선수만이 무패 우승을 달성했다. 로저 페더러(2002, 2004, 2006, 2010, 2011), 노박 조코비치(2012, 2013, 2014), 레이튼 휴이트(2001), 마이클 스티치(1993)뿐이었다.

1982년부터 3년 동안은 12명의 선수가 토너먼트 방식으로 싸웠다. 이 방식은 라운드 로빈에서 고의로 조 1위를 하지 않는 꼼수를 방지한 측면이 있었다. 그러나 대중들은 한 명의 선수가 적어도 3경기 이상 할 수 있는 라운드 로빈 방식을 좋아해 1986년 다시 이 방식으로 회귀했다.

1990년부터 그랜드슬램 대회에 랭킹 포인트가 반영되면서 그 중요성은 더 커졌다. 실제로 메이저 대회는 다른 대회보다 라운드별로 더 많은 포인트가 있고, 보너스 포인트도 더 많다. 투어 대회의 3가지 카테고리는 다음과 같다. 마스터스 1000시리즈(마이애미, 인디언웰스, 몬테카를로, 마드리드, 이탈리아오픈), ATP 월드투어 500시리즈, 월드투어 250시리즈. 그 아래로는 챌린저와 서킷 대회가 있는데, 후자는 ITF의 재정적 지원을 받는다.

ATP 세계 랭킹은 2000명 가깝게 집계되고 있다. 또 2008년 기준 63개의 대회가 30개 국가에서 열리고 있다. 지난 40년간 ATP의 가장 큰 변화는 미국의 쇠퇴와 유럽의 득세라고 볼 수 있는데, 스웨덴의 보리를 기점으로 야니크 노아(프랑스), 보리스 베커(독일), 로저 페더러(스위스), 노박 조코비치(세르비아) 등이 미국을 대신해 세계 최고로 군림했다.

2022년 6월 기준으로 40년간 총 27명의 세계 1위가 배출되었다. 1973년 40주간 1위를 한 일리 나스타셰를 시작으로 존 뉴콤(8주), 지미 코너스(268주), 비외른 보리(109주), 존 매켄로(170주), 이반 랜들(270주), 매츠 빌랜더(20주), 스테판 에드버리(72주), 보리스 베커(12주), 짐 쿠리어(58주), 피트 샘프러스(286주), 안드레 애거시(32주), 토마스 무스터(6주), 마르첼로 리오스(6주), 카를로스 모야(2주), 카펠리니코프(6주), 팻 라프터(1주), 마라트 사핀(9주), 구스타보 쿠에르텐(43주), 레이튼 휴이트(80주), 후안 카를로스 페레로(8주), 앤디 로딕(13주), 로저 페더러(310주), 라파엘 나달(209주), 노박 조코비치(373주), 앤디 머리(41주), 다닐 메드베데프(7주)가 세계 1위의 주역들이다.

상금은 1969년 130만 달러에서 7500만 달러로 늘어났고 330명 이상의 선

데이비스컵은 1900년 단 2개국 팀에서 출발했지만, 2016년에는 무려 156개 국가가 참가하고 있다.

수들이 백만장자 반열에 올랐다. 노박 조코비치가 2022년 3월 기준, 이 부문 최고로 1억 5480만 달러의 총상금을 받았고, 그 뒤를 페더러(1억 3060만 달러), 나달(1억 2710만 달러), 머리(6250만 달러), 샘프러스(4320만 달러), 바브린카(3470만 달러)가 잇고 있다.

데이비스컵

모든 스포츠에서 팀 이벤트가 있지만, 데이비스컵처럼 시간의 세례를 듬뿍 받은 이벤트를 찾기란 쉽지 않다. 20세기의 기지개를 켜게 된 1900년, 가장 처음 고안된 그 방식 그대로 지금까지 있기 때문이다. 최근 대회 진행 포맷의 변화가 예고되면서, 데이비스컵은 앞으로도 역사상 그 어느 시기보다 더 활발하게 테니스 복음을 전파할 것이다. 물론 시대적 변화에 따른 상업적 그리고 사회적인 요구를 반영하기 위해 포맷의 변화는 아직도 논의 중이다. 그러나 분명한 사실은 데이비스컵이란 이름은 글로벌 테니스와 동의어에 가깝고 전 ITF 회장인 필립 샤트리에가 '테니스 최고의 영예'라고 부른, 국제테니스연맹이 내놓은 최고의 주력 상품이란 것이다.

대다수 테니스 역사와 마찬가지로 데이비스컵은 앵글로-아메리칸에 주로 기반하고 있다. 1900년 미주리주 세인트루이스 출신의 하버드대 졸업생인 21살의 테니스 선수 드와이트 필리 데이비스가 국제 대회를 위해 트로피를 기증했다. 수년간 여러 국제 대회 창설 방안이 논의됐지만 결국 미국과 영국 두 나라만이 참가하는 대회로 최종 결정됐다.

데이비스컵 트로피는 거대하고 탄탄한 은색 사발 모양인데, 당시 시가로 1000달러 상당의 가치가 있었다. 오늘날에는 100명이 넘는 우승자 이름이 빼곡히 새겨진 밑둥은 사라졌지만 이 트로피는 값을 매길 수 없는, 위대한 역사적 가치를 지니고 있다.

데이비스컵 초창기 3년 동안 참가한 나라는 오직 영국과 미국뿐이어서 딱 한 경기만 열렸다. 1901년에는 영국이 팀을 구성할 수 없어 아예 열리지 않았다. 하지만 1904년 미국이 임시 탈퇴하면서 벨기에와 프랑스가 초대돼 챔피언인 영국에 도전하는 일종의 도전자 결정전을 치렀다. 벨기에가 이겼지만, 영국을 넘지는 못해 5-0으로 패했다.

지금은 130개 국가가 참가하고 있고 특히 지난 20년 동안 규모가 두 배 가까이 늘었다. 그러나 현재까지 우승 트로피를 차지한 나라는 14개국에 불과해 미국, 호주, 영국, 프랑스, 남아공, 스웨덴, 이탈리아, 체코슬로바키아, 독일, 스페인, 러시아, 크로아티아, 세르비아, 그리고 스위스가 전부다.

테니스의 매력이 전 세계로 확장되면서, 점점 더 많은 국가가 참가를 원했다. 그래서 데이비스컵의 경쟁 방식도 바뀌게 됐다. 처음 주요한 변화는 1923년 일어났다. 16개 국가가 참가해 크게 미국과 유럽의 두 지역(zone)으로 갈려 5월 중순부터 대회가 시작됐다. 두 대륙 외 국가들은 한 곳을 선택해 참가할 수 있었는데, 경기 자체는 자신들의 지역 내에서 치렀다. 각 지역 우승팀끼리 승부를 가려 지난해 챔피언에 도전할 수 있는 챌린지 라운드에 올라갈 수 있는지를 결정했다.

이렇게 지역별 예선이 열린 첫해, 훗날 프랑스 사총사의 막내가 되는 17살의 테니스 천재 르네 라코스테가 덴마크를 상대로 보르도에서 데뷔전을 치렀지만 패했다. 그해 또 한 가지 변화는 영국 제도 가운데 영국이 따로 나와 대회에 참가했고, 아일랜드는 북-남이 한 팀이 돼서 출전했다는 점이다. 이 전통은 지금도 럭비와 테니스에서 이어지고 있지만 축구는 북아일랜드와 아일랜드 공화국이 따로 출전하고 있다.

당시 영국은 프레디 페리의 활약을 앞세워 1930년대 중반 데이비스컵 최고 전성기를 구가하고 있었고, 유럽에서는 총 24개의 팀이 정기적으로 출전했다. 남미와 북미 지역은 인터존 결승을 위해 따로 플레이오프를 통해 승부를 가렸다. 그 뒤 아메리카 지역 예선이 다시 통합됐고 아시아 존이 추가됐다. 유럽의 두 번째 존이 추가되면서 데이비스컵은 규모가 너무 커져 통제가 어렵게 됐고, 오픈 시대 개막까지 겹치면서 수년간 위기를 맞게 됐다.

프로와 아마추어가 함께 뛰는 오픈 시대 개막 이후 첫 3년간, 이른바 '협회 등록 선수'들만 데이비스컵 참가를 할 수 있었는데 그들은 비록 토너먼트 대회에 출전해 상금을 받아 갈 수는 있었지만, 여전히 각국 협회의 통제하에 있는 선수들이었고 따라서 이른바 아마추어 대회에도 출전할 수 있는 자격이 있었다. 문제는 미국이나 호주와 같은 메이저 국가들이 다음과 같은 사실을 깨달으면서 심각해졌다. 윔블던이나 US챔피언십에서 우승한 거의 모든 선수가 프로 전향을 했는데, 그들을 데이비스컵에 소집할 수 없다는 것이었다.

그걸로 끝이 아니었다. 정치적인 문제도 있었는데, 남아공의 대회 참여로 인해 몇몇 국가들은 아예 경기 자체를 보이콧했다. 1974년 결승에 오른 인도도 그중 하나였다. 또 1969년 브리스톨에서 열린 유럽 존 결승에서 남아공이 영국을 3-2로 이기자 관중들이 밀가루를 투척하기도 했다. 사실 아파르트헤이트 문제는 남아공이 요하네스버그에서 열리는 테니스 대회에 흑인인 아서 애시의 비자를 불허하면서 크게 불거졌다. 수개월간 열띤 토론 끝에 합의가 이루어졌는데, 사실 남아공 테니스협회의 잘못이라고 볼 수는 없었지만, 1913년부터 부여한 남아공의 데이비스컵 출전 자격을 1970년부터 박탈해 버렸다. 2년 뒤 다시 복권했지만, 남아공은 아프리카가 아닌, 그들에 대한 반감이 조금 적을 것으로 기대되는 남미 존으로 옮겨졌다. 그럼에도 불구하고 이듬해 아르헨티나는 남아공과의 지역 예선 출전을 철회했고, 인도는 아예 결승전을 거부했다. 1975년 멕시코와 콜롬비아는 기권패가 부당하다고 소송을 제기하면서, UN과 IOC의 방침을 준수했으며 ITF의 징계가 불합리하다고 주장했다.

이런 현상은 남아공 스스로가 '데이비스컵의 파국을 막기 위해'라는 대의명분으로 자발적 출전 정지를 단행하기 전까지 계속됐다. 남아공은 1992년 아파르트헤이트 정책이 공식적으로 끝난 뒤에야 데이비스컵에 복귀할 수 있었다.

이 시기는 이슈가 꼬리에 꼬리를 물고 터지는 때였다. 1973년 프로 선수들의 출전 자격 제한이 풀렸음에도 93명의 선수가 윔블던 보이콧을 선언했는데 알고 보니 데이비스컵 문제가 발단이었다. 니키 필리치라는 유고슬라비아의 선수는 1967년 프로로 전향해 월드 챔피언십 테니스 대회에 합류했고 뉴질랜드와의 데이비스컵 출전을 거부했다. 유고 연맹은 즉시 9개월의 자격 정지 징계를 내렸다. ITF에 항소해 징계는 1개월로 줄었지만, 여전히 윔블던 출전은 불가능했다. 이에 92명의 다른 선수들은 필리치를 지지하기 위해 윔블던 출전을 철회해 버렸다.

정치적으로 '뜨거운 감자'는 또 있었다. 1976년 아일랜드 정부는 데이비스컵 대표팀의 로디지아(아프리카 남부의 옛 영국 식민지로 짐바브웨의 전신) 경기를 허락하지 않았다. 로디지아는 다음 상대인 이집트 역시 경기를 거부하리라는 사실을 알고는 출전을 철회했다. 물론 정치적인 이유로 출전을 하지 않는 나라들에 대해 영국과 미국, 프랑스가 앞장서 징계하려 했다. 하지만 징계는 받아들여지지 않았고 이들 3대 강대국은 탈퇴까지 불사하려는 움직임이 있었다. 이 위기가 잦아드는가 싶더니 이번에는 러시아가 칠레 군사 정부의 인권 유린을 이유로 경기를 보이콧했다. 러시아와 체코슬로바키아, 헝가리는 남아공과 로디지아 문제를 거론하며 페드컵 출전 불가 방침을 내세워, 테니스 국제기구를 또 한 번 골치 아프게 만들었다.

반면 중요한 결정도 내려졌다. 1971년 데이비스컵 챌린지 라운드 폐지가 제안됐다. 디펜딩 챔피언에게 지나치게 유리한 방식이었기 때문에 그 제안은 받아들여졌다. 따라서 1971년 우승팀인 미국은 이듬해 결승까지 계속 경기를 치러야 했다. 미국이 루마니아를 부큐레슈티에서 명승부 끝에 3-2로 꺾고 우승을 차지하긴 했지만, 데이비스컵에서 챌린지 라운드가 사라진 상징적인 순간이었다. 당시 미국 스탠 스미스가 루마니아 선심의 오심에 대해 썩은 웃음을 날리며 이온 티리악을 물리치고 미국에 1승을 먼저 안긴 유명한 대회이기도 하다.

그때까지만 해도 데이비스컵 우승 국가는 네 곳밖에 없었다. 그 뒤 9년간 월드 그룹이라는 새로운 방식이 도입되고 순위가 낮은 국가들이 지속적으로 유입되면서, 5년 연속 우승 국가가 바뀌었다. 그 가운데 3개국(스웨덴, 이탈리아, 남아공)은 첫 우승이었다. 독일, 러시아, 크로아티아, 세르비아, 스위스가 영광스러운 명단에 이름을 올렸고 지역 승강제까지 이뤄지면서 짐바브웨나 덴마크, 스위스 같은 국가가 정상권에 새롭게 포함될 수 있었다.

1981년에는 21년간 데이비스컵을 후원해온 NEC 주식회사가 상금을 도입했고, 최근에는 BNP 파리바 은행이 타이틀 스폰서를 맡아 2016년 1400만 달러의 상금이 지급됐다.

1900년부터 2017년까지 데이비스컵에 한 번이라도 참가한 국가는 162개국에 달한다. 미국이 가장 많이 우승해 32회, 호주가 28회, 영국이 10회(챌린지 라운드 폐지 전 9회), 프랑스 9회, 스웨덴 7회(비외른 보리의 등장 덕택), 스페인 5회, 체코 3회, 러시아 2회, 그리고 이탈리아, 남아공, 크로아티아, 스위스, 아르헨티나, 세르비아가 각 1회씩 우승했다.

11차례 챌린지 라운드에서 단식 17승 5패, 복식 4승 2패의 기록을 남긴 빌 틸든을 필두로 아서 애시, 스탠 스미스, 존 매켄로, 피트 샘프러스가 위대한 미국 데이비스컵의 성공 시대를 이끌었다. 그 가운데 매켄로와 샘프러스는 월드그룹 결승에서 데뷔전을 치렀다. 매켄로는 1978년 영국이 예상 밖으로 호주를 물리치고 올라오자 12월 팜 스프링에서 결승 맞대결을 벌였다. 첫 경기에서 매켄로가 존 로이드를 6-1, 6-2, 6-2로 물리쳤을 때는 기온이 섭씨 20도 정도였던 반면, 버스터 모트람이 미국의 브라이언 고트프리드를 5세트 접전 끝에 이겨 승부가 원점이 될 때는 얼음이 꽁꽁 언 영하의 날씨였다.

그러나 그것이 영국의 유일한 승리였고 미국은 4-1로 이겼다. 1991년, 샘프러스는 프랑스 리옹에서 결승전에 출전해 가슴 아픈 데뷔전을 치렀다. 그는 너무 큰 중압감에 시달린 나머지 첫 단식에서 앙리 르콩테에게 6-4, 7-5, 6-4로 졌다. 그러나 최악은 그다음이었다. 샘프러스는 가이 포르제에게 7-6, 3-6, 6-3, 6-4로 또 패했고, 프랑스는 야니크 노아의 뛰어난 지도하에 57년 만의 데이비스컵 축배를 들었다. 당시 1932년의 우승 주역 장 보로트라는 라커룸에서 가장 먼저 축하를 건넸다.

하지만 샘프러스는 데이비스컵에서 이처럼 수모를 당하고 있지만은 않았다. 1995년 모스크바의 올림픽 스타디움. 샘프러스는 안드레이 체스노코브와 첫 단식에서 5세트 접전 끝에 승리를 거뒀다. 그 뒤 토드 마틴과 깜짝 복식 조를 결성해 결정적인 승리를 거둔 뒤, 피로를 딛고 카펠리니코프에게 6-2, 6-4, 7-6으로 승리하며 미국에 3-1 승리를 선물했다. 샘프러스 인생 최고의 테니스를 보여준 한 편의 주말 대서사시였다.

데이비스컵 사상 최다 출전 기록은 미국 선수가 아닌, 이탈리아 니콜라 피에트란젤리가 갖고 있다. 그는 66회 이탈리아 대표팀에 선발돼 164번의 경기를 치렀다. 단식 78승 32패, 복식 42승 12패의 기록이었다. 반면 스위스의 세계 1위 로저 페더러는 선택적으로 출전했는데 2016년 기준으로 27차례 대표팀에 승선해 40승 8패의 단식 기록을 갖고 있다.

데이비스컵은 첫날 두 번의 단식과 둘째 날 복식, 마지막 날에는 첫날 단식 상대를 바꾸는 리버스 싱글을 치르게 되어 있었다. 최근에는 규정이 다소 완화돼, 선수가 부상을 당하면 교체할 수 있다. 그런데 항상 이렇게 규정이 느슨하지는 않았다. 홈경기장의 선택은 맞붙게 되는 두 나라가 가장 최근 어느 쪽에서 맞대결했었는지에 따라 결정된다. 즉, 지난번 원정을 치른 국가가 홈 어드밴티지를 얻는 방식이다. 만약 두 팀이 1970년 이후 단 한 번도 만난 적이 없다면 제비뽑기로 한다.

최근에는 경쟁이 더 치열해지고 중립국 심판진이 도입되면서 경기 시간이 너무 길어지는 것에 대한 고민이 본격화되고 있다. 1989년 이후 5세트를 제외하고 타이 브레이크가 적용되었지만 첫날 경기에만 7시간이 넘는 일이 반복되자, 2019년에 경기 방식이 대폭 개정되면서 두 번의 단식과 한 번의 복식, 즉 세 경기로 승부를 가리게 되었다. 몇몇 톱플레이어 선수들은 부담이 너무 크기 때문에 올림픽이 있는 해를 피해 데이비스컵을 2년에 한 번 열 것을 제안하기도 했다.

메리 하드윅 헤어는 페드컵의 창설을 배후에서 지휘했다.

위대한 토너먼트 대회

페드컵

페드컵은 1963년 ITF 창설 50주년을 맞아 태어났다. 첫 구상이 나온 지 40년이 지난 뒤였다. 1919년 데이비스컵에 깊은 인상을 받은 헤이즐 호치키스 와이트먼 여사가 여자에도 이와 비슷한 팀 이벤트를 도입하자고 제안했다. 문제는 미국과 영국을 제외한 ITF 회원국들이 이를 감당할 수 없었다는 것이다. 당시 대부분의 회원국은 남성 위주였다.

와이트먼은 굴하지 않았다. 그녀의 이름을 따 해마다 장소를 번갈아 가며 미국과 영국 여자 선수들이 맞붙는 대회를 창설했다. 그녀는 이후 지속적으로 자신의 꿈을 실현하기를 학수고대했으나 쉽지 않았다. 1962년 비로소 와이트먼컵 챔피언이자 시카고 출신인 메리 하드윅 헤어가 ITF에 국제 여자 대회를 열어야 한다는 빼곡한 성원이 담긴 서류를 제출했다. 이듬해 최종 승인이 났고 매년 다른 장소에서 1주일간 녹아웃 방식의 토너먼트 대회로 치르기로 결정됐다.

1회 페드컵은 런던의 퀸스클럽에서 개최됐다. 16개국이 참가했으며, 국가별로 단식 선수 2명과 복식 1개 팀으로 구성됐다. 초대 참가국은 영국, 미국, 호주, 프랑스, 서독, 이탈리아, 남아공, 네덜란드, 캐나다, 벨기에, 스위스, 체코슬로바키아, 헝가리, 덴마크, 오스트리아, 그리고 노르웨이였다. 원래는 잔디 코트에서 열릴 예정이었으나 비가 많이 쏟아져 실내 마루 코트에서 경기를 했는데, 완전히 새로운 경험이었다.

최종 승자는 미국이었지만 꽉 들어찬 실내 경기장의 열기는 명승부로 뜨거웠다. 호주의 마가렛 코트가 미국의 달렌 하드에게 단 3게임만 내주고 첫 단식에서 완승을 거뒀다. 빌리 진 모펫은 1세트를 5-7로 내줬지만 나머지 세트를 6-0, 6-0으로 따내며 승부를 원점으로 돌렸다. 승패를 가를 복식 경기가 남았는데 미국이 경기 직전 출전 명단을 바꿨다. 하드-캐롤 조 대신 하드-모펫 조가 나와 3차례나 브레이크를 먼저 당했지만 반격에 성공해 3-6, 11-9, 6-3으로 이겼다.

그 뒤 8년간 호주와 미국은 필라델피아, 멜버른, 투린, 베를린, 파리, 아테네, 프라이부르크, 퍼스에서 번갈아 우승을 차지했다. 남아공이 요하네스버그에서 열린 홈 이점을 살려 우승국 명단에 이름을 추가했고, 그때부터 1997년까지 체코슬로바키아, 스페인, 프랑스가 우승 리스트에 이름을 올렸다. 개최 도시는 다양했다. 1995년 데이비스컵과 함께 페드컵 포맷이 바뀌기 전까지, 베드 홈부르크, 네이플스, 아이젠프라빈스, 이스트번, 마드리드, 도쿄, 산타클라라, 취리히, 밴쿠버, 애틀랜타, 노팅엄, 프랑크푸르트 등지에서 열렸다.

상금이 도입되기 전까지 페드컵에 출전하는 상당수 국가는 선수들의 여행에 필요한 충분한 재정적 지원을 하지 못했다. 그러나 스폰서십이 생기면서 바뀌기 시작했다.

스폰서십이 도입되기 전까지 페드컵에는 한 가지 굉장히 사교적이면서 흥미로운 이벤트가 있었다. 대회 기간 딱 하루 모든 선수와 관계자, 그리고 미디어까지 공짜로 즐기는 자리를 개최국이 마련한 것이었다. 페드컵마다 독특한 추억이 있지만 아마도 가장 특별한 건 1986년 나브라틸로바가 미국 국적 취득 후 페드컵 대표팀에 뽑혀 처음으로 자신의 조국인 프라하를 방문했을 때였을 것이다. 그녀는 청중의 열광적인 환영을 받았는데, 그때까지 나브라틸로바의 성공을 언급하지 못하도록 언론을 통제했던 체코슬로바키아 당국자들에겐 매우 당혹스러운 광경이었다.

결승전은 미국과 체코의 경기였다. 미국의 크리스 에버트가 헬레나 수코바를 7-5, 7-6으로 이겨 먼저 1승을 가져왔다. 그러고 나서, 모든 테니스 팬들이 기다려온 경기가 시작됐다. 1975년 호주를 꺾고 체코슬로바키아의 유일한 우승 트로피를 안겨줬던 나브라틸로바가, 지난 3년간 체코의 승리를 이끌어온 하나 만들리코바와 대결하게 될 것이다. 관중들이 누굴 응원했는지는 명백했다. 나브라틸로바의 7-5, 6-1 승리 뒤 열광한 홈 관중들의 함성에 아마도 만들리코바는 적잖이 실망했을 것이다. 하지만 그것은 체코 국민들의, 표현의 자유를 억눌러온 정치권에 대한 유일한 항변이었을 것이다.

참가국이 늘면서 대회는 초기 방식처럼 한 곳에서 개최하는 것이 어렵게 됐다. 그래서 1992년 지역별 예선 라운드가 열려 32개 팀이 본선에 올라오는 방식으로 바뀌었다. 오늘날 이 포맷은 16개 팀이 월드 그룹에서 연간 3차례 경합하는 방식으로 정착됐다. 이 가운데 4개의 팀만이 그룹 파이널에 진출해 한 장소에서 최후 승자를 가린다. 그 밖의 다른 국가들은 각 지역 예선을 치르는데, 99개국 이상이 참가하고 있다.

기록을 살펴보면 2017년 기준 11개의 국가가 페드컵의 로즈 보울 트로피를 들어 올렸다. 미국이 17회, 체코 10회, 호주가 7회, 스페인은 5회, 러시아와 이탈리아가 4회 우승했다. 독일과 프랑스가 각각 2회씩, 남아공과 벨기에, 슬로바키아가 1회씩 우승했다.

스페인의 아란챠 산체스는 역대 가장 많은 단식 경기 승리를 기록했고, 라트비아의 라리사 네일런드는 복식 최다승 기록 보유자다.

세리나 윌리엄스는 2012년 런던올림픽에서 금메달을 획득했다.

와이트먼컵

1923년 시작된 이 대회는 미국과 영국 간 단독 대결이었다. 5번의 단식과 2번의 복식으로 승부를 가렸다. 미국 내셔널 챔피언십에서 45회 단복식 우승 기록을 세운 헤이즐 호치키스 와이트먼은 대회 트로피를 직접 기증한 장본인으로, 초대 대회에서 미국의 7-0 승리를 이끌었다.

시간이 흐르면서 미국과 영국 최고 선수들이 참가했고, 대회는 양국에서 번갈아 개최됐다. 보통 윔블던에서 열렸지만, 나중에는 영국도 미국처럼 도시를 이동해 가며 개최했다. 미국의 압도적인 승률은 스폰서십의 흥미를 잃게 하고 대회의 신뢰도를 떨어뜨린 요소였다. 1989년 대회가 폐지될 때까지 미국이 51승 10패로 압도했다. 이 대회의 주니어 버전은 계속 이어져, 미국과 영국 주니어 대표팀은 모린 코놀리 트로피를 놓고 지금도 경합하고 있다.

올림픽

테니스가 올림픽의 논쟁거리인 것은 사실이다. 프로 선수들이 올림픽 정신과 맞지 않기 때문에 올림픽 종목으로 채택되어서는 안 된다고 믿는 사람들도 있다. 그러나 서서히 그리고 확실하게, 이런 관점은 사라져가고 있다.

올림픽은 피에르 쿠베르탱이 고대 올림픽 정신을 되살리기 위해 1896년 시작됐다. 테니스는 고대 그리스의 스포츠는 아니었지만 첫 대회부터 정식 종목으로 들어갔다.

재미있는 이야기도 있다. 옥스퍼드대학교 크라이스트 칼리지 학생인 아일랜드 출신 존 볼란드는 친구인 츠라시볼로스 마나오스의 '올림픽 게임의 부활'이란 강의에 영향을 받아, 부활절 연휴에 열리는 올림픽에 참가하기로 했다.

그는 아테네에 도착해 친구이자 대회 조직 위원장인 마나오스의 안내에 따라 테니스 경기에 참여했다. 물론 그는 복장도 라켓도 제대로 갖추지 못한 상태였다.

가죽으로 된 신발과 라켓 등 필요한 장비를 빌려 출전한 그는 승승장구했고, 결승전에서 이집트의 디오니시오스 카스다글리스를 물리치고 올림픽 테니스 사상 첫 챔피언에 올랐으며, 복식에서도 금메달을 땄다.

1874년 탄생한 테니스는 당시 겨우 22년 된 종목이었지만 인기가 많았고, 볼란드의 112년 전 승리는 테니스의 위상을 올리는 데 기여했다. 시간이 흐르면서 위대한 테니스 선수들이 볼란드의 뒤를 이어 올림픽에 영광스러운 이름을 남기기 시작했다.

테니스 선수로서 볼란드의 모습은 다시 볼 수 없었지만 그는 명성 있는 변호사이자 정치인, 저술가로 성장했다.

4년 뒤 1900년 파리 올림픽에서 여자부가 도입돼 윔블던 3회 챔피언인 샬롯 쿠퍼가 볼란드처럼 초대 금메달리스트가 됐다. 암흑기도 찾아왔다. 1924년을 마지막으로 테니스가 올림픽에서 작별을 고하게 될 것이다. 시설이 충족되기 어려운 데다, IOC가 테니스의 국제단체인 ITF를 인정하지 않았기 때문이었다.

화해의 첫 조짐은 1968년 멕시코 올림픽에서 시범 경기가 열렸을 때 나타났다. 하지만 테니스가 올림픽에서 떠난 지 60년째 되는 1984년, 21세 이하 시범 토너먼트 대회가 로스앤젤레스에서 열리면서 비로소 완벽한 복귀가 가시화되기 시작했다. 이는 많은 관중을 동원하며 대성공을 거뒀고 슈테피 그라프와 스테판 에드버리라는 위대한 선수의 등장도 목격됐다.

앤디 머리는 2016년 리우올림픽에서 현대 테니스 역사상 처음으로 2개의 올림픽 단식 금메달을 획득한 선수가 되었다.

4년 뒤인 1988년 서울올림픽에서 테니스는 정식 종목으로 완벽히 복원됐고 슬로바키아의 밀로슬라브 메시르와 독일의 슈테피 그라프가 부활한 테니스의 첫 챔피언이 됐다.

그라프는 결승에서 가브리엘라 사바티니를 6-3, 6-3으로 꺾고 금메달을 획득하면서 '골든 그랜드슬램'이라는 위업을 달성했다. 그녀는 그해 4대 메이저 대회에서도 모두 우승을 차지했는데, 이는 아직 그 어떤 남녀 선수도 해내지 못한 업적이다.

이후 올림픽 챔피언의 영광은 현대 테니스의 위대한 선수들에게 돌아갔다. 제니퍼 캐프리아티-마크 로셋(1992 바르셀로나), 린지 데븐포트-안드레 애거시(1996 애틀랜타), 비너스 윌리엄스-카펠리니코프(2000 시드니), 쥐스틴 에넹-니콜라스 마수(2004 아테네), 라파엘 나달-데멘티에바(2008 베이징), 앤디 머리-세리나 윌리엄스(2012 런던), 앤디 머리-모니카 푸이그(2016 리우), 알렉산더 즈베레프-벨린다 벤치치(2022 도쿄).

올림픽 금메달의 매력은 희소가치가 있다는 점이다. 선수들은 평균적으로 인생에 두 번 정도 메달 시상대에 올라갈 기회가 있다.

올림픽 테니스를 위해 헌신한 전 ITF 회장 프란체스코 리치 비티는 『베이징으로의 여정』이란 포토북의 서문에서 다음과 같이 선언했다. "이제 올림픽은 지금 테니스에서 가장 중요한 이벤트 가운데 하나가 됐다. 그와 동시에 테니스 역시 올림픽에서 가장 중요한 이벤트 가운데 하나이다."

코트의 전설들

대부분의 스포츠에서, 위대한 챔피언은 만들어지지 않으며
그저 타고나는 것이라고 한다.
이는 분명 진부한 말로 들릴 것이다.
하지만 이것은 진리이며 아무리 강조해도 지나치지 않다.
특히 테니스에서 더욱 그렇다.

챔피언을 구성하는 모든 자질 가운데 타고난 재능과 갈고닦은 능력은 분명히 두 가지 핵심적인 요소다. 그러나 이 장에서 소개하는 14명의 스타들을 한데 묶어주는 또 하나의 특징이 있는데, 그것은 바로 특별한 형태의 고집스러움인 투지다. 이는 부정적인 의미에서가 아니라 온갖 역경과 장애를 뛰어넘어 성공을 쟁취하고 나아가서 최고의 자리에 오르기 위한 불굴의 투지를 말한다.

많은 경우 천재들의 고집스러움은 허세라기보다(물론 그런 경우도 많이 있다) 뚜렷한 도전적 행동으로 표현된다. 자신을 도발하는 어떤 상대와 사건, 경기 관계자나 심지어는 관중에 대해 일종의 "본때를 보여주지!"와 같은 반응이다.

가장 좋은 예가 1978년 비외른 보리의 이탈리아 오픈 결승전이다. 이탈리아 에이스 아드리아노 파나타와의 경기였다. 당시 이탈리아 오픈 주최 측은 관중에게 특별히 자중해 달라고 당부했는데, 이는 하루 전 관중들이 스페인의 호세 히구에라스에게 보인 매우 위협적인 행동 때문이었다. 관중들은 히구에라스를 불편하게 만들 만한 온갖 행동을 다 했고, 파나타가 결국 0-6, 1-5의 절대 열세를 뒤집고 역전승 할 수 있었다.

그러나 그런 당부는 소귀에 경 읽기였고, 보리는 화가 잔뜩 나 5세트 도중 관중들이 동전까지 집어 던지자 심판에게 항의를 했다. 그러나 곧 침착함을 되찾은 보리는 관중들의 도발을 가장 효과적으로 제어할 방법까지 찾아냈다. 동전을 집어 자신의 주머니에 집어넣은 것이다! 그는 게임, 세트, 매치는 물론 리라(이탈리아 화폐)까지 챙겼다.

프레드 페리를 성공으로 이끈 원동력은, 윔블던 조직위와 올 잉글랜드 클럽이라는 테니스 조직에 대해 보인 경멸에 가까운 태도였다. 1930년대 테니스 풍토는 아주 엄격한 아마추어 정신과 상류층 분위기가 지배적이었다. 그런 가운데 윔블던 조직위는 이 노동자 계급의 아들인 페리를 어떻게 다뤄야 할지 난감해했다. 페리는 결국 테니스에서의 성공은 학벌과 계급을 초월한다는 사실을 일깨워줬다.

최근의 유사한 사례를 살펴보자. 지미 코너스와 존 매켄로는 반항적이며 거만한 젊은이가 어떻게 순식간에 정상까지 올라서는지를 보여준 전형이다. 비틀즈의 존재 덕분에 이제는 오늘날 어느 정도 평범하게 받아들일 수 있는 덕목이 됐지만, 그들이 보여준 법칙은 다음과 같다. 타인에 대한 존중은 최소화하고 규정을 어기는 선이 아니라면 최대한 끝까지 밀어붙여 보고, 또 모든 공략할 가능성이 있는 구멍은 죄다 한 번씩 뚫어보는 것이다.

슈테피 그라프의 경우는 선수 생명을 위협할 만한 심각한 부상에 대해 끝까지 극복하는 완강함을 보여줬다. 이와는 다른 유형의 선수들, 즉 자신의 실력에 대한 자부심이 부족하고 정상에 머물 의지가 약한 이들은 틀림없이 비슷한 싸움에서 패했을 것이다.

20개가 넘는 그랜드슬램 타이틀을 보유하고 있는 테니스계의 두 스타 라파엘 나달과 로저 페더러가 같은 편에 서서 팀 유럽(Team Europe)을 대표해 복식 경기를 하고 있다.

조코비치

기술과 운동 능력, 그리고 승리에 대한 열망

로저 페더러와 라파엘 나달의 등장 이후 테니스는 더 이상 발전의 여지가 없다고 여겨졌다. 그러나 조코비치는 거대한 벽과 같은 수비와 뛰어난 운동 신경을 바탕으로 테니스를 한 단계 높은 차원으로 끌어올렸다.

주요 업적	
2003	프로 전향
2008	호주오픈에서 첫 메이저 대회 우승
2011	메이저 대회 3회 우승, 세계 1위 등극
2015	호주오픈, 윔블던, US오픈 우승. 프랑스오픈 준우승
2016	프랑스오픈 우승, 커리어 그랜드슬램
2021	호주오픈, 윔블던, 프랑스오픈 우승

노박 조코비치
출생: 1987년 5월 22일, 세르비아

4살부터 라켓을 잡은 조코비치는 6살에 유고슬라비아의 테니스 선수인 옐레나 겐치치의 지도를 받았다. 조코비치에게 깊은 인상을 받은 그녀는 이렇게 말했다. "모니카 셀레스 이후 최고의 재능일 것입니다." 조코비치는 6년간 그녀에게 배웠고 1999년 12살에 독일로 건너가 니콜라 필리치 아카데미에서 훈련을 시작했다.

호주오픈 주니어 대회 4강에 올랐던 그는 2003년 프로로 전향했다. 2005년 18살 5개월의 조코비치는 톱100 안에서 가장 어린 선수였다. 이듬해 롤랑가로스 8강까지 올라 나달에게 지긴 했지만, 윔블던에서는 16강에 진출했고 첫 ATP투어 타이틀과 연말 랭킹 20위 이내 진입이라는 성과를 올렸다.

2006년 영국과 데이비스컵 대결 뒤 영국 테니스협회가 조코비치에게 귀화를 권했다는 소문이 돌았다. 조코비치는 거절했다. 훗날 그는 "저는 세르비아인이고 그것이 자랑스럽습니다. 더 좋은 조건을 제시했다고 해서 흔들릴 수는 없습니다"라고 말했다.

2007년에는 롤랑가로스와 윔블던 4강에 올라 나달에게 패했다. US오픈에서는 결승에서 로저 페더러와 대결했는데, 첫 두 세트에서 세트 포인트를 모두 잡았지만 타이 브레이크에서 졌다. 바야흐로 이 젊은 세르비아 선수는 테니스의 거물들을 위협할 위치에 올라선 것이다.

첫 그랜드슬램 타이틀은 2008년 호주오픈에서 획득했다. 대회 내내 압도적인 경기력을 보인 조코비치는 딱 한 세트만 내주고 우승을 차지했는데, 결승에서 조 윌프리드 송가에게 내준 것이 전부였다.

2010년, 윔블던 직후 열린 데이비스컵 크로아티아와의 경기 이후 조코비치는 그의 테니스 운명을 바꿀 인물을 만나게 된다. 바로 이고르 세토제비치라는 세르비아 의사였다. 그는 많은 경기에서 조코비치가 체력적으로 무너지는 모습을 지켜봤다. 특히 2010년 호주오픈 8강 송가와의 경기에서 조코비치는 세트 스코어 2-1로 앞서다 극심한 육체적 고통을 겪었다. 숨을 제대로 쉬기 어려웠고 화장실에 다녀오는 동안 심한 고통을 느껴, 결국 5세트 남은 경기에서 겨우 2게임만 따내고 역전패를 당했다. 세토제비치는 글루텐에 민감한 체질이 문제의 원인이라고 진단했고, 실제로 그랬다.

조코비치는 글루텐-프리 식이 요법을 시작했고 효과는 매우 즉각적이었다. 체력적으로 약했던 조코비치는 투어에서 가장 강인하고 날렵한 선수로 새롭게 태어났다. 2011년 조코비치는 테니스 역사상 최고의 시즌 가운데 하나를 보냈는데, 호주오픈과 윔블던, US오픈에서 우승을 차지했다. 딱 하나 이루지 못한 건 프랑스오픈으로 4강전에서 페더러에게 패하긴 했지만, 그의 생애 첫 세계 1위 등극에는 전혀 문제가 없었다.

조코비치는 2012년 호주오픈에서 나달과의 5시간 53분의 사투 끝에 우승하면서 세계 최고 선수의 입지를 공고히 했다. 그러나 나머지 시즌은 실망스러웠다. 프랑스오픈 결승에 처음 올랐지만 나달에게 4세트 만에 패했다. 윔블던 준결승에서는 페더러에게 무릎을 꿇었고 런던올림픽에서는 앤디 머리와 델 포트로에게 차례로 져 메달 획득조차 실패했다. US오픈 결승에서도 앤디 머리와 5세트까지 가는 접전을 펼쳤지만 준우승에 머물렀다. ATP 월드투어 파이널에서 우승했지만, 2012년은 잃어버린 기회의 시기였다.

이듬해 조코비치는 호주오픈 결승에서 앤디 머리를 꺾고 3회 연속 우승을 차지했다. 오픈 시대 이후 호주오픈에서 3연패를 한 건 조코비치가 처음이었다. 프랑스오픈 4강전에서는 나달을 맞아 5세트 4-2로 앞서고 있었지만 결국 9-7로 역전패했다. 윔블던에서도 결승에서 앤디 머리에게 3-0으로 완패했다. US오픈 결승전에서도 나달에게 4세트 만에 패하면서 실망감은 더욱 커졌다. 하지만 그는 ATP 월드투어 파이널에서 무실세트로 2년 연속 우승하며 시즌을 멋지게 마무리했다.

2014년에는 호주오픈 8강에서 스탄 바브린카에게 풀세트 접전 끝에 패했다. 이로써 조코비치의 그랜드슬램 14회 연속 준결승 진출 기록도 멈춰 섰고 멜버른에서의 연승 기록도 25연승에서 끝났다. 그는 프랑스오픈 결승에서 나달에게 졌지만 윔블던에서 페더러를 꺾으며 약간의 위안을 찾았다.

2015년 조코비치는 용솟음쳤다. 호주오픈, 윔블던, US오픈 등 3개의 메이저 대회에서 우승을 차지했다. 오직 프랑스오픈 결승에서만 바브린카에게 지면서 캘린더 그랜드슬램을 달성하지 못했을 뿐이었다. 하지만 그는 로드 레이버와 페더러 이후 역대 3번째로 한 해 4대 그랜드슬램 결승전에 모두 오른 선수로 기록됐다.

2016년 조코비치는 호주오픈에서 우승한 뒤, 마침내 그토록 어려웠던 프랑스오픈에서 우승해 커리어 그랜드슬램을 완성했다. 그러나 에너지 소모가 많은 스타일은 대가를 치러야 했다. 그 뒤 메이저 대회 트로피를 전혀 들어 올리지 못했고 2017년 후반기를 팔꿈치 부상 후유증으로 접어야 했다. 부상에서 회복한 조코비치는 다시금 정상의 자리를 되찾았다. 2018년 윔블던 우승을 시작으로 2021년 호주오픈, 프랑스오픈, 윔블던까지 제패하며 세계 최고의 선수임을 재확인했다.

나다

클레이의 황제

스페인 출신의 라파엘 나달은 굳은 결의로 뚜렷한 목표와 이상을 설정하는 강인한 선수다. 차분한 말투와 달리, 그는 10대 시절 수많은 기록을 넘어섰고 성인이 돼서는 더욱 많은 이정표를 세우고 있다.

라파엘 나달
출생: 1986년 6월 3일, 스페인

주요 업적	
2005	프랑스오픈 우승 포함 11개 타이틀로 10대 선수 최다 우승 기록
2006	프랑스오픈 타이틀 방어 및 윔블던 준우승
2008	프랑스오픈 4연패, 윔블던 우승, 올림픽 금메달, 세계 1위 등극
2010	3개 메이저 대회 우승
2011	프랑스오픈 7번째 우승
2013	프랑스오픈, US오픈 우승
2017	프랑스오픈, US오픈 우승
2020	프랑스오픈 13번째 우승
2022	호주오픈 우승, 메이저 대회 통산 22회 우승

2008년 22세의 라파엘 나달은 비외른 보리의 4회 연속 프랑스오픈 우승과 동률을 이뤘다. 통산 7회 롤랑가로스 챔피언에 오른 보리가 마침 나달의 우승을 축하해 주기 위해 현장에 있었다. 나달은 3년 뒤 보리의 그 기록마저 따라잡았을 뿐 아니라, 놀랍게도 2022년 프랑스오픈 통산 14회 우승을 차지했다. 열정적인 팬들에게 "라파"라는 이름으로 알려진 나달은 놀랍게도 롤랑가로스에서 2005년 데뷔한 이후 딱 3차례 패했다.

보리와의 비교를 계속해 보자. 보리는 프랑스오픈 우승 후 윔블던에서 우승하길 반복했다. 프랑스 파리의 말랑말랑한 클레이에서 윔블던의 빠른 잔디로의 적응이 누구보다 빨랐다. 그 어떤 선수도 보리의 이 강점에 필적할 수 없었다. 라파가 2008년 영국 런던에 도착할 때까지는.

전문가들은 보리보다 더 뛰어난 나달의 한 가지 장점에 놀라움을 표시했다. 보리는 윔블던 전 늘 잔디 코트에서 훈련했지만, 나달은 그와는 달리 단 며칠 동안만 퀸스 클럽에서 열리는 대회에 출전한 뒤, 올 잉글랜드 클럽으로 향했다는 점이다.

현재 역사가 말해주듯, 나달은 드라마틱했던 윔블던 결승전에서 우승하며 그의 숙적인 페더러의 6회 연속 우승을 저지했다.

나달은 마요르카섬 출신으로, 삼촌이자 오랜 코치인 토니 나달에게 테니스를 배웠고 9살에 그의 설득으로 오른손잡이임에도 왼손으로 테니스를 치기 시작했다.

클레이 코트에서 자라왔지만, 나달은 윔블던에서 우승할 재능을 지니고 있었다. 2002년 주니어 윔블던에서 준결승에 올랐고, 2006년부터 2년 연속 남자 단식 결승에 진출했으며, 2008년 마침내 윔블던 결승에서 드라마틱한 승리의 주인공이 되었다. 나달은 2010년 또 한 번 우승을 차지했다.

스페인에서는 마누엘 산타나만이 1965년 US오픈에서 우승했었지만 나달은 2010년 플러싱 메도우에서 우승 트로피를 들어올리면서 클레이 외의 다른 코트에서도 두루 성공할 수 있다는 걸 입증했다.

나달은 해적을 연상케하는 외모로도 유명세를 떨쳤다. 칠부 바지와 민소매 셔츠, 타이트하게 두른 머리띠로 그는 수백만 여성들의 우상이 됐고, 불끈 튀어나온 이두박근은 뭇 남성의 부러움을 한 몸에 받았다.

나달은 강력한 왼손잡이에 뛰어난 수비력으로 코트를 누볐고, 수비에서 빠르게 공격 전환을 할 수 있는 전략적인 두뇌도 갖췄다. 그의 헤비 톱스핀과 날카로운 각도의 샷은 상대방의 넋을 빼놓았고 관중들을 즐겁게 했다.

2005년 나달은 10대 스페인 선수로는 처음으로 연말 세계 2위에 올랐고, 페더러와 동일한 개수의 타이틀을 획득했다. 다만 페더러는 프랑스오픈을 제외한 모든 그랜드슬램을 휩쓸었다는 것이 큰 차이였다. 그런데 그 프랑스오픈에서 페더러를 꺾은 것이 바로 나달이었다. 나달은 1982년 매츠 빌랜더 이후 롤랑가로스 데뷔 무대에서 우승을 차지한 선수가 됐고, 동시에 1990년 샘프러스 이후 처음으로 메이저 대회에서 우승한 10대 선수로 기록됐다.

사실 2005년은 나달이 10대 센세이션을 일으킨 엄청난 시즌이었다. 페더러와 똑같이 11개의 타이틀과 4개의 마스터스 타이틀을 획득하며, 빌랜더가 보유한 10대 시절 9개의 최고 타이틀 기록을 넘어섰다. 코트 위에서 그의 회복 능력은 5시간 12분의 혈투를 벌인 로마 마스터스 결승에서 잘 드러났다.

2004년 데이비스컵에서 나달의 끈기와 집념이 처음으로 진가를 발휘했다. 나달은 결승전에서 앤디 로딕을 제압하고 우승을 이끌었는데, 이로써 그는 사상 최연소인 18살 6개월에 데이비스컵 결승전에서 팀을 승리로 이끈 선수로 또 하나의 기록을 남겼다.

본명이 나달 파레라인 그는 2004년 첫 ATP 타이틀을 소포트에서 획득했다. 2022년 기준으로 92개의 타이틀과 롤랑가로스 14회 우승 등의 기록을 세웠다.

나달은 클레이 코트 81연승이라는 또 하나의 놀라운 기록도 갖고 있다. 1977년 기예르모 빌라스의 53연승을 훌쩍 뛰어넘은 기록이다. 아이러니하게도 그의 연승 행진은 함부르크 결승전에서 로저 페더러에 의해 막혔다.

다소 어눌한 영어를 구사하지만, 그는 수백만 팬들에게 사랑받는 선수다. 언제나 공손하고 테니스 역사에 대한 깊이 있는 인식을 지닌 나달은 10대 시절 온갖 기록을 세웠고 성인이 된 지금도 각종 기록을 다시 써나가고 있다.

또 2008년 올림픽 금메달리스트이기도 하고 "골든 커리어 슬램"이라는 5개의 메이저 대회를 정복한 남자 선수로 기록됐다. 베이징올림픽 금메달 이후 그는 이렇게 말했다. "올림픽 정상에 선 건 다른 메이저 대회 우승 못지않게 정말 기쁩니다. 올림픽 금메달은 우리나라 모든 사람들을 위해 승리한 기분이 듭니다. 그래서 더 특별하지 않을까요? 단지 나 자신만이 아닌 많은 사람들을 위한 승리이니까요."

페더러와 마찬가지로, 마침내 부상이 발목을 잡은 것처럼 보였지만 2017년 나달은 전문가들을 어리둥절하게 할 정도로 놀라운 활약을 펼쳤다. 3개의 메이저 대회 결승에 올랐고, 호주에서는 페더러에게 패했지만 프랑스오픈에서 통산 10번째 우승을 일군 뒤, 플러싱 메도우에서 통산 3번째 트로피를 들어 올렸다. 2022년 호주오픈에서 가장 먼저 메이저 21번째 우승을 차지하며 위대한 기록을 써나가고 있다.

레오판

붉은 머리칼의 로켓맨

주요 업적	
1959	데이비스컵 데뷔
1960	호주오픈 첫 우승
1961	윔블던 첫 우승
1962	캘린더 그랜드슬램 달성
1963	프로 전향
1968	오픈 시대 이후 첫 윔블던 우승
1969	오픈 시대 이후 유일한 캘린더 그랜드슬램 달성
1973	데이비스컵 결승에서 미국을 5-0으로 격파하며 우승
1977	39살에 현역 은퇴

로드 레이버는 테니스 역사상 최초로 상금 100만 달러를 돌파했지만 당시는 오픈 시대 초창기여서 상대적으로 상금이 적었다. 남녀 통틀어 캘린더 그랜드슬램을 두 번 달성한 유일한 선수라는 점을 감안해 볼 때, 만약 20년 뒤에 이 선수가 태어났다면 얼마를 벌었을까. 상상조차 하기 어려운 일이다. 그의 커리어에서 세운 숱한 기록과 명성은 레이버를 역대 최고의 선수로 꼽기에 모자람이 없다.

로드 레이버
출생: 1938년 8월 9일, 호주

오늘날 로드 레이버를 만난 사람이라면 그의 검손하고 가식 없는 태도로 미뤄볼 때, 모든 스포츠 종목을 통틀어 가장 위대한 성취를 이룬 챔피언 가운데 하나라는 것을 상상하기 어려울 것이다. 선수 시절 코트에 들어서기 전까지도 마찬가지였다. 하지만 그가 테니스 코트에서 힘과 기술, 컨트롤이 조화된 테니스를 구사하기 시작하면, 아직도 레이버에 필적할 자는 없다고 많은 이들은 생각한다. 물론 1984년 윔블던 결승에서 지미 코너스를 상대한 존 매켄로처럼, 선택된 시간과 장소에서 레이버보다 더 완벽한 경기력을 보인 예가 있었다고 논쟁할 수는 있다. 하지만 레이버가 오픈 시대 전후 역사에서 두 차례의 캘린더 그랜드슬램을 달성한 유일한 선수라는 이 총체적인 기록은 비교 대상이 없다.

레이버는 어릴 적 호주 퀸스랜드 록햄프턴의 집에서 오늘날 클레이와 비슷한 유형의 코트에서 놀라운 톱스핀 그라운드 스트로크를 연마했다. 어릴 적에는 포핸드가 백핸드보다 더 나았지만, 찰리 홀리스라는 코치를 만나면서 백핸드로 공을 감아서 치는 최초의 왼손잡이 선수로 거듭날 수 있었다.

어느 날 레이버는 아버지와 함께 브리즈번에서 테니스 역사상 최고의 코치로 불리는 해리 호프만을 찾아가 수업을 받았다. 당시 호프만은 삐쩍 마른 레이버를 보고 "좋아, 로켓. 한번 해보자"라고 했는데 그 별명은 이후 고유명사가 됐고, 그의 감아치는 백핸드 역시 더욱 완벽해졌.

레이버는 17살에 처음 윔블던에 나갔지만 단식 첫판에서 이탈리아의 거인 올란도 시롤라에게 패했고 주니어 단식에서는 결승까지 올라 론 홀름버그에게 졌다. 3년 뒤 레이버는 처음 결승에 올라 알렉스 올메도에게 졌다. 1960년에는 같은 호주 국적의 닐 프레이저와 윔블던 결승에서 보기 드문 왼손잡이 맞대결을 벌인 끝에 패했다.

하지만 이 빨강머리의 테니스 천재가 타이틀을 차지하는 건 시간문제였다. 1961년 레이버는 결승에서 척 맥킨리를 이기고 우승했다. 이듬해에도 마틴 멀리건을 상대로 승리를 거뒀고, 파리와 뉴욕에서 우승을 차지한 뒤 고향인 호주로 건너가 우승하며 그해 연말 돈 버지의 캘린더 그랜드슬램 기록과 어깨를 나란히 했다.

당시 대다수 윔블던 챔피언들처럼 레이버는 프로로 전향해 5년간 그랜드슬램 대회에 출전하지 못했다. 그러나 팬들의 사랑을 듬뿍 받은 이 호주 선수는 이내 우승컵을 되찾으며 복귀를 자축했다. 실제로 레이버는 1960년 프레이저에게 패한 뒤 1970년 영국 로저 테일러와의 16강에서 아쉽게 질 때까지, 윔블던에서 5년간 31연승을 거두는 무패 행진을 벌였다. 이 기록은 비외른 보리가 1976년부터 1981년까지 41연승을 기록하면서 깨졌다.

1962~1967년 출전 제한 기간을 뺀다면, 그사이 결혼해 아들까지 낳은 레이버는 윔블던 결승전에 6회 연속으로 올랐다. 1959~1962년, 그리고 1968~1969년 레이버가 거둔 이 성취는 6회 연속 결승에 오른 비외른 보리만이 어깨를 나란히 할 수 있는 기록이었다.

오픈 시대가 오기 전 프로에서 레이버는 173cm의 작은 키로 세상을 지배했다. 그는 메이저 대회에서 우승한 선수 가운데 가장 작았는데, 1998년 립톤 챔피언십에서 우승한 마르첼로 리오스보다 2cm가 더 작았다.

1960년대 월드 챔피언십 투어(WCT)에 출전할 당시 레이버는 "구리빛 머리칼에 탁월한 감각을 소유한 선수"로 소개되며 테니스 역사상 처음으로 상금 100만 달러 시대를 열었다. 레이버의 타고난 투지는 수많은 데이비스컵과 메이저 대회에서 2-0이나 2-1로 뒤진 상황에서 역전승을 가능하게 만든 힘이었다. 그가 5세트에서 프레이저를 8-6으로 이기고 첫 호주오픈 타이틀을 획득할 때에도 매치 포인트까지 몰렸다. 레이버는 또한 1962년 첫 프랑스오픈 우승 당시, 같은 호주 출신의 멀리건과 8강전에서 매치 포인트에 몰렸지만 6-4, 3-6, 2-6, 10-8, 6-2로 승리했다.

1962년 레이버는 4대 그랜드슬램 외에도 이탈리아와 독일 챔피언십에서 우승했다. 1959~1962년, 그리고 1973년 데이비스컵 대표팀에 뽑힌 레이버는 24차례 출전해 20승을 챙겼다. 또한 윔블던에는 총 50회 나와 43승을 기록했다.

그가 남긴 기록은 정말 대단하다. 하지만 그보다 더 인상적인 건 기록이 축적된 방식이다. 코트 위에서 선보인 부드럽고 박진감 넘치며 때로는 상대를 두려움에 빠뜨리는 레이버는 동시대 선수들로부터 언제나 완벽한 프로페셔널이자 압도적인 스포츠맨이라는 찬사를 들었다.

페더러

스위스의 거장

로저 페더러는 후계자들이 깨기 힘든 새로운 기준점을 세웠다. 그랜드슬램 20회 우승을 차지한 40살의 페더러는 윔블던 최다 우승자인 동시에 많은 이들에게 역대 최고의 선수로 꼽히고 있다.

로저 페더러
출생: 1981년 8월 8일, 스위스

주요 업적	
2001	윔블던 디펜딩 챔피언 피트 샘프러스 제압
2003	윔블던 첫 우승
2004	호주오픈, 윔블던, US오픈 우승. 연말 세계 1위
2006	사상 두 번째로 한 해 모든 4대 메이저 대회 결승 진출
2008	사상 처음 윔블던과 US오픈 두 대회 5연패
2017	호주오픈 우승, 윔블던 8번째 우승
2018	호주오픈 우승. 그랜드슬램 통산 20회 우승

2001년 여름까지만 해도 몇 년 뒤 로저 페더러가 역대 최고의 선수로 추앙받으리라고는 그 누구도 예상하지 못했다. 당시 페더러는 자신의 우상인 피트 샘프러스를 윔블던 16강에서 제압했다. 샘프러스는 마지막 5세트에서 7-5로 패하면서 올 잉글랜드 클럽 31연승 행진을 멈춰야 했고, 비외른 보리의 5회 연속 윔블던 우승과 어깨를 나란히 하려는 시도도 무산됐다.

당시 페더러는 테니스 인생 최고의 승리라고 평가했다. "의심할 바 없이 제게 너무 특별한 승리였습니다"라고 말했다. 그 순간이 얼마나 특별했는지 당시에는 제대로 실감하지 못했다. 불과 5년 뒤 로저 페더러는 샘프러스의 뒤를 이어 테니스계를 지배하고 완전히 새로운 수준의 테니스를 선보이며 9개의 메이저 타이틀을 거머쥔 상태로, 샘프러스의 메이저 14회 우승과 비외른 보리의 윔블던 5연패라는 기록을 추월하는 길목에 들어서게 됐기 때문이다.

2007년 페더러는 윔블던 5연패를 달성했다. 하지만 이듬해 라파엘 나달이 "역대 최고의 경기"로 불린 경기에서 타이틀을 빼앗아 가면서 기록을 연장하지는 못했다.

그러나 페더러는 2008년 9월 US오픈 5회 연속 우승으로 13번째 메이저 타이틀을 품에 안았다. US오픈 5연패는 1920년대 빌 틸든만이 달성한 위업이었다.

페더러는 늘 뛰어난 재능으로 주목받았다. 1998년 윔블던 주니어대회에서 우승했고 이듬해 18살 4개월의 나이로 100위 안에 진입했다. 하지만 페더러가 최고의 자리에 올라선 건 2003년 윔블던에서 처음 우승했을 때였다. 페더러는 보리와 팻 캐시, 스테판 에드버리에 이어 사상 4번째로 주니어와 시니어 윔블던 트로피를 모두 들어 올린 선수가 됐다.

윔블던 우승은 진정한 전환점이었다. 그 이후로 페더러는 그랜드슬램 대회에서 거의 무적의 행보를 보였기 때문이다. 페더러는 17번의 메이저 대회에서 12번 우승을 차지했다. 유일하게 이루지 못한 건 프랑스오픈이었는데, 이마저도 2009년 결국 정상에 오르면서 커리어 그랜드슬램을 달성했다. 2020년까지 페더러는 103개의 타이틀과 28번의 마스터스 우승, 연말 왕중왕전 6회 우승의 기록을 남겼다.

그의 압도적인 지배력은 1988년 매츠 빌랜더 이후 한 해 3개의 메이저 대회에서 우승한 2004년 화려하게 꽃을 피웠다. 오픈 시대 이후 겨우 4명만 해낸 이 기록을 페더러는 2006년 또 한 번 반복하면서 두 번이나 이 기록을 달성한 최초의 선수가 됐다. 2004년 페더러는 톱10 선수에게 한 번도 패하지 않았다. 2009년에는 샘프러스의 메이저 통산 14회 우승 기록과 동률을 이룬 데 이어, 이듬해 16회 우승까지 이뤄 새로운 이정표를 세웠다.

2005년 페더러의 세계 랭킹은 범접할 수 없는 것이었고, 역사상 5번째로 1년 내내 세계 1위를 유지한 선수가 됐다. 페더러는 이 기록을 2006년과 2007년에도 반복했다. 2003년부터 2008년 윔블던까지 페더러는 잔디 코트 무패 기록을 71연승까지 이어갔다. 2007년에는 윔블던과 US오픈 동반 4회 연속 우승이라는 사상 첫 기록까지 남겼다.

부드럽고 힘 안 들이는 그의 게임 스타일은 눈을 즐겁게 한다. 그의 숙적인 근육질의 라파엘 나달과 대조적이다. 2006년 나달은 페더러의 첫 프랑스오픈 우승을 막았을 뿐 아니라 윔블던에서 한 세트를 따낸 데 이어, 2008년에는 결국 페더러의 윔블던 연승 행진에 마침표를 찍었다.

페더러는 코트 커버 능력이 뛰어나고 중요한 순간 경기력을 끌어올리는 능력이 있다. 압박감도 거의 느끼지 않아, 상대 선수들이 코트에 올라서는 순간 불리함을 안고 싸우는 것처럼 보인다. 스핀과 슬라이스, 페이스와 각도 조절을 통해 포인트를 컨트롤하고, 흔들림 없는 강력하고 정확한 서브가 이를 뒷받침한다.

나이가 들고 잦은 부상에 시달리며 전성기가 지나갔다고 생각된 바로 그때, 페더러는 2016년 후반기 활동을 중단한 뒤 2017년 부활했다. 그해 페더러는 호주오픈에서 자신의 라이벌 나달을 5세트 접전 끝에 물리치며 우승했고 윔블던에서는 통산 최다인 8회 우승을 차지했다.

테니스 전설 존 매켄로는 페더러야말로 테니스를 가장 우아하게 만든 역사상 최고의 재능을 가진 선수로 평가했다. 페더러는 권위 있는 라우레우스 스포츠맨상과 ATP 올해의 선수상 등 수많은 상을 받았다.

부드러운 말투와 예의 바르고 자신감 넘치는 그의 태도는 코트에서의 강철 같은 진면모를 감춰주기도 한다. 페더러는 자선 사업에 적극적으로 뛰어들어 유니세프의 홍보대사로 활동하고 있고 로저 페더러 재단을 만들어 남아공 어린이들을 돕고 있다. 그는 또한 쓰나미와 허리케인 카타리나 재난에 즉각적인 온정의 손길을 펼쳤다.

팬과의 관계 역시 돈독하다. 대부분의 경우 사인을 해주고 미디어와 인터뷰를 즐긴다. 그는 역대 최고의 선수라는 타이틀에 걸맞은 책임 의식을 기꺼이 받아들여 테니스 홍보에 힘쓰고 있다.

선수로서의 업적뿐 아니라 인간적인 면에서도 그는 수많은 상을 받을 자격이 있다. 앞으로 몇 년 뒤 볼보이 출신의 6개 국어를 구사하는 이 선수가 그의 환상적인 커리어를 마감할 날이 올 것이다. 그러나 2004년과 2008년 올림픽에서 조국 스위스의 기수로 선택된 페더러는, 아직도 그의 독보적인 그랜드슬램 기록을 더 쌓을 수 있는 능력을 잃지 않고 있다.

코트

지상 최고의 챔피언

집 근처 테니스장의 구멍 난 펜스 사이를 뚫고 들어와 테니스를 배우기 시작한 소녀. 그 어떤 선수도 그랜드슬램에서 그녀가 이룬 성취를 능가할 수 없다.

마가렛 코트
출생: 1942년 7월 16일, 호주

주요 업적	
1960	호주오픈 첫 우승, 이후 7연패
1962	호주오픈, 프랑스오픈, US 오픈 우승
1963	첫 윔블던 우승
1965	또다시 그랜드슬램 3회 우승, 프랑스오픈 준우승
1969	호주오픈, 프랑스오픈, US 오픈 우승
1970	오픈 시대 여성 최초의 그랜드슬램 달성
1973	호주오픈, 프랑스오픈, US 오픈 우승
1975	마지막 62번째 그랜드슬램 타이틀인 US오픈 복식 우승
1991	성직자로 임명.

1970년 마가렛 코트가 US오픈에서 우승해 오픈 시대 역사상 첫 그랜드슬램을 달성했을 때, 그녀의 머릿속을 맴돈 첫 번째 생각은 기쁨이라기보다는 다음과 같았다. "하느님 감사합니다. 모든 것이 끝났습니다." 사실 그렇지는 않았다. "빅 마기"라고 익히 알려진 호주의 여자 테니스 스타는 그 뒤 3년 동안 아직도 깨지지 않는 그랜드슬램 우승 기록을 계속 만들어갔다.

1960년 17살에 마리아 부에노를 물리치고 총 11번의 호주오픈 타이틀 가운데 첫 번째 우승했을 때부터, 마가렛 코트는 사실상 우승할 만한 가치가 있는 모든 대회에서 우승을 차지했고, 그 대회들 가운데 상당수에서 여러 차례 정상에 오르며 누구도 깰 수 없다고 생각되는 기록을 세웠다. 그랜드슬램 타이틀만 62개인데, 24개의 단식(나브라틸로바보다 6개 더 많다), 19개의 복식, 그리고 19개의 혼합복식을 휩쓸었다. 이탈리아와 독일, 남아공 챔피언십 등 당시 상당히 중요하다고 평가받은 대회를 합하면 92개의 타이틀이다. 가장 마지막 주요한 우승은 데뷔한 지 15년째 나왔다. 1975년 포레스트 힐스 대회에서 코트와 버지니아 웨이드는 훗날 단식 기록의 영광을 경합하게 되는 빌리 진 킹-로지 카살스 조를 결승에서 물리쳤다.

가장 기념비적인 해는 1970년 모린 코널리에 이어 여자 선수 사상 두 번째 캘린더 그랜드슬램을 완성했을 때였다. 그런데 그녀의 기억에 따르면 오늘날과 같은 엄청난 사건은 아니었다고 한다. 특히 호주에서는 이와 관련해 특별한 언급 자체가 없었다. "저는 레이버의 두 차례 캘린더 그랜드슬램 달성을 지켜봤는데 당시에는 특별한 게 없었어요. TV도 별로 없었고 지금처럼 막대한 상금도 없었죠. 그랜드슬램이 중요한 목표가 된 건 제가 결혼 후 다시 복귀했을 때부터였습니다."

실제로 그보다 7년 전 마가렛과 켄 플레쳐가 혼합복식에서 역사상 유일한 캘린더 그랜드슬램을 달성했을 때도 별다른 언급 없이 지나가 버렸고, 오늘날이라면 당연했을 커다란 주목도 받지 못했다.

강한 서브와 날카로운 발리로 여자 테니스에서 매우 공격적인 선수로 꼽힌 마가렛 코트는 문자 그대로 '올라운드' 플레이어이기도 했다. 그녀는 혼합복식에서 지속적인 성공을 거둔 몇 안 되는 톱클래스 단식 선수였다. 마가렛 코트는 실제로 4대 그랜드슬램에서 단식과 복식, 혼합복식 모두 우승한 유일한 선수이며 윔블던을 제외한 3개 그랜드슬램에서 3회 이상 챔피언에 올랐다. 이 두 가지는 앞으로도 확실히 깰 수 없는 기록일 것이다.

지금은 목사가 된 독실한 기독교 신자 마가렛 코트는 뉴 사우스웨일스 알버리 타운의 머리 강 접경 지역의 가난한 집안에서 마가렛 스미스란 이름으로 삶을 시작했다. 마가렛은 자주 동네 코트에 뚫려 있는 구멍으로 들어가 놀았는데, 왈 러터라는 선수 겸 코트 관리자는 늘 그녀를 내쫓기 바빴다. 그러나 러터가 이 깡마른 소녀의 열정과 결단력을 발견하는 데는 그리 오랜 시간이 걸리지 않았고, 테니스를 그녀의 으뜸가는 취미로 만들어줬다.

성장 속도는 빨랐다. 곧바로 주니어 타이틀을 획득했다. 불과 10살에 12세 이하 지역 챔피언십 대회에서 트로피를 가져왔고 그 트로피는 일종의 부처상과 같은 역할을 했다. "그 트로피는 내게 행운의 징표였고 훗날 내가 수집한 많은 트로피 가운데서도 특별한 곳에 보관했습니다." 러터는 프랑크 세즈먼에게 그의 제자를 부탁했다. 1952년 윔블던 챔피언인 세즈먼은 즉시 코치직을 수락했을뿐 아니라 당시 15살에 불과한 마가렛이 멜버른의 스포츠 상품점에 취직할 수 있도록 일자리를 마련해줬다. 가장 집중한 부분은 마가렛이 체력의 중요성을 깨닫게 하는 것이었다. 마가렛은 흔쾌히 따랐다.

마가렛 코트가 나브라틸로바의 등장 전까지 여자 테니스에서 체력과 파워가 가장 뛰어난 선수로 평가된 이유는 단순히 그녀의 키와 몸무게 때문만은 아니었다. 마가렛은 호주의 저명한 기자인 머리 헷지콕에게 다음과 같이 말했다 "가끔 저는 테니스보다 체력 훈련을 더 즐겼어요. 저에게는 즐거움이었지만 다른 선수들에게는 그렇지 않았죠. 당시에 저는 좀 무시를 당하기도 했습니다. 보통 여자들은 그런 훈련을 하지 않았기 때문이었어요. 하지만 체력이야말로 나브라틸로바가 다른 선수들보다 월등한 점이었고, 저 역시 마찬가지였을 겁니다."

이는 1970년 마가렛 코트가 빌리 진 킹을 14-12, 11-9로 이긴, 여자 단식 사상 가장 길었던 윔블던 결승전(148분)에서 확실하게 입증됐다. 이 대서사시와 같은 승리를 더욱 특별하게 만든 건 그녀가 은퇴한 지 4년 뒤였다는 점이다. 그녀는 "테니스 세계에서의 생존 경쟁에 정말 지쳤다"면서 은퇴를 선언했었다. 하지만 마가렛은 국제 요트 선수 출신이자 서부 호주의 총리 아들인 배리 코트와 결혼해 12개월 뒤 복귀했다.

1971년 마가렛은 윔블던의 단복식과 혼합복식에서 모두 결승 진출했지만 3패를 당했다. 그녀는 1977년 33살에 진짜 은퇴를 할 때까지 윔블던에서 뛰었다. 1973년과 1975년 아들과 딸을 낳았고, 비록 준결승에서 이본 굴라공에게 졌지만 혼합복식에서 마티 리에슨과 짝을 이뤄 우승을 차지하기도 했다. 종교가 점점 인생에서 중요해지자 그녀는 마침내 라켓을 놓으며 이렇게 말했다. "저는 더 이상 테니스를 치지 않을 것입니다. 만약 제가 테니스를 다시 쳤어야 했다면 하느님께서 이끌어주셨을 것입니다. 하지만 제 가슴이 움직이지 않는 지금은 아닙니다. 물론 돈을 많이 벌 수 있었을 테지만, 그건 중요하지 않습니다. 믿음이 없다면 윔블던과 포레스트 힐스도 아무런 의미가 없으니까요." 그녀는 1991년 목사가 됐다.

나티라바

기록 제조기

1990년 7월 7일은 나브라틸로바의 기억은 물론 전 세계 테니스 역사에 영원히 각인될 날이다. 바로 그날 그녀는 윔블던 통산 최다인 9번째 우승을 달성했다.

마르티나 나브라틸로바
출생: 1956년 10월 18일, 체코슬로바키아

주요 업적	
1975	미국으로 귀화
1978	윔블던 우승
1981	호주오픈 첫 우승
1982	프랑스오픈 첫 우승
1983	US오픈 제외한 3대 메이저 대회 단식 우승
1984	메이저 대회 6회 연속 우승으로 '모던 그랜드슬램' 달성
1986	고향인 프라하에서 미국의 페드컵 우승 견인
1990	윔블던 9번째 우승
1991	에버트의 통산 최다승 (1309승) 경신
1994	여자 단식 사상 최다승 (1442승) 기록

콜로라도에 있는 나브라틸로바의 자택 내 선반 위에는 9개의 은색 쟁반 모형이 있다. 1886년 이후 올 잉글랜드 클럽이 모든 여성 우승자에게 수여하는 자랑스러운 트로피다.

그 쟁반들은 현대 스포츠의 가장 위대한 전사가 세운, 이전까지의 모든 기록을 깬 위대한 업적일 뿐 아니라 윔블던에 대한 그녀의 애정을 보여주는 징표라고 할 수 있다. 1987년 나브라틸로바가 윔블던에서 8번째 단식 타이틀을 차지하면서 1938년 헬렌 윌스의 기록과 동률을 이룬 이후 3년의 세월이 흘렀다. 어쩌면 그 기간은 나브라틸로바의 공백기로까지 느껴졌다.

1990년 7월 7일 33세의 나브라틸로바는 지나 개리슨을 단 75분 만에 6-4, 6-1로 꺾은 뒤 이렇게 선언했다. "제 생애 최고의 성취입니다. 이 순간을 위해 오랫동안 정말 열심히 노력했어요." 결승전 상대 그리고 심판과 악수한 뒤 그녀는 마치 잔디 위에 키스라도 할 것처럼 무릎을 꿇었다. 관중들에게 열정적으로 손을 흔들며 작별 인사를 하고 올 잉글랜드 클럽의 잔디를 조금 떼어낸 뒤 만족감을 표시했다. 그리고 그 잔디는 이후 수년간 라켓 가방 속에서 행운을 상징하는 징표로 나브라틸로바의 여정에 함께 했다.

윔블던 기록 달성을 위한 나브라틸로바의 결의는 심지어 남자 단식에서 딱 한 차례 우승만 갈구해온 이반 랜들보다 더욱 집요했다. "윔블던은 마치 마약 같아요. 한 번 우승하고 나면 다음에 또 하고 싶고 그다음에도 또 하고 싶죠." 그녀의 친구이자 평생의 라이벌인 크리스 에버트가 프랑스오픈에서 1986년 통산 최다인 7회 우승한 모습은 늘 자극이 되었다. 미국으로 망명한 체코 출신의 이 선수는 1990년 프랑스오픈을 건너뛰었을 뿐 아니라 그보다 앞선 호주오픈까지 불참하며 마음에 평화를 안겨줄 수 있는 유일한 타이틀인 윔블던을 준비했다.

나브라틸로바의 윔블던에 대한 추억은 체코슬로바키아 국적이던 어린 시절로 거슬러 올라간다. 신문으로만 경기 결과를 접하다가 마침내 윔블던 경기를 TV로 중계하자 (아직 흑백TV였다) 나브라틸로바는 잔디 코트에 서면 어떤 기분일지를 상상했다. "잔디가 얼마나 많이 심어져 있는 걸까? 저는 당시 잔디 길이가 2인치라고 생각했죠. 다른 종목들처럼요." 그녀는 근거를 찾기 위해 그 작은 TV 스크린을 뚫어지게 응시했다고 기억했다.

궁금증은 윔블던 첫 출전 1주일 전에 비로소 풀렸다. 퀸스 클럽에서 연습을 시작한 것이다. "가장 처음 한 일은 앉아서 잔디를 만져본 것이었죠. 저는 잔디가 정말 촘촘하고 단단한 모습에 감탄했어요. 정말 몰랐거든요"

나브라틸로바의 화려한 테니스 인생을 되돌아볼 때, 최고와 최악의 순간을 고르는 건 어렵지 않다. 부모님이 3살 때 이혼해 아버지를 모르고 자랐다. 나브라틸로바는 9살 때 아버지를 여의었는데, 후에 자살이었음을 알게 되었다. 그녀는 11살 때 소련의 탱크가 프라하를 짓누르는 모습을 목격했고 진정한 '철의 장막'이 집 앞에 펼쳐진 것을 경험했다.

나브라틸로바는 어머니와 의부를 진심으로 아꼈다. 이 때문에 1975년 US오픈 당시 재정적인 문제를 해결하고 경기력을 높이기 위해 미국 국적으로 변경하는 것에 대한 부담이 적지 않았다. 아마도 나브라틸로바가 귀화 초창기 정크 푸드에 탐닉하며 61kg에서 75kg으로 체중이 급격히 증가한 건 가족 및 모국과의 영원한 작별에서 오는 외로움을 달래기 위한 것으로 보인다. 또한 나브라틸로바는 포레스트 힐스 대회에서 통제력을 상실한 채 흐느껴 울기도 했다. 3번 시드를 받은 그녀는 US오픈 1회전에서 한물간 선수로 여겨졌던 재닛 뉴베리에게 패했다.

그 뒤 1981년 여름까지 나브라틸로바는 윔블던에서 두 차례 우승했지만 다시 슬럼프에 빠졌다. 그녀는 분명히 깨달았다. "진전이 없다. 최선을 다해보고 안되면 끝을 내야 한다"고. 새로운 식이 요법과 훈련 기법을 적용한 그녀는 과학에 기반한 챔피언이 됐고 커다란 성공을 눈앞에 두었다.

1981년 US오픈이 분수령이었다. 그때까지 그녀의 삶은 대체로 괜찮았다. 막대한 돈을 벌었고 코치, 트레이너와도 잘 지냈고, 또 무엇보다 미국 시민권을 획득했다. 나브라틸로바가 4강전에서 크리스 에버트에게 브레이크를 먼저 당하고도 역전승을 거두자, 이는 마치 US오픈 첫 우승의 징조로 보였다. 그러나 결과는 반대였다. 나브라틸로바는 트레이시 오스틴과의 대결에서 연거푸 기회를 놓치며 1-6, 7-6, 7-6으로 졌다. 그녀는 "결승전에서 얼어붙었어요."라고 털어놨다. 하지만 이후 인내심을 가지고 철저하게 훈련을 거듭해 여자 테니스 역사상 가장 공격적인 선수로 변모했다.

완벽에 가까운 서브앤발리를 앞세운 나브라틸로바는 1984년 최고조에 올랐다. 비록 한 해에 모두 우승한 건 아니었지만 1970년 마가렛 코트 이후 처음으로 4대 메이저 타이틀을 보유하는 위업을 달성한 것이다.

나브라틸로바는 US오픈 4회 우승과 호주오픈 3회 우승을 기록했고, 프랑스오픈 정상에도 2번 올랐다. 9번의 윔블던 우승 가운데 6회 연속 기록도 포함됐는데, 이는 역사상 전례가 없다. 그녀가 결승전에서 물리친 상대는 크리스 에버트(3회)와 안드레아 재거, 하나 만들리코바, 슈테피 그라프였다. "윔블던 우승이 그렇게 대단하지 않다고 느낄 때가 은퇴 시기라는 걸 알게 됐습니다." 22년간 윔블던 여자 단식에서 뛴 왼손잡이 나브라틸로바는 그렇게 말했다. 그녀는 윔블던에서 279경기를 소화해 빌리 진 킹보다 14경기 더 많은 기록을 또 하나 추가했다.

단식 경력을 마감한 마르티나는 마침내 2002년 완전한 은퇴를 선언했다. 메이저 대회 복식에서만 59번째 타이틀을 거머쥔 채로.

코널리

놀라운, 그러나 너무 짧은 인생이여

세계 대전 이후 "리틀 모"가 이제 막 가장 성공적인 챔피언의 길로 접어들 때였다. 20살 생일이 채 되기도 전 찾아온 비극적인 승마 사고로, 이미 9개의 그랜드슬램 타이틀을 보유하고 있던 코널리는 은퇴의 길로 접어들었다.

모린 코널리
출생: 1934년 9월 17일, 미국
사망: 1969년 6월 21일

주요 업적	
1951	16살에 프랑스오픈과 US오픈 우승
1952	윔블던 3연패 가운데 첫 우승
1953	여자 선수 최초로 캘린더 그랜드슬램 달성
1954	호주오픈 단복식 우승, 그러나 낙마 부상으로 은퇴
1969	암으로 사망

모린 코널리의 여러 장점 가운데 단연 뛰어난 한 가지는 왼손잡이로 태어나 역대 가장 위대한 오른손잡이 선수가 되었다는 사실이다.

그녀는 왼손으로 글을 쓰고 식사할 때 왼손으로 나이프를 잡았다. 하지만 샌디에이고 출신의 코치 윌버 폴슨이 오른손 전향을 유도했다. 당시 폴슨은 "세계 정상에 오른 왼손잡이 선수는 한 명도 없다"고 말했고 결국 그녀는 오른손으로 테니스를 배우기 시작했다.

코널리의 밝고 천진난만한 테니스를 본 사람들은 훗날 그렇게 비극적으로 짧은 커리어를 마감할 거라고는 상상하지 못했을 것이다. 모린의 어머니는 딸이 발레리나가 되길 원했고, 실제로 그녀의 테니스 움직임은 부드럽기 그지없었다.

코널리는 말을 탈 때 더 행복감을 느껴 훗날 그녀의 남편이 된 노르만 브링커와 함께 승마를 즐겼다. 하지만 승마를 직업으로 삼기에는 돈이 부족하다는 걸 절감해 점점 테니스에 관심을 키워갔다. 모린은 자신이 처음 가입했던 클럽의 권유로 세계 최고의 여성 테니스 코치를 만나게 됐는데, 그녀의 이름은 엘리너 테넌트였다. 운명적인 만남이었다.

1951년 모린은 16살에 포레스트 힐스에서 열린 US오픈에서 셜리 프라이를 6-3, 1-6, 6-4로 물리쳤고 그 뒤 2년간 최고 레벨의 테니스를 선보이며 무패 행진을 이어갔다. 1952년 17살에 윔블던에 데뷔한 모린은 당시 이미 와이트먼컵에서 미국의 우승을 이끈 상태였지만, 런던 퀸스 클럽에서 연습 도중 어깨를 심하게 다쳤다. 테넌트 코치는 모린에게 윔블던 출전 철회를 권했고, 선수 생활을 길게 보고 위험하게 부상을 무릅쓰지 말라고 조언했지만 받아들여지지 않았다.

모린은 기자 회견을 소집해 윔블던에 출전하겠다고 선언했을 뿐 아니라 테넌트 코치를 해고하겠다고 발표했다. 당시에는 성급하고 성숙하지 못한 행동으로 보였다. 그러나 3주 뒤 "리틀 모"는 첫 윔블던 챔피언에 올랐다. 영국의 수잔 파르트리지에게 3세트 4-5, 15-30에 세컨 서브를 해야 할 상황까지 몰렸지만, 모린의 킬러 본능은 막을 수 없었다.

그녀는 20살이 되기 전 여자 단식에서 3번이나 우승했는데, 이 과정에서 당시 파르트리지에게 내준 한 세트와 1952년 델마 롱에게 허용한 한 세트를 빼고는 모든 세트를 가져왔다. 그녀는 US오픈 3연패도 달성했고 프랑스오픈과 1953년 호주오픈까지 휩쓸며 캘린더 그랜드슬램을 달성한 역사상 최초의 여자 선수가 됐다.

또 한 가지 중요한 사실은 그녀가 미국 여자 테니스 사상 가장 강력한 시기에 활약했다는 점이다. 도리스 하트, 루이스 브로우, 마가렛 듀 퐁트, 셜리 프라이가 동시대 선수들이었다.

어떤 기준으로 봐도 코널리는 단순히 그 시대뿐 아니라 테니스 역사를 통틀어 뛰어난 챔피언으로 각인될 것이다. 1953년 윔블던에서 톱시드를 받은 그녀는 결승전까지 올라오는 과정에서 5경기 동안 단 8게임만 내줬고, 결승에서 도리스 하트를 8-6, 7-5로 물리치며 타이틀 방어에 성공했다. 〈플리트 스트리트〉라는 잡지의 저명한 스포츠 칼럼니스트인 J.L. 매닝은 당시 이렇게 기고했다.

"스포츠에 완벽이란 있을 수 없지만, 나는 어제 윔블던에서 그에 가장 근접한 것을 목격했다."

그해 코널리는 윔블던 역사에서 가장 일방적인 복식 결승전 경기도 치렀다. 다만 최악의 내용으로. 18살 코널리의 매니저 역할을 맡았던 캘리포니아 출신의 줄리 샘슨과 한 조가 돼 결승에 올랐지만 하트-프라이 조에게 6-0, 6-0으로 졌다. 그녀의 인생에서 유일한 옥의 티였다. 1954년 US오픈 챔피언에 등극하고 3주 뒤, 아직 20살도 채 안 된 모린은 자신의 애마인 커널 메리보이를 타고 나갔다. 시멘트를 실은 대형 트럭이 코너 한쪽에 있었다. 놀란 말이 주춤하는 바람에 모린은 말에서 떨어졌고, 접질린 다리 위로 거대한 말이 덮쳐 버렸다.

테니스에서 재미있었던 기억이 언제냐는 질문에 "전혀 없어요. 전 테니스를 언제나 진지하게 생각했어요."라고 답한 이 완벽에 가까운 위대한 챔피언은 이후 다시는 테니스 라켓을 잡지 못했다. 그러나 이후 인생에는 가장 풍요로운 시간이 기다리고 있었다.

코널리는 미국 올림픽 승마 선수인 노르만 브린커와 결혼해 신디와 브렌다라는 두 딸을 낳았다. 자매는 어머니의 절친이자 테니스 파트너인 낸시 제펫과 함께, 댈러스에 모린 코널리 테니스 재단을 설립해 "리틀 모"의 테니스 복음을 세상에 전파했다. 코널리가 불과 34살에 암으로 세상을 떠난 지 몇 년 뒤였다.

모린은 언젠가 윔블던에 대해 이렇게 썼다. "윔블던은 제 희망과 두려움과 꿈이 서려 있는 왕국이었습니다. 제가 살아있는 한 저의 영혼은 그곳에 남아 영광을 기억하고 좌절을 되새길 것입니다." 그녀가 성취한 모든 영광스러운 기억은 아직도 생생히 살아 있다.

보리

냉철한 승부사

긴 금발의 스웨덴 선수는 테니스 역사상 처음으로 팝스타와 같은 열광적인 찬사를 받은 존재인 동시에, 윔블던에서 5년간 무적의 시대를 연 주인공이다.

비외른 보리
출생: 1956년 6월 6일, 스웨덴

주요 업적	
1972	윔블던 주니어 챔피언
1973	첫 그랜드슬램 대회 출전
1974	프랑스오픈 첫 우승 (이후 6연패)
1975	스웨덴 데이비스컵 우승
1976	윔블던 첫 우승
1977	첫 세계 랭킹 1위 등극
1979	마스터스컵 우승, 1980년까지 타이틀 방어
1980	매켄로를 꺾고 윔블던 5회 연속 우승

1980년 US오픈. 제법 큰 규모의 한 여행사 직원이 플러싱 메도우의 기자석에 편지를 한 장씩 배달해왔다. 호주오픈 취재를 위해 모든 기자들에게 값싼 비행기 표를 구해줄 수 있다는 내용이 적혀 있었다. 다른 모든 사람들처럼 그 직원도 알고 있었던 것이다. 프랑스오픈과 윔블던을 3연패한 비외른 보리가 마침내 뉴욕에서 처음으로 우승한 다음, 석 달 뒤 멜버른에서 역사상 세 번째 캘린더 그랜드슬램을 달성할 것이라고.

1980년 윔블던에서 보리는 4세트 타이 브레이크에서 18-16으로 졌음에도 불구하고 5세트에서 존 매켄로를 물리치고 타이틀을 방어했다. 보리는 자신의 5차례 윔블던 우승 가운데 가장 드라마틱한 승리를 거둔 뒤 이렇게 말했다. "저는 역대 최고의 선수가 되고 싶습니다."

대회 준비는 여의치 않았다. 무릎 부상으로 이반 랜들과의 캐나다 오픈 결승전에서 기권해야 했고 US오픈 대진도 좋지 않았다. 8강까지 도달하기 위해서는 지난해 자신을 탈락시킨 광속 서버 로스코 태너를 넘어야 했다.

태너는 19개의 에이스를 터트리며 세트 스코어 2-1로 앞선 상황에서 먼저 브레이크를 잡기까지 했다. 바로 그때 윔블던에서 매켄로를 제압한 그 완강함이 보리를 살렸다. "캘린더 그랜드슬램"의 불씨가 살아났고, 심지어 요한 크리크와의 준결승에서는 먼저 두 세트를 내주고도 결승에 오르는 벼랑 끝 행보를 이어간 끝에 운명의 순간이 찾아온 듯했다. 1976년과 1978년 비외른 보리는 결승에서 지미 코너스에게 패했지만, 이번에 보리의 영광스러운 순간 앞에 선 건 바로 매켄로였다.

윔블던 파이널에 비해 다소 예술성이 떨어지긴 했지만 뉴욕의 결승전은 대단히 박진감이 넘쳤다. 보리의 서브가 말을 듣지 않으면서, 매켄로가 7-6, 6-1로 두 세트를 앞서갔다. 하지만 보리는 다음 두 세트를 7-6, 7-5로 따냈는데, 당시 경기 도중 매켄로는 "몸이 무너져버릴 것 같다"며 괴로워했다. 하지만 매켄로는 버텨냈고, 보리의 서브가 다시 흔들리기 시작했다. 마침내 5세트 7번째 게임에서 보리가 두 번의 더블 폴트로 브레이크를 당하면서 매켄로의 6-4 승리로 끝났다. 보리의 꿈은 산산조각 나버렸다. 1981년 윔블던에서 매켄로에게 져 5년간의 제위에서 물러나게 된 보리는 US오픈 결승에서 매켄로에게 또다시 3-1 패배를 당한 뒤 '그랜드슬램'과 US오픈 타이틀을 품에 안지 못한 채 테니스계를 떠나 버렸다. 사람들은 27살의 이른 나이에 보리가 은퇴를 결정한 이유가 앞으로 다시는 그랜드슬램에서 우승할 수 없다는 것을 스스로 깨달았기 때문이라고 생각했다.

비외른 룬 보리는 어깨까지 치렁치렁 내려오는 헤어스타일에 헤드밴드를 한 채 1973년 윔블던에 등장했다. 네트 앞으로 과감하게 나오기보다는 베이스라인에서 지속적인 랠리를 선호한 이 깡마른 젊은 선수는 주니어 단식 정상에 올랐던 윔블던과 사랑에 빠지게 된다. 그는 종종 "이 성당 입구 같은 곳을 지나갈 때의 기분은 정말 환상적이었죠."라고 말했다.

성공은 때와 장소가 맞아떨어져야 한다. 1973년 여름 보리의 경우가 딱 그러했다. 유고슬라비아의 니키 필리치가 데이비스컵 분쟁으로 인해 ITF로부터 자격 정지 징계를 받아 윔블던 출전이 금지되면서 ATP 투어 선수 93명이 파업을 일으켰기 때문이다. 자연스럽게 윔블던은 새롭고 화려하고 재능 넘치는 새 얼굴의 등장을 고대했고, 외모와 재능을 겸비한 보리는 그 요구에 정확히 부합했다. 그의 둥그런 어깨와 빠른 스탭은 전형적인 운동선수의 모습이라고 보기는 어려웠지만, 윔블던 첫째 주가 지날 무렵 소녀 팬들이 따라다니기 시작했고, 그가 선수 식당으로 갈 때면 팬들을 통제해야 했다.

보리의 초창기 재능과 양손 백핸드는 퍼시 로즈베리라는 코치의 작품이었다. 로즈베리는 훗날 스테판 에드버리의 주니어 시절 코치도 맡아, 공격적인 스타일을 위해 양손 백핸드를 한손 백핸드로 바꾸게 만든 장본인이기도 하다. 그러나 보리의 기술이 꽃을 피운 건 레나르 베르겔린 코치와 함께 한 12년 동안이었다. 1974년 이탈리아 오픈에서 그의 첫 빅타이틀을 거머쥐었을 당시 보리의 나이는 18세가 채 되지 않았다. 완벽한 톱스핀, 빠른 코트 커버, 서브, 그리고 베이스라인에서의 통제 능력까지 겸비한 보리는 이후 7년 동안 유럽 클레이 코트에서 거의 무적의 선수가 됐다. 또 시간이 흐르면서 실내 코트 승률도 높아졌고, 특히 잔디 코트에서 중요한 승리를 이어나갔다.

1974년 로마에서 첫 트로피를 들어 올린 2주 뒤 보리는 프랑스오픈 사상 최연소 챔피언에 등극했다(이 기록은 훗날 마이클 창에 의해 깨졌다). 1975년에는 스웨덴을 사상 첫 데이비스컵 우승으로 이끌기도 했다. 보리는 데이비스컵 19연승을 기록했는데, 나중에 이 기록은 33연승까지 늘어났다.

그러나 보리의 스타성이 가장 화려하게 빛난 곳은 역시 윔블던이었다. 조국 스웨덴에서 건너온 젊은 추종자들에 의해 우상화된 보리는 출전 첫해 영국의 로저 테일러에게 8강에서 패했다. 이후 2년간 보리는 주춤했다. 때 이른 성공이 부담된 것 아니냐는 분석도 나왔다. 1974년 윔블던에서 이집트의 이즈마일 엘 샤페이에게 무기력하게 졌고, 이듬해에는 챔피언인 아서 애시에게 패했다. 하지만 그 뒤부터 1981년 매켄로와의 결승 맞대결까지, 보리는 윔블던 41연승의 기록을 달성했다. 더욱 놀라운 건, 프랑스오픈과 윔블던을 2년 연속 우승할 당시, 보리는 클레이와 잔디 코트 전환기에 심리적 그리고 육체적인 회복을 할 수 있는 시간이 단 1주일밖에 없었다는 사실이다.

비록 1984년, 그리고 7년 뒤 첫 경기에서도 패하며 두 차례나 복귀에 실패했지만 보리는 후회하지 않았다. "사람들은 제가 은퇴하지만 않았다면 아마도 그랜드슬램에서 더 우승할 수 있었을 거라고 말합니다. 맞는 얘기일 수 있습니다. 하지만 그 결정은 제가 내렸고 결과에 만족합니다."

킹

두려움을 모르는 여전사

빌리 진 킹은 이 세상 모든 것과 싸울 준비가 된 챔피언이었다. 그녀는 그런 방식으로 선수로서만이 아니라 여자 테니스의 위상을 드높이는 면에서도 커다란 성공을 거두었다.

주요 업적	
1961	윔블던 첫 복식 우승
1966	윔블던 첫 단식 우승
1967	US오픈 첫 단식 우승
1968	호주오픈 우승
1970	여성 상금 평등 혁신 운동
1973	테니스 역대 최다 관중 (3만 492명) 앞에서 보비 릭스와 세기의 성 대결
1973	윔블던 최후의 트리플 크라운
1979	20번째 단식 및 복식 우승 (최다 기록)
1983	윔블던 265번째 경기에서 29회 결승 진출

빌리 진 킹
출생: 1943년 11월 22일, 미국

빌리 진 킹보다 여자 테니스의 발전에 큰 영향을 끼친 인물은 찾기 어렵다. 20년 가까이 단식과 복식에서 최고의 선수로 군림해온 것처럼, 그녀는 테니스의 정치 및 상업적 경계선에서 동등한 영향력을 행사했다. 여자 테니스가 제대로 된 존중과 대우를 받기 위해 끊임없이 투쟁했다.

코트 위에서 포기를 모르는 타고난 열정을 앞세워 빌리 진 킹은 그랜드슬램에서 도합 39개의 단식과 복식, 혼합복식 타이틀을 거머쥐었다. 코트 위의 성공을 가져다준 그라운드 스트로크와 발리처럼, 솔직담백한 방식으로 현대 테니스에 관한 견해를 거침없이 표현했다. 그녀가 현역 시절 세운 기록은 동시대 라이벌이었던 마가렛 코트와 나브라틸로바 바로 다음에 위치한 역대 3번째였다.

1973년 윔블던은 남자 선수들 93명의 보이콧으로 위기를 겪고 있었다. 바로 그때 빌리 진 킹은 남녀 동일한 상금을 지급하지 않으면 따로 대회를 만들겠다는 위협을 가하기도 했다. 그렇지만 그녀의 인생에서 윔블던은 가장 중요한 대회였다. 미국 HBO 방송사 회장이 30년 넘게 윔블던 해설을 맡은 킹에게 1922년 제작한 윔블던의 좌석 의자를 선물하자 그녀는 "제가 받을 수 있는 인생 최고의 선물"이라며 감격했다.

초창기 빌리 진 모펏이라는 이름으로 뛴 그녀는 1981년 단 한 번을 제외하고 윔블던에 23년간 22회 출전했다. 1976년에는 통산 6번째 우승을 차지한 단식 타이틀 방어를 포기하고 복식만 출전해 세상을 놀라게 만들었다. 킹은 단식과 복식, 혼합복식 등 윔블던의 세 부분에서 역대 최다인 총 265경기에 출전해 41패만 기록했다. 단식 기록만 95승 15패였다.

빌리 진 킹은 1922년부터 1964년까지 224경기를 뛴 장 보로트라를 41경기나 능가하는 기록을 남겼고, 단식과 복식, 혼합복식에서 총 20번의 우승을 차지했다. 그녀의 마지막 타이틀 획득에는 한 가지 슬픔도 곁들여있다. 나브라틸로바와 함께 복식에서 1979년 마지막 우승을 차지했을 때였다. 20번째 타이틀 획득으로 엘리자베스 라이언이 복식과 혼합복식에서 보유한 19회 우승의 기록을 넘어섰는데, 바로 그날 라이언이 올 잉글랜드 클럽에서 심장마비로 87세에 별세한 것이다.

새로운 기록이 세워진 다음날, 킹은 과거 라이언이 LA의 클럽에서 자신의 주니어 시절을 지켜본 기억을 떠올렸다. "어떤 면에서 저는 그녀와 함께 성장했어요. 그녀가 세상을 떠났다는 말을 들었을 때, 제 인생 전체가 주마등처럼 스쳐 지나갔습니다." 그녀는 테드 틴링이 쓴 『러브 앤 폴트』라는 책에서 라이언에 대한 챕터가 자신에게 얼마나 큰 영향을 끼쳤는지도 밝혔다. 그 책은 라이언의 테니스와 성공 비결에 대한 철학이 담겨 있었다.

"저는 그 책의 핵심이 뭔지 알았죠. 기록을 세운 사람은 모든 것을 또 다른 차원으로 끌어올려야 한다는 거죠. 심지어 언젠가 자신의 기록이 누군가에 의해 깨질 것을 가슴 깊이 느낀다 해도 가장 중요한 건 끊임없이 그 기준점을 도달 가능한 수준까지 높여야 한다는 것입니다."

1973년 빌리 진 킹은 윔블던에서 오언 데이비슨과 함께 혼합복식을 제패하면서 단복식 및 혼합복식 세 부분에서 모두 우승한 마지막 선수가 됐다. US오픈에서 각 부문 4개씩 12개의 타이틀을 차지했고 프랑스오픈에서는 단식 1회, 복식 1회, 혼합복식 2회 우승, 호주오픈은 단식 1회, 혼합복식 1회씩 정상에 올랐다. 무릎이 좋지 않아 자주 수술을 받아야 했지만 킹은 칼자국이 나도 빙고 게임은 할 수 있지 않냐는 농담을 자주 하며 이겨냈다. 1983년 39살의 나이에도 여전히 윔블던에서 스티브 덴튼과 혼합복식 준우승을 차지했고 단식 4강에 올랐다.

안경을 쓰고 네트 앞에서 활력과 자신감이 넘쳤던 킹은 아마도 공식 기록에 남지지 않는 이 시합에서의 승리로 가장 유명해졌을 것이다. 휴스턴 애스트로돔에서 테니스 역사상 최다 관중인 3만 492명이 운집한 가운데, 29살의 킹이 55세의 보비 릭스와의 성 대결에서 6-4, 6-3, 6-3으로 이기고 10만 달러의 상금을 받았다. 일단 경기의 진정성에 대한 의심은 접어두자. 그날 밤 테니스는 스포츠에서 쇼비즈니스로 격상됐고, 빌리 진 킹은 그 한가운데서 테니스의 새로운 지평을 열어젖혔다.

윌리엄스

독보적 경기력의 테니스 여제

여자 테니스에는 뛰어난 재능을 지닌 선수가 수없이 많았지만 아무리 위대한 스타라도 세리나 윌리엄스처럼 특별한 자질을 지니지는 못했다. 이 다재다능한 미국 선수는 순수한 힘의 경지에서 가히 독보적이다.

주요 업적	
1999	US오픈 우승
2002	프랑스오픈, 윔블던 우승, US오픈에서 언니 비너스를 물리치고 우승
2003	호주오픈 우승으로 4대 메이저 대회 연속 우승
2012	윔블던, US오픈 우승 및 런던올림픽 금메달
2015	메이저 대회 세 차례 우승
2017	23번째 그랜드슬램 타이틀 획득

세리나 윌리엄스
출생: 1981년 9월 26일, 미국

캘리포니아 컴튼의 공공 테니스장에서 3살부터 언니 비너스와 함께 아버지인 리차드의 지도를 받은 세리나 윌리엄스. 출발은 좋지 않았다. 그녀는 1995년 14살에 퀘백 시티에서 열린 대회 예선 1회전에서 애니 밀러에게 단 두 게임만 따내며 완패했다. 그러나 1998년에 세계 100위권에 진입해 프랑스오픈 16강에 진출했다. 그해 세리나는 가장 단기간에 톱10 선수에게 다섯 번의 승리를 거둔 선수로 기록됐는데, 프로 경기 출전 16경기 만이었다. 당시 겨우 17살에 불과했던 세리나는 이미 세계 정상급 선수들도 버거워할 정도의 경기력을 지니고 있었던 것이다.

따라서 1999년 세리나가 거둔 대성공은 놀라운 일이 아니었다. 세리나는 첫 WTA 투어 타이틀을 손에 쥐었다. 5번의 우승에는 US오픈 결승에서 마르티나 힝기스를 6-3, 7-6으로 제압하고 얻은 첫 그랜드슬램 트로피도 포함됐다. 언니 비너스와 합작한 총 14회 복식 우승 가운데 첫 테이프를 끊은 것도 1999년이었다.

세리나는 2001년 US오픈 단식 결승에서 비너스와 대결했다. 1884년 왓슨 자매 이후 그랜드슬램 대회에서 자매가 맞붙은 첫 번째 결승전이었다. 1884년 당시는 동생 마우드가 이겼다. 하지만 역사는 반복되지 않았고, 비너스의 6-2, 6-4 승리로 끝났다.

세리나는 강인하게 패배를 극복해냈다. 호주오픈에서 발목 부상으로 기권한 이후 프랑스와 윔블던, US오픈에서 모두 언니 비너스를 물리치고 우승했고 2002년 연말 랭킹 1위에 올랐다.

2003년 호주오픈 우승으로 세리나는 여자 테니스 역사상 5번째로 4대 메이저 대회에서 연속으로 우승한 선수가 됐다. 모린 코널리, 마가렛 코트, 마르티나 나브라틸로바, 슈테피 그라프에 이은 위업이었다. 또 커리어 그랜드슬램을 완성한 여자 테니스 9인방 가운데 하나로 기록됐다(훗날 마리아 샤라포바가 그녀의 뒤를 이었다). 이른바 '세리나 슬램'이었다.

그랜드슬램 연속 우승 기록은 프랑스오픈 4강에서 쥐스틴 에넹에게 2-6, 6-4, 7-5로 패하면서 끝났다. 그녀는 윔블던에서 통산 2번째 우승으로 완벽하게 부활했지만, 이후 왼쪽 무릎 수술로 시즌을 접어야 했다.

2002년과 2003년이 완벽한 성공의 시기였다면 2004년과 2005년은 회복의 기간이었다. 세리나는 호주오픈 결승에서 린지 데븐포트를 꺾고 단 1개의 그랜드슬램 트로피만 추가했다. 2006년에는 왼쪽 무릎의 문제로 시즌 대부분을 날렸다. 단 4개의 대회에만 출전했고 프랑스오픈과 윔블던에 불참하며 그녀의 랭킹은 95위까지 떨어졌다.

2007년 세리나는 호주오픈 결승에서 샤라포바를 물리치고 우승했다. 당시 81위로 그랜드슬램 역사상 4번째로 낮은 순위의 선수가 우승한 대회로 기록됐다. 하지만 그게 전부였다. 나머지 3개 메이저 대회에서 모두 8강 탈락했다.

세리나는 2008년 윔블던 결승에서 언니 비너스에게 졌지만 US오픈에서 옐레나 얀코비치를 꺾고 자신의 통산 9번째 메이저 트로피를 들어 올리는 동시에 2003년 이후 처음으로 세계 1위에 복귀했다. 5년 1개월만의 1위 복귀는 남녀를 통틀어 가장 긴 기록이었다. 세리나는 이렇게 자신의 부활을 확실히 알렸다.

2009년에는 더욱 살아났다. 호주와 윔블던에서 우승했고 그 똑같은 위업을 2010년에도 반복했다. 하지만 또 부상이 발목을 잡았다. 2011년 전반기를 뛰지 못한 세리나는 6월 잔디 시즌에 돌아왔다. 그러나 윔블던에서 컨디션이 저조했던 그녀는 16강전에서 마리온 바톨리에게 졌다. US오픈 결승에 올랐지만 샘 스토서에게 한 세트도 따지 못하고 항복 선언을 하면서 많은 사람들은 만성적인 부상, 특히 왼쪽 무릎 부상이 결국에는 세리나의 발목을 잡게 됐다고 생각했다.

그러나 2012년 세리나는 사람들이 틀렸다는 걸 보여줬다. 호주오픈 16강에서 탈락했지만 4월 이후 48승 2패의 전적을 기록하면서 윔블던과 US오픈에서 각각 14번째와 15번째 그랜드슬램을 달성했다. 또한 런던올림픽 금메달을 따면서 화려한 복귀를 자축했다.

세리나는 2013년부터 타이틀을 더욱 끌어모아 프랑스와 US오픈에서 우승했다. 그녀의 18번째 그랜드슬램은 2014년 US오픈에서 나왔다. 2015년 세리나는 호주-프랑스-윔블던으로 이어지는 3개의 그랜드슬램 타이틀을 추가했고, 캘린더 그랜드슬램을 겨냥했으나 US오픈 4강에서 이탈리아의 로베르타 빈치에게 충격적으로 패하며 꿈이 무산됐다.

2016년 호주와 프랑스오픈 결승에서 잇달아 패하자, 비평가들은 또다시 기지개를 켜기 시작했다. 그러나 과거와 마찬가지로 그녀는 다시 한번 그들이 틀렸다는 걸 입증했다. 2016년 윔블던 통산 7번째 우승을 차지한 데 이어 첫 아이 임신으로 휴지기를 갖기 전인 2017년 호주오픈에서 또다시 정상에 우뚝 섰다.

그라프

금빛의 여인

그라프는 동시대 라이벌들보다 더 많은 메이저 타이틀을 얻었을 뿐만 아니라 그 과정에서 코트 안팎의 엄청난 부담과 역경을 이겨냈다.

슈테피 그라프
출생: 1969년 6월 14일, 독일

주요 업적	
1982	WTA사상 최연소 랭킹 포인트 획득
1987	프랑스오픈 우승
1988	캘린더 그랜드슬램 달성한 최연소 선수
1988	올림픽 단식 금메달
1989	호주오픈, 윔블던, US오픈 우승
1995	프랑스오픈, 윔블던, US오픈 우승
1996	프랑스오픈, 윔블던, US오픈 우승, 윔블던에서 커리어 단식 100회 우승
1996	나브라틸로바의 통산 최장 기간 랭킹 1위 기록 경신
1999	22번째 메이저 우승, 윔블던 준우승 후 은퇴

그녀가 부상에 시달리기 시작한 1997년까지, 슈테피 그라프는 10년간 매해 적어도 한 개 이상의 그랜드슬램 타이틀을 획득했다. 이 기록은 크리스 에버트만이 능가하는데, 비록 그라프보다 메이저 우승 횟수(18회)는 적지만 에버트는 놀랍게도 14년이라는 더 긴 기간 동안 이런 성공을 누렸다. 그러나 오픈 시대 이후의 성공으로 말하자면 스테파니 마리 그라프는 마르티나 나브라틸로바를 포함한 모든 이를 뛰어넘는 기록을 세웠다.

1987년 세계 1위에 처음 오른 그라프는 부상에 발목을 잡혀 마르티나 힝기스에게 추월당한 1997년 3월까지 374주간 정상에 머물렀다. 이 기록은 나브라틸로바의 종전 기록인 331주를 여유 있게 앞설 뿐 아니라 당시 남자 부문 1위인 이반 랜들의 270주보다 100주 이상 긴 기록이었다.

그라프는 왼쪽 무릎 부상으로 프랑스오픈 8강에서 좌절한 1997년 여름까지 총 103개의 타이틀을 획득했다. 현대 테니스에서 오직 나브라틸로바와 에버트만이 이를 능가할 뿐이었다. 1995년 US오픈에서 우승하면서 그라프는 4대 그랜드슬램 대회를 각각 4회 이상 우승한 최초의 선수가 됐다.

이러한 기록은 금발에 파워풀한 운동 능력을 갖춘 그녀의 업적 가운데 일부일 뿐이다. 그라프는 테니스 선수가 되지 않았다면 400미터 달리기에서 두각을 나타냈을 것이다. 실제로 1988년 그녀의 400미터 기록은 서울올림픽에 독일 대표를 지원한 육상 선수들 가운데 3위에 해당했다.

그라프의 첫 번째 큰 성공은 1986년 힐튼 헤드 대회에서 통산 8회 챔피언 에버트를 꺾었을 때였다. 이듬해 프랑스오픈에서 그라프는 18세 생일을 목전에 두고 나브라틸로바를 6-4, 4-6, 8-6으로 꺾으며 생애 첫 메이저 타이틀을 차지했다. 오픈 시대 역사상 여자 선수로는 처음으로 캘린더 그랜드슬램뿐 아니라 서울올림픽에서도 우승하면서 '골든 슬램'을 달성한 1988년. 그해 그라프는 8개의 타이틀을 거머쥐었고 71승 3패의 기록을 남겼다. 가브리엘라 사바티니(2회)와 팸 슈라이버가 3패를 안겼는데, 사실 버지니아 슬림 챔피언십에서 슈라이버에게 패할 때는 감기 몸살로 고생하고 있을 때였다. 그때 그라프의 46연승 행진도 끝났다.

1988년 전까지 그라프는 호주오픈에서 재미를 보지 못했다. 1983년 첫 출전에서 그라프는 쿠용의 젖은 잔디에서 미끄러져 오른쪽 엄지 힘줄 부상을 당했다. 그러나 멜버른 야라강 건너편의 완전히 새로운 하드 코트 경기장에서 톱시드 그라프는 결승까지 12세트 동안 단 22게임만 내주며 순항한 뒤 에버트와 대결했다. 그라프가 2-1로 앞선 상황에서 갑자기 하늘이 회색빛으로 변하더니 굵은 빗줄기가 쏟아졌다. 코트 지붕이 닫히며 그랜드슬램 역사상 최초의 실내 경기가 펼쳐졌고, 경기가 재개되기까지는 89분이 소요됐다. 그라프가 6-1, 5-1로 앞선 상황에서 서브권을 가졌지만 에버트 특유의 투지가 살아나면서 2세트를 타이 브레이크까지 몰고 갔다. 하지만 에버트는 더 젊은 선수의 강한 서브와 뛰어난 포핸드를 당해낼 수 없었고, 타이 브레이크는 7-3 그라프의 승리로 끝났다.

그랜드슬램의 다음 정거장은 프랑스 파리였다. 그라프는 디펜딩 챔피언이었다. 그녀의 압도적인 지배력은 이 대회 전체에 뛴 시간이 5시간 30분밖에 되지 않았다는 점에서 분명히 드러났다. 에버트가 아란챠산체스에게 3라운드에서 패하고 나브라틸로바 역시 16강에서 나타샤 즈베레바에게 덜미를 잡히면서, 오직 사바티니만이 그라프에게 6-3, 7-6으로 비교적 강한 저항을 보였을 뿐이었다. 가엾은 즈베레바는 결승에서 너무 긴장한 탓인지 아무것도 못 했다. 그라프는 단 32분 만에 6-0, 6-0으로 이겼다. 1911년 이후 여자 그랜드슬램 결승 사상 최초의 "완승"이었다.

윔블던에서 그라프는 첫 경기를 6-0, 6-0으로 시작해 결승까지 단 17게임만 내줬다. 하지만 결승에서 5-7, 0-2로 끌려가면서 나브라틸로바의 공격 테니스에 희생양이 되는 것이 아닌가 싶었다. 6게임을 내리 내주던 그라프는 갑자기 드라마틱하게 기어 변속을 시도하더니, 쇠망치같은 포핸드를 앞세워 이후 9게임을 연속으로 잡아 5-7, 6-2, 6-1로 역전승했다.

플러싱 메도우에서도 마찬가지였다. 에버트가 준결승에서 부상으로 기권하면서, 그해 유일하게 그라프에게 승리를 거뒀던 사바티니가 다시 도전했지만 그라프는 강한 정신력과 포핸드로 승리하며 캘린더 그랜드슬램을 완성했다. 두 선수는 올림픽 결승에서도 만났는데, 그라프는 포핸드 위너를 작렬하며 그녀의 역사적인 한 해에 영광스러운 마침표를 찍었다.

이후에는 사생활 문제와 부상에 시달렸다. 양쪽 무릎과 발에 네 차례 수술을 받았고, 아버지의 생활 방식이 논란을 일으키기도 했다. 그에 관한 기사는 그녀의 경기 내용보다 더 많은 신문 지면을 차지했는데, 결국 그는 탈세 혐의로 징역형을 선고받았고, 그라프는 배상금으로 2000만 달러를 내야 했다. 이런 상황 속에서 그토록 대단한 성취를 보인 그라프의 결단력과 위엄은 역대 최고 선수로서의 위상을 더욱 공고히 해주고 있다.

1999년 프랑스오픈 우승을 마지막으로 그라프는 은퇴했다. 커리어 통산 22회 그랜드슬램 타이틀을 거머쥐었고, 한 해에 4대 그랜드슬램과 올림픽을 모두 제패하는 업적도 이뤘다. 그녀는 또한 4대 메이저 대회에서 모두 4번 이상 우승한 유일한 여자 선수이기도 하다. 107개의 타이틀과 2200만 달러에 이르는 상금을 받았다. 그라프는 총 377주간 세계 1위를 기록했고 은퇴 뒤 2001년 안드레 애거시와 결혼했다.

매켄로

지킬과 하이드

훈련장에서 남들이 안 볼 때 빈둥대던 한 혈기왕성한 청년은 훗날
테니스 천재로 성장한 동시에, 심판진에게는 악몽과 같은 존재가 됐다.

존 매켄로
출생: 1959년 2월 16일, 독일

주요 업적	
1977	프랑스오픈 혼합복식 우승, 윔블던 최초 예선 통과자로 4강 진출
1978	데이비스컵 데뷔
1979	US오픈 첫 우승
1980	세계 1위 등극
1981	비외른 보리의 6연패 저지, 윔블던 우승
1983	2번째 마스터스 우승
1984	윔블던 및 US오픈 우승

일찍이 그 어떤 선수도 미국 변호사의 아들인 존 패트릭 매켄로처럼 세계적인 관심과 동경 혹은 증오라는 두 가지 상반된 감정을 불러일으킨 인물은 없었다. 오늘날 그는 약간 부드러워진 성격으로 전 세계에서 가장 인기 높은 TV 해설자로 주목받고 있다.

선수로서 그는 수수께끼 같은 존재다. 이 눈부신 재능을 갖진 뉴욕 출신 선수가 테니스와 그의 기질 양쪽에서 보여준 지그재그 행보를 설명하기란 정말 쉽지 않기 때문이다. 분명한 사실은 매켄로 외에 그 어떤 선수도, 한순간 판정과 원칙을 트집 잡으며 분노하다가도 그다음 순간 정교한 기술과 컨트롤, 완벽한 집중력을 발산하는 모습을 보여주지 못했다는 것이다.

지킬과 하이드의 성향은 매켄로가 보여준 최고의 장면 혹은 최악의 사건을 만들어낸 가장 뚜렷한 특징이었다. 명예로운 장면부터 살펴보자. 기록으로 따지면 77개의 단식 타이틀과 복식 타이틀, 여기에는 윔블던 단식 3번의 우승과 5번의 복식 우승이 포함된다. 특히 윔블던에서는 역사상 가장 기억에 남을 만한 타이 브레이크 승부를 벌였다. 또한 US오픈 단식 4회 우승 및 복식 8회 우승도 있다. 그러나 또 한편으로는 불명예스러운 사건도 많다.

매켄로는 1981년부터 1984년까지 4년 연속 세계 랭킹 1위에 올랐고, 데이비스컵에 30회 참가해 59승 10패의 전적을 남겼다. 이 가운데 단식만 41승 8패였다. 이 모든 성취는 타이밍과 볼 컨트롤에 관한 한 천부적인 감각을 지녔지만 한 번도 주니어 단식 정상에는 오르지 못한 선수가 해낸 것이었다.

세상이 존 매켄로의 존재를 처음 목격한 건 그가 14살 때 포트 워싱턴 테니스 아카데미에서 주니어 시합을 하고 있을 때였다. 루 호드, 로드 레이버, 켄 로즈웰, 존 뉴컴과 같은 위대한 챔피언들의 성장에 결정적인 역할을 한 호주의 전설적인 코치이자 데이비스컵 감독인 해리 호프만이 당시 그곳의 책임자였다. 그는 키가 작고 빼빼 마른 한 청년이 코트 구석에서 빈둥대는 것을 보고, "저 녀석을 지켜보세요. 미래의 챔피언이 될 수도 있습니다"고 말했다. 물론 당시에도 매켄로는 인상적인 서브와 뛰어난 그라운드 스트로크를 갖고 있었다. 다만 아직 정확한 타이밍과 날카로운 각도의 발리가 부족했고 훗날 그 어떤 선수도 능가할 수 없을 게임 운용의 다양성을 보유하고 있지는 않았다. 어쨌든 한때 US오픈 비외른 보리-니키 필리치의 경기에서 볼보이를 했던 이 젊은 선수는 도약할 준비를 마친 상태였다.

1977년 프랑스오픈에서 모든 관심이 비외른 보리와 그 밖의 선수들에게 집중되고 있을 때였다. 아무도 1회전에서 호주의 앨빈 가디너를 꺾은 뒤 2회전에서 필 덴트에게 패한 '코트의 침입자'를 주목하지 않았다. 아주 극소수만이 조금 덜 관심 가는 종목인 혼합복식에서 매켄로와 매리 카릴로의 우승을 흥미롭게 지켜봤다(이 둘은 훗날 나란히 TV 해설가로 성공하게 된다).

그해 매켄로의 윔블던 목표는 남자 단식 예선을 통과하는 동시에 주니어 타이틀을 획득하는 것이었다. 그런데 그 계획은 매켄로가 본선에 진출했을 뿐 아니라 예선 통과자로서는 사상 처음으로 4강에 올라 지미 코너스와 맞대결을 벌이면서 완전히 틀어졌다.

아이러니하게도 코너스는 그해 윔블던의 최고 악동이었다. 코너스는 대회 첫날 센터 코트에서 열리는 100주년 퍼레이드를 무시하면서 야유를 받았다. 그러나 매켄로는 이미 그 전부터 경고 딱지를 수집하고 있는 상태였으니. 매켄로는 파리에서 혼합복식 결승전 당시 선심에게 괴성을 지르는 바람에 거의 징계 직전까지 갔고, 윔블던에서도 사상 처음 18세 청년이 4강까지 가는 과정에서 심판인 프레드 호일스를 괴롭혔다.

그 이후에도 매켄로는 잘나가다 너무 자주 이성을 잃어버리는 행동으로 영광스러운 업적들을 갉아먹는 일이 많았다. 그의 테니스 자체가 자신의 성격처럼 한 마디로 모순투성이였다. 한순간 굉장히 매력적이다가도 그다음에는 차마 볼 수 없는 수준까지 떨어져 버렸다. 1981년 윔블던에서 그는 "최악이군", "장난하는 거야?"라는 말을 내뱉어 당시로서는 기록인 6000달러의 벌금을 물었다. 하지만 결승전에서 4세트 만에 승리하며 비외른 보리의 현대 테니스 최고 기록 달성을 막았다.

심판에게만 성질을 부리는 것은 아니었다. 1983년에는 체코 국적의 토마스 스미드를 향해 "공산주의자 개자식"이라고 해 벌금을 물었다. 미국 테니스협회는 1년 뒤 불같은 성정을 이유로 그를 데이비스컵에서 제외했다. 그의 엽기적 행각은 다른 선수들이 흉내도 내지 못할 출중한 테니스 기량과 더불어 반복되곤 했다.

정점은 1990년 호주오픈이었다. 심판에게 욕을 해 오픈 시대 개막 이후 그랜드슬램 대회에서 실격당한 최초의 선수로 기록됐다. 당시 매켄로는, 만약 그 대회부터 자격 상실 기준이 심판의 경고 횟수 4번에서 3번으로 바뀌었다는 사실을 알았다면 벌어지지 않았을 일이라고 인정했다.

최고 전성기는 1984년. 전적은 82승 3패였다. 매켄로는 프랑스오픈 결승에서 먼저 두 세트를 앞서다 이반 렌들에게 역전패했다. 윔블던 결승에서는 코너스를 완파했고, US오픈에서 렌들을 3-0으로 이겼다. "믿을 수 없는 기분이었습니다. 세상에, 제가 지금 다른 선수들을 이렇게 압도하고 있다니", "제 가장 큰 실수는 계속 밀어붙이지 않고 경쟁자들이 뭘 하는지 지켜보기만 한 것이었습니다." 1984년을 끝으로 매켄로는 더 이상 그랜드슬램 단식에서 우승하지 못했다.

몇 해 뒤 매켄로는 "저는 테니스 역사에서 제 위치에 대해 전혀 신경 쓰지 않습니다. 코너스나 렌들보다 단식에서 더 많이 우승하지 못했지만 저는 아직도 제 기록을 다른 어떤 선수의 기록보다 높게 보고 있습니다. 이유는 다음과 같습니다. 그들은 저의 테니스만 평가했나요? 아니면 제가 심판에게 엿 먹으라고 말한 횟수를 고려했나요?"

페리

프레드라는 전설

탁구로 세계 정상에 올랐던 10대 소년은 건강에 좋은 야외 스포츠로 테니스를 시작했고, 영국 역사상 가장 위대한 테니스 선수가 됐다.

프레드 페리
출생: 1909년 5월 18일, 영국
사망: 1995년 2월 2일

주요 업적	
1929	윔블던 데뷔
1933	호주오픈 우승, 영국 선수로는 30년 만에 US챔피언십 우승
1934	비공식 세계 랭킹 1위
1935	프랑스오픈 우승, 사상 첫 커리어 그랜드슬램
1936	윔블던 3연패, 데이비스컵 4연패
1936	US오픈 우승 직후 프로 전향
1938	US프로 챔피언십 우승(이후 4연패)
1995	85세 일기로 사망

프레드 페리는 1934~1936년 윔블던 남자 단식을 3연패한 마지막 영국 선수였다. 또한 4대 메이저 대회에서 모두 우승하며 커리어 그랜드슬램을 달성한 최초의 선수였고, 1933~1936년까지 영국의 데이비스컵 우승을 견인한 인물이기도 하다.

가장 기억에 남는 명승부는 1933년 파리에서 프랑스와 벌인 데이비스컵 마지막 경기였다. 첫날 앙리 코셰를 5세트 접전 끝에 물리친 뒤, 안드레 메를린과의 경기에서 첫 세트를 내주고 두 번째 세트에서도 세트 포인트까지 몰린 상황에서 4-6, 8-6, 6-2, 7-5 역전승을 거뒀다.

페리는 데이비스컵에 20번 참가해 단식 38번 가운데 34승을, 14번의 복식에서 11승을 책임졌다. 영국이 데이비스컵 트로피를 품에 안은 건 2015년 앤디 머리가 페리와 유사한 영웅적인 활약을 펼쳤을 때를 제외하곤 없었다.

페리는 사실 탁구 세계 챔피언으로 명성을 떨쳤다. 그는 테니스 코트에 탁구와 비슷한 빠른 반사 신경과 뛰어난 샷을 그대로 가져왔다. 그의 특기 가운데 하나는 러닝 포핸드였는데, 한 템포 빠르게 치고 실수를 두려워하지 않았다. 무엇보다 페리는 보는 눈이 탁월했고 강한 손목을 갖고 있었다. 컨티넨탈 그립을 사용해 백핸드와 포핸드에서 그립을 바꾸는 일이 없었다.

프레드는 현대 테니스 선수들이 왜 경쟁자의 경기를 직접 보지 않고, 코치에게 맡겨 버리는지 이해할 수 없었다. "저 자신을 위해서 언제나 즐겨 보고 배우곤 했어요." 그는 언젠가 앙리 코셰와 빌 틸든의 경기를 보고 굉장히 많이 배웠다고 말했는데, 코셰의 테니스를 모델로 삼았다고 밝힌 이유에 대해 이렇게 말했다. "그는 다른 선수들보다 한 템포 빠르게 공을 쳤어요. 저는 더 크고 강하고 빨랐기 때문에, 코셰처럼 짧은 스윙으로 포핸드를 칠 수 있었고, 덕분에 실수를 줄일 수 있었습니다. 그건 제게 많은 도움이 됐어요."

페리의 뛰어난 샷메이킹은 강인한 체력에서 비롯됐다. 그는 경쟁자들보다 훨씬 강도 높은 훈련을 했다. 페리는 자신의 첫 윔블던 우승을 달성할 때 5세트 경기를 두 번이나 치러야 했다. 그 뒤 2년간은 훨씬 수월한 과정이었는데, 1935년에는 3세트만 내줬고 1936년에는 딱 한 세트만 내주며 결승전에서 부상을 당한 고트프리드 본 크람을 6-1, 6-1, 6-0으로 완파하고 우승했다. 또 같은 기간 도로시 라운드와 짝을 이뤄 혼합복식에서도 우승했다.

1차 대전 말미, 페리 일가는 런던 근교로 이사했는데, 거기서 페리의 스포츠 재능이 꽃을 피웠다. 페리의 아버지는 아들이 '담배 연기가 자욱한' 곳에서 탁구를 치는 것이 못마땅한 아들에게 "죽기 위해 운동하는 것 같다. 테니스에 집중해 보는 게 어때?"라고 말했다.

그때가 아마도 프레드가 인생에서 유일하게 말을 잘 듣던 때였을 것이다. 그는 윔블던 주니어 대회에 출전해 4회전에서 탈락했는데, 당시 갖고 있던 딱 한 자루의 라켓이 부러졌다. 페리는 성인 무대에서 빠르게 성장했고, 1930년 영국 테니스협회가 선발한 국가대표 4명에 포함돼 미국 원정을 갔다.

그곳에서 페리의 인생은 새로운 국면을 맞았다. 페리는 할리우드에서 영화배우 메리 픽포드, 마를린 디에트리치, 더글러스 페어뱅크, 데이비드 나이벤, 에롤 플린, 베베 다니엘스 등과 친분을 맺었다. 페리에게 이들은 거부할 수 없는 존재들이었다. 그의 테니스 역시 정점에 올라, US 내셔널 챔피언십(훗날 US오픈)에서 1933년, 1934년, 1936년 우승했고 1934년 호주오픈 단식 및 복식 우승, 1935년 프랑스오픈에서 단식 정상에 올랐다.

페리는 1928년 선수가 아닌 관중으로 처음 센터 코트를 본 순간부터 "윔블던과 평생에 걸친 사랑"을 했지만, 초창기 올 잉글랜드 클럽과 페리의 관계는 시쳇말로 까칠함 그 자체였다. 1984년 그의 동상과 '페리 게이트'가 만들어지면서 윔블던이 그를 얼마나 아꼈는지를 보여준 바로 그때, 페리는 이렇게 썼다. "윔블던과 저는 과거 이런 식으로 지냈습니다. 몇몇 윔블던 관계자들은 저를 성질 급하고 말 많은 반항아로 경멸했고, 무엇보다 윔블던 우승에 합당한 계층이 아니라고 생각해 저의 우승을 원치 않았습니다. 심지어 제가 영국 출신 선수여도 말입니다."

2차 대전 이전까지 윔블던에서는 코트에서 우승 축하 행사를 벌이지 않았다. 윔블던 회장이 개인적으로 챔피언을 찾아와 축하해 주고 명예 회원을 뜻하는 클럽 넥타이를 선물로 주는 것이 전부였다. 페리는 다음과 같은 일화를 전했다. 1934년 디펜딩 챔피언 잭 크로포드를 물리치고 욕조에 몸을 담그고 있는 동안 저 멀리서 올 잉글랜드 클럽 관계자가 그 호주인에게 "축하합니다. 오늘은 최고의 선수가 경기에서 이기지 못한 날이었네요"라고 말하는 걸 건너 들었다고. 크로포드는 당시 샴페인 한 병을 선물로 받았다. 페리가 받은 건 그의 의자에 걸쳐놓은 클럽 넥타이와 25파운드짜리 마핀&웹 회사의 상품권이었다. 축하 인사조차 받지 못했다. "챔피언(champ) 프레디 페리가 아닌, 얼간이(chump) 프레디 페리가 된 기분이었죠"라고 그는 회상했다.

1935년 그가 프로로 전향한 이후에도 상황은 나아지지 않았다. 윔블던 멤버십이 정지됐다. 윔블던에서 프로라는 말은 금기어가 됐고 1968년 오픈 시대가 열린 후에야 페리와 몇몇 다른 선수들이 돌아올 수 있었다.

1946년 페리는 무릎 부상으로 현역에서 은퇴했지만, 1950년 그의 이름이 새겨진 스포츠웨어 회사를 설립했다. 신문과 라디오, TV 등 미디어와 관계도 훨씬 개선됐다. 밉지 않은 악동이자 매력남이었던 그는 높은 기준을 제시했고, 다른 이들에게도 동일한 수준을 기대했다. 프레드 페리는 너무도 특별한 존재였다.

샘프러스

최고의 "피스톨" 피트

2002년 피트 샘프러스가 테니스와 작별했을 때 그는 이 세상에서 가장 많은 그랜드슬램 타이틀을 갖고 있었다. 이후 페더러가 샘프러스의 기록을 넘어섰지만 그래도 "피스톨" 피트는 역대 최고의 선수 가운데 한 명으로 기억될 것이다.

피트 샘프러스
출생: 1971년 8월 12일, 미국

주요 업적	
1990	최연소 US오픈 챔피언
1993	윔블던, US오픈 우승
1993	세계 1위 등극(이후 5년간 유지)
1994	호주오픈, 윔블던 우승
1995	윔블던 3연패, US오픈 우승컵 탈환
1995	데이비스컵 우승
1995	최초로 연간 상금 500만 달러 돌파
1997	호주오픈, 윔블던 우승, 그랜드슬램컵 챔피언
2000	윔블던 4년 연속 우승
2002	US오픈 통산 5회 우승, 메이저 14회 우승 신기록 달성

1990년 그리스 이민자의 아들인 186cm의 피트 샘프러스가 자신의 통산 64개 ATP 투어 타이틀 가운데 첫 번째를 획득한 바로 전날, 두 명의 테니스 전설인 프레드 페리와 돈 버지는 필라델피아의 한 호텔 로비에서 이렇게 말했다. "이 청년 진짜 물건이네. 언젠가 윔블던 챔피언에 오를 거야."

그런데 그보다 7개월 전인 1989년 거무스름한 얼굴에 화가 잔뜩 난 듯한 표정을 한 청년이 윔블던 데뷔전에서 1회전 탈락한 데 이어 이듬해에도 같은 운명에 처한 것을 보면, 그 전망은 다소 무모했다고 볼 수 있을 것이다. 그러나 그해 19살의 샘프러스는 이반 랜들을 꺾는 이변을 일으키고 존 매켄로와 안드레 애거시를 차례로 제압하며 최연소 US오픈 챔피언에 올랐다.

샘프러스가 비록 육체적으로나 정신적으로 충분히 성숙하지 못했다 해도 프레드 페리와 돈 버지와 같은 현명한 해설자들은 알고 있었다. 샘프러스가 US오픈 마지막 3경기에서 보여준 기술과 결단력, 집중력이라면 테니스의 모든 트로피를 차지하게 되는 건 시간문제일 것이라고 말이다.

그러나 그런 일은 일어나지 않았다. 13번의 도전을 했지만, 프랑스오픈은 끝내 그를 외면했다. 샘프러스는 늘 3가지 목표가 있었다. 첫 번째는 연말 세계 랭킹 1위를 최대한 오래 유지하는 것이었다. 물론 샘프러스 본인은 랭킹보다 그랜드슬램 타이틀에 더 관심이 있었다고 주장하긴 한다. 두 번째는 프랑스오픈 우승, 세 번째는 로이 에머슨이 보유한 그랜드슬램 단식 12회 우승 기록을 넘어서는 것이었다.

샘프러스는 이 가운데 두 개를 해냈다. 그는 1993년부터 1998년까지 6년 연속 연말 세계 1위를 차지했고 2002년, 그가 13년 전 처음 영광을 맛본 플러싱 메도우의 스타디움에서 마지막 트로피를 들어 올리며 통산 14개의 그랜드슬램 타이틀을 차지했다.

오픈 시대 이후의 성공만 헤아린다면 샘프러스는 7번의 윔블던 우승과 5번의 US오픈 우승, 2번의 호주오픈 우승, 그리고 2번의 데이비스컵 우승이라는 뛰어난 기록을 갖고 있다.

어릴 적 샘프러스는 그의 초창기 코치였던 피트 피셔의 권유로 투핸드에서 원핸드 백핸드로 전향했는데, 피셔는 샘프러스에게 오른손잡이 로드 레이버로 만들어 주겠다며 설득했다. 그 말은 훗날 샘프러스가 1993년 중반부터 8년간 윔블던에서 7번의 우승을 차지하면서 결실을 거두었다.

샘프러스의 명승부는 헤아리기 어려울 정도로 많지만 1995년 모스크바에서 열린 데이비스컵 결승을 빼놓을 수 없을 것이다. 샘프러스는 단식과 복식에서 모두 빼어난 활약을 펼쳐 미국의 3-2 승리를 이끌었다. 그보다 샘프러스를 의심하는 이들에게 보기 좋게 한 방 먹인 더 중요한 경기는 1994년 윔블던 8강 마이클 창과의 경기였다. 물론 많은 사람들이 잔디 코트에서는 샘프러스가 창보다 우위에 있다고 생각했을 것이다. 그러나 당시 그가 6-4, 6-1, 6-3으로 승리하는 과정은 굉장히 인상적이었고, 서브를 제외한 모든 영역에서 정말 소름 끼치게 훌륭했다. 창은 당시까지만 해도 샘프러스와 상대 전적에서 앞서 있었지만 샘프러스의 정확하고 수준 높은 데다, 지속성까지 갖춘 위너에 속수무책으로 당했다.

샘프러스가 7살 때였다. 아버지의 친구 두 명이 집 앞 공공 테니스장에서 샘프러스의 모습을 보고 말했다. "대학 보낼 생각하지 말고 테니스를 잘 가르쳐 줄 사람을 찾아보게."

샘프러스의 코치는 피셔부터 시작해 조 브랜디, 팀 굴릭슨을 거쳐 폴 아나콘으로 끝났다. 아나콘은 굴릭슨이 추천했는데, 1995년 호주오픈 당시 43세의 굴릭슨은 뇌종양을 앓고 있었다. 샘프러스가 짐 쿠리어와 8강전을 치르던 그날 굴릭슨은 샘프러스의 마지막 연습을 도와준 뒤 라커룸에서 쓰러졌다. 그로부터 몇 시간 뒤, 경기 도중 두 번이나 눈물을 흘린 샘프러스는 먼저 두 세트를 내준 뒤 역전승을 거뒀다. 아마도 그랜드슬램 테니스 역사상 가장 감동적인 경기였을 것이다.

샘프러스는 1996년 US오픈 알렉스 코레차와의 경기에서 과감한 결단력의 진수를 보여줬다. 심한 탈수 증상으로 코트에서 몇 번이나 라켓을 부여잡고 기대 있기까지 한 샘프러스는 더 이상 경기를 진행하지 못할 것처럼 보였다. 하지만 5세트 타이 브레이크에서 6-7의 매치 포인트 위기에서 벗어난 뒤 8-7로 이겼다. 마지막 순간이 코레차의 가슴 아픈 더블 폴트로 마무리되면서 샘프러스는 승리를 확정했다.

굴릭슨 코치가 1996년 3월 세상을 떠나자 샘프러스는 미국 암 학회의 회원으로 가입했다. 1997년 그는 "서브 에이스 자선기금 모집" 캠페인을 시작해 에이스를 터트릴 때마다 100달러를 기부하기로 했다. 첫해에만 6만 2000달러가 모였다.

어떤 이들은 샘프러스가 선수로서 그리고 한 인간으로서 지루하다고 평가한다. 그러나 그건 샘프러스를 잘 모르기 때문이다. 또한 너무 기계처럼 쉽게 승리했다고 그를 비난할 수도 없다. 그건 상대방이 샘프러스를 공략할 수 있는 전략적 사고와 스트로크를 갖추지 못했기 때문이다.

피트 샘프러스는 2002년 US오픈 우승 이후 조용히 은퇴의 길을 걸었고, 2006년 월드 팀 테니스 시리즈에 나서기 전까지 세상의 관심에서 벗어나 있었다. 여배우 브리짓 윌슨과 결혼해 두 명의 아들, 크리스찬 찰스와 라이언 니콜라스를 낳았다.

위대한 선수들

테니스 역사에는 전 세계 각지에서 탄생한 위대한 챔피언들이 헤아릴 수 없이 많다. 여기 수록된 선수들의 일대기에서 그 풍성함을 확인할 수 있을 것이다. 지역과 세대를 아우르는 이 뛰어난 선수들은 테니스 종목의 매력을 알리는 데 크게 기여했다.

가드너 멀로이
출생: 1914년 11월 22일, 미국

매우 뛰어난 복식 선수로, 테니스를 향한 그의 경험과 사랑은 20년 넘게 지속된 커리어 내내 돋보였다. 멀로이는 1936년 처음 미국 국내 랭킹을 획득한 이후부터 1957년까지 데이비스컵 대표로 꾸준히 발탁되었고, 버지 패티와 함께 그해 윔블던 복식에서 충격적인 우승 기록을 세우기도 했다. 각각 43세와 33세였던 그들은 루 호드(22)와 닐 프레이저(23) 조를 결승에서 꺾고 2차 세계 대전 이후 최고령 챔피언에 등극했다.

뛰어난 서브 리턴과 결정력 높은 발리를 앞세운 멀로이는 빌 탈버트의 이상적인 파트너로 낙점돼 1942~1948년간 US오픈을 4차례 거머쥐었고, 1948년 포레스트 힐스에서 열린 데이비스컵에서 마지막 경기를 승리로 이끌기도 했다. 변호사인 멀로이는 특유의 냉소를 머금은 스타일로 1953년 US오픈 단식에서 켄 로즈웰과 햄 리처드슨을 물리치고 결승에 올랐지만, 세드먼에게 패해 최고령 준우승의 기록을 남겼다. 당시 멀로이는 38세로 세드먼보다 14살이나 많았다.

가르비네 무구루사
출생: 1993년 10월 8일, 스페인

2008년부터 2011년까지, ITF 서킷에서 꾸준하게 활동한 무구루사의 진격은 강렬하지는 않지만 안정적이었다. 2014년 호바르트에서 첫 WTA 타이틀을 획득한 그녀는 그해 20위권에 진입했다. 2015년이 전환점이었다. 무구루사는 윔블던 결승에 올라 세리나 윌리엄스에게 6-4, 6-4로 패했지만, 2016년 프랑스오픈 결승에서 세리나를 2-0으로 꺾고 설욕에 성공했고, 2017년 윔블던 결승에서는 비너스 윌리엄스를 가볍게 물리치면서 여자 테니스 최고 선수 중 하나로 위상을 공고히 했다. 무구루사의 경력에서 또 한 가지 빼놓을 수 없는 업적은 2021년 WTA 파이널 챔피언에 등극한 것이다.

가르비네 무구루사는 이미 4대 메이저 가운데 두 대회를 정복했다.

가브리엘라 사바티니
출생: 1970년 5월 16일, 아르헨티나

사바티니는 심각한 복근 부상을 딛고 수개월간 복귀를 노렸지만 1996년 10월 현역에서 은퇴했다. 그때까지 그녀가 받은 상금은 870만 달러 이상이었으나, 사바티니는 많은 기회를 놓쳤고, 잠재력을 충분히 발휘하지 못했다. 사바티니의 외모는 테니스보다 더 큰 부가가치를 창출해, 광고료와 스폰서십 규모가 상금의 5배를 상회하는 것으로 알려졌다. 그녀는 세계에서 가장 마케팅 가치가 있고 카메라에 노출되기 좋은 선수였다. 그러나 테니스 재능 측면에서는 가장 기대 이하의 성취를 이룬 선수 가운데 한 명이었고, 특히 1992년부터 커리어 마지막 4년 동안 단 2개의 타이틀을 추가하는 데 그쳤다.

사바티니는 1990년 US오픈에서 디펜딩 챔피언 슈테피 그라프를 물리치는 이변을 일으키며 테니스계를 흥분시켰다. 사바티니가 13세의 나이로 역대 최연소 주니어 챔피언에 오른 이후부터 그녀의 기술은 선망의 대상이 됐다. 그녀는 18살에 서울 올림픽 은메달리스트가 되면서 더 화려하게 꽃을 피울 것으로 기대를 모았지만 불행하게도 결과는 그렇지 못했다. 몇 차례 세계 랭킹 3위까지 오르긴 했지만 두 단계를 더 올라가지 못했고, 가장 근접했던 1991년 윔블던에서는 그라프를 상대로 두 차례나 마지막 챔피언십 서브권을 가져갔지만, 자신의 이름을 딴 두 개의 향수와 장미꽃을 가진 사바티니는 결국 압박감을 이겨내지 못했다.

가엘 몽피스
출생: 1986년 9월 1일, 프랑스

투어에서 가장 화려한 선수 가운데 한 명인 이 호리호리한 프랑스인은 가끔 관중들을 즐겁게 해주려고 시도하다 자신이 프로 선수라는 것을 잊은 것처럼 보이기도 한다. 주니어 세계 1위로 2004년 ATP 투어에 데뷔했고 2년 만에 50위 안에 진입했다. 2008년에는 20위권 진입도 해내면서 마침내 2010년 프랑스 최고 랭커로 데이비스컵 결승행을 이끌기도 했다.

6개의 타이틀을 획득했지만 잦은 부상으로 인해 그랜드슬램 대회에서는 재능을 꽃피우지 못했다. 최고 성적은 2008년 프랑스오픈 4강(로저 페더러에게 패했다)과 2016년 US오픈 4강(조코비치에게 패했다)이다. 몽피스는 카리브인 피가 섞인 프랑스인으로, 아버지는 과들루프섬 출신이고 어머니는 마르티니크섬에서 왔다.

가브리엘라 사바티니는 수려한 외모와 파워 넘치는 플레이로 인기를 끌었다.

고란 이바니세비치는 2001년 윔블던에 와일드카드를 받고 출전해 우승했다.

고란 이바니세비치
출생: 1971년 9월 13일, 크로아티아

193cm에서 뿜어나오는 파워풀한 서브가 성공의 가장 큰 열쇠였던 반면, 몇몇 중대한 도전에 직면했을 때의 압박감은 이바니세비치의 가장 큰 아킬레스건이었다. 1992년 윔블던 결승에서 서브 에이스를 37개 터뜨렸음에도 안드레 애거시에게 패한 것이 바로 그런 경우다. 마지막 서브권을 가졌을 때, 서브 게임마다 적어도 1개 이상 서브 에이스를 터뜨린 이바니세비치였지만 5세트 2-2의 상황에서 2개의 더블 폴트로 시작했다. 그 뒤 30-40에서 세컨 서브를 넣었고 손쉬운 마무리 발리 타이밍을 놓쳤다.

1994년 상황은 이와 약간 다르다. 당시 가장 위협적인 서브를 구사한 피트 샘프러스가 두 번의 타이 브레이크 게임을 가져간 뒤, 3세트에서 전의를 상실한 이바니세비치를 손쉽게 꺾어 버렸다. 1998년 3번째 결승전에서는 샘프러스와 5세트 접전 끝에 또 한 번 준우승으로 윔블던 도전을 마쳤다.

컨디션이 좋은 날 이바니세비치는 가장 화끈하면서도 절제된 테니스를 펼쳤다. 그러나 언젠가 그가 언급한 대로 "얼이 빠져 버리는" 상태가 되면 필요한 곳이 아닌 엉뚱한 곳에 공을 난사하는 경향이 있었다. 1996년 이바니세비치는 1500개 이상의 에이스를 터뜨렸다. 초창기인 1990년에는 페트르 코르다와 함께 이미 프랑스오픈 복식 결승까지 오른 바 있었다. 1994년 커리어 베스트인 세계 2위에 올랐음에도 불구하고 그는 자신의 다혈질적인 성격의 희생양이 되었다.

2001년, 와일드카드를 받고 윔블던에 출전한 이바니세비치는 영국의 우승 후보인 팀 헨만과 빗속에서 3일간 접전을 펼쳐 승리를 거둔 뒤 우승 후보인 패트릭 라프터와 결승에서 만났다. 대회 개막 3번째 월요일. 5세트 9-7의 스코어로 그는 그토록 갈망했던 윔블던 우승 타이틀을 획득했다. 그러나 그랜드슬램에서의 유일한 우승인 이 대회 이후 이바니세비치는 어깨 부상의 부담을 이겨내지 못하고 서서히 은퇴의 길로 접어들었다.

위대한 선수들

탁월한 운동신경을 지닌 가엘 몽피스는 남들이 엄두도 내지 못할 샷을 시도한다.

구스타보 쿠에르텐
출생: 1976년 9월 10일, 브라질

이 매력적인 브라질 선수에게 가장 강렬했던 기억은 1997년 프랑스오픈 결승전 전야에 축구 황제 펠레로부터 받은 행운의 전화였을 것이다. 당시 20살에 헤드 밴드 사이로 긴 머리를 휘날리며, 축구 셔츠에 화려한 스니커즈를 신고 마치 집 앞 해변에 온 듯한 모습을 하고 있었던 쿠에르텐은 펠레와 그의 조국을 실망시키지 않았다.

쿠에르텐은 트레이드마크인 지속적이면서 변칙적인 공격 테니스를 앞세워, 전 챔피언인 세르지 브루게라를 6-3, 6-4, 6-2로 110분 만에 압도하며 그랜드슬램 단식 정상에 오른 첫 번째 브라질 선수가 됐다. 그는 당시 63위에 불과했지만 또 다른 두 명의 전직 챔피언인 토마스 무스터와 예브게니 카펠니코프를 물리치며 거둔 우승으로 인해 12위까지 훌쩍 뛰어올랐고, 윔블던에서 처음으로 시드를 배정받게 됐다. 쿠에르텐은 2000년 다시 타이틀을 획득하고 이듬해 타이틀 방어에도 성공하면서 당시의 승리가 단순한 돌풍이 아니었음을 증명했다. 불행히도 허리 부상이 계속 이어져 2008년 프랑스오픈을 끝으로 은퇴했다.

그렉 루세스키
출생: 1973년 9월 6일, 캐나다

1995년 5월 요크셔이어 출신의 어머니를 따라 영국으로 국적을 변경한 192cm 장신의 왼손잡이 선수에게 1997년 엄청난 선물이 쏟아졌다. 세계 랭킹 48위에서 6위로 뛰어올랐는데, 이는 당시까지 공식 랭킹 집계 이후 영국 선수가 세운 최고 기록이었다. 루세스키는 US오픈 및 비엔나 오픈 결승에 진출하면서 생애 최고인 4위까지 올랐고, 바젤에서 그해 두 번째 타이틀을 거머쥐며 하노버에서 열린 연말 ATP 투어 챔피언십까지 출전했다.

이에 더해, 윔블던에서 처음으로 8강에 올랐고 ATP 투어 사상 가장 빠른 서브 속도(시속 230km) 기록을 다시 보유하게 되면서 그는 영국 테니스 선수로는 최초로 BBC 방송이 선정하는 올해의 스포츠 스타에 뽑혔다. ITV와 LTA, 스포츠 기자들과 잔디 테니스 기자단이 수여하는 주요 상을 휩쓸기도 했다. 늘 웃음기가 가득한(코트에서는 물론 예외지만) 그는 검손하게 찬사를 받아들였고 이제 시작에 불과하다고 말했다. 그는 더 많은 것을 원했다.

1997년 루세스키는 브라이언 티처에서 스테판 에드버리의 전 코치였던 토니 피카드로 코치를 바꾸면서 백핸드와 발리가 향상됐다. 이는 그의 장기인 서브의 파워와 정확성에 의존하지 않더라도 게임을 잘 풀어나갈 수 있다는 걸 의미했다. 그는 총 15개의 타이틀을 획득했다.

2004년 루세스키는 약물 양성 판정을 받았지만 선수 생명을 위협할 수 있는 위기를 잘 넘겼다. 루세스키는 2007년 네덜란드와의 데이비스컵 경기에서 승리한 뒤 코트 위에서 드라마틱하게 은퇴를 발표했다.

기 포르제
출생: 1965년 1월 4일, 모로코

날씬하고 우아한 왼손잡이 기 포르제는 당대 최고의 카운터 어택 선수였다. 특히 서브 리턴에서 발군의 능력을 보였다. 그는 또한 아버지와 할아버지가 따낸 타이틀을 획득한, 스포츠 전 종목을 통틀어 매우 드문 선수였다. 1986년 투루즈에서의 우승이 바로 그것이었는데, 이는 16년간 이어진 그의 커리어에서 첫 번째로 거둔 주요한 성공이었다. 그의 전성기 최고 장면은 1991년 데이비스컵 결승전 단식으로, 피트 샘프러스를 물리치면서 1932년 이후 처음으로 프랑스에 우승컵을 안겼다.

포르제는 두 번이나 무릎 수술을 받았고 1994년 두 번째 수술과 재활 당시 세계 랭킹 1175위까지 떨어졌다. 그해 4월 투어에 돌아와 윔블던 즈음 여전히 1130위에 불과했지만, 부상 이전의 '보호 랭킹(Protected pre-injury ranking, 이 제도는 뛰어난 기량의 선수들이 불의의 부상으로 투어에 뛰지 못하는 경우, 랭킹이 크게 하락하는 것을 방지하는 것이다 – 옮긴이)'을 충분히 활용해 본선에 이름을 올릴 수 있었다. 그는 짐 쿠리어를 꺾고 8강까지 진출했고 대회가 끝나니 213위에 올라 있었다. 공식 랭킹 시스템이 도입된 이래 한 대회에서 랭킹이 가장 높게 상승한 기록으로 남아 있다.

포르제는 복식에 능해 28개의 타이틀을 차지했다. 1986년 제이콥 흘라섹과, 1987년 야닉 노아와 함께 롤랑가로스 준우승을 2회 했으며, 1997년 은퇴했다.

기예르모 빌라스
출생: 1952년 8월 17일, 아르헨티나

기예르모 빌라스는 1970년부터 1986년까지 11차례 윔블던에 나왔지만 한 번도 8강 이상에 진출하지 못했다. 그럼에도 윔블던에서 우승하지 못한 데 대한 실망감은 매우 컸다. 왜냐면 이 "팜파스의 젊은 황소"가 거무튀튀하고 작달막한 외모로 등장했을 때, 고향의 클레이 코트뿐 아니라 잔디에서도 잘했기 때문이다. 예를 들면 그는 1974년 멜버른에서 열린 잔디 마스터스 대회에서 우승했는데, 당시 출전자 명단에는 비외른 보리와 일리 나스타세, 그리고 존 뉴콤 등이 있었다.

1978~1979년 출전자들이 축소된 가운데 빌라스는 호주오픈에서 두 번 우승했다. 어깨까지 늘어진 밤색 머리칼을 휘날리는 탄탄한 왼손잡이 빌라스는 강인한 체력과 파워를 확실하게 보여주었고, 특히 1977년부터 1978년까지 46연승의 대기록을 남기기도 했다.

빌라스는 1977년 한 해에만 159경기에 출전해 145승을 거뒀다. 15개의 타이틀 가운데에는 프랑스오픈도 포함되어 있는데 이때 유일하게 비외른 보리를 만나지 않았다. 보리는 빌라스가 프랑스오픈 결승에 오른 또 다른 3번 중에서 2차례 패배를 안겼다. 3번째 결승전은 17살 매츠 빌랜더에게 충격적인 패배를 당한 1982년이었다. 빌랜더는 롤랑가로스 주니어 챔피언에 오른 이듬해 곧바로 시니어 타이틀을 획득했다. 빌라스는 1977년 US오픈에서 우승했다. 62개의 단식 타이틀과 14개의 복식 우승을 거둔 빌라스의 기록은 비외른 보리와 동률인 오픈 시대 역대 4위에 랭크돼 있다.

낸시 리치
출생: 1942년 8월 23일, 미국

미국이 낳은 가장 성공한 클레이 코트 스페셜리스트인 동시에 클레이 코트 챔피언십에서 6차례 우승한 유일한 선수다. 동생과 마찬가지로 낸시는 아마추어와 프로 경력 전체에 걸쳐 타고난 재능보다 결단력과 효율성을 앞세웠던 타입의 선수다. 아마추어 시절 챙 있는 모자와 반바지를 입는 걸로 유명세를 탄 그녀는 1966년 호주에서 캐롤 그레브너와 함께 호흡을 맞춰 복식 타이틀을 차지한 데 이어, 윔블던에서는 마리아 부에노와 정상에 올랐고, US오픈 복식에서는 그레브너와 부에노, 둘과 번갈아 호흡을 맞춰 1965~1966년 2연패했다. 1967년 쿠용의 잔디 코트에서 열린 호주오픈 단식에서도 정상에 올랐다.

단식에서 그녀는 포레스트 힐스에서 두 차례 준우승했는데, 첫 우승은 아마추어 시절이었다. 하지만 그녀의 가장 유명한 승리는 1968년 최초의 오픈 시대 프랑스오픈 결승전에서 앤 존스를 꺾고 우승한 것이다. 연말 랭킹에서 커리어 최고인 3위를 찍었다. 리치는 미국을 대표해 영국과 대결하는 와이트먼컵에 꾸준히 출전했고, 1969년에는 페드컵 우승팀의 일원이기도 했다.

노만 브룩스 경
출생: 1877년 11월 14일, 호주

멋진 발리의 소유자이자 왼손잡이 선수인 그는 1905년 윔블던 첫 출전부터 승승장구했지만, 너무 지친 나머지 로리 도허티와의 챌린지 라운드에서 실력을 제대로 발휘할 수 없었다. 하지만 2년 뒤 29살의 브룩스는 최상의 컨디션으로 윔블던 사상 첫 외국인 우승자가 됐다. 7년 뒤인 1914년 그는 발리와 스매싱을 앞세워 뉴질랜드 출신의 토니 월딩을 꺾고 다시 한번 영광을 차지했다. 월딩과는 단식에서 우승한 해마다 복식 파트너로 출전해 성공을 거두기도 했다.

1차 대전 이후 윔블던 디펜딩 챔피언으로 출전한 그는 챌린지 라운드에서 제럴드 페터슨에게 패했다. 1924년 마지막 출전에서는, 47살의 나이에 발리를 앞세워 4라운드까지 진출해 관중을 열광케 만들기도 했으며 특히 그 가운데는 5세트 접전도 있었다. 데이비스컵에서 7회 우승한 그는 골프와 크리켓에서도 발군의 실력을 발휘해 1939년 기사 작위를 받았다.

니콜라 피에트란젤리
출생: 1933년 9월 11일, 튀니지

비록 결승에 4차례밖에 오르지 못했고 우승은 2회에 그쳤지만, 1950년대 중반부터 60년대 후반에 이르기까지 니키 피에트란젤리는 그 자체가 이탈리아 오픈이었다. 그는 포로 이탈리코의 센터 코트 아닌 곳에서, 오후 5시 이전에는 결코 경기하지 않았다. 열정적인 이탈리아 응원단의 광적인 성원을 받았고, 때때로 심판이나 선심이 그에 반하는 판정을 내리면 격렬한 분노를 쏟아내기도 했다.

데이비스컵에서는 더욱 두드러졌다. 1960~1961년, 피에트란젤리는 막강한 미국과의 준결승전에서 0-2로 뒤지다 승리를 거두고 사상 처음 이탈리아를 챌린지 라운드로 이끌었다. 하지만 퍼스의 잔디 코트에서 피에트란젤리와 올랜도 시롤라는 호주의 적수가 되지 못했다.

피에트란젤리는 데이비스컵에 163회 출전해 120승을 거뒀는데 출전 횟수와 승리 모두 기록이다. 1954년부터 1972년까지 커리어 통산 66개의 타이틀을 획득했다. 이탈리아가 처음이자 유일한 데이비스컵 우승을 차지한 1976년에도 그는 감독으로 함께 했다.

피에트란젤리의 또 다른 커리어 하이라이트는 프랑스오픈에서 1959년 이안 베르마크와 이듬해 루이스 아얄라를 잇달아 결승에서 제압하며 우승했을 때였다. 1961년과 1964년에는 준우승을 차지했다. 1960년 윔블던에서 5번 시드를 받고 준결승에 올라 로드 레이버와의 5세트 접전 끝에 6-4로 패했다.

닐 프레이져
출생: 1933년 10월 3일, 호주

학창 시절 처음 라켓을 잡은 순간부터 닐 프레이져의 삶은 테니스 자체였다. 첫 번째로는 선수로서, 힘이 넘치는 왼손잡이 프레이져는 1960년 윔블던 챔피언에 올랐다. 또한 20년에 걸쳐 호주의 데이비스컵 감독을 역임했고, 선수로 뛴 1958~1963년 21회 출전해 18승을 거뒀다. 지금은 ITF의 데이비스컵 위원으로 활동하고 있다. 1962년 동생 존 프레이져와 동시에 윔블던 단식 4강에 진출하며, 적어도 20세기 내에서는 깨지지 않을 기록을 남겼다.

프레이져는 교묘할 정도로 다양한 서브로 유명하다. 상대가 서브를 예측하기 불가능해, 마치 크리켓에서나 볼 수 있는 마구에 비교되기도 했다. 프레이져는 1958년 윔블던 결승에서 호주의 애슐리 쿠퍼에게 졌지만 6번째 시도 끝에 결국 타이틀을 품에 안았다. 당시 버치 버콜즈와의 8강전에서 6번의 매치 포인트 위기를 벗어났는데, 결국 버콜즈는 5세트 15-15 상황에서 쥐가 나 쓰러진 뒤 기권했다. 그해 두 번째 US오픈 타이틀을 따낸 프레이져는 복식에서 더 자주 좋은 성적을 냈다.

다비드 페레르
출생: 1982년 4월 2일, 스페인

엄청난 체력과 뛰어난 수비력의 소유자인 동시에, 승부에 대한 강인한 의지를 가진 다비드 페레르는 모든 코트 표면에서 어떤 상대를 만나더라도 이길 수 있는 올라운드 게임을 발전해 나갔다. 그래도 역시 클레이에서 가장 명성을 떨쳤다. 페레르는 처음으로 풀 시즌을 소화한 2002년 부큐레슈티에서 첫 타이틀을 거머쥐었다. 이후 꾸준히 토너먼트 대회 말미까지 갔지만 두 번째 타이틀은 2006년에 이르러 획득했다.

2007년 US오픈에서 처음으로 메이저 대회 4강에 진출했으며(노박 조코비치에게 패했다), 그해 상금 100만 달러를 돌파하기도 했다. 2008년 4년 만에 조국 스페인에 데이비스컵 우승을 선물했다. 페레르의 두 번째 메이저 대회 4강 진출은 2011년 호주오픈에서였다. 8강에서 라파엘 나달을 꺾고 올라왔지만 앤디 머리에게 패했다. 2012년 다시 롤랑가로스 4강에 올랐지만 이번에는 나달에게 막혔다. 나달과 페레르는 이듬해 프랑스오픈 결승에서 맞대결했고, 역시 이번에도 나달은 너무 강했다. 페레르는 그 밖의 투어 대회 타이틀을 획득했지만 2013년 이후 그랜드슬램 8강 이상의

위대한 선수들

다비드 페레르는 빅3와 인간계를 가르는 수문장으로 불렸다.

성적을 내지 못한 채, 2019년 은퇴했다.

데니스 랄스턴
출생: 1942년 7월 27일, 미국

랄스턴은 1960년 강렬한 윔블던 데뷔전을 치렀다. 17살에 멕시코의 라파엘 오수나와 호흡을 맞춰 복식에 처음 출전한 그는 1회전에서 탈락 위기를 벗어난 뒤 승승장구해 우승까지 차지했다. 그는 이듬해 또다시 뉴스를 장식했는데, 달렌 하드와 US오픈 혼합복식에서 우승할 수 있는 절호의 기회를 놓치는 과정에서 아주 드문 경험을 했기 때문이다. 랄스턴이 몇 주 전 멕시코와의 데이비스컵 경기에서 부적절한 행위로 US오픈 도중 징계를 받은 것이다. 그렇기 때문에 결승에 올랐음에도 밥 마크와 마가렛 스미스에게 우승컵을 양보해야 했다.

그러나 아주 공격적인 성향의 랄스턴은 1972년 부큐레슈티에서 열린 데이비스컵 결승전에서 코트 한쪽 감독석에 앉아 홈 관중들의 대대적인 공세에도 불구하고 미국의 우승을 이끌었다. 랄스턴은 1963년 선수로 데이비스컵에 출전해 단식에서 14승 5패를 기록하며 우승에 일조하기도 했다. 그는 US오픈 복식에서 척 매킨리와 짝을 이뤄 3회 우승했고, 데이비스컵 복식에서도 그와 함께 8승 2패의 전적을 남겼다. 데이비스컵 대표팀 외에도 그는 크리스 에버트의 코치로 명성을 날렸다.

도로시 라운드
출생: 1909년 7월 13일, 영국

부끄러움 많은 주일 학교 교사이자, 강력한 그라운드 스트로크와 드롭샷으로 유명한 라운드는 일요일에 경기하기를 공식적으로 거부했고, 윔블던 챌린지 라운드가 없어진 1921년 이후, 키티 곳프리와 함께 윔블던에서 2회 이상 우승한 유일한 영국 여자 선수다.

화려한 주니어 시절을 보낸 뒤 1931년 윔블던에서 첫 번째 중요한 성과를 냈다. 스페인의 강력한 우승 후보인 릴리 드 알바레즈를 꺾는 이변을 일으킨 것이다. 하지만 타이틀은 3년 뒤 기량을 더 끌어올린 뒤에야 획득했는데, 결승전에서 헬렌 야콥스를 6-2, 5-7, 6-3으로 제압했다. 같은 해 혼합복식 3연패 가운데 첫 번째 우승을 일본의 류키 미키와 호흡을 맞춰 이루어냈고, 그 뒤 2년간은 프레디 페리와 우승을 합작했다.

이듬해 그녀는 그라운드 스트로크에 강력한 발리까지 더해 단식에서 정점에 이르렀다. 7번 시드를 받고 드 알바레즈와 타이틀 홀더인 야콥스를 차례로 꺾은 다음 결승에 올라 야드비가 제드제요프스카를 6-2, 2-6, 7-5로 물리치고 우승했다.

국제무대에서 가장 큰 성공은 1935년 호주오픈이었는데, 그녀는 유일한 외국인 선수 자격으로 참가해 우승했다. 그녀는 결혼 이후 선데이 익스프레스에 수년간 글을 기고하기도 했고 1982년 사망했다.

도로시아 더글라스 챔버스
출생: 1878년 9월 3일, 영국

1903년, 도로시아 더글라스는 자신이 참가한 7번의 윔블던 가운데 첫 번째 우승을 차지했지만, 그녀가 여자 테니스계에 미친 진짜 영향은 20년 동안 두 개의 전혀 다른 시대에 걸쳐 나타났다. 20세기 초반에서 1914~1918년 1차 대전으로 넘어가는 시기에, 1903년 올 잉글랜드 배드민턴 챔피언이기도 했던 이 뛰어난 여성 스포츠인은 상대를 괴롭히는 다양한 샷과 강인함으로 여자 테니스계를 지배했다.

1911년 그녀가 5번째 윔블던을 우승했을 때는 램버트 챔버스 부인이 돼 가정을 꾸릴 무렵이었다. 챌린지 라운드에서 도라 부스비에게 한 게임도 내주지 않고 승리를 거뒀다. 1912년 대회에 불참한 그녀는 1913년과 1914년 연이어 다시 우승하지만 아마도 가장 기억에 남는 경기는 1919년 1차 대전 직후 처음 열린 결승전이었을 것이다. 전설의 수잔 랑랑이 처음 윔블던을 방문한 그때였다. 상상할 수 있는 최대한의 드라마틱한 경기가 진행된 가운데 결국 세대교체가 이뤄졌다. 랑랑이 10-8, 4-6, 9-7로 승리를 거뒀지만 도로시아는 당시 40살의 나이에 타이틀을 내주기 전, 두 번의 매치 포인트를 잡아내기도 했다. 도로시아는 1928년 코치로 전향했고 1960년 81세를 일기로 세상을 떠났다.

도리스 하트
출생: 1925년 6월 20일, 미국 세인트루이스

키가 크고 용감한 절름발이 숙녀 도리스 하트는 6살에 골수염으로 다리를 절게 되자 이에 대한 치료로 테니스 라켓을 잡았고, 훗날 테니스 역사에 빛나는 챔피언이 됐다. 하트는 1951년 다섯 번째 시도 만에 윔블던 단식 첫 정상에 올랐을 뿐 아니라 단식과 복식, 혼합복식 3관왕에 오르는 과정에서 단 한 세트만 내주는 놀라운 기록을 달성했다. 그해 그녀는 단식 결승에서 6-1, 6-0으로 물리친 셜리 프라이와 복식조를 구성했고, 호주의 프랭크 세그먼과 짝을 이뤄 혼합복식을 치렀다.

이후 다시 윔블던에서 우승하지는 못했고 1953년 모린 코널리에게 패하는 등 총 3번 준우승을 차지했다. 하지만 4대 메이저 대회를 통틀어 단식과 복식, 혼합복식 타이틀을 35차례나 따냈다.

그녀가 세운 윔블던 혼합복식 5연패(1951~1955)는 아직도 기록으로 남아 있다. 와이트먼컵에서 7년간 단식 14승 무패의 기록을 남겼고, 복식에는 9번 출전해 8번 승리를 거둔 뒤 1970년 와이트먼컵 대표팀 감독을 맡기도 했다.

도미니카 시불코바
출생: 1989년 5월 6일, 슬로바키아

수년간 161cm의 이 슬로바키아 선수는 안정적인 20위권 선수인 것처럼만 보였다. 그녀는 대다수 토너먼트 대회의 막바지까지 살아남아 가끔 예상외의 타이틀을 건져내는 정도의 수준(실제로 8개의 타이틀)이었지만 그게 전부는 아니었다.

2014년, 호주오픈에서 20번 시드를 받은 시불코바는 말 그대로 인생 최고의 경기를 펼치며 결승까지 올라 중국의 리나와 대결했다. 그녀의 꿈은 거기까지였다. 하지만 무려 70분이 걸린 1세트 타이 브레이크 대접전을 벌였고 2세트에서는 6-0으로 패했다. 그녀는 이듬해 호주오픈 결승에 다시 오르기도 했지만, 다른 메이저 대회에서는 2016년 윔블던 8강에 오른 게 최고 성적이다.

돈 버지
출생: 1915년 6월 13일, 미국

사상 처음으로 캘린더 그랜드슬램을 달성한 선수. 돈 버지는 그 타이틀로 영원히 기억될 것이다. 1938년 프랑스오픈 단식을 우승하면서 버지는 윔블던과 US오픈, 프랑스와 호주오픈 등 4대 메이저 대회의 타이틀을 동시에 보유한 선수가 되었고, 이어 윔블던과 US오픈을 또다시 제패하면서 캘린더 그랜드슬램을 달성하고 말았다.

발리가 주 무기인 다이내믹한 선수 돈 버지는 1937~1938년 2년 연속 윔블던에서 3대 타이틀을 동시에 정복한 선수로 윔블던 역사책에 기록돼 있다.

뛰어난 백핸드와 훌륭한 인격만큼이나 그의 붉은색 머리칼을 동경한 전 세계 열성팬들을 거느렸던 돈 버지는, 윔블던에서 열린 데이비스컵에서 가장 널리 알려진 명승부를 펼쳤다. 1937년 윔블던 센터 코트에서 고트프리드 본 크람과 인터존 결승전을 벌인 것이다. 버지는 마지막 5세트 2-5로 뒤지던 상황을 뒤집어 미국을 결승까지 진출시켰고, 타이틀 보유국 영국(당시 프레디 페리는 프로로 전향해 없었다)을 챌린지 라운드에서 물리치고 정상에 올랐다. 1926년 이후 미국이 거둔 첫 우승이었다. 적수를 찾기 어려웠던 그는 29차례 데이비스컵에 나가 25승을 거뒀고 1939년 프로로 전향했다.

드와이트 F 데이비스
출생: 1879년 7월 5일, 미국

데이비스컵의 창시자. 1900년 데이비스컵 오프닝 경기에 뛰어 단식과 복식을 모두 이겼다. 당시 데이비스의 생각은 이 트로피가 국제 잔디 테니스 챌린지 트로피로 불려야 한다는 것이었으나, 데이비스컵이 처음 열린 롱우드 크리켓 클럽의 멤버들은 "드와이트의 포트"로 부르고 있었다.

공격적인 성향의 빅서브 소유자인 그는 왼손잡이 하버드대학생으로 1899년 NCAA 타이틀을 거머쥐었고 그의 미국 동료인 홀콤 워드와 친밀한 파트너십을 발전시켜 나갔다. 둘은 함께 1899~1901년 US챔피언십 복식 우승을 일궜고, 윔블던에서는 도 허티 형제에 이어 준우승을 차지했다.

데이비스는 정계에 뛰어들어 1925년 미국의 육군 장관에 오른 뒤 필리핀 총독으로 부임했고, 1945년 11월 사망했다.

딕 사비트
출생: 1927년 3월 4일, 미국

1949년 농구를 하다 부상을 당한 뒤 테니스로 전향한 이 탄탄하고 파워 넘치는 미국 선수는 윔블던 첫 번째 도전 만에 남자 단식 우승을 차지한 마지막 선수로 남아 있다. 1951년이었다. 그는 호주오픈 결승에서 켄 맥그리거를 물리치고 사상 처음 우승을 차지한 미국 선수가 된 데 이어, 윔블던 결승에서도 켄 맥그리거를 3-0으로 꺾으며 환상적인 한 해를 이어갔다. 오직 4명의 미국 선수만이 윔블던과 호주오픈을 한 해에 동시 정복했다. 돈 버지(1938)와 지미 코너스(1974), 피트 샘프러스(1994)가 나머지 선수들이다.

윔블던 우승의 고비는 준결승이었다. 그는 불같은 성정을 잘 통제해가며 허비 플램을 1-6, 15-13, 6-3, 6-2로 물리쳤다. 2세트에서는 1-5로 뒤지다 승부를 뒤집었다. 이탈리아 클레이 코트에서도 승승장구했다. 일본과 캐나다를 상대로 한 데이비스컵 대표팀에 선발된 '빅서브' 사비트는 세계 2위였음에도 불구하고 정작 중요한 미국 대표팀의 챌린저 라운드에는 선발되지 못했다. 미국은 시드니에서 호주에 3-2로 졌다. 1952년 사비트는 딱 한 차례 유럽 투어에 출전해 프랑스오픈 8강에서 에릭 스투르게스에게 졌고, 윔블던에서도 8강에서 메르빈 로즈에게 무릎을 꿇었다.

라마나탄 크리슈난
출생: 1937년 4월 11일, 인도

인도의 꾸준한 실력자인 라마나탄 크리슈난은 아들 라메시가 세계 주니어 챔피언에 오르고 난 후에도 꽤 긴 시간 화려한 커리어를 쌓았다. 비제이 암리트라즈가 더 큰 업적을 쌓기 전까지 인도가 낳은 가장 강력하고 유능한 선수였다. 1979년에는 아들 라메시가 윔블던 주니어 대회에서 우승하며 25년 전 아버지의 위업을 재현해내면서 세대를 걸친 풍부한 재능이 발현됐다.

1956년 윔블던에서 야로슬라브 드로브니를 제압하는 이변을 일으키기도 한 라마나탄은 1960년 처음 준결승에 올라 닐 프레이저에게 패했고 이듬해 로드 레이버에게 무릎을 꿇기도 했으나 두 차례 윔블던 4강에 올랐다. 1953~1968년 인도 데이비스컵 대표로 선발됐고 1961년 최고 랭킹 6위까지 올랐다.

라울 라미레즈
출생: 1953년 6월 20일, 멕시코

라미레즈는 오픈 테니스 시대 가장 뛰어난 올라운드 플레이어인 동시에 멕시코가 낳은 최고의 선수다. 그는 화려하기보다 꾸준해, 1971년부터 1983년까지 데이비스컵과 투어에서 활약을 이어가며 17개의 단식 타이틀과 62회의 복식 우승을 기록했다. 복식 우승 가운데 상당수는 브라이언 고트프리드와 합작해 이룬 것이었는데, 1975년과 1977년 프랑스오픈에서 2회 우승했고 1976년 윔블던도 제패했다.

1975년 이탈리아 오픈에서 최대의 업적을 남겼는데 디펜딩 챔피언 비외른 보리를 꺾은 것이다. 키가 크고 민첩한 라미레즈는 당시 많은 선수들과 마찬가지로 남가주대학교에서 테니스를 배웠고 1973년 NCAA 챔피언십에서 준우승을 차지하기도 했다. 1974~1977년에는 이탈리아 오픈에서 고트필드와 함께 복식 4연패를 이루기도 했다. 전체적으로 수준 높은 테니스를 구사한 그는 프랑스오픈과 윔블던 4강에 올랐고, 데이비스컵에 출전해 단식 22승 8패의 전적을 남겼다. 1974년부터 1978년까지 연말 마스터스에 꾸준히 출전권을 얻은 것도 빼놓을 수 없는 경력이다.

라파엘 오수나
출생: 1938년 9월 15일, 멕시코

유연하고 압도적인 스피드를 자랑하는 오수나는 1963년 US오픈 결승에서 칩샷과 로브를 절묘하게 섞어 프랭크 프로힐링 3세를 당황케 만들며, 당대 최고의 선수라는

위대한 선수들

라울 라미레즈는 단식과 복식 모두에서 단골 우승 후보였다.

찬사를 받았다. 같은 해 오수나는 윔블던에서 두 번째 복식 정상에 오르며 미국 대학 테니스에서 선보인 압도적인 기대치를 채워나갔다.

1960년에는 당시 겨우 17살인 데니스 랄스톤과 한 번도 호흡을 맞추지 않은 채로 출전해 윔블던 복식 첫 정상에 올랐다. 시드 없이 나간 그들은 영국의 예선 통과자인 제럴드 오클리-홈프리 트루먼 조를 5세트 접전 끝에 16-14로 물리치고 결승에 올랐으며, 결승에서 또 다른 영국 조인 마이크 데이비스-바비 윌슨을 이겼다. 오수나는 데이비스컵 출전을 즐겼는데, 1969년 마지막 5번째 단식에서 그가 빌 보위리를 물리치면서 멕시코가 호주에 3-2로 예상 밖의 승리를 거두었다. 하지만 그로부터 며칠 후 오수나는 비행기 사고로 사망했다.

레이튼 휴이트
출생: 1981년 2월 24일, 호주

호주의 스포츠 정신을 압축적으로 보여주는 레이튼 휴이트는 13살에, 역시 뛰어난 재능을 보인 호주 풋볼 대신 테니스를 택했다. 야구 모자를 뒤집어쓰고 헐렁한 셔츠를 입은 178cm의 이 호주 선수는 결코 포기하지 않는 정신력과 호전적인 면모를 지닌 십 대 선수로 강한 인상을 남겼다. 고향인 애들레이드에서 16살 10개월에 성인 무대 타이틀을 처음 거머쥐었고, 1년 앞서 호주오픈 역사상 가장 어린 나이에 본선 진출 기록도 세웠다.

1999년 투어 대회 결승에 4차례 진출해 델라이 비치에서 처음 클레이 코트 우승을 차지했다. 그러나 그해 최고 하이라이트는 데이비스컵이었다. 그는 조국의 우승을 이끌었고 2003년 한 번 더 위업을 반복했다. 휴이트는 2000년 4개의 타이틀을 획득했다. 연말 마스터스컵에서 처음으로 우승한 호주 선수가 됐고, 플러싱 메도우에서는 생애 첫 그랜드슬램 타이틀도 품에 안았다.

그는 2002년에도 세계 최고 선수의 지위를 유지하며 5개의 ATP 투어 타이틀과 윔블던 잔디에서 생애 두 번째 그랜드슬램 우승을 차지했다. 그의 게임은 역동성과 스피드, 놀라운 수비력과 공격적인 베이스라인 플레이로 이루어져, 보는 즐거움이 있었다. 그러나 부상과 질병이 그의 커리어 말미에 발목을 잡았고, 특히 조국에서 열리는 그랜드슬램 타이틀을 끝내 획득하지 못한 채 2016년 은퇴했다. 멜버른에서 최고 성적은 2005년 준우승으로, 러시아의 마라트 사핀과 4세트 접전 끝에 졌다.

레지널드 도허티
출생: 1872년 10월 14일, 영국

도허티 형제인 레지와 로렌스는 동시대 사람들에게 "빅 도"와 "리틀 도"로 알려져 있다. 1897년 레지가 4회 연속 단식 우승의 출발을 알리고 1906년 형제의 10년 연속이자 마지막 복식 결승전이 열릴 때까지(이 가운데 8번 우승했다), 윔블던의 단복식을 독점해 버렸기 때문이다. 라이벌들이 부러워한 백핸드를 갖고 있던 레지는 뛰어난 올 라운드 플레이로 명성이 높았다. 그 백핸드는 웨스트민스터스쿨과 케임브리지 대학교에서 갈고 닦은 기술인데, 동생 역시 그를 따라 3년간 이 코스를 밟았다.

건강이 좋지 않았던 레지는 36살에 세상을 떠났다. 그는 1897년 윔블던 챔피언 출신인 윌프레드 배델리를 꺾는 과정에서 단 한 세트도 내주지 않고 처음으로 윔블던 정상에 섰고, 이후 3년간 성공적으로 타이틀을 방어했다. 레지널드 도허티는 훌륭한 골프 선수이기도 했다.

로렌스 도허티
출생: 1875년 10월 8일, 영국

그의 형과 마찬가지로 로렌스 도허티 역시 세상과 일찍 작별했다. 1919년 사망 당시 43살에 불과했는데, 그가 윔블던 단식을 처음 우승한 지 불과 17년 뒤였다. 여러 면에서 그와 형 레지는 테니스의 초창기 영웅들이었는데, 이는 성공 못지않게 타의 모범이 되는 스포츠맨십으로 명성이 높았기 때문이다.

그는 1906년에 두 번째 윔블던 단식 우승을 이루었다. 그러나 그 시점에 이르기까지는 형 로렌스가 수많은 승리를 휩쓸었다. 1900년 올림픽에서 형제는 각각 2개의 금메달을 땄고 둘 다 영국 데이비스컵 대표로 1902년부터 1906년까지 뛰었다. 당시 로렌스는 단식에서, 형인 레지널드는 복식에서 거의 무적이었다.

그들은 1902년 US챔피언십에서 사상 최초로 외국인 출신 복식 우승팀이 됐고, 이듬해 또 우승했을 뿐 아니라 데이비스컵 결승전에서 미국을 격파하는 데 중추적인 역할을 맡았다.

로베르타 빈치
출생: 1983년 2월 18일, 이탈리아

지금은 여자 테니스에서 노장 축에 속하는 로베르타 빈치는 단식과 복식 양쪽에서 커다란 성공을 거둔 선수다. 그녀가 처음 100위 안에 진입한 건 2005년이었는데, 이는 이스트본 대회 4강에 힘입은 바 컸다. 2007년 첫 타이틀은 보고타 대회에서 결승

도허티 형제. 앞쪽이 로렌스이고 레지널드가 뒤에 앉아 있다.

레이튼 휴이트는 2008년 호주오픈 32강전에서 4시간 43분이 소요된 5세트 접전 끝에 마르코스 바그다티스를 물리치고 16강에 진출했다.

상대인 타시아나 가르빈이 몸이 아파 기권하면서 획득했다. 2012년까지 4개의 단식 타이틀을 차지했지만 그때까지만 해도 빈치는 대체로 복식 스페셜리스트로 간주됐다. 그해 빈치는 사라 에라니와 함께 프랑스오픈 및 US오픈에서 첫 그랜드슬램 트로피를 들어 올렸고 복식 세계 1위에도 등극했다. 이듬해 윔블던에서도 우승한 이들은 2014년 호주오픈에서 커리어 그랜드슬램을 달성했다.

그리고 2015년 US오픈이 개막했다. 로베르타는 4강전에서 일생일대의 경기를 펼친 끝에 세리나 윌리엄스를 물리치는 대이변을 일으키며 생애 첫 그랜드슬램 단식 결승에 진출했다. 비록 가까운 친구인 플라비아 파네타와 이탈리아 선수끼리의 결승전에서 패하긴 했지만, 그녀의 투혼은 2015년 테니스에서 가장 빛나는 순간을 장식했다.

로스코 태너
출생: 1951년 10월 15일, 미국

이 파워풀한 왼손잡이 선수는 테니스 역사상 가장 강하고 빠른 서브를 갖고 있지만 토스를 굉장히 짧게 올리는 특징이 있었다. 오늘날과 같은 정확한 계측 장비는 없었지만 나무 라켓으로 넣은 그의 서브는 시속 246km까지 기록됐다. 유일한 그랜드슬램 우승은 1977년 호주오픈인데, 4강에서 베테랑 켄 로즈웰을 꺾은 데 이어 결승전에서는 기예르모 빌라스를 이겼다.

태너는 1975년과 1976년 윔블던 4강에 올랐다. 하지만 태너의 가장 주목받는 업적은 1979년 결승전에서 비외른 보리의 3년 연속 우승을 저지하기 위한 분전이었다. 태너는 5세트에서 기권하기 전까지 보리를 숨 가쁘게 몰아붙였다. 반면 2개월 뒤에 열린 US오픈에서는 두 번째로 4강에 올라 보리가 야간 조명을 싫어하는 것을 이용해 승리를 거두고 결승에 올랐다. 하지만 비타스 게룰라이티스에게 두 세트를 먼저 따고도 역전패했다. 15개의 단식 타이틀과 9개의 복식 타이틀 보유자이자 NCAA 테니스 복식 챔피언인 태너는 헤인즈 구엔타르트와 함께 프랑스오픈 정상에 올랐다.

은퇴한 뒤 정착에 실패해 여러 범죄를 저질렀고 2003년 자동차 절도죄와 보호관찰법 위반으로 2년 징역형이 선고되기도 했다. 불행하게도 법과의 전쟁은 지금도 계속되고 있다.

로이 에머슨
출생: 1936년 11월 3일, 호주

21세기로 접어들어도 여전히 로이 에머슨은 테니스 역사상 가장 많은 그랜드슬램 타이틀(12개) 보유자였다. 1961년과 1963~1967년 5회 연속 우승으로 6개의 호주오픈 타이틀을 획득했고(하지만 이 기간은 많은 동료들이 프로로 전향한 시기였음을 간과할 수는 없다), 프랑스오픈(1963, 1967), 윔블던(1964~1965), 그리고 US오픈(1961, 1964)에서도 정상에 올랐다. 1966년에는 불행히도 윔블던 3연패에 실패했는데, 당시 그는 강력한 우승 후보였지만 8강전에서 부상을 당해 오웬 데이비슨에게 패하고 말았다. 드롭샷을 받기 위해 빠르게 돌진하다 네트 포스트에 부딪히면서 입은 부상이었다. 빠른 대시야말로 1964년과 1965년 세계 1위에 오른 에머슨의 전매특허였는데, 소년 시절 100야드(91m)를 10초 6에 주파했다고 한다.

1964년 에머슨은 같은 호주 동료인 프레드 스톨을 호주오픈과 윔블던, 그리고 US오픈 결승전에서 제압했지만 프랑스오픈 4강전에서 니콜라 피에트란젤리에게 패해 캘린더 그랜드슬램을 아깝게 달성하지 못했다. 에머슨은 1960~1965년 프랑스오픈 복식에서 6회 연속 우승하는 동안 파트너를 5번 바꿨으며, 데이비스컵에 38차례 출전해 34승을 거둬 18회 데이비스컵 우승을 도왔다. 이 과정에서 9번 연속 챌린지 라운드에 진출했다. 그는 또한 5세트 경기 전체에 걸쳐 지속적으로 서브앤발리가 가능함을 증명한 선수이기도 하다.

로저 테일러
출생: 1941년 10월 14일, 영국

셰필드 출신의 로저 테일러는 윔블던 4강에 3차례 올랐다. 1967년, 1970년(4회전에서 디펜딩 챔피언 로드 레이버를 상대로 1세트를 먼저 내준 뒤에 역전했다), 그리고 1973년. 마지막 해는 ATP가 출전 보이콧을 했을 때였는데 비외른 보리를 이겼다. 당시 보리는 남자 단식 첫 출전이었다. 테일러는 보리와의 5세트 접전에서 승리했지만 다음 라운드에서 그해 챔피언에 오른 얀 코데스에게 다시 5세트까지 가서 졌다. 그보다 한 달 전 강력한 서브를 가진 왼손잡이 테일러는 프랑스오픈에서 영국 선

위대한 선수들

로저 테일러가 1963년 윔블던에서 뛰고 있는 모습.

수로는 10년 만에 8강에 올랐다.

같은 해 "잘생긴 8인(Handsome Eight)"의 오리지널 멤버였던 테일러는 1967년 프로로 전향해 댈러스에서 열린 WCT 파이널에 영국 선수로는 처음 출전했다. 켄 로즈웰과 대회 최고의 명승부를 펼치며 5세트에서 6-4로 졌다.

철공업자의 아들로 태어나 거친 환경에서 테니스에 입문한 테일러는 윔블던 YMCA에서 스파르타 도제식으로 배우며, 올 잉글랜드 클럽에서 규칙적인 훈련을 할 수 있었다. 뛰어난 복식 선수로, 존 뉴콤과 1971년 US오픈 우승을 차지했고 1년 뒤 클리프 드라이스데일과 함께 타이틀 방어에 성공했다. 데이비스컵 대표로 23번 출전해 17승을 거뒀다.

로지 카살스
출생: 1948년 9월 16일, 미국

열정적인 성격에 코트 구석구석을 방어할 수 있는 능력을 갖춘 로지 카살스는 1966년 국제무대에 화려하게 등장했다. 그러나 152cm에 불과한 작은 키와 상대적으로 빈곤한 집안 환경까지 더해져, 선수 경력 대부분을 주연이 아닌 조연으로 활약해야 했다.

카살스는 1967년 당시 뉴욕타임스와 텔레그래프에서 자체 선정한 비공식 랭킹 6위까지 올랐지만 가장 큰 성공은 빌리 진 킹과 함께 한 복식에서 이뤘다. 그들은 1967~1973년 사이에 윔블던 복식에서 5번 우승했다. US오픈에서도 4차례 우승해 킹과 함께 2회, 1971년 주디 달튼, 그리고 1982년 웬디 턴불과 한 번씩 정상에 올랐다. 상금이 거의 없다가 선수 경력 말년 막대한 돈을 벌어들인 그녀는 종종 뉴스 헤드라인을 장식하기도 했다. 당시만 해도 테니스는 보통 파스텔톤에 익숙해 있었는데, 테드 틴링(영국 테니스 선수 출신 의상 디자이너로, 1960~1970년대 주요 여자 스타들의 테니스 유니폼을 제작했다 - 옮긴이)이 그녀를 위해 미국 성조기 무늬가 새겨진 옷을 디자인했기 때문이다.

로티 도드
출생: 1871년 9월 24일, 영국

최근 들어, 특히 여자 테니스에 16세 연령 제한이 도입되기 전까지는 점점 더 어린 소녀들이 윔블던에서 좋은 성적을 내는 것이 흐름이었다. 하지만 남녀 선수를 통틀어 그 누구도 샬롯 (로티) 도드의 챔피언 기록을 넘볼 수는 없다. 1887년 그녀가 다섯 번 가운데 첫 윔블던 타이틀을 차지했을 때는 15살하고 285일이 지난 후였다. 실제로 그녀는 윔블던에서 한 번도 지지 않았다. 엄청난 포핸드와 네트 앞에서의 공격 능력은 아주 인상적이어서, 그녀의 언더 서브를 보완해주는 무기로 널리 알려져 있었다. 그녀는 11살에 성인이 될 수 있는 토너먼트 대회에 복식으로 처음 출전해 우승했다. 당시에는 출전자 수가 해마다 달라, 1887년 도드는 단 3경기만 치르고 챔피언이 됐다. 1891년에도 마찬가지여서 2년간 뛰지 않다가 나온 대회에서 우승했다.

그녀는 이처럼 제대로 된 도전을 받지 못해 실망감을 감추지 않았는데, 심지어 다른 종목에서도 그랬다. 도드는 1904년 트룬에서 열린 권위 있는 영국 여자 골프 챔피언십에서 우승했고 1899년과 1900년 두 번이나 하키 대표로 나가 정상에 올랐다. 1908년 런던올림픽에서 양궁 은메달리스트가 된 그녀는 뛰어난 스케이팅 선수이자 탁월한 뮤지션이기도 했다. 그녀의 별명이 "작은 경이(Little Wonder)"인 건 그다지 놀랍지 않은 일이다.

루 호드
출생: 1934년 11월 23일, 호주

루 호드와 악수해본 사람이라면 누구나 그의 손목에서 나오는 엄청난 힘을 느낄 수 있다. 그 힘을 바탕으로 호드는 무시무시한 파워를 선보였다. 그가 최정상의 경기력일 때면 대적할 선수가 거의 없을 정도였다. 루 호드의 코치인 해리 호프만은 1953년 미국과의 데이비스컵 승리를 거둔 뒤 호드를 "놀라운 소년"이라 부르기도 했다.

호드는 문자 그대로 '거대한' 사나이였다. 경기 성향은 더욱 그랬다. 때때로 이는 문제가 되기도 했는데 왜냐면 천천히 긴 랠리를 통해 페이스를 끌어올리기보다는 초반부터 강력한 위너를 때려댔기 때문이다. 그럼에도 불구하고 분위기를 타면 걷잡을 수 없고, 1956년 프랑스오픈의 느린 레드 클레이에서 타이틀을 따내면서 이를 확실하게 입증했다. 호드는 2차 대전 이후 윔블던에서 2년 연속(1956~1957) 타이틀을 따낸 첫 번째 선수였다. 특히 1957년 윔블던 결승에서 애슐리 쿠퍼를 힘으로 박살낼 때 보여준 마지막 플레이는 그야말로 명불허전이었다.

1956년 호주오픈에서도 우승한 호드는 얼마 안 가 프로 선수로 전향했지만 지속적인 등 부상으로 강한 인상을 남기지 못했다. 그래서 일단 사실상의 은퇴를 선언한 뒤 오픈 테니스 시대가 개막한 1968년 다시 돌아왔다.

로티 도드 - 여자 테니스계의 전설

루시 사파로바
출생: 1987년 2월 4일, 체코

리턴이 뛰어난 왼손잡이 루시 사파로바는 2005년 오에리아스와 포레스트 힐스에서 우승하면서 세계 50위권에 진입했다. 2006년 골드 코스트와 2013년 퀘벡 시티에서 우승을 추가했지만, 꾸준히 30위권을 오르내리기만 한 그녀가 더 높은 도약을 하기는 어려워 보였다.

2014년 모든 것이 바뀌었다. 사파로바는 윔블던 4강에 올라 페트라 크비토바에게 졌지만 연말 랭킹 17위를 찍었고, 2015년 프랑스오픈 16강전에서 디펜딩 챔피언 마리아 샤라포바를 2-0으로 꺾고 결승에 올라, 세리나 윌리엄스와 접전 끝에 2-1로 패했다. 사파로바는 베타니 마텍-샌즈와 짝을 이룬 복식에서 더 큰 성공을 거뒀다. 그들은 호주오픈 2회(2015, 2017) 프랑스오픈 2회(2015, 2017) 그리고 US오픈(2016)까지 5개의 그랜드슬램 타이틀을 합작했다

루이스 브로우
출생: 1923년 3월 11일, 미국

1948년부터 3년 동안 루이스 브로우는 역대 어느 시대보다 압도적인 윔블던의 지배자였다. 9번 결승에 올라 8차례 우승했다. 브로우는 3년 연속 단복식 석권에 더해 1948년 존 브롬위치와 혼합복식 정상에 올랐고, 1950년에는 남아공의 에릭 스투르게스와 함께 패권을 차지했다. 그녀는 총 51번의 경기를 치렀고 유일한 패배는 1949년 혼합복식 결승에서 나왔는데, 그날 하루에 단복식-혼합복식 3경기를 모두 치른 탓이 컸다.

그날 브로우의 경기 일정은 다음과 같다. 첫 번째로 오후 2시 센터 코트에 나와 마가렛 듀퐁을 10-8, 1-6, 10-8로 이겼다. 그리고 듀퐁과 함께 여자복식에서 구시 모란과 팻 토드를 8-6, 7-5로 물리쳤다. 그녀가 첫 단식 경기를 시작한 지 거의 7시간이 지나서, 이번에는 브롬위치와 한 조를 이뤄 혼합복식 결승에 나갔고 결국 9-7, 9-11, 7-5로 졌다. 브로우의 하루는 총 8세트, 117게임으로 채워졌다.

1946년부터 1957년까지 브로우는 윔블던에서 매해 8강 이상 진출했고 1955년에는 자신의 통산 4번째 우승을 해냈다. 1947년 US오픈 단식 우승에 더해 1950년 호주오픈과 와이트먼컵에서 단식 전적 12승 무패 행진을 벌였고, 그녀와 듀퐁은 복식에서 거의 무적의 행보를 보였다. 그들은 윔블던 정상에 5번 올랐고 US오픈 타이틀을 12회 차지했다. 혼합복식에서 브로우는 윔블던 4회 정상에 올랐는데, 이는 3명의 각기 다른 파트너와 이룬 업적이다.

르네 라코스테
출생: 1904년 7월 2일, 프랑스

1996년 라코스테가 92살의 나이로 세상을 떠났을 때 그것은 1920년대 국제 테니스 무대를 평정한 프랑스의 빛나는 "사총사"와의 영원한 작별을 의미했다. 라코스테는, 익숙한 악어 로고를 새긴 스포츠용품 회사 이름으로도 오래 남아 있을 그 이름은, 1920년대 세계 최고의 선수로 명성을 떨쳤다. 그는 윔블던(1925, 1928)과 US오픈(1926, 1927), 프랑스오픈(1925, 1927, 1929)에서 정상에 올랐다. 1927년 라코스테는 데이비스컵에서 빌 틸든과 빌 존스턴을 모두 물리쳤는데, 당시 그의 건강 상태를 감안하면 정말 놀라운 일이었다.

라코스테의 테니스는 지능적이었다. 상대를 연구했고 지금은 굉장히 일반화됐지만 당시에는 생소했던 전술을 개발했다. 창백한 안색에 약간 소심한 표정의 그는 챔피언처럼 보이지는 않았지만 전형적인 연습 벌레였다. 장 보로트라나 앙리 코셰처럼 짐짓 허세를 부리지도 않은 채 코트 뒤편에서 정교한 컨트롤과 깊이 있는 샷을 펼쳐 나갔다. 그 어떤 선수도 라코스테보다 더 정확하고 수준 높게 로브를 구사하지 못했다. 라코스테는 스타일과 기교의 완성자였다.

리나
출생: 1982년 2월 26일, 중국

리나는 중국 테니스의 역사를 쓴 인물이다. 2004년 중국 선수로는 처음으로 광저우 WTA 투어에서 우승했을 뿐 아니라 2011년 호주오픈에서 사상 첫 메이저 대회 결승 진출, 2011년 프랑스오픈과 2014년 호주오픈에서는 최초의 그랜드슬램 챔피언에 올랐고 톱10에 진입했다.

2011년 리나와 디펜딩 챔피언 프란체스카 스키아보네의 프랑스오픈 결승전은 중

르네 라코스테는 테니스를 체스 게임에 비유한 베이스라이너였다.

국에서 1억 명 이상이 시청했다. 조국에서 감당할 수 없을 정도의 스폰서십이 따라 붙는 리나는 여자 투어에서 가장 돈을 많이 버는 선수가 됐다. 2014년 호주오픈에서 도미니카 시불코바를 2-0으로 물리치고 우승한 뒤, 리나는 가족과 함께하기 위해 투어에서 은퇴한다고 발표했다. 그리고 이듬해 딸을 출산했다.

예상하는 바와 같이 그녀는 처음 배드민턴으로 라켓 스포츠를 시작했다. 8살에 테니스로 전향해 2000년 WTA 투어에 데뷔했고 2004년부터 본격적으로 투어에 집중하기 시작했다. 하드 코트를 선호하는 베이스라이너로서 뛰어난 반사 신경과 파워를 갖췄다. 또 친근한 성격과 유머 감각으로 투어에서 인기가 높았다.

리샤르 가스케
출생: 1986년 6월 18일, 프랑스

뛰어난 주니어 선수 출신이자 가장 아름다운 원핸드 백핸드를 가진 리샤르 가스케는 자신의 잠재력을 극대화하지 못한 대표적인 선수로 평가된다. 2002년 몬테카를로 대회에서 15살 10개월의 나이로 ATP 투어에 데뷔해 2라운드에 진출한 가스케는 몇 달 뒤 롤랑가로스에서 그랜드슬램 데뷔전을 치러, 그해 챔피언까지 오른 알베르토 코스타에게 4세트로 패했다. 하지만 그는 주니어 롤랑가로스 타이틀을 획득했고 US오픈 주니어까지 평정하면서 영건 가운데 선두 주자임을 확인시켰다.

가스케는 2003년 100위에 진입했고, 이듬해 ATP 투어 결승에 처음 올라 같은 국적의 제롬 하엔델에게 졌다. 2005년 몬테카를로 4강에서 로저 페더러를 꺾은 데 이어 프랑스오픈 3회전, 윔블던과 US오픈에서 나란히 4회전까지 진출해 처음으로 세계 20위 안에 들었다.

2007년 톱10에 진입해 윔블던 4강에 오르고 연말 마스터스컵 출전 자격을 얻으면서 남자 테니스 톱랭킹 자리를 위협할 수 있는 위치에 올랐다. 좋은 흐름은 2008년과 2009년 초까지 이어졌지만 도핑에 걸려 3개월 자격 정지를 받았다. 그는 잘못을 저지르지 않았다고 강하게 부인했고 비교적 관대한 징계가 부과됐지만 그 사건은 가스케의 선수 경력에 오점을 남겼다.

이후 하이라이트는 2012년 런던 올림픽 남자복식 동메달, 2013년 US오픈 4강과 2015년 윔블던 준결승 진출 등이 있지만, 이 재능 넘치는 프랑스 선수는 언제나 아쉬움의 대상으로 남게 될 것 같다.

리처드 "딕" 시어스
출생: 1861년 10월 16일, 미국

US오픈 초대 챔피언인 딕 시어스가 세운 기록 가운데 한 가지는 영원히 깨지지 않을 것이다. 하버드대학교를 졸업한 시어스는 뉴포트, 로드 아일랜드, 카지노의 잔디에서 열린 US오픈에 7번 출전해 7번 모두 우승을 거뒀다. 그는 1887년 테니스에서 은퇴할 때까지 18연승을 달렸는데, 이 역시 챌린지 라운드가 폐지된 이후 빌 틸든이 1922년 4강까지 올라 19연승을 달릴 때까지 깨지지 않은 독보적인 기록이었다.

당시까지만 해도 많은 선수들이 언더 서브를 구사했지만 시어스는 달랐다. 그는

위대한 선수들

리샤르 가스케의 원핸드 백핸드는 가장 아름다운 샷으로 꼽힌다.

은퇴하기 4년 전까지 '리얼 테니스'에서 사용하는 것과 비슷한 얇고 한쪽으로 처진 오리지널 라켓을 계속 고집했다. 시어스는 단식은 물론, 윔블던 단식 7회 챔피언인 윌리엄 렌쇼와 함께 US오픈 복식에서도 우승했다. 그의 형인 프랭크 시어스는 제임스 드와이트와 함께 미국에서 최초의 테니스 시합을 펼친 선구자로 꼽힌다. 1892년 시어스는 US 리얼 테니스 타이틀을 거머쥐었고 미국 테니스협회장에 올랐다.

리처드 크라이첵
출생: 1971년 12월 6일, 네덜란드

연속되는 어깨와 무릎 부상은 198cm의 오른손잡이 크라이첵의 주 무기인 서브에 걸림돌이 됐다. 1996년 윔블던에서 네덜란드 사상 처음으로 우승을 차지하는 역사를 썼을 때 그는 흥분을 감추지 못했다. 애초에 시드를 받지 못한 그는 토마스 무스터가 기권하면서 16번 시드 막차를 탔고, 여세를 몰아 마이클 스티치와 전년도 우승자인 피트 샘프러스를 잇달아 물리쳤다. 결승전에서도 매우 뛰어나고 일관된 경기력을 보인 크라이첵은 시드를 받지 못한 말리바이 위싱턴이 감당하기에 너무 벅찬 상대였다. 그 대회에서 크라이첵은 뉴질랜드의 브렛 스티븐과의 3회전에서 딱 한 세트만 내줬다. 하지만 윔블던은 그의 유일한 우승이었고 부상으로 점철된 다른 해에는 결실을 보지 못했다.

체코 이민자의 아들인 그는 12살에 포핸드와 백핸드 모두 투핸드에서 원핸드로 바꾸면서 두각을 나타내기 시작했다. 윔블던 우승이후 네덜란드에 리처드 크라이첵 재단을 만들어 잠재력 있는 젊은 선수들을 후원하기도 했다.

린지 데븐포트
출생: 1976년 6월 8일, 미국

이 큰 키에 건장한 체격을 지닌 오른손잡이 선수는 18세에 호주오픈과 윔블던 8강에 진출하는 꽤나 강력한 첫인상을 남기긴 했지만, 1996년 본궤도에 오르기까지 과정은 순탄치 않았다. 1996년 애틀랜타 올림픽에서 4명의 상위 랭커를 잡고 금메달을 획득한 건 그녀에게 정신적인 힘이 됐다. 복식에서는 메리 조 페르난데즈와 함께 프랑스오픈을 포함해 5차례 정상에 올랐다. 데븐포트는 1997년 잠시 세계 2위에 오르고 US오픈에서 첫 메이저 4강에 진출한 데 힘입어 1998년을 세계 3위로 출발했다.

이후 7번의 그랜드슬램 결승에 올라 US오픈(1998)과 윔블던(1999), 호주오픈(2000)에서 우승했다. 11번의 메이저 4강 진출에 더해, 데븐포트는 1999년 WTA 연말 챔피언십에서 우승해 통산 4번째 연말 세계 랭킹 1위에 올랐다. 2003년 존 리치와 결혼한 뒤에도 선수 생활을 계속하다 2007년 아들 예거 조나단을 낳으면서 은퇴했다.

마가렛 오스본 듀퐁
출생: 1918년 3월 4일, 미국

엘리자베스 라이언에 이어 아마추어 복식 선수로서는 넘버 2의 위치를 점하고 있던 오스본은 2차 대전 이후 초반 10년간 미국의 여자 테니스 정복에 대단히 중요한 키 플레이어였다. 루이스 브로우와 호흡을 맞춰 거의 모든 기록을 갈아치웠고, 1946년에는 그들이 이룬 총 5번의 우승 중 첫 번째 윔블던 복식 정상에 올랐다. 그러나 그녀가 대중의 상상력을 사로잡은 건 한 세트도 내주지 않고 우승한 1년 뒤의 단식 경기였다.

오스본은 공격적인 서브를 구사했고 네트 앞에서 날카롭고 강력하며 선이 굵고 빠른 테니스로 성공을 거뒀다. 비록 윔블던 단식에서 다시 우승을 차지하지는 못했지만 1949년과 1950년 준우승했고, 1948~1950년 US오픈 3연패에 성공했을 뿐 아니라 1946년과 1949년에는 프랑스오픈에서 두 번 정상에 올랐다. 1946년부터 1962년까지 와이트먼컵에 18차례 출전해 퍼펙트 기록을 남겼다. 1962년 오스본은 닐 프레이저와 함께 윔블던 혼합복식 정상에 섰다.

그녀와 브로우는 윔블던 우승에 더해 12개의 US오픈 타이틀과 3번의 프랑스오픈 우승을 기록했다. 오스본은 단식과 복식, 혼합복식을 합해 총 37개의 그랜드슬램 우승을 기록했는데, 이는 오직 마가렛 코트와 마르티나 나브라틸로바, 빌리 진 킹만이 능가한 기록이었다.

마누엘 산타나
출생: 1938년 5월 10일, 스페인

남자 테니스 최정상에 오른 첫 번째 스페인 선수인 "마놀로"는 2차 대전 이후 올라운드 플레이 기술을 세계적으로 인정받은 첫 번째 유럽 선수이기도 했다. 보기 드문 묘기샷과 독특한 스타일을 가진 그는 볼보이 시절 처음으로 테니스를 배워 익숙한 클레이 코트의 프랑스오픈에서 1961년과 1964년 우승했을 뿐 아니라 1965년 당시 잔디 코트에서 열린 US오픈, 그리고 1966년에는 윔블던에서도 우승했다.

그의 포핸드는 아름답기 그지없었고 감각적인 터치는 압권이었다. 거기에 더해 물고 늘어지는 끈질김으로 자주 대역전극을 펼쳤고, 따뜻한 인성까지 더해 진정한 재능으로 똘똘 뭉친 챔피언이 됐다.

라파엘 나달의 등장 전까지 가장 성공한 스페인 선수였던 그는 포레스트 힐스에서 우승하면서 국민적 영웅으로 떠올랐다. 독재자 프랑코 장군은 모두가 갈망해 마지않는 이사벨라 메달로 그를 치하했고 산타나는 그해 처음 스페인을 데이비스컵

마누엘 산타나는 30년 넘게 남자 테니스의 대표적인 선수로 활약했다.

결승으로 이끌며 이 영광을 더욱 빛냈다. 산타나는 데이비스컵 단식에 120회 출전했고, 1967년 최고 기록인 단식 13승을 거두며 일리 나스타세와 동률을 기록했다.

마누엘 오란테스
출생: 1949년 2월 6일, 스페인

1975년 오란테스가 US오픈에서 거둔 성공은 스페인 선수로는 마누엘 산타나가 포레스트 힐스에서 우승한 이후 10년 만이었다. 놀라운 승리였다. 오란테스는 8강에서 일리 나스타세를 물리쳤고 4강에서 기예르모 빌라스를 상대로 4세트 0-5로 뒤지며 3번의 매치 포인트를 잡힌 뒤 기사회생해, 일단 1-5로 만든 뒤 두 번의 매치 포인트 위기를 더 극복해냈다.

자정이 넘어 호텔로 돌아간 그는 기진맥진해 욕탕에 그대로 누워 발가락으로 수도꼭지를 움직여야만 했다. 이렇게 흥미진진한 하루를 보낸 뒤에도, 상냥하고 예의 바르기까지 한 오란테스는 15시간 뒤 코트로 돌아가 베이스라인에서 강력한 공격을 펼치는 건 물론 클레이 코트에서나 볼 수 있는 마법 같은 경기력을 선보이며 디펜딩 챔피언 지미 코너스를 3-0으로 물리쳤다.

작은 키에 왼손잡이인 그는 국제 주니어 무대부터 두각을 나타내 1972년 독일 및 이탈리아 챔피언십 정상에 올랐고, 1975년 함부르크에서도 우승했다. 전성기를 맞은 오란테스는 톱10에 진입했다. 32개의 단식 트로피와 24개의 복식 타이틀을 보유한 그는 1976년 마스터스에서 우승했고, 그해 최고 랭킹인 4위까지 올랐다.

마라트 사핀
출생: 1980년 1월 27일, 러시아

마라트 사핀은 코트 위에서 보여준 뛰어난 기술만큼이나 잦은 라켓 부수기, 그리고 승리의 기쁨으로 바지를 내린 기행으로 헤드라인을 장식한, 뛰어나고 파워 넘치는 선수였다. 부모님이 모두 테니스 선수이자 코치였던 그는 스페인 발렌시아로 이주해 14살부터 테니스 프로그램에 합류했다.

그는 혜성처럼 나타나 정상을 정복했다. 1999년 보스턴에서 18살에 첫 ATP 타이틀을 품에 안았고 이듬해 7개의 타이틀을 획득하며 세계 1위에 올랐다. 특히 US오픈 결승에서 피트 샘프러스를 3-0으로 꺾고 생애 첫 메이저 트로피를 들어 올렸다. 너무 쉽게 이겨 관중은 물론 그 자신도 놀랐다. "제가 이런 테니스를 칠 줄은 몰랐습니다. 믿을 수 없는 일이에요"라고 사핀은 밝혔다. 2001년 US오픈 4강에 올랐고(이때 샘프러스는 설욕에 성공했다) 2002년 프랑스오픈 4강 그리고 2002년과 2004년

마라트 사핀은 러시아 선수로서는 처음으로 테니스 명예의 전당에 헌액되었다.

호주오픈 결승에서 두 번 모두 뼈아픈 패배를 당했는데, 첫 번째는 토마스 요한슨에게 당한 충격적인 패배였고, 두 번째 패배의 상대는 로저 페더러였다.

사핀은 마침내 두 번째이자 훨씬 값진 그랜드슬램 타이틀을 2005년 획득했다. 호주오픈 결승에서 홈코트의 레이튼 휴이트를 4세트 만에 이겼다. 이 타이틀은 결국 그의 마지막 우승으로 기록됐지만, 데이비스컵에서는 계속 승리를 맛봤다. 2006년 데이비스컵에서 두 번째 우승을 차지하며 2002년에 이어 다시 한번 조국 러시아의 우승을 이끌었다. 2011년 그는 블라디미르 푸틴이 이끄는 통합러시아당의 일원으로 국회의원에 선출되기도 했다.

마르티나 힝기스
출생: 1980년 9월 30일, 슬로바키아

1997년 3월 마이애미 오픈 우승(이는 이미 그녀의 시즌 5번째 타이틀이었다)으로 인해 마르티나 힝기스는 슈테피 그라프를 제치고 역대 가장 어린 나이에 세계 1위에 올랐다. 힝기스는 1월 호주오픈에서 최연소로 그랜드슬램 단식 우승을 차지했고 윔블던과 US오픈에서도 첫 우승을 거둬 그해 말 78승 5패의 전적을 기록했다. 이렇게 되면서 당분간 그녀를 앞설 수 있는 선수는 나오기 어려울 것이라는 예상이 지배적

마르티나 힝기스가 1997년 윔블던 우승을 확정 지은 뒤 기뻐하고 있다.

이었다. 실제로 힝기스는 4월 승마 도중 다치지만 않았어도 아마도 최연소 그랜드슬램을 달성할 수 있었을 것이다. 프랑스오픈에 맞춰 회복되긴 했지만 실전 경험 및 체력 훈련이 충분하지 못했기 때문에 결승에서 이바 마졸리에게 패했다.

힝기스의 테니스에 대한 생각은 유쾌하고 신선했다. 1997년 호주오픈 대회 중간중간 멜버른 파크의 주차장에서 롤러 블레이드를 타는 모습이 포착되기도 했다. 그러고도 당시 1998년과 1999년 성공적으로 타이틀 방어에 성공했다. 어머니인 멜라니 몰리터의 지도를 받은 그녀는 7살에 스위스로 이주해 또 다른 이름의 마르티나(나브라틸로바)처럼 모든 코트에서 두루 뛰어난 재능을 발휘했다(실제로 나브라틸로바의 이름을 따 지었다고 한다).

힝기스는 발목 부상으로 2002년 단식에서 은퇴하기 전까지 통산 40회 단식 우승과 36회 복식 우승을 기록했다. 그러나 2006년 25살의 나이에 복귀해 멜버른과 파리에서 8강에 오르기도 했다. 이후 파워 테니스를 구사하는 선수들의 등장과 윔블던에서의 약물 양성 반응으로 인해 2007년 다시 은퇴했지만 팬들은 그녀의 테니스를 이후에도 계속 볼 수 있었다. 힝기스는 2013년 복식 전문 선수로 돌아와 2017년 은퇴를 선언하기 전까지 그랜드슬램에서 10차례 복식과 혼합복식 우승을 거뒀다.

마리아 부에노
출생: 1939년 10월 11일, 브라질

보기 드문 우아함과 예술성을 겸비한 마리아 부에노는 막대한 성공으로 인해 자신의 초상화가 그려진 우표가 제작됐고 브라질의 큰 공원에 동상이 세워졌다. 그녀와 마가렛 코트의 라이벌 구도는 1960년대 여자 테니스의 가장 중요한 테마였다. 두 선수는 스타일 면에서는 참 많이 달랐다. 부에노는 예술적이면서도 매우 효율적인 테니스를 구사한 반면, 코트는 강력한 파워를 기반으로 하고 있었다. 훗날 결국 부에노는 건강 문제와 팔 부상으로 인해 조기에 커리어를 마감하고 말았다.

마리아는 18살인 1958년 로마에서 열린 이탈리아 챔피언십에서 우승하면서 국제적인 명성을 얻기 시작했다. 당시 그녀는 전년도 챔피언 샤를리 브레셔와 8강에서 매치 포인트를 잡혔지만 승리했다.

1958~1967년까지 부에노는 윔블던에서 115경기를 뛰어 단식에서만 49승을 거두고 3차례 우승 타이틀을 가져갔다. 1959년과 1960년, 그리고 황달 증세로 1961년부터 뛰지 못한 뒤 다시 몸을 만들어 나온 1964년, 이렇게 3번이었다. 또한 US오픈 단식 4차례 정상, 그리고 1960년 호주오픈에서도 우승을 차지했다. 마가렛 코트와 겨룬 가장 극적인 승부는 1962년 이탈리아 챔피언십 결승이었는데, 코트의 체력과 운동 능력을 당해내지 못하고 8-6, 5-7, 6-4로 졌다.

마리아 샤라포바
출생: 1987년 4월 19일, 러시아

2004년 마리아 샤라포바처럼 화려하게 등장한 사례는 많지 않다. 윔블던 웜업 이벤트인 에지바스턴에서 우승하며 대중의 관심을 받기 시작한 그녀는 윔블던 결승전에 올라 세상을 깜짝 놀라게 했다. 겨우 17살인 샤라포바는 1년 전 윔블던 주니어 대회의 준우승자로서, 디펜딩 챔피언 세리나 윌리엄스를 결승에서 만났다. 그리고 침착하게 파워 넘치는 미국 선수를 제치고 왕관을 물려받았다.

이 승리로 인해 긴 다리의 러시아 미녀 마리아 샤라포바는 남성 호르몬이 넘치는 수백만 젊은이들의 마음을 사로잡았지만, 같은 러시아 선수인 안나 쿠르니코바와 달리 테니스에 전념하는 선수였다. 물론 그녀 역시 IMG 모델 에이전시와 계약을 맺고 광고와 홍보물에 엄청나게 등장하긴 했지만.

샤라포바는 WTA 연말 챔피언십에서 우승하며 그랜드슬램 데뷔전의 우승 타이틀이 결코 우연이 아니었음을 입증했다. 2005년에는 10개의 타이틀에 이름을 올리며 그해 8월 아주 잠시 세계 1위에 등극하기도 했다. 2006년 US오픈에서 두 번째 그랜드슬램 트로피를 품에 안았고 2008년 멜버른에서 세 번째 우승을 차지했다.

2008년 어깨 부상으로 투어에서 물러난 그녀는 9개월간의 휴식을 마치고 돌아와 서서히 세계 랭킹을 끌어올려, 2011년 윔블던 결승 진출과 로마 및 신시내티에서 우승하며 톱랭커 반열에 다시금 이름을 올렸다. 샤라포바는 2012년 프랑스오픈 결승에서 사라 에라니를 꺾고 정상에 오르며 커리어 그랜드슬램을 달성한 10번째 여자 선수가 됐다. 2014년에는 시모나 할렙을 3세트 만에 제압하며 또다시 프랑스오픈 우승을 차지했다.

그러나 2016년 3월 샤라포바는 최악의 뉴스로 헤드라인을 장식했다. 금지 약물인 멜도늄 양성 반응이 나온 직후였다. 그녀는 15개월 자격 정지 징계를 받았지만 2017년 4월 투어에 돌아와 시즌 후반기 텐진 오픈 정상에 올랐다.

마리아 부에노가 1959년 윔블던 결승전에서 발리를 시도하고 있다.

마리오 안치치
출생: 1984년 3월 30일, 크로아티아

마리오 안치치의 테니스는 또 다른 크로아티아 선수인 고란 이바니세비치를 연상케 한다. 특히 서브가 매우 유사했다. 두 선수는 같은 고향 출신으로, 안치치는 10살 때부터 이바니세비치와 함께 훈련했고 2002년 시드니올림픽에 그의 우상과 함께 복식 파트너로 출전했다.

16세 때 세계적인 주니어 선수였던 그는 2000년 윔블던 주니어 단식 결승에 진출했다. 멜버른에서도 주니어 대회 결승까지 올랐고 플러싱 메도우에서는 4강에 올라 주니어 세계 랭킹을 4위까지 끌어올렸다. 1999년 데이비스컵 대표팀에 뽑혀 크로아티아가 2005년 우승을 차지하는 데 힘을 보탰다.

그의 재능은 보리스 베커가 2004년 "테니스의 미래가 왔고 그의 이름은 마리오 안치치다"라고 말할 정도로 초창기부터 주목받았다. 올라운드형에 빠른 코트 표면에 유리한 강서브를 가진 그는 코트 뒤편에 머물러 베이스라인 랠리를 섞는 걸 마다하지 않으면서도 서브앤발리를 구사했다. 그의 게임은 확실히 윔블던 잔디에 적합해 2004년 준결승까지 올랐다. 그러나 결국 안치치는 127개 대회에 출전해 3개의 타이틀 획득에 그쳤고 최고 랭킹도 두 번의 우승을 기록한 2006년 7위에 머물렀다.

마리온 바톨리
출생: 1984년 10월 2일, 프랑스

아버지인 월터 바톨리의 지도를 받은 그녀는 코르시카와 카탈란 혈통을 갖고 있었다. 마리온은 포와 백 양쪽 모두 두 손을 사용하는 스타일을 발전시켜 어찌 보면 전통에서 벗어난 테니스를 구사했지만 뛰어난 성과를 거뒀다.

2003년 US오픈 3회전에 진출해 이듬해 처음 100위 안에 이름을 올렸다. 2006년 첫 WTA 타이틀을 거머쥔 데 이어 다음 해에 윔블던 결승에 올랐지만 비너스 윌리엄

마리아 샤라포바는 4대 그랜드슬램에서 모두 우승했다.

마린 칠리치는 2014년 US오픈 챔피언이다.

스에게 패했다.

이때가 커리어의 최정점인 듯했다. 2008년과 2012년 사이, 그녀는 프랑스오픈 4강(2011)과 윔블던 8강(2011), US오픈 8강(2012)에 올랐다. 그리고 2013년 윔블던이 찾아왔다. 대회 직전 그녀는 부상에 시달렸지만, 일생일대의 경기를 펼치며 결승에서 사빈 리지키를 6-1, 6-4로 꺾고 첫 그랜드슬램 우승을 차지했다. 그리고 한 달 뒤 프로에서 은퇴했다.

마린 칠리치
출생: 1988년 9월 28일, 보스니아 헤르체고비나

삼형제 가운데 마린 칠리치는 아버지에게 스포츠를, 특히 테니스를 권유받았다. 198cm의 큰 키를 가진 그는 빠른 코트 표면에 강했다. 2009년 US오픈에서 20살의 나이에 이미 8강에 올랐고 이듬해에는 호주오픈 4강에 진출하기도 했다.

그의 선수 경력은 크로아티아가 낳은 최고의 테니스 선수로 꼽히는 고란 이바니세비치를 코치로 영입한 2013년 빛을 발하기 시작했다. 2014년 US오픈 결승전에서 케이 니시코리를 3-0으로 물리치고 우승하며 아주 극적인 결과를 맺었다.

2015년 타이틀 방어에 나섰지만 준결승에서 조코비치에게 일방적으로 패했다. 칠리치는 2017년 윔블던에서 결승까지 단 한 세트만 내주며 승승장구했다. 그러나 로저 페더러와의 대결에서 부상까지 겹치면서 3-0으로 졌다. 2018년 호주오픈에서도 페더러의 벽에 막혀 준우승에 그쳤다.

서브가 터지면 칠리치는 매우 위협적이다. 커리어 통산 19회의 투어 우승을 차지한 칠리치는 누구도 결코 과소평가할 수 없는 선수다.

마우드 왓슨
출생: 1864년 10월 9일, 영국

마우드 왓슨은 윔블던 초대 여자 챔피언으로서 테니스 역사에 뚜렷한 한 획을 그었다. 1884년 7월 19일 토요일이었다. 13명만이 출전했고 남자 단식이 다 끝난 뒤에야 열린 결승전. 마우드는 19살의 나이에 26살 릴리안에게 첫 세트를 내준 뒤 역전승을 거뒀다. 1885년 여자 테니스에 챌린지 라운드가 도입되기 전, 또다시 우승했지만 이번에는 10명만 출전했고 1회전을 부전승으로 통과했다. 결승에서는 곧 무적의 선수가 될 예정이었던 블랑쉬 빙글리를 월풀 로드 코트에서 물리쳤는데, 결승전까지 총 3경기만 뛰었다. 그리고 그것이 윔블던에서의 마지막 승리였다. 빙글리는 1886년 설욕에 성공했고, 3년 뒤 아일랜드와 웨일스에서 타이틀 획득에 실패한 왓슨은 은퇴했다. 그녀는 1946년 세상을 떠났다.

마이클 스티치
출생: 1968년 10월 18일, 독일

마이클 스티치는 팀 헨만을 누르고 1997년 윔블던 준결승에 올랐을 때 이렇게 말했다. "저는 여기 은퇴하러 온 게 아닙니다. 우승하기 위해 왔습니다" 그러나 세계 46위인 프랑스의 세드릭 피올린에게 5세트 명승부 끝에 패하면서 결국 그는 은퇴하고 만다.

스티치는 커리어 20위 내에 머물렀고 부상에서 자유로운 시절에는 톱10에 들기도 했지만, 1991년 여름에 보여줬던 최고의 기량을 다시 재현하지 못했다. 당시 그는 윔블던 결승전에서 보리스 베커를 물리치는 이변을 연출했다. 스티치가 치른 7경기의 정점은 결승전이었다. 결승까지 올라오는 과정에서 그가 보여준 경기력은 실로 엄청났다. 짐 쿠리어와 디펜딩 챔피언 스테판 에드버리를 물리치면서, 이른바 타이

마이클 창은 1989년 프랑스오픈에서 우승하면서 역대 최연소 그랜드슬램 챔피언이 되었다.

브레이크의 대가라는 것을 입증했을 뿐 아니라 다양한 구종의 세컨 서브가 날카롭고 강력한 첫 서브만큼 중요하다는 걸 보여줬다.

1년 뒤 스티치는 존 매켄로와 짝을 이뤄 윔블던 남자복식 타이틀도 거머쥐었고, 이 과정에서 대회 역사상 가장 기억에 남을 만한 명승부를 펼쳤다.

1996년 프랑스오픈 결승에 올랐을 때 스티치는 3개의 그랜드슬램 결승에 오른 7명의 현역 선수 가운데 한 명이었다(그는 1994년 US오픈 결승에 진출했다). 스티치는 1993년 ATP 투어 챔피언십에서 우승하며 생애 최고인 2위까지 올랐다. 1주일 뒤 스티치는 뒤셀도르프에서 열린 호주와의 데이비스컵 결승전에서 승리하는 데 결정적인 역할을 했다. 그럼에도 불구하고, 스티치는 결코 독일 내에서 보리스 베커의 인기를 따라잡지는 못했다.

마이클 창
출생: 1972년 2월 22일, 미국

늘 신실한 기독교인임을 강조하는 마이클 창은 아버지이자 화학자인 조에게 테니스를 배웠다. 마이클의 커리어는 정말 '가업'처럼 진행됐다. 1991년부터 형인 칼이 코치를 맡았고, 종종 마이클과 복식에 출전하기도 했다. 마이클은 빠르게 두각을 나타냈다. 1987년 15세 6개월의 나이에 US오픈 본선에서 승리를 거둔 최연소 선수로 기록됐다. 한 달 뒤에는 스콧스데일 대회에서 ATP 투어 사상 최연소로 4강에 진출했다. 그러나 진정한 잭팟을 터트린 건 그가 17살 3개월이 된 1989년 프랑스오픈이었다. 마이클 창은 프랑스오픈 역사상 최연소 우승자인 동시에 그랜드슬램 타이틀을 거머쥔 가장 어린 남자 선수가 됐다. 그뿐만 아니라 1955년 토니 트레버트 이후 롤랑가로스에서 우승한 첫 미국인으로 기록됐다.

놀라운 집중력과 꾸준함, 그리고 테니스에 대한 헌신은 마이클 창이 수많은 강적들을 무너뜨린 승리 방정식이었다. 특히 그 유명한 프랑스오픈 이반 렌들과의 4라운드 대격돌에서, 그는 근육경련이 심하게 나 심지어 어떤 포인트에서는 언더 서브를 넣기도 했는데 포기하지 않고 승부를 뒤집어 4시간 37분 접전 끝에 승리를 거뒀다. 그는 다른 세 곳의 메이저 대회에서 준우승을 차지했고 1997년까지 6위 이하로 떨어지지 않았다. 최고 랭킹은 1996년 2위. 현역 은퇴 뒤 그는 케이 니시코리의 코치로 명성을 날려 2014년 US오픈에서는 그를 결승까지 올려놨다.

말 휘트먼
출생: 1877년 3월 15일, 미국

말 휘트먼은 1898년부터 1900년까지 US오픈 3회 연속 챔피언에 올랐다. 하버드 대학 졸업생인 그는 스포츠 역사를 좋아해 1931년 『테니스 기원과 미스터리』라는 책을 쓰기도 했다. 그에게 US오픈 우승에 버금가는 중요한 업적은 최초의 데이비스컵 대회에서 첫 경기를 뛰었다는 점이다. 1900년 휘트먼이 그해 윔블던 챌린지 라운드에서 준우승한 아서 고어에게 6-1, 6-3, 6-2로 승리를 거두면서, 미국은 영국과의 첫 데이비스컵에서 3-0 승리를 거둘 수 있었다. 2년 뒤 마지막으로 뛴 데이비스컵 단식에서도 2승을 책임졌다.

매디슨 키스
출생: 1995년 2월 17일, 미국

일리노이주 태생의 매디슨 키스는 2009년 14살에 WTA 투어 폰테베드라 비치에 모습을 나타내면서 주목받았다. 키스는 1회전에서 쿠드랴브체바를 물리치며 투어 역사상 7번째로 어린 나이에 승리를 거뒀지만 2라운드에서 나디아 페트로바에게 패배했다.

최고 선수들과의 경쟁에서 두각을 나타낸 건 4년이 흐른 뒤였다. 2014년 오사카 오픈 준결승에 올랐고 호주오픈과 윔블던 3라운드에 진출해 연말 세계 랭킹을 81위로 끌어올렸다. 이듬해 이스트본 결승에서 안젤리크 케르버를 물리치고 첫 타이틀을 획득했다. 2015년 호주오픈 4강에 올라 세리나 윌리엄스에게 패했고 윔블던 8강에 올라 처음으로 연말 세계 20위를 돌파했다. 2016년 자신의 두 번째 투어 타이틀을 역시 잔디 코트인 버밍엄에서 획득해 톱10 진입에 성공했다. 키스는 2017년 US오픈에서 생애 첫 메이저 대회 결승에 올라 절친한 친구인 슬론 스티븐스에게 2-0으로 패했다.

매츠 빌랜더
출생: 1964년 8월 22일, 스웨덴

1982년 17살 매츠 빌랜더가 결승에서 기예르모 빌라스를 물리치고 프랑스오픈 우승을 확정했을 때, 한 스웨덴 기자가 벌떡 일어나 이렇게 외쳤다. "보리 이후에도 우리는 살아 있다." 스웨덴 테니스가 비외른 보리의 은퇴 결정을 받아들이려고 노력하고 있는 바로 그 시점, 이 재빠르고 부지런히 뛰는 10대 소년은 엄청난 톱스핀이 담긴 한손 포핸드와 거대한 포물선 곡선을 그리지만 정확하기 이를 데 없는 투핸드 백핸드를 내세워 새로운 권력자가 됐다.

이듬해 잔디 코트에서 열린 호주오픈에서 처음에는 존 매켄로, 나중에는 이반 렌들을 차례로 물리치고 정상에 섰고, 12개월 뒤 타이틀 방어에도 성공했다. 빌랜더는 1985년 프랑스오픈에서 다시 우승을 차지했는데, 당시는 이미 그가 4년째 톱10 선수로 활약하고 있을 때였다.

그러나 최고의 해는 1988년이었다. 빌랜더는 4대 메이저 대회 가운데 3개의 우승을 차지했지만 아쉽게도 윔블던 8강전에서 밀로슬라브 메시르에게 6-3, 6-1, 6-3으로 패하며 그랜드슬램 달성의 기회를 놓쳤다.

그해 US오픈 정상에 오른 빌랜더는 세계 랭킹 1위에도 등극해 이반 렌들의 156주 연속 집권에 종지부를 찍었다. 33회의 단식 우승과 7번의 복식 타이틀 가운데에는 1986년 같은 스웨덴 동료인 요하킴 니스트롬과 호흡을 맞춘 윔블던 복식 우승도 포함됐다. 데이비스컵에는 10년간 26차례 출전하며 1984년, 1985년, 1987년 3차례 우승을 이끌었고, 단식 36승 14패, 복식 7승 2패를 기록했다. 1997년 오랜 법정 다툼 끝에 2년 전 프랑스오픈 당시 자신과 카렐 노바체크의 약물 양성 반응을 인정하면서 은퇴의 길을 걸었다. 하지만 빌랜더는 약물을 의도적으로 복용한 건 아니라고 주장했다.

머빈 로즈
출생: 1930년 1월 20일, 호주

프레드 페리는 이 화려한 발리를 소유한 막강한 왼손잡이 선수를 일컬어 "테니스에서 가장 리드미컬한 게임을 펼친다"고 평가했다. 코치에 의존하지 않고 개인의 능력을 중시한 로즈는 심오한 전술의 귀재였고, 클레이 코트에서 최상의 기량을 발휘해 1958년 프랑스오픈 우승을 차지한 뒤 프로로 전향했다. 그보다 몇 주 전에는 포로 이탈리코에서 이탈리아 오픈 타이틀을 차지했다. 이로 인해 연말 세계 랭킹 3위까지 오를 수 있었다.

1954년 당시 루 호드와 켄 로즈웰 같은 경탄할 만한 젊은 선수들의 등장 속에서도 호주오픈 단식 타이틀을 거머쥐었다. 1957년에는 독일오픈 정상에 올랐고, 복식과 혼합복식 타이틀까지 손에 넣었다.

로즈의 가장 주요한 업적은 복식에서 나왔다. 1952~1953년 각각 빅 세이샤스, 렉스 하트위그와 짝을 맞춰 US오픈 복식 우승을 달성했고 1954년에는 호주오픈과 윔블던 우승도 해냈다. 1957년 3년 공백 끝에 유럽으로 돌아온 그는 당시 루 호드를 상대로 8강전에서 한 세트를 빼앗은 유일한 선수였고, 대런 하드와 호흡을 맞춰 혼합복식 정상에 올랐다. 머빈 로즈는 프랑스오픈 3회 우승자인 아란챠 산체스 비카리오의 코치로 활동했다.

메리 조 페르난데즈
출생: 1971년 8월 19일, 도미니카 공화국

1985년 최연소(14살 8일) US오픈 승리를 거두며 혜성처럼 나타난 그녀의 커리어는 부상과 건강 이상으로 타격을 입었다. 하지만 늘 친근한 이미지의 페르난데즈는 꾸준함이라는 측면에서 꽤 인상적인 기록을 남겼다. 1990년과 1997년 사이 6번이나 연말 세계 10위 안에 들었기 때문이다.

그녀는 테니스에 대한 헌신과 코트에서의 기술, 특히 리턴과 백핸드 패싱샷을 통해 신체적인 약점을 극복했다. 그랜드슬램 단식 타이틀에 가장 근접했던 건 1990년 호주오픈과 1993년 프랑스오픈인데 모두 슈테피 그라프에 이어 준우승을 차지했고, 1992년 호주오픈에서는 모니카 셀레스에 이어 준우승을 차지했다. 하지만 그랜드슬램 복식에서는 성공을 거둬 1991년 호주오픈에서 패티 펜디크와, 그리고 1996년 프랑스오픈에서 린지 데븐포트와 우승을 차지했다. 또 그녀는 특별하게도 1992년 바르셀로나 올림픽에서 함께 우승을 합작했던 지지 페르난데즈와 애틀랜타 올림픽에서 또다시 파트너십을 맺을 수 있었고, 그들은 4년 전 성공을 재현해냈다.

메리 피어스
출생: 1975년 1월 15일, 캐나다

캐나다에서 태어나 미국에서 자란 메리 피어스는 10대 초창기 시절 프랑스 선수로 활동했다. 그녀의 가족이 미국 테니스협회의 지원을 부족하다고 느꼈기 때문이다. 메리 피어스는 어머니를 통해 프랑스 시민권을 획득할 수 있도록 프랑스 테니스연맹을 설득했다.

1994년 프랑스오픈 준결승에서 슈테피 그라프를 물리친 것이 가장 하이라이트였던 그녀는 프로 초창기에 아버지 문제로 골치를 앓았다. 아버지가 그녀뿐 아니라 다른 선수들과 코치, 심지어는 관중들까지 함부로 대하면서 WTA의 모든 투어 경기장 출입금지령을 받은 것이다. 피어스는 어깨 부상으로 마지막 석 달을 뛰지 못하고 20위까지 내려앉은 뒤, 이듬해인 1997년 투어로 돌아와 세계 7위까지 올라서면서 기량을 회복했다. 그보다 2년 앞서 세계 5위에 올랐고 호주오픈에서 아란챠 산체스 비카리오를 물리치는 이변을 일으키며 첫 그랜드슬램 타이틀을 차지했다.

멜버른에서 우승한 첫 프랑스 선수였고, 1967년 프랑수아 뒤르 이후 처음 롤랑가로스에서 우승한 프랑스 단식 선수가 됐다. 1997년 1월 피어스는 호주오픈 결승에 다시 한번 올랐지만 마르티나 힝기스에게 패해 준우승했다. 3년 뒤 롤랑가로스에서 모니카 셀레스와 마르티나 힝기스, 그리고 마지막으로 콘치타 마르티네즈를 차례로 물리치고 우승했다. 성공 가도를 달린 피어스는 세계 3위까지 올랐지만 무릎 부상으로 결국 은퇴했다.

모니카 셀레스
출생: 1973년 12월 2일, 유고슬라비아

당시까지만 해도 평범한 함부르크 오픈 8강전이 열린 1993년 4월 30일. 세계 1위를 굳게 지키고 있던 모니카 셀레스는 마그달렌 말리바를 맞아 코트 체인지를 위해 벤치에서 일어났고, 그 순간 광기 어린 38살의 독일인 귄터 파르셰가 코트로 난입해 왼쪽 어깨 밑을 찔렀다.

테니스는 그 이전과 이후로 나뉘었다. 주요 대회에서 톱플레이어 선수들은 무장한 보디가드들의 경호를 받았고, 셀레스는 종종 예전의 기량을 보여주기도 했지만 당시 사건에서 끝내 회복하지 못했다.

사건 발생 전까지 9개의 그랜드슬램 대회 가운데 8차례 우승하고 남녀를 통틀어 최연소 세계 1위에 오른(훗날 마르티나 힝기스에 의해 깨졌다) 셀레스는 최고의 자리를 지킬 것으로 누구나 예상했다. 왼손잡이로 포핸드와 백핸드 모두 두 손을 사용하는 그녀의 게임에 자비란 없었고, 경기 도중 내뱉는 신음 소리만큼 위압적이었다.

1995년 8월 마침내 복귀해 승리를 거두긴 했지만, 이후 반복적으로 발생한 어깨 부상의 후유증으로 인해 우리는 그녀가 얼마나 위대한 선수가 될 수 있었는지를 끝내 확인할 수 없게 됐다. 1998년 세계 5위로 출발한 셀레스는 프랑스오픈에서 준우승을 차지하며 옛 모습을 잠시 보여주기도 했다. 9개의 메이저 타이틀 외에도 53개의 단복식 타이틀을 차지해 평생 상금 1489만 1762달러를 벌어들였다.

모니카 푸이그
출생: 1993년 9월 27일, 푸에르토리코

푸에르토리코에서 태어나 플로리다에서 성장한 푸이그는 강력한 스트로크를 자랑하는 선수로, 2012년부터 그랜드슬램 대회에 출전했다. 호주와 프랑스, US오픈에서 1회전 탈락했지만 이듬해 윔블던 16강에 진출하며 세계 50위 벽을 돌파했다. 2014년 스트라스부르크에서 실비아 솔레르 에스피노사를 물리치고 WTA 첫 타이틀을 손에 넣어, 투어 대회에서 우승한 사상 첫 푸에르토리코 선수로 기록됐다. 모니카는 최상위 클래스로 이동할 준비가 되어 있는 것처럼 보였지만, 100위 이내에 자리를 굳혔음에도 좀처럼 올라서지 못했다.

2015년 파타야 대회 4강에 올랐고 이듬해 호주오픈 웜업 이벤트인 시드니 대회에서 결승까지 올랐지만, 그녀가 두 번째로 투어급 우승 타이틀을 획득한 건 2016 리우올림픽이었다. 시드 없이 우승 후보로 전혀 주목받지 못한 가운데 푸이그는 3회전에서 가르비네 무구루사를 6-1, 6-1로 이겼고 준결승에서 페트라 크비토바를 3세트 접전 끝에 제압한 데 이어 결승에서 세계 2위 안젤리크 케르버를 만났다. 그녀는 손에 땀을 쥐는 경기를 펼치며 6-4, 4-6, 6-1로 승리를 거두고 푸에르토리코 사상 첫 올림픽 금메달리스트가 됐다. "무슨 말을 해야 할지 모르겠어요." 그녀는 시상대 위에서 말했다. "저는 간절히 원했습니다." 유명 인사가 된 푸이그는 2017 허리케인 마리아에 피해를 입은 푸에르토리코 시민 지원에 선도적인 역할을 하기도 했다.

몰라 말로리-쥬스테트
출생: 1884년 3월 6일, 노르웨이

몰라 말로리-쥬스테트는 수잔 랑랑에게 아마추어 시절 유일한 패배를 안겼다. 노르웨이에서 미국으로 이민 온 말로리는 1921년 US챔피언십 2라운드에서 격렬한 속

메리 피어스는 결단력이 강한 그랜드슬램 챔피언이다.

1990년 모니카 셀레스는 36연승을 달리면서 6개 대회에서 연속 우승했다.

도전을 펼치며 긴 랠리에서 상대를 지치게 했고, 또 기회가 왔을 때 환상적인 톱스핀 포핸드 다운더라인 공격을 작렬하며 프랑스의 여성 영웅을 잡았다. 랑랑이 기침과 눈물을 흘리며 심판에게 기권 의사를 밝혔을 때 말로리는 6-2, 2-0으로 앞서 있었다.

그 승리는 말로리의 통산 8회 US챔피언십 우승 가운데 6번째였다. 1926년 42살의 나이로 마지막 우승을 차지했다. 한계를 모르는 인내심이야말로 이 육군 장교의 딸이 숱한 성공을 거둔 비결이었다. 1916년 US오픈 복식 타이틀을 쟁취했고, 1922년과 1923년에는 혼합복식에서 우승했다.

미하일 유즈니
출생: 1982년 6월 25일, 러시아

최근 세계 테니스에 두각을 나타낸 수많은 러시아 선수들 가운데 미하일 유즈니는 가장 눈에 안 띄면서 스포트라이트를 피해간 선수로 묘사될 수 있다. 그의 성격을 반영한 복잡하지 않은 게임 방식이 특징이다.

가장 빛나는 순간은 2002년 데이비스컵 결승이었다. 전 세계 1위 예브게니 카펠리니코프의 대체자로 마지막 5번째 단식에 나와 프랑스의 폴-앙리 매튜에게 먼저 두 세트를 내주었지만 승부를 뒤집으면서, 패배가 자명했던 그 시합에서 러시아의 승리를 낚아챘다. 반면 메이저 대회에서는 그의 재능에 걸맞은 파문을 일으키지 못했다. 2006년 US오픈 8강에서 어린 라파엘 나달을 물리친 뒤, 4강에서 4세트 만에 앤디 로딕에게 무릎을 꿇었다. 2013년 US오픈 8강 달성 이후 그랜드슬램에서 2회전 이상 올라가지 못한 채 커리어를 마감했다.

최근까지 뛴 ATP 투어 선수 가운데 아주 드물게 모든 코트 표면에서 결승전에 오르기도 한 그는(잔디 코트 우승은 없었다), 10개의 타이틀과 1350만 달러의 상금을 모았지만 아주 성공적인 커리어를 누렸다고 보기는 어렵다. 유즈니는 은퇴한 뒤 코치로 전향해 캐나다의 기대주 데니스 샤포발로프를 지도하고 있다.

미하일 유즈니는 러시아 출신 선수 가운데 꽤 큰 성공을 거뒀지만 초창기 기대치에 부응하지는 못했다.

위대한 선수들

밀로스 라오니치는 큰 키와 긴 리치를 활용해 세계 정상권에 진입했다.

밀로스 라오니치
출생: 1990년 12월 27일, 몬테네그로

1990년생 가운데 아마도 가장 유망한 차세대 스타였던 밀로스 라오니치는 몬테네그로에서 태어나 3살 때 캐나다로 이주했다. 2010년 도쿄 대회 2라운드에서 라파엘 나달에게 6-4, 6-4로 패하며 주목받기 시작했는데 당시 나달은 이렇게 말했다. "나중에 굉장히 좋은 선수가 될 겁니다. 언제가 될지 모르지만 세계 정상에 근접할 거예요." 나달은 옳았다.

2011년, 152위로 시작한 라오니치는 호주오픈 예선을 통과해 4회전까지 진출했다. 2월 산호세에서 첫 ATP 타이틀을 손에 쥐어 1990년대 이후 태어난 선수 가운데 가장 먼저 ATP 투어 챔피언에 등극했고, 5월에는 세계 25위까지 올라섰다. 2012년 첸나이와 산호세에서 타이틀을 더 추가한 그는 방콕과 산호세 우승(3연패)으로 2013년 톱10에 진입했다. 라오니치는 호주오픈 16강에 올랐지만 그에게 가장 잘 맞는 코트인 윔블던에서는 2회전 탈락했다.

2014년 윔블던에서는 달랐다. 마침내 잔디에서 해법을 찾은 그는 4강에 올라 로저 페더러에게 패했다. 라오니치는 2016년 호주오픈 4강에 올라 앤디 머리에게 패했고, 그해 윔블던에서 메이저 대회 첫 결승에 올랐지만 또다시 앤디 머리에게 3-0으로 무릎을 꿇었다.

밀로슬라브 메시르
출생: 1964년 5월 19일, 체코슬로바키아

테니스를 참 쉽게 치는 것처럼 보이는 깡마르고 여유 넘치는 192cm 오른손잡이 메시르의 경기를 지켜보는 건 큰 즐거움이었다. 코트 위에서의 고요한 움직임과 보폭이 큰 스텝, 그리고 긴 리치는 "큰 고양이"라는 별명을 잘 설명해준다. 외모만 봐서는 절대 그렇게 보이지 않지만, 메시르는 당시 가장 빠른 선수 축에 들었다.

아쉽게도 심각한 등 부상으로 인해 선수 생명이 단축되었고, 1990년 디스크 수술을 받은 뒤 커리어에 작별을 고했다. 그럼에도 불구하고 메시르는 4개의 다른 코트 표면에서 우승을 차지한 몇 안 되는 선수였다. 1985년 로테르담과 함부르크에서 처음 빅타이틀을 거머쥐었고, 투어 대회에서 8번 우승했다. 올림픽에서의 성취가 훨씬 더 중요한 체코슬로바키아에서 1988년 서울올림픽 금메달을 획득했다. 1989년 메시르는 극한의 더위 속 호주오픈 결승에서 이반 랜들에게 패했다.

메시르의 마지막 메이저 대회는 1990년 윔블던 2회전이었는데, 그는 스테판 에드버리와 명승부를 펼친 끝에 패했다. 그들의 1988년 4강전 역시, 메시르가 당시 등 부상 후유증으로 인해 거의 기권할 뻔했지만 명승부였다.

버지 패티
출생: 1924년 2월 11일, 미국

멋진 포핸드 발리로 부러움을 사며 당대 최고의 아름다운 플레이를 펼친 선수. 패티는 1946년 US오픈에서, 당시 윔블던의 새로운 왕자였던 이본 페트라를 3-0으로 물리치며 그가 만들어낸 숱한 이변 가운데 첫 번째를 연출했다. 하지만 그의 힘과 기술이 가장 잘 나타난 건 1950년 한 해에 프랑스오픈과 윔블던을 동시에 정복하는 놀라운 성취를 보였을 때다. 미국 남자 선수로는 돈 버지와 토니 트레버트만이 해낸 위업

버지니아 웨이드는 1977년 윔블던 100주년 챔피언에 등극했다.

이었고, 오픈 시대 개막 이후에는 4명의 미국 여자 선수만이 해냈다(빌리 진 킹, 크리스 에버트, 마르티나 나브라틸로바, 그리고 세리나 윌리엄스).

뛰어난 외모에 아름다운 감각을 지닌 패티는 결승에서 프랭크 세드먼을 물리치기까지 단 4세트만 내주며 윔블던에서 우승했다. 3년 뒤에는 윔블던 역사에 남을 대접전을 펼치기도 했는데, 3라운드에서 자로슬라브 드로브니와 오후 5시에 시작해 해가 질 때까지 4시간 30분이 넘는 접전 끝에 8-6, 16-18, 3-6, 8-6, 12-10 (총 93게임)으로 패했다.

1957년 33살의 패티는 시드를 받지 못한 상태에서 43살 가드너 멀로이와 호흡을 맞춰 두 명의 커리어 정점에 오른 호주 선수인 닐 프레이저와 루 호드를 꺾고, 2차 대전 이후 최고령 복식 챔피언에 등극했다.

버지니아 웨이드
출생: 1945년 7월 10일, 영국

1977년 7월 1일 금요일이었다. 윔블던 100주년 및 엘리자베스 2세의 즉위 25주년 기념식. 장소는 올 잉글랜드 클럽의 센터 코트였고, 정말 절묘한 타이밍이었다. 버지니아 웨이드가 32살 생일을 맞은 지 9일이 지나, 여왕이 지켜보는 앞에서 윔블던 여자 단식 16번째 도전 만에 챔피언에 오른 것이다. 베티 스토브를 맞아 4-6, 6-3, 6-1로 승리를 거둔 그 경기 자체는 그다지 높은 수준이 아니었다. 심리적 압박감이 너무도 컸기 때문이다.

그러나 경기장 분위기는 감동으로 가득했다. 1968년 본머스에서 열린 오픈 시대 첫 번째 토너먼트 대회의 챔피언이자, 1968년 US오픈에서 처음이자 지금까지도 마지막인 영국 여자 챔피언, 그리고 1972년 호주오픈 우승과 수많은 영국 페드컵 및 와이트먼컵을 이끈 영웅이 인생 최고의 성취를 달성한 순간이었다.

늘 그렇듯이 웨이드가 마지막 포인트를 네트 앞으로 달려 나와 멋진 발리로 끝내버리자, 그 자리에 있던 관중은 눈물을 글썽거렸다. 1987년 그녀가 은퇴했을 때 26년간 윔블던에 출전해 212회의 단식과 복식, 혼합복식 출전 기록을 남겼고, 이는 역대 4위의 기록이다. 단식 64승은 빌리 진 킹만이 넘어선 기록이기도 하다. 훗날 웨이드는 최초의 여성 올 잉글랜드 클럽 위원으로 발탁됐다.

베라 수코바/헬레나 수코바
출생: 1931년 6월 13일/1965년 2월 23일, 체코슬로바키아

엄마와 딸이 모두 그랜드슬램 대회 결승전에 간 유일한 사례가 있다. 강력한 패싱샷을 가진 탄탄한 베이스라이너인 베라는 1957년 프랑스오픈 4강에서 그해 챔피언에 오른 셰릴리 브레셔에게 패했지만 5년 뒤 진짜 그녀의 무대가 찾아왔다. 수코바는 시드를 받지 않은 상태에서 디펜딩 챔피언 안젤라 모티머를 꺾은 데 이어 전 챔피언 마리아 부에노를 물리쳤지만 결승전을 앞두고 연습 도중 발목을 다치는 불운 속에 결승전에서 카렌 슈즈만에게 패했다. 수코바는 그해 US오픈 8강에 오르기도 했다.

뛰어난 서브앤발리 선수인 헬레나는 188cm의 최장신 선수이자 여자 테니스에서 가장 인내심이 뛰어난 선수였다. 그녀는 1984년 톱10에 진입해 5년간 머물면서 투어 단식과 복식에서 가장 모험적인 스타일로 4대 그랜드슬램에서 적어도 8강 이상의 성적을 냈다. 1984년 호주오픈 준결승에서 나브라틸로바를 꺾어, 당시 세계 챔피언의 74연승 기록을 멈춰 세웠다. 하지만 결승전에서 크리스 에버트를 당해 내지는 못했다.

2년 뒤 상황은 역전됐다. 그녀는 플러싱 메도우 4강전에서 에버트를 꺾었지만 이번에는 나브라틸로바에게 졌다. 윔블던 복식에서 4차례 정상에 올랐고 특히 1996년 마르티나 힝기스와 호흡을 맞춘 것이 눈에 띈다. 같은 해 남동생인 시릴 수크와 혼합복식 정상에 올랐고 1997년 타이틀 방어에 성공했다. 사상 처음 남매로서 롤랑가로스 챔피언에 오르고 6년이 지난 뒤였다.

베라 즈보나레바
출생: 1984년 9월 7일, 러시아

투어에서 가장 꾸준하게 활약 중인 베라 즈보나레바는 현재까지는 주인공의 삶이라 말하기 어렵다. 그녀는 세계 2위까지 오르며 2010년 윔블던과 US오픈 두 차례 그랜드슬램 결승에 모습을 드러냈지만 윔블던에서 세리나 윌리엄스에게 패했고 US오픈에서는 킴 클리스터스에게 졌다.

초창기에는 감정 기복이 심해 시합이 어려워질 때면 곧잘 눈물을 흘리곤 했으나 점점 잘 통제가 되면서 더 나은 선수로 발전했다. 즈보나레바는 12개의 타이틀을 획득하고 17번 결승에 진출했지만 아직 그랜드슬램 우승은 없다. 2009년 US오픈에서 복식 우승을 차지했으며, US오픈(2004)과 윔블던(2006)에서 우승하며 두 차례 혼합복식 정상에 올랐다.

즈보나레바의 마지막 풀 시즌은 2014년이었지만 2015년 인디언웰스에 출전해 8강에 올랐다. 2016년에는 메이저 대회에 출전하지 않았고, 상반기에는 출전 자체가 전무했다. 러시아를 대표해 페드컵과 2008년 베이징올림픽에 출전했다.

보리스 베커
출생: 1967년 11월 22일, 독일

보리스 베커는 16살에 학교를 그만두고 프로의 세계로 뛰어든 촉망받는 주니어 선수였다. 1985년 여름 테니스 세계에 혜성처럼 등장해 스텔라 아토이스 토너먼트 대회에서 우승하며 그의 빛나는 경력 동안 품에 안은 49개의 트로피 가운데 하나를 들어 올렸다. 3주 뒤 그는 케빈 커렌을 물리치고 윔블던 남자 단식 최연소 우승을 차지했다. 이는 1922년 시드 제도 도입 이후 처음으로 시드를 받지 못한 선수가 우승한 사건이었다.

강한 서브와 묵직한 포핸드, 그리고 두려움 없는 다이빙 발리를 앞세운 붉은 머리의 베커는 일순간 전 세계 젊은이들의 우상으로 발돋움했다. 독일에서 그의 영향력은 실로 엄청났다. 소녀 팬들이 밤새 호텔 앞에 머물며 그의 일거수일투족을 지켜보기도 했고 지금은 일반화된 수많은 상업적 가치를 만들어내기도 했다.

1985년부터 1993년 말까지 톱10 바깥으로 떨어진 적이 없었다. 베커는 1986년 윔블던 타이틀 방어에 성공했고 1989년 한 번 더 우승한 데 이어 1995년 자신의 통산 4번째이자 마지막 준우승을 기록했다. 그는 1989년 US오픈 정상에 올랐고 1991년 호주오픈을 제패하며 세계 1위에 올랐다. 1996년 호주오픈에서도 우승했다. 독일 데이비스컵 대표로 1988~1989년 2연패를 달성했고 1997년까지 데이비스컵에서 38승 3패라는 놀라운 기록을 남겼다.

베커는 은퇴한 뒤 2014 시즌부터 약 네 시즌간 노박 조코비치의 코치로 활동하며,

그의 서브와 발리 능력 향상에 커다란 기여를 했다. 지도자와 윔블던 해설위원으로 각광받았지만, 사생활 문제로 늘 구설에 올랐고 최근에는 재산 은닉 혐의로 사기죄 실형을 선고받는 처지에 이르기도 했다.

보비 릭스
출생: 1918년 2월 25일, 미국

1995년 10월 26일 기나긴 암 투병 끝에 세상을 떠난 로버트 로리머 릭스는 윔블던 데뷔전에서 단식과 복식, 혼합복식을 휩쓸며 트리플 크라운을 달성한 유일한 선수였다. 1939년 2차 대전이 발발하기 1주일 전에 열린 윔블던이었다. 그러나 릭스는 그로부터 34년 뒤인 1973년의 그 사건으로 더욱 선명하게 기억될 것이다.

도박을 너무 좋아해 '도박사'라는 별명으로 불리며 언제나 새롭게 돈이 되는 일을 찾은 그는 당시 세계 최고의 여자 선수와 대결을 벌이는 "세기의 성 대결(The Battle of the Sexes)"을 기획했다. 자칭 남성 우월주의자인 릭스는 당시 막 기지개를 켜고 있는 페미니즘이 말도 안 되는 소리이며 "현재 여자 최고의 테니스 선수는 한쪽 발을 무덤에 얹고 있는 나 같은 늙은 남자 선수조차 이길 수 없다"고 도발했다.

릭스는 우선 마가렛 코트에게 우승자가 모든 걸 갖는 방식으로 도전했으며, 그가 홍보하는 캘리포니아의 한 리조트에서 6-2, 6-1로 이겼다. 그 후 릭스는 엄청난 준비 끝에 테니스 페미니즘의 선구자 빌리 진 킹과 대결했다. 1973년 9월 전 세계 미디어가 휴스턴 애스트로돔에 모여들었고, 3만 500명이라는, 테니스 경기 사상 최다 관중이 빌리 진 킹의 완승을 지켜봤다. 비록 졌지만 풍문에 의하면 릭스는 50만 달러를 벌어들였다. 하지만 그는 단순히 장사꾼은 아니었다. 릭스는 2개의 US오픈 타이틀, 그리고 데이비스컵에서 미국의 우승을 두 차례 이끌었다. 2차 대전만 아니었다면, 아마도 그는 위대한 챔피언으로 기록될 수 있었을지 모른다.

보리스 베커가 1995년 윔블던 결승에서 자신의 트레이드마크인 다이빙 발리를 시도하고 있다.

블랑쉬 빙글리 힐야드
출생: 1863년 11월 3일, 영국

블랑쉬 빙글리는 1884년 윔블던 초대 여자 단식 경기에 출전한 여자 테니스의 선구자다. 여자 단식 6회 우승이라는 기록 외에도, 그녀의 첫 우승(1886년)과 마지막(1900년) 사이에는 무려 14년의 시간이 흘렀다. 실제로 1912년 48살의 나이에 그녀는 23번째 윔블던에 출전해 여전히 그해 우승자인 에델 라르콤브와 4강에서 맞대결을 벌인 바 있다.

블랑쉬는 약한 상대와 경기할 때 뛰어난 스포츠맨십을 발휘하기로 유명했다. 1887년 테니스 선수이자 전직 왕실 해병대 사령관인 조지 힐야드와 결혼했다. 힐야드는 1907년부터 1924년까지 올 잉글랜드 클럽의 사무총장으로 재임했다. 당시 부부가 레체스터샤이어의 소프-사치빌에서 연 테니스 하우스 파티는 올 잉글랜드 클럽의 도서관장인 앨런 리틀의 꼼꼼한 조사에 따르면 이렇게 묘사된다. "그 자체로 매우 고상한 잔디 테니스 이벤트였다."

비너스 윌리엄스
출생: 1980년 6월 17일, 미국

상상해 보라. 당신에게 7개의 그랜드슬램 단식 타이틀이 있다(역대 7위의 기록). 또 14개의 메이저 복식 타이틀(커리어 그랜드슬램 달성), 두 개의 혼합복식 메이저 타이틀, 그리고 4개의 올림픽 금메달이 있는데 당신의 집안에서 최고의 테니스 선수가 아니라면? 비너스 윌리엄스는 동생인 세리나가 역대 최고의 선수로 평가를 받는 그 기간 동안 늘 이런 현실과 마주쳐야 했다.

비너스는 처음부터 WTA 투어에 뚜렷한 족적을 남겼다. 1997년 US오픈에서 첫 그랜드슬램 결승에 올랐는데 투어 풀 시즌을 처음 시작한 때였다. 마르티나 힝기스에게 지긴 했지만, 그날 경기를 본 모든 사람들은 비너스의 빛나는 미래를 알 수 있었다. 첫 그랜드슬램 단식 타이틀은 2000년 윔블던에서 가져왔다. 비너스는 린지 데븐포트를 결승전에서 제압했고 그해 US오픈에서 두 번째 메이저 트로피를 수집했으며, 엄청나게 성공한 시즌답게 시드니 올림픽에서도 금메달을 목에 걸었다.

비너스는 이듬해 윔블던과 US오픈 타이틀 방어에 성공했다. 쥐스틴 에냉을 윔블던에서, 동생 세리나를 US오픈에서 각각 물리쳤는데 1884년 윔블던 왓슨 자매 이후 처음 열린 자매간 결승 대결이었다. 비너스가 이 대회에서 동생을 물리치긴 했지만 세리나는 이제 막 기지개를 켤 준비를 하고 있을 뿐이었다. 비너스는 이듬해 3번의 메이저 대회 결승에서 모두 동생에게 패했다. 롤랑가로스, 윔블던 그리고 US오픈. 하지만 그래도 처음으로 세계 1위에 등극할 수 있었다. 2003년 호주오픈 결승에서 세리나에게 패해 그랜드슬램 결승에서만 4연패를 당했고, 그 뒤 부상으로 남은 시즌을 접었다.

2005년 5번째 메이저 대회 우승이 찾아왔다. 이번에도 결승에서 데븐포트를 꺾었다. 2007년 윔블던 결승에서 마리온 바톨리를 꺾고 역대 가장 낮은 시드(16번)이자 가장 낮은 랭킹(31위)으로 윔블던 챔피언에 올랐다. 비너스의 마지막이자 7번째 그랜드슬램 타이틀은 2008년 윔블던에서 나왔다. 결승에서 동생 세리나를 처음이자 유일하게 제압한 것이다.

나이와 부상, 체력 문제 등으로 최근 어려움을 겪었지만 비너스는 여전히 투어에서 활동하고 있다. 2017년 호주오픈 결승전에서 세리나에게 6-4, 6-4로 졌고, 윔블던 결승에서도 가르비네 무구루사에게 아쉽게 패했는데, 당시 그녀의 나이는 37세였다!

비타스 게룰라이티스
출생: 1954년 6월 26일, 미국

1977년, 게룰라이티스가 비외른 보리와 윔블던 준결승전에서 6-4, 3-6, 6-3, 3-6, 8-6으로 패한 경기는 많은 사람들에게 최고 명승부로 꼽힌다. 시작부터 끝까지 손에 땀을 쥐게 하는 승부였고 빛의 속도처럼 빠르게 진행되면서도 매우 격렬했다. 마지막 세트는 특히 엄청났다. 빠르고 비교적 마른 182cm의 게룰라이티스는 헝클어진 금발을 휘날리며 먼저 브레이크에 성공해 3-2로 앞서갔지만, 보리는 즉시 반격에 성공했다. 교착 상태가 지속되는 가운데 보리가 결국 14번째 게임을 브레이크해 승리했다.

게룰라이티스의 투지와 강인함은 언제나 돋보였다. 1977년 호주오픈 결승에서 영국의 존 로이드에게 두 세트를 먼저 내주고 승부를 뒤집어 타이틀을 획득했고, 1979년 US오픈에서는 로스코 태너에게 두 세트뿐 아니라 3세트 브레이크도 먼저 내준

보비 릭스-비타스 게룰라이티스

비너스 윌리엄스는 동생인 세리나의 그늘에 가려 빛을 보지 못한 멀티 그랜드슬램 챔피언이다.

상태에서 충격적인 역전승을 거두고 결승에 오른 바 있다. 그해 데이비스컵에서는 6번 가운데 5번을 승리했는데 특히 호주의 마크 에드몬슨과의 준결승전에서 3세트 매치 포인트를 3번 잡히고도 역전에 성공해 미국의 데이비스컵 2연패를 이끈 적도 있다. 그는 친구의 집에 있는 수영장에서 가스 난방기 누출로 인한 불의의 사고로 40세의 나이에 세상을 떠났다. 당시 게룰라이티스는 방송인으로 승승장구하고 있었다.

빅 세이가스
출생: 1923년 8월 30일, 미국

불굴의 투지를 가진 빅 세이가스는 테니스 역사에 남을 위대한 선수로 꼽힌다. 1953년 윔블던 정상에 올랐고, 그보다 몇 주 전 프랑스오픈에서 켄 로즈웰에 이어 준우승을 차지한 뒤 이듬해 US오픈에서는 단복식을 석권하며 전성기를 맞았다. 몇 년이 지나도 이 불굴의 투지는 여전했다. 1966년 말 42세의 나이에 필라델피아 잔디 코트 대회에서 22살의 호주 선수인 떠오르는 스타 빌 보우리와 거의 4시간에 이르는 접전을 펼쳤다. 단 3세트가 끝났을 뿐이었는데 무려 94게임이 진행될 정도로 힘겨운 싸움이었다. 당시 세이가스는 1세트를 32-34로 졌다!

톱시드로서 그는 승리를 거뒀지만 대회 내내 힘거웠다. 8강에서 루 호드와 5세트 접전을, 4강에서는 메르빈 로즈와 또다시 5세트 접전을 치렀다. 결승전에서 시드를 받지 못한 커트 닐센에게 순식간에 승리를 거두긴 했지만.

그해 그는 윔블던 혼합복식에서 우승하며 통산 4회 우승의 첫 시동을 걸었다. 도리스 하트와 3년간 윔블던 혼합복식 정상에 올랐고, 그녀와 함께 US오픈에서 1953~1955년, 프랑스오픈에서 1953년 우승했다. 1954년 US오픈 단식에서 우승했을 때는 9번째 도전이었고 마침내 3관왕을 달성할 수 있었다. 세이가스는 1939년부터 1969년까지 포레스트 힐스에 28차례 출전해 이 부문 기록을 갖고 있고, 데이비스컵에도 19년간 55회 단식에 출전해 38승을 거뒀는데, 이는 존 매켄로가 깰 때까지 최고 기록이었다.

빅토리아 아자렌카
출생: 1989년 7월 31일, 벨라루스

빅토리아 아자렌카는 벨라루스 역사상 가장 성공한 테니스 선수다. ITF 세계 주니어 챔피언 출신인 그녀는 17살에 WTA 투어에 데뷔해 광저우 대회 4강까지 올랐다. 2007년 두 번의 준우승과 US오픈 4라운드 진출로 세계 30위권까지 뛰어올랐지만 그녀의 첫 투어 타이틀 획득은 2009년이었다. 브리즈번, 멤피스, 그리고 마이애미에서 3개의 타이틀을 차지했다. 그해 아자렌카는 프랑스오픈과 윔블던 8강에 오르기도 했다.

안정적인 톱10 선수가 되면서 2010년(2회)과 2011년(3회) 더 많은 타이틀을 수집했다. 하지만 그녀가 진정한 강호로 각인된 건 2012년 마리아 샤라포바와의 호주오픈 결승에서 6-3, 6-0 완승을 거뒀을 때부터다. 아자렌카는 이듬해 리나와의 결승전(4-6, 6-4, 6-3) 승리로 호주오픈 타이틀을 방어했고 US오픈 결승에 진출해 '지존' 세레나 윌리엄스에게 패했다. 2014년 부상이 그녀의 앞길을 가로막았지만 사랑스러운 이 벨라루스 여인은 2016년 돌아와 두 차례 투어 우승을 차지해 세계 랭킹 5위 안에 재진입하며 최상의 테니스를 선보였다. 아자렌카는 출산 뒤에도 여전히 뛰

비타스 게룰라이티스는 코트 위의 강인한 파이터다.

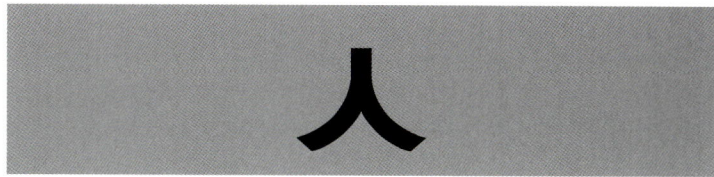

빅토리아 아자렌카는 벨라루스의 유일한 그랜드슬램 챔피언이다.

어난 경기력을 보여주며, 2020년 US오픈 결승에 올라 나오미 오사카에 이어 준우승을 차지했다.

빌 라네드
출생: 1872년 12월 30일, 미국

딕 시어스, 빌 틸든과 더불어 US오픈에서 7차례 우승을 거둔 세 선수 중 하나다. 라네드는 1891년 첫 출전 이후 19년에 걸쳐 적어도 4강 이상 진출에 실패한 적이 단 두 번이었다. 61승 12패의 전적.

28살이 되어서야 첫 타이틀을 품에 안았고, 10년 뒤 마지막으로 우승하며 최고령 US 챔피언십 단식 정상에 올랐다. 파워풀한 그라운드 스크로크를 내세워 다섯 차례 데이비스컵에 출전했지만 그 밖의 국제 대회에는 나가지 않았다. 1926년 뉴욕에서 자살했다.

빌 틸든
출생: 1893년 2월 2일, 미국

윌리엄 테이텀 틸든은 역대 최고의 선수로 평가되기도 한다. 확실히 모든 샷이 교과서적이었고 대포알 서브와 강렬한 속도, 정확성과 베이스라인에서의 과감성, 그리고 강인함 등 모든 요소를 포함하고 있다. 동시대 사람은 이렇게 썼다. "그는 약점이 전혀 없고 어떤 스타일의 플레이도 막아낼 수 있다."

빌 틸든의 첫 번째 괄목할 성과는 1920년 윔블던이었다. 올 커머스 단식에서 7승을 거두고 챌린지 라운드에서 디펜딩 챔피언 제랄드 페터슨을 물리쳤다. 그때부터 1926년 2월까지, 즉 장 보로트라가 그를 꺾을 때까지 빌 틸든은 주요 단식 경기에서 진 적이 없었다.

1922년에는 손가락을 다쳐 그립을 바꿨음에도 무적이었다. 그 기간 틸든은 윔블던을 두 번 정복했고 US오픈 6회 우승을 기록했으며 데이비스컵 단식에 15번, 챌린지 라운드에 12번 출전해 단 한 번도 패하지 않았다. 데이비스컵 총전적은 단식 41회 출전 34승이었다. 1930년 3번째 윔블던 타이틀을 획득했다. 당시 그는 37살이었고 챌린지 라운드 폐지 이후 최고령 챔피언이었다. 1931년 프로로 전향한 틸든은 말년에 속세를 떠나 은둔하다 1953년 사망했다.

人

사만다 스토서
출생: 1984년 3월 30일, 호주

샘 스토서로 더 잘 알려진 이 인기 만점의 호주 선수는 역경 극복의 진수를 보여줬다. 그녀는 2007년 라임병 진단을 받았지만 11개월 뒤 복귀해 테니스 커리어를 다시 쌓아나갔다. 초기에 스토서는 복식에 두각을 나타내 미국의 리사 레이몬드와 세계 1위에 올라 US오픈(2005), 프랑스오픈(2006) 타이틀을 획득했고, 통산 23개의 복식 타이틀을 수집했다.

투어 무대에 복귀한 그녀는 단식에 집중하기로 마음먹은 후 2010년 프란체스카 스키아보네에게 패한 프랑스오픈을 포함해 11차례 결승에 올랐다. 그러나 그 경험을 바탕으로 1년 뒤 플러싱 메도우에서 우승 후보인 세리나 윌리엄스에게 단 5게임만 내주며 승리를 거두고 US오픈을 차지했다. 결승까지 가는 길목에서 스토서는 3회진 나디아 페트로바와 3시간 16분의 혈투 끝에 7-6, 6-7, 7-5로 승리했고, 다음 상대인 러시아의 마리아 키릴렌코와도 6-2, 6-7, 6-3의 대접전을 펼쳤다. 2세트 타이 브레이크에서 15-17로 졌는데 이 기록은 여자 테니스 최장 시간 타이 브레이크 기록으로 남아 있다. 2012년과 2016년 프랑스오픈 4강에 올랐고 2016년에는 US오픈 8강에 진출했지만 그랜드슬램 우승과는 거리가 멀어졌다.

샬롯 쿠퍼
출생: 1870년 9월 22일, 영국

윔블던에서 인상적인 발리를 처음 시전한 여자 선수로 꼽히는 샬롯 쿠퍼는 5차례 윔블던 여자 단식 정상에 올랐다.

초창기 그녀는 부모님과 함께 서비튼에 거주했다. 당시는 윔블던이 워플 로드에서 열렸기 때문에 쿠퍼는 라켓을 자전거 거치대에 고정한 채로 자전거를 타고 대회에 참가하기도 했다. 다음과 같은 일화도 전해진다. 어느 날 저녁 쿠퍼가 집에 돌아오자 아버지가 대문에서 울타리를 고치고 있었다. "우리 딸, 어디 다녀왔니?" 아버지가 물었다. "당연히 윔블던이죠." "아, 그래. 이제 기억난다. 결승전에서 경기한다고 했지? 어떻게 됐어?" "이겼어요." 그녀는 무덤덤하게 대답했다. "정말 기쁘구나." 아버지는 이렇게 말하며 계속해서 울타리를 손봤다.

1902년 이제 샬롯 스터리 부인이 된 그녀가 챌린지 라운드에서 무리엘 로브를 만났다. 세트 스코어 1-1인 상황에서 날씨가 좋지 않아 경기가 중단되었는데, 다음날 바로 이어서 하는 대신에 대회 조직위는 처음부터 다시 시작하는 결정을 내렸다. 전날까지 4-6, 13-11로 팽팽히 맞서던 승부는 다음날 경기에서는 7-5, 6-1로 로브의 승리로 끝났다. 승패를 떠나 적어도 수학적으로는 여자 단식 결승전 최다 게임 기록인 53게임을 주고받은 셈이 됐다.

세르히 부르게라
출생: 1971년 1월 16일, 스페인

아버지 루이스를 코치로 둔 세르히 부르게라는 188cm의 오른손잡이 선수다. 부르게라는 1993~1994년 프랑스오픈 2연패에 성공했지만 고질적인 발 부상에 시달리고 있었다. 전성기 시절 세계 4위 밖으로 밀려난 적이 없었던 그는 1996년 81위까지 떨어졌다. 그리고 1997년, 순조롭게 시즌을 시작하며 12개월 뒤 8위까지 올라섰다. 그럼에도 불구하고 부르게라는 1987년 지미 코너스 이후 처음으로 1년 동안 단 한 차례 우승도 없이 연말 왕중왕전에 출전하기도 했다.

클레이 코트에서 아주 효율적이고 과감한 경기를 펼친 그는 1997년 마이애미 오픈에서 새롭게 발견한 공격 본능을 앞세워 피트 샘프러스를 무너뜨리고 결승에 올랐다. 하지만 결국 또 다른 클레이 코트 스페셜리스트인 토마스 무스터에게 패했다. 1997년 여름 그는 롤랑가로스에서 3번째 우승을 노렸지만 승리에 굶주린 새 얼굴, 구스타보 쿠에르텐에게 완패했다.

셜리 프라이
출생: 1927년 6월 30일, 미국

결단력이 뛰어난 프라이는 같은 미국의 라이벌들인 마가렛 듀퐁, 루이스 브로우, 도리스 하트와 모린 코널리의 그늘에 가려져 있었다. 그렇기 때문에 1956년 29살의 나이로, 첫 도전 이후 8년 만에 결국 윔블던 챔피언에 오른 것은 그녀의 기술은 물론 끈질긴 정신력이 만들어낸 승리로 볼 수 있다.

훗날 K.E.어빈 부인이 된 셜리 프라이는 2주간의 대회 기간 동안 눈부신 성과를 달성했다. 그녀는 우선 5번 시드를 받아 8강에서 알테아 깁슨을 꺾는 이변을 일으킨 뒤 4강에서 브로우를 물리쳤다. 2번 시드인 베벌리 플레이츠가 대진표의 다른 쪽에서 올라올 예정이었지만 대회 기간 도중 임신 사실을 알게 돼 이미 8강에서 기권한 터였다. 대신 올라온 벅스톤은 1939년 이후 최초의 영국 출신 결승 진출자였다. 결승전 자체는 싱거웠다. 프라이가 6-3, 6-1로 이겼고, US오픈과 몇 달 뒤 호주오픈 단식 타이틀까지 휩쓸었으며, 1951년 이미 따낸 프랑스오픈 트로피까지 더해 커리어 그랜드슬램을 완성했다. 그녀는 4대 메이저 대회 모두에서 복식 타이틀을 따냈고 1956년 비공식 세계 1위에 올랐다.

수 바커
출생: 1956년 4월 19일, 영국

40년 넘게 영국 텔레비전의 전설적인 목소리로 명성을 얻은 댄 마스켈은 13살 수 바커의 플레이를 처음 봤을 때 이렇게 말했다. "그녀의 포핸드는 신이 내린 최고의 재능입니다." 천부적인 운동 신경을 지닌 바커는 1976년 최정점에 올라, 비록 상당수 톱랭커들이 불참하긴 했지만 프랑스오픈에서 우승을 차지했다. 바커는 1975년 호주오픈 준결승에 올랐고, 1977년에는 윔블던 준결승에 진출했지만 베티 스토브에게 뜻밖의 패배를 당했다. 스토브 역시 결국 결승에서 버지니아 웨이드에게 졌다.

다리 부상이 그녀의 커리어 막바지에 커다란 장애가 됐지만 1978년 바커는 트레이시 오스틴을 꺾고 영국에 와이트먼컵 우승 트로피를 선사하기도 했다. 바커는 투어 무대에서 가장 사교성이 좋은 선수로 알려져 있어, 은퇴 후 방송의 길을 걷게 된 것은 그리 놀라운 일이 아니다. 지금은 BBC에서 가장 잘나가는 스포츠 해설자로 활동하고 있다.

수잔 랑랑
출생: 1899년 5월 25일, 프랑스

마르티나 나브라틸로바가 1983년부터 1984년까지 6개 메이저 대회 연속 우승과 윔블던 최다 챔피언에 오르기 전까지, 수잔 랑랑은 의심할 바 없이 여자 테니스가 낳은 불멸의 전설이었다. 그녀는 1차 세계 대전 직전 눈부신 커리어를 시작했고 1919~1926년 선보인 압도적인 지배력은 반세기 넘게 깨지지 않았다.

랑랑은 1914년 프랑스 파리에서 열린 세계 챔피언십 정상에 오르며 전 세계에 자신의 존재를 알렸다. 4년 뒤 윔블던에 입성한 랑랑은 모두가 두려워하는 존재였다. 처음 잔디를 밟은 윔블던에서 모든 상대를 일방적으로 제압했다. 4강전에서 복식 파트너이기도 했던 버니 라이언에게만 한 세트를 내줬고, 결승인 챌린지 라운드에서는 조지 5세와 마리 여왕이 지켜보는 가운데 통산 7회 챔피언인 도로시아 램버트 챔버스를 10-8, 4-6, 9-7로 물리쳤다.

1914~1926년 랑랑은 81개의 단식 타이틀과 73개의 복식 타이틀, 그리고 87개의 혼합복식 타이틀을 차지했다. 6-0, 6-0 승리가 8번이나 있었다. 그녀의 복식 파트너는 캘리포니아 출신 버니 라이언으로 19차례 윔블던 복식과 혼합복식 챔피언에 올랐다. 라이언과 랑랑은 윔블던에서 6차례 우승할 때 무패는 물론이고, 단 한 세트만 내줬다.

그랜드슬램 챔피언인 수 바커는 현재 해설자이자 사회자로 맹활약 중이다.

수잔 랑랑은 윔블던에서 94경기를 치르는 동안 단 3패를 기록했다.

랑랑은 윔블던에서 3차례 3관왕에 올랐다. 1920년과 1922년, 그리고 1925년이었다. 특히 1924년 병으로 불참한 뒤 마지막 해에는 단식 5승을 거두며 단 5게임만 내주는 압도적인 경기력을 보였다.

프랑스오픈에 6번 참가해 단식과 복식, 혼합복식에서 무패를 기록했다. 1921년 미국에 진출했는데, 당시 미국 챔피언인 노르웨이 태생 몰라 말로리와 랑랑의 대결은 엄청난 화제를 뿌렸다. US 내셔널 챔피언십 맞대결에서 당시 여자 경기로서는 기록적인 8000명의 관중이 운집했다. 하지만 배를 타고 대회 이틀 전 도착해 연습이 충분하지 못했던 랑랑은 고전했다. 첫 세트를 6-2로 내줬고 2세트 첫 게임을 단 한 포인트도 따지 못한 뒤 두 번째 게임도 먼저 두 포인트를 잃자 기권했다. 미국 언론은 강하게 그녀를 비판했고 특히 다음날 멀쩡하게 사교 활동에 참여했다는 사실이 알려지면서 기름에 불을 붙였다. 결국 랑랑은 다시는 미국 투어에 참가하지 않았다.

그로부터 1년도 채 되지 않아, 랑랑과 말로리는 1922년 윔블던 결승에서 격돌했다. 랑랑의 6-2, 6-0, 단 25분 만의 완승이었다. 이후 어떤 언론도 랑랑의 우월함에 대해 이의를 제기하지 못했다. 랑랑은 1925년 및 1926년 윔블던 단식 우승을 마지막으로 프로로 전향했다. 그러나, 그녀의 인생은 1938년 39살의 나이에 백혈병으로 세상을 떠나면서 비극적으로 끝났다.

스베틀라나 쿠즈네소바
출생: 1985년 6월 27일, 러시아

21세기 초 여자 테니스를 지배한 러시아 수재 그룹의 한 명이다. 포핸드와 백핸드 양쪽에서 엄청난 파워 스트로크를 자랑하는 그녀는 특히 포핸드가 아주 파괴적이었다. 투어 무대에서 주목받은 그녀는 단식 선수로는 드물게 어느 대회이든 복식에 출전했고, 복식에서도 세계 3위까지 올랐다. 복식 파트너는 다양했다. 호주의 앨리시아 몰리크와 짝을 이뤄 2005년 호주오픈에서 우승했고 마르티나 나브라틸로바, 엘레나 리코프체바 그리고 아멜리 모레스모 등과 파트너를 맺어 그랜드슬램 5회 우승을 일궈냈다.

단식에서도 비슷하게 좋은 성적을 내 2004년 US오픈에서 우승했다. 그해 4대 그랜드슬램 타이틀 가운데 3개는 러시아 선수들의 몫이었다. 3년 뒤에는 두 번째로 US오픈 결승에 올랐다. 쿠즈네초바는 2009년 프랑스오픈에서 우승했고 계속해서 그랜드슬램 대회에서 상위 라운드까지 진출했으며, 윔블던에서는 3차례 8강에 오르기도 했다. 2007년 생애 최고인 세계 2위까지 올랐고 강력하고 탄탄한 플레이를 앞세워 17개의 단식 타이틀과 16개의 복식 타이틀을 획득했다. 누적 상금은 230만 달러를 넘어섰다. "쿠지"로 불리는 그녀는 올림픽 사이클에서 트랙 신기록을 세운 스포츠 가족의 혈통이다.

스탄 바브린카
출생: 1985년 3월 28일, 스위스

한 가지 분명한 사실이 있다. 스탄 바브린카는 테니스에서 3번의 그랜드슬램 우승이라는 굉장한 업적을 남겼지만 그의 커리어는 언제나 로저 페더러에 가려질 수밖에 없다는 것이다.

2003년 프랑스오픈 주니어 대회 우승 등 주니어 무대에서 뛰어난 커리어를 쌓고, 존 매켄로가 "테니스에서 가장 뛰어난 원핸드 백핸드를 소유했다"고 칭찬한 그는 2005년 처음 ATP 투어에 모습을 나타냈다. 롤랑가로스 2회전과 US오픈 3회전 진출이었다. 첫 타이틀은 이듬해 크로아티아 오픈에서 획득했고 2007년 부상으로 좌절을 겪은 뒤 2008년 처음 톱10에 진입했다. 이 해의 하이라이트로는 베이징올림픽에서 로저 페더러와 복식 금메달을 딴 것이다.

그러나 바브린카는 남자 테니스의 최상위권으로 진입하지 못했다. 2009년부터 2013년까지 상당수 타이틀을 획득했지만 그랜드슬램 무대 최고 성적은 3차례 8강 진출이 전부였다. US오픈(2010), 호주오픈(2011), 프랑스오픈(2013).

이 때문에 2014년 호주오픈에서 그가 보여준 경기력은 더욱 놀라웠다. 생애 최고의 경기를 펼친 그는 8강에서 노박 조코비치를 물리친 데 이어 4강에서 토마스 베르디히, 결승에서 라파엘 나달을 차례로 물리치며 2001년 이바니세비치 이후 그랜드슬램 첫 우승을 한 최고령(28세) 선수가 됐다.

불꽃 튀는 한 해를 보낸 그는 페더러와 함께 조국에 첫 데이비스컵 트로피를 선사했다. 거기서 끝이 아니었다. 2015년 바브린카는 프랑스오픈 결승전에서 매우 공격적인 테니스로 조코비치를 충격에 빠뜨리며 생애 두 번째 메이저 타이틀을 손에 넣었다. 1년 뒤 US오픈에서 다시 한번 뛰어난 기량을 재현했다. 8강에서 후안 마르틴 델 포트로를 물리쳤고, 4강에서 케이 니시코리에게 한 세트를 먼저 내준 뒤 역전에 성공했으며, 결승에서 조코비치를 상대로 세 번째 그랜드슬램 타이틀을 획득했다. 오직 윔블던만이 그가 손에 넣지 못한 유일한 메이저 타이틀이다.

스탠 스미스
출생: 1946년 12월 14일, 미국

192cm로 요즘 선수들 기준으로 보면 그렇게까지 크지 않지만, 쫙 펴진 등판에 술 많은 머리칼과 잘생긴 얼굴의 전형적인 미국 선수는 별명이 "패서디나의 기울어진 탑"이었다. 왜냐면 그가 서브를 넣을 때마다 몸을 옆으로 기울였기 때문이다. 1972년 윔블던 결승전에서 일리 나스타세를 상대로 거둔 승리는 그가 윔블던 예선을 통과한 지 딱 1년 뒤의 일이었는데, 날씨 때문에 처음으로 일요일에 경기가 열린 날이기도 했다. 그 경기는 1970년대 최고의 명승부였다. 1971년 이 모델 같은 스포츠 스타는 US오픈 결승전 사상 최초로 타이 브레이크 끝에 얀 코데스를 물리치고 우승하며 테니스 역사에 이름을 아로새겼다.

11년간 데이비스컵에서 거둔 놀라운 기록은 1968년부터 시작됐다. 24경기 가운데 22승을 거뒀고, 마지막 승부 결정전에서는 16차례나 승리했다. 3번은 단식, 13번은 복식에서 밥 루츠와 함께였다. 루츠와 그는 US오픈에서 4번 정상에 오르기도 했다.

스미스의 서브앤발리 게임은 잔디에서 가장 빛을 발했다. 그러나 최고의 승리는 아마도 1972년 데이비스컵 결승전이었을 것이다. 부쿠레슈티에서 열린 결승전에서 그는 미국이 절실히 필요로 한 3번째 승점을 따냈다. "너무 집중한 나머지 두통이 날 정도였다"고 그는 훗날 밝혔는데, 사흘간 정말 시끄럽게 군 관중들을 보고 루마니아

큰 경기에 강한 스탄 바브린카는 결승전에서 11번 연속 승리했다.

심판(중립 심판 제도가 도입되기 전이었다)이 스스로 "지나친 애국주의"로 묘사할 정도였다.

스테판 에드버리
출생: 1966년 1월 19일, 스웨덴

테니스의 마에스트로가 1996년 화려한 커리어를 마감할 때 스웨덴 테니스협회는 그에게 천체 망원경을 선물했다. "당신은 평생 스타였습니다. 이제 이 망원경으로 별들을 볼 수 있길 바랍니다." 남자 테니스가 파워와 스피드의 시대로 빠르게 접어들 때 에드버리는 세밀한 속도 조절과 기술, 스타일을 통해 현재는 물론 과거 테니스의 달콤한 추억을 떠올리게 했다.

에드버리는 1983년 그랜드슬램 주니어 대회에서 첫 우승을 차지한 이후 총 6개의 메이저 트로피를 거머쥐었다(윔블던과 US오픈, 호주오픈에서 각각 2개씩.) 그리고 그 사이에 1983년 윔블던부터 1996년 US오픈까지 53회 연속 그랜드슬램 대회 출전이라는 기록을 남겼다. 단식 41개의 타이틀에 더해 18회의 복식 우승을 기록했고 스웨덴을 두 차례 데이비스컵 우승으로 이끌었다. 프로 테니스 세계가 갈수록 상업화로 물드는 가운데서도, 그는 완벽한 스포츠 선수로 남아 ATP 투어의 스포츠맨십 수상을 휩쓸다시피 했고, 지금은 그 상의 명칭이 그의 이름을 따서 '스테판 에드버리 스포츠맨십상'이 됐다.

스펜서 고어
출생: 1850년 3월 10일, 영국

턱수염이 수북한 하로우 출신 고어는 윔블던 초대 챔피언이다. 올 잉글랜드 클럽의 기록에 따르면 1877년 7월 19일 목요일 "오후 4시 30분이 조금 지나서"였는데, 그해 결승전은 날씨 때문에 원래 계획한 날보다 사흘 늦춰졌다. 당시 27살의 측량 기사였던 고어는 윔블던 근처 집에서 자전거를 타고 와 5경기를 치렀는데, 윌리엄 마샬에게 6-1, 6-2, 6-4로 승리한 결승전에 200명의 관중들이 1실링(5파운드)의 입장료를 내기도 했다.

당시 경기 방식은 지금과 사뭇 달랐다. 네트는 양쪽 포스트가 1.52m 높이였고 가운데가 99cm였다. 어떤 사람들은 크리켓 선수이기도 했던 고어가 발리를 하는 것이 스포츠맨십에 어긋난다고 느끼기도 했는데, 당시 고어가 언더핸드 서브를 해도 관중들은 눈살을 찌푸렸다. 발리를 잘 치는 그의 습성은 1877년 효과 만점이었지만 1년 뒤 프랑크 헤도우가 챌린지 라운드에서 그 전략을 잔인하게 박살 내는 로브를 장착한 채 기다리고 있었다. 고어는 다시 크리켓으로 돌아갔다.

슬론 스티븐스
출생: 1993년 3월 20일, 미국

슬론은 스포츠인의 피가 흐르는 선수다. 어머니 시빌 스미스는 미국 수영 선수였고 아버지 존 스티븐스는 풋볼 선수였다. 그녀는 2011년 100위 진입에 성공한 뒤 서서히 랭킹을 끌어올렸다. 2012년 40위권에 진입했고 2013년에는 톱10에 올랐다(호주오픈 4강 진출 이후). 하지만 WTA 타이틀 획득은 2015년까지 기다려야 했다.

2016년 두 개의 타이틀을 추가한 그녀는 발 부상으로 주춤했다. 수술을 받은 뒤 그녀는 2017년 중반까지 조심스러운 행보를 보이다 US오픈에 83위로 출전했다. 그러고는 꿈같은 일이 벌어졌다. 스티븐스는 4강에서 비너스 윌리엄스를 꺾은 데 이어 결승에서 절친한 친구인 매디슨 키스를 6-3, 6-0으로 완파하고 US오픈 여자 테니스 사상 가장 낮은 랭킹으로 우승하며 역사를 새로 썼다.

시드니 우드
출생: 1911년 11월 1일, 미국

그것은 하나의 아이러니였다. 1931년 윔블던 결승전. 어릴 적 심각한 병을 앓았던 시드니 버르 비어드슬리 우드가 역사상 유일무이한 결승전 기권승을 거둔 선수가 된 것이다. 4강에서 프레드 페리를 물리친 그는 자신보다 더 높은 시드를 받은 데이비스컵 팀 동료 프랭크 쉴즈와 경기해야만 했다.

그러나 쉴즈는 발목을 다치면서 2주 뒤 열릴 예정인 영국과 데이비스컵 인터존 결승전을 위해 휴식을 취하는 것이 더 낫다고 판단했다. 데이비스컵을 위해 그랜드슬램을 포기한 것이다. 정말 요즘과는 상황이 달라도 너무 달랐으니!

그럼에도 미국은 데이비스컵에서 영국에 패배했다. 결승전에서 부전승한 우드는

스테판 에드버리는 기품 있는 서브앤발리로 윔블던에서 2회 우승했다.

위대한 선수들

슬론 스티븐스는 미국 여자 테니스의 선두 주자이다.

시모나 할렙은 루마니아 사상 처음 여자 세계 랭킹 1위에 올랐다.

19살 8개월의 나이에 당시 윌프레드 배델리에 이어 두 번째로 어린 윔블던 챔피언이 됐다(배델리는 1891년, 81일이 더 어린 나이에 첫 우승을 차지했다).

병약한 몸에도 불구하고 우드는 뛰어난 백핸드와 탄탄한 발리를 앞세워 1927년 15살밖에 안 된 나이에 윔블던 데뷔전에서 르네 라코스테를 상대로 칠부바지를 입고 나와 승리해 관중들을 놀라움에 빠뜨렸다. 1932년 US오픈에서 우드에게 패한 프레드 페리는 1934년 윔블던 준결승전에서 드라마틱한 설욕에 성공했다. 우드는 1935년 포레스트 힐스에서 윌머 앨리슨에 이어 준우승했다.

시모나 할렙
출생: 1991년 9월 27일, 루마니아

모든 코트에 두루 능한 공격적인 베이스라이너인 시모나 할렙은 2006년 15살에 프로 무대에 뛰어들어 2009년 WTA 투어 예선에 처음 출전했다. 이듬해 100위 안에 든 할렙은 2013년부터 두각을 나타내기 시작했다. 박진감 넘쳤던 그 시즌, 할렙은 6개의 타이틀을 수집했고 이탈리아 오픈 4강에 올라 세리나 윌리엄스에게 패했다. US오픈 4회전에 진출했고 연말 랭킹을 13위로 마쳤다.

좋은 흐름은 2014년에도 이어졌다. 도하와 부쿠레슈티에서 우승했고 프랑스오픈 결승에 올라 마리아 샤라포바에게 졌다. 윔블던 4강에서는 유즈니 부샤드에게 패했고 연말 랭킹을 3위로 마무리했다. 2017년 프랑스오픈 결승전에서 옐레나 오스타펜코에게 패했지만 꾸준한 성적을 이어가 연말 세계 1위에 올랐다. 그랜드슬램에서의 대도약을 목전에 다가온 상태였다. 2018년 마침내 프랑스오픈에서 우승해 메이저 챔피언에 올랐고, 2019년 윔블던에서는 세리나 윌리엄스를 결승에서 물리쳤다.

실리 아우셈
출생: 1909년 1월 4일, 독일

1927년 처음 독일 챔피언에 오르고 이후 10년도 채 되지 않아 열병으로 시력을 잃게 되기까지, 아우셈은 뛰어난 기량과 천사 같은 외모를 앞세워 당대 최고의 카리스마 넘치는 선수로 자리매김했다. 150cm 남짓의 작은 키에도 불구하고 그녀는 패배는 불명예라는 신념 속에 투지를 앞세워 여러 차례 놀라운 역전승을 끌어내기도 했다. 특히 1928년 프랑스 챔피언십에서 홀크로프트-왓슨 부인에게 2-6, 2-5로 뒤지다 11게임을 연속으로 따내며 승부를 뒤집기도 했다.

빌 틸든은 그녀에게 탄탄한 서브를 가르쳤고, 1930년 프랑스에서 함께 혼합복식 타이틀을 따기도 했다. 그해 윔블던에서 아우셈은 헬렌 야콥스를 꺾었지만 엘리자베스 라이언과의 4강전 마지막 세트 4-4의 상황에서 발목을 다쳐 들것에 실려 나가야 했다. 그 아쉬움은 이듬해 보상받았다. 아우셈은 강력한 우승 후보 헬렌 윌스가 결장한 가운데, 롤랑가로스 사상 첫 독일 선수 간 결승전에서 힐데 크라윈켈을 누르고 우승컵을 차지했다.

아그네슈카 라드반스카
출생: 1989년 3월 6일, 폴란드

아그네슈카는 17살 때 두각을 나타내 2006년 윔블던 16강 진출에 성공했다. 다음 시즌 그녀는 세계 30위 안에 들었고 스톡홀름에서 폴란드 선수로는 사상 첫 WTA 타이틀을 따냈다. 2008년 더욱 성장해 3개의 타이틀을 추가했고 호주오픈과 윔블던 8강에 오르기도 했다. 윔블던에서의 활약으로 처음 세계 10위 안에 올랐다.

2011년 타이틀을 더 획득한 라드반스카는 2012년 윔블던 결승에 올라 세리나 윌리엄스에게 패했지만 커리어 최고인 세계 2위까지 올랐다. 라드반스카는 그랜드슬램 우승을 맛보지 못했지만 2015년 WTA 연말 왕중왕전 챔피언에 오르는 최고의 성과를 거뒀다. 2018년 11월 현역에서 은퇴했다.

아나 이바노비치
출생: 1987년 11월 6일, 세르비아

강력한 포핸드의 소유자 아나 이바노비치의 외모는 스트로크에 깃들어 있는 파워와는 대단히 상반된 이미지다. 고향에 있는 폐기된 수영장에서 연습하는 것을 목격한 스위스 사업가가 이바노비치를 발굴한 이야기는 유명하다. 그 사업가는 이바노비치를 후원하기로 결심했고 그 뒤 벌어진 일은 한 편의 역사가 됐다. 물론 그의 투자는 확실한 보상을 받았다.

그녀의 매혹적인 외모는 테니스 사진가들의 이목을 한 몸에 받기 충분했고 특히 17살 되던 해인 2005년 프랑스오픈에 처음 출전해 8강까지 오르자 그녀의 재능은 더 많은 사람들에게 또렷이 각인됐다.

이바노비치는 2년 뒤 프랑스오픈 결승에 진출했을 뿐 아니라 윔블던 4강, 그리고 WTA 시즌 왕중왕전에 나갔고 연말 랭킹 세계 4위로 마무리했다. 2008년 마침내 첫 그랜드슬램 우승을 달성했다. 프랑스오픈 결승전에서 디나라 사피나를 2-0으로 꺾고 세계 1위까지 뛰어올랐는데, 프랑스오픈 우승은 그녀의 커리어에 있어 가장 빛나는 성취였다. 왜냐면 12개월 전 이바노비치는 같은 대회 결승에서 쥐스틴 에닝에게 단 3게임만 따내는 굴욕적인 패배를 당했기 때문이다. 6개월 뒤 심기일전한 이바노비치는 호주오픈 결승에서 마리아 샤라포바에게 7-5, 6-3으로 패했지만 롤랑가로스 직전 대회인 인디언웰스에서 정상에 올랐다.

이바노비치는 그 뒤 8년간 거의 항상 20위권 내에 머물렀지만 다시 그랜드슬램 정상에 오르지는 못했다. 파리에서의 마법을 펼친 날 이후, 그랜드슬램 최고 성적은 2015년 롤랑가로스 4강이었다. 2016년 12월, 29살의 한창나이에 은퇴를 선언해 테니스계를 놀라게 했다.

아드리아노 파나타
출생: 1950년 7월 9일, 이탈리아

그의 화려한 성공, 특히 로마의 포로 이탈리코에서 거둔 성공으로 인해 이 오른손잡이 선수는 40년도 더 지난 지금까지도 이탈리아 테니스 최고 영웅으로 남아 있다. 전통적인 라틴 외모와 네트 앞 발리를 앞세워 아슬아슬한 모험을 즐기는 파나타는 1976년 최대 결실을 보았다.

관중석 대리석 계단을 가득 메운 팬들의 "아드리아~노"라는 외침이 어느 때보다 강렬했던 당시, 그는 15년 만에 로마에서 우승한 이탈리아 선수가 됐다. 1라운드에서 호주의 킴 와르비크에게 11번의 매치 포인트 위기를 극복하고 난 뒤에 찾아온 영광이었다.

파리로 눈을 돌린 그는 디펜딩 챔피언 비외른 보리를 8강에서 물리쳤다. 그 뒤 에디 딥스와 헤럴드 솔로몬 등 2명의 미국 선수를 차례로 꺾고 자신의 유일한 그랜드슬램 트로피를 들어 올렸다. 4개월 뒤 파나타는 산티아고에서 열린 칠레와의 데이비스컵 결승전에서 두 번의 단식과 복식에서 승리를 거둬 4-1로 이기고 이탈리아의 유일한 데이비스컵 우승을 이끌기도 했다. 멋진 스타일로 관중들의 눈을 사로잡은 그는 1983년까지 현역으로 뛰었고 1976년 최고 랭킹 7위까지 올랐다.

아란챠 산체스 비카리오
출생: 1971년 12월 18일, 스페인

통산 29회 단식 우승자인 산체스는 1987년 투어에 뛰어들었다. "바르셀로나 뒤영벌(Barcelona Bumblebee)"이라고 불린 그녀는 마르티나 나브라틸로바, 슈테피 그라프, 모니카 셀레스 등 톱플레이어들을 큰 대회에서 사정없이 '찔러댔다'. 최고의 순간은 1989년 첫 그랜드슬램 결승전에서 당시 무적에 가까웠던 슈테피 그라프를 물리치고 프랑스오픈 최연소 챔피언에 등극한 것이다(유효 기간은 1년에 불과했지만). 스페인 여자 선수 최초의 롤랑가로스 우승이었다. 1994년 프랑스오픈과 US오픈 우승을 차지하며 오픈 시대 개막 이후 한 해 두 개 이상의 그랜드슬램 타이틀을 획득한 8번째 여자 선수로 이름을 올렸다.

비교적 작은 체격의 산체스 비카리오는 테니스 역사상 가장 빠른 수비형 선수로 알려져 있다. 두 명의 오빠인 에밀리오와 하비에르 역시 남자 테니스에서 성공을 거

됐다. 스페인어 외에 4개국 언어에 능통한 그녀는 1995년 수개월간 세계 1위에 등극하기도 했다. 이후 대부분의 메이저 대회 우승은 복식에서 나왔는데, 1995년 야나 노보트나와 함께 윔블던 복식에서 우승했고 1996년 찬다 루빈과 호주오픈 복식 우승컵을 들어 올리며 2연패에 성공했다. 1998년 두 번째 프랑스오픈 단식 타이틀을 차지하고 2002년 은퇴를 선언한 뒤, 2004년 아테네 올림픽을 맞아 다시 복귀해 역대 최다인 5회 올림픽 출전을 이뤘다.

아멜리 모레스모
출생: 1979년 7월 5일, 프랑스

강인한 신체 조건을 갖춘 모레스모는 19개의 타이틀 보유자임에도 불구하고 이른바 '메이저 징크스'에 시달렸다. 메이저 대회 후반부에 정신적으로 자주 무너졌기 때문이다. 그러나 26세를 맞은 2006년 모레스모는 호주오픈 우승으로 이 문제를 해결하는 전환점을 맞았다.

자신감을 얻은 그녀는 그해 9월, 잠깐이긴 했지만 세계 최고 랭킹까지 올라서며 고향에서 열리는 그랜드슬램의 강력한 우승 후보로 자리매김했다.

이전까지 모레스모의 유일한 메이저 결승 진출이 1999년 호주오픈이라는 점은 다소 아이러니다. 당시 마르티나 힝기스에게 제압당한 그녀가 다시 메이저 대회의 2주차까지 살아남기까지는 2년의 세월이 더 흘러야 했다. 모레스모는 2002년 두 번의 메이저 대회에서 4강에 진출하고 이듬해 두 차례 8강까지 올랐지만 허리 부상이 발목을 잡았다.

그러나 2004년 모레스모는 컨디션을 회복해 8강 이전까지 탈락하지 않았고, 윔블던에서는 두 번째 4강에 진출했다. 2005년 역시 이 같은 성적을 반복했다. 프랑스오

아란챠 산체스 비카리오는 코트에서 민첩한 움직임을 선보이며 큰 성공을 거뒀다

위대한 선수들

아서 애시는 테니스 역사상 가장 존경받은 인물 가운데 한 명이다.

2000년 단식 세계 랭킹 8위에 올랐던 안나 쿠르니코바는 코트의 여신으로 추앙받았다.

픈과 윔블던 주니어 챔피언으로서 모레스모는 강하면서 우아한 테니스 스타일에, 1999년 이후 딱 한 차례 10위 밖으로 떨어진 꾸준함을 내세워, 멘털이 약하다는 비판을 뒤로하고 출전하는 대회마다 우승 후보로 꼽혔다.

2005년 WTA 투어 챔피언십에서 우승한 그녀는 많은 전문가들이 기대한 대로 마침내 최고의 선수로 성장해, 2006년 윔블던에서 두 번째 그랜드슬램 트로피를 들어 올렸다. 모레스모는 2009년 은퇴해 코치로 전향한 뒤 2014년부터 2016년까지 앤디 머리의 코치를 맡았다.

아서 고어
출생: 1868년 1월 2일, 영국

아서 고어가 세운 역대 최고령 윔블던 챔피언 기록은 아마도 깨지기 힘들 것이다. 그는 41세 182일에 타이틀을 차지했다. 1901년과 1908년 이미 타이틀을 보유한 상태에서 1909년 3번째 우승이었다. 그 어떤 선수도 테니스 역사에서 고어보다 오랜 기간 윔블던 단식에 출전하지 못했다. 첫 출전이 1888년이었고 마지막은 그가 54세인 1922년이었다. 그 기나긴 시간 동안 윔블던에서 세운 단식 64승 역시 당시까지는 기록이었다.

단식을 그만둔 뒤에도 고어는 복식에 계속 출전해 1909년 우승했고 그 뒤 3년간 윔블던 출전 기록을 늘려가 35년간 156경기 출전을 기록했다. 고어는 또한 대영제국 초창기 데이비스컵 대표로 1900년 초대 대회부터 뛰었다. 그는 대회 창립 50주년 기념의 일환으로 로퍼 배럿과 짝을 이뤄 훗날 조지 6세에 즉위한 요크의 공작과 루이스 그레이그 복식조를 1라운드에서 물리치기도 했다.

아서 애시
출생: 1943년 7월 10일, 미국

아서 애시보다 테니스에 깊은 족적을 남긴 선수를 찾기는 쉽지 않다. 뉴욕 플러싱 메도우 US오픈의 주경기장 명칭이 바로 그의 이름이다. 인종 차별이 법으로 보장됐던 버지니아의 젊은 흑인 선수 아서 애시는 수많은 인종적 편견을 뚫고, 백인들이 지배한 테니스계의 위대한 선수가 됐을 뿐 아니라, 전 세계의 존경과 추앙을 받는 스포츠인이 됐다.

1968년 당시 데이비스컵 규정 탓에 미군 장교 애시는 아마추어 신분으로, US 아마추어 챔피언십뿐 아니라 프로와 아마추어가 처음으로 함께 뛴 US오픈의 초대 우승자가 됐다. 12년간 톱10에 머물며 1976년 세계 2위까지 오른 그는 수많은 대회와 데이비스컵에서 성공을 거뒀다.

그 가운데 가장 기념비적인 승리는 1975년 윔블던 결승전이었다. 애시는 당시 디펜딩 챔피언이자 톱시드이면서, 거의 무적에 가까웠던 지미 코너스를 결승에서 4세트 만에 꺾고 우승을 차지했다. 애시는 데이비스컵에서 27번 뛰었고 이는 존 매켄로에 이어 역대 2위의 기록이다. 애시는 1981~1985년까지 데이비스컵 감독을 맡았다. 3년 뒤 심장 수술 도중 오염된 피를 수혈받았다. 에이즈에 감염된 피였고 아서 애시는 결국 1993년 2월 6일 사망했다.

안나 쿠르니코바
출생: 1981년 6월 7일, 러시아

안나 쿠르니코바는 5살 때 테니스를 시작했다. 플로리다의 닉 볼리티에리 테니스 아카데미에 1992년 2월 입학했을 때부터 재능이 출중했던 그녀는 주니어 시절 오렌지볼과 18세 이하 유럽 챔피언십 정상에 올랐고 ITF 주관 18세 이하 세계 주니어선수권 챔피언에 오르기도 했다. 당시 14살에 불과했던 쿠르니코바는 러시아 페드컵 대표로 선발돼 스웨덴을 물리치는 데 힘을 보태며 최연소 페드컵 출전자로 이름을 올렸다.

시니어 무대에서 초반 3년간 빠르게 성장을 거듭한 그녀는 하나로 묶은 긴 금발 머

뛰어난 외모와 패션 감각을 지닌 안드레 애거시는 샘프러스와 함께 1990년대 미국 테니스 전성기를 이끌었다.

리 덕분에 은퇴한 가브리엘라 사바티니의 뒤를 이어 사진 기자들의 주요 타깃이 됐다.

1997년 쿠르니코바는 56위에서 32위로 점프했고 17승 10패를 기록하며 윔블던에서 처음으로 4강까지 진출했다. 윔블던에서 그녀의 올라운드 스타일은 더 경험이 많은 적수들인 안케 휴버르와 헬레나 수코바, 그리고 프랑스오픈 챔피언인 이바 바졸리 등을 꺾는 데 도움이 됐다.

쿠르니코바는 만약 프로 테니스 선수가 되지 않았다면 배우가 됐을 것이라고 말하기도 했다. 그러나 그녀는 2004년, 투어에서 단 한 개의 단식 타이틀도 획득하지 못한 채 사실상 은퇴했다. 다만 마르티나 힝기스와 짝을 이룬 호주오픈 복식에서는 두 번 정상에 올랐다.

안드레 고메즈
출생: 1960년 2월 27일, 에콰도르

고메즈는 1990년 롤랑가로스에서 평생의 숙원을 풀었다. 30살에 안드레 애거시를 결승에서 물리쳐 테니스계를 충격에 빠뜨리며 에콰도르 사상 첫 그랜드슬램 챔피언에 오른 것이다. 바르셀로나와 마드리드의 클레이 코트에서 성공을 거둬, 커리어 베스트인 4위까지 올랐다.

고메즈는 비록 클레이 코트 스페셜리스트로 불리지만, 다른 코트 표면에서도 잘할 수 있는 최고의 재능을 갖춘 왼손잡이 선수였고 윔블던과 US오픈 8강에도 올랐다. 고메즈는 복식에도 능해 1988년 에밀리오 산체스와 짝을 이뤄 프랑스오픈에서 우승했고 1986년에는 슬로보단 지보지노비치와 함께 US오픈 정상에 올랐다. 21개의 단식 타이틀을 보유했고 12년간 에콰도르 데이비스컵 대표로 뛰었다.

안드레 애거시
출생: 1970년 4월 29일, 미국

2001년 슈테피 그라프라는 테니스 전설과 결혼한 안드레 애거시는 근 20년 동안 선수 경력을 이어가며 영감을 불어넣은 테니스의 아이콘이다. 미국 테니스의 지배력이 약화되고 있을 때 구원 투수로 등장한 그는 기존 질서 안에서 싸우면서 테니스를 글로벌 인기 스포츠로 정립한 반항아였다.

라스베이거스에서 나고 자란 그는 언제나 화려했다. 애거시는 독특한 유니폼을 입고 긴 머리를 휘날리는 16살의 천재로 테니스계에 등장했다. 투어 생활 초창기에는 반항아 이미지였고, 심지어 1988~1990년까지 윔블던 출전을 거부하기도 했다. 그러나 윔블던과의 관계는 애거시가 올 잉글랜드 클럽의 울타리 안에서 테니스와 진정한 사랑에 빠지게 되면서 극적으로 변하기 시작했다.

1992년이 출발점이었다. 애거시는 디펜딩 챔피언인 보리스 베커와 존 매켄로를 상대로 강력한 리턴을 앞세워 승리를 거뒀고, 결승에서 고란 이바니세비치를 만나 5세트 접전 끝에 타이틀을 획득했다. 그해 애거시는 미국의 데이비스컵 우승도 도왔다.

총 8개의 그랜드슬램 타이틀을 거머쥔 애거시는 4번의 호주오픈과 2차례 US오픈을 비롯해 커리어 그랜드슬램을 달성한 역대 7명의 선수 가운데 하나가 됐다.

36살이던 2006년 US오픈 3라운드에서 패하면서 빛나는 선수 경력을 마감했다. 보통 테니스에서는 은퇴가 그리 커다란 화제를 일으키지 못하지만 이날 아서 애시 스타디움을 가득 메운 2만 3000여 명의 관중들은 살아 있는 전설에게 5분이 넘는 기립 박수를 보냈다. 아마 현장에 없던 사람들도 박수갈채를 보냈을 것이다.

안드레 히메노
출생: 1937년 8월 3일, 스페인

전직 프로 테니스 선수의 아들로, 큰 키에 기품 있는 클레이 전문 선수였다. 탄탄한 그라운드 스트로크를 갖고 있던 히메노는 1960년 아마추어로서의 재능을 다 발휘하기도 전에 프로로 전향했다. 당시는 프로 선수의 기회가 아직도 제한적이었던 시절이었다. 그럼에도 불구하고, 아마추어를 떠나기 전 그는 스페인의 데이비스컵 대표로 1958년부터 1960년까지 22회 출전해 14승을 책임졌다.

1968년 오픈 시대가 열리면서 히메노는 국제무대에 제대로 모습을 나타내기 시작

위대한 선수들

안젤리크 케르버는 강인하면서도 결코 포기하지 않는 스타일의 테니스로 세계 1위까지 올랐다.

해 1969년부터 1972년까지 3차례 톱10에 오르기도 했다. 1972년 34세에 프랑스오픈에서 오픈 시대 개막 이후 최고령 우승을 차지하며 그의 커리어는 정점에 달했다. 1969년 호주오픈에서는 로드 레이버에 이어 준우승했다. 히메노는 스페인 텔레비전 방송의 해설자로 주요 대회마다 친숙한 얼굴을 드러냈다.

안드레이 메드베데프
출생: 1974년 8월 31일, 우크라이나

중독될 것 같은 웃음과 재치의 소유자인 메드베데프는 16세 때 투어에 첫발을 내디디면서 강한 인상을 남겼다. 하지만 잠재력을 발휘하지 못하고 실패해 많은 이들과 코칭스태프들을 실망시켰다.

메드베데프는 어머니 스베틀라나의 손에 이끌려 8살부터 테니스를 치기 시작했다. 클레이를 가장 좋아했지만 파워풀한 그라운드 스트로크를 앞세운 게임은 모든 코트에서 통해 1993~1995년 US오픈과 롤랑가로스, 호주오픈에서 연속 8강 진출을 해냈다. 더 큰 성취는 1993년 프랑스오픈 4강. 하지만 그해 챔피언 세르지 부르게라에게 단 6게임만 따내며 완패했다.

1997년 메드베데프는 세계 27위에 올랐지만 1994년 최고 4위까지 기록한 상승세에는 미치지 못했다. 1995~1997년 3년 연속 독일 오픈 우승을 차지하는 등 11개의 ATP 투어 타이틀을 획득했다. 다른 수많은 선수들과 마찬가지로 등과 어깨 부상으로 좌절해야만 했다.

안젤라 모티머
출생: 1932년 4월 21일, 영국

안젤라 모티머는 가장 겸손하면서도 저평가된 영국의 전후 윔블던 챔피언이다. 윔블던 챔피언에 오르기 6년 전, 모티머는 1955년 프랑스오픈에서 우승해 1934년 페기 스크리븐스 이후 처음으로 우승한 영국 선수가 됐다. 복식에서도 앤 셜코크와 함께 정상에 올랐다. 1958년 윔블던에서는 알테아 깁슨과 짝을 이뤄 복식 준우승을 했고 그보다 6개월 앞서는 호주오픈을 정복했다.

모티머는 윔블던 결승에서 만난 크리스틴 트루먼을 4-6, 6-4, 7-5로 제압하며 정점에 올랐다. 47년 만에 이루어진 영국 선수끼리의 윔블던 결승 경기였다. 커리어 내내 신체적 장애를 극복했다는 점에서 이것은 더욱 놀라운 성취였다. 영국의 전 데이비스컵 대표이자 감독, 그리고 BBC의 전설적인 해설가인 존 바렛과 결혼한 안젤라는 청각 장애자였다. 그러나 그녀는 이를 극복할 수 없는 장애로 생각하지 않고, 오히려 집중력을 키울 수 있는 장점으로 여겼다.

비교적 늦게 테니스를 접한 모티머는 15살에 처음 라켓을 잡았고 마이크 상스터와 수 바커, 아서 로버츠 등에게 코치를 받아 정교한 그라운드 스트로크와 강한 포핸드, 그리고 승부처에서 결정적인 역할을 한 스피드를 바탕으로 자신만의 게임을 발전시켜 나갔다.

안젤리크 케르버
출생: 1988년 1월 18일, 독일

안젤리크 케르버는 3살부터 테니스를 쳤다. 코트 뒤편에서 받아넘기는 능력이 환상적인 그녀는 2007년 처음 100위 안에 진입했고 2010년 50위를 돌파했다. 줄곧 그랜드슬램 3회전을 통과하지 못하던 케르버는 2011년 US오픈 4강에 올라 그해 챔피언인 샘 스토서에게 패했다. 다음 시즌 파리와 코펜하겐에서 첫 WTA 타이틀을 획득했고, 윔블던에서도 4강에 진출하며 세계 5위에 올랐다.

그 뒤 세 시즌에 걸쳐 타이틀을 더 획득하면서 톱10 선수로서의 위상을 굳혔지만 2016년 호주오픈에서 일어난 일은 그 누구도 예상하지 못했다. 케르버는 64위 미사키 도이와 맞붙은 1회전에서 거의 탈락 직전까지 몰렸지만 매치 포인트 위기에서 가까스로 벗어나며 3세트 만에 승리를 거뒀다. 이후 결승전까지는 단 한 세트도 잃지 않았다. 그러나 여전히, 통산 7회 호주오픈 타이틀을 노리는 세리나 윌리엄스를 이길 것으로 생각한 사람은 없었다. 케르버는 세리나에게 6-4, 3-6, 6-4로 승리해 21세기 최초의 독일 출신 그랜드슬램 챔피언이 됐다.

그해 윔블던 결승에서 케르버는 세리나에게 패했지만 US오픈에서 다시 빛을 발했다. 케르버는 캐롤리나 플리스코바를 물리치고 두 번째 그랜드슬램 트로피를 들어 올렸고, 동시에 생애 처음 세계 1위까지 올라섰다.

알렉스 올메도
출생: 1936년 3월 24일, 페루

같은 지역 선수들과 마찬가지로, 알렉스 올메도는 미국에서 테니스를 재발견했다. 실제로 올메도는 페루가 팀을 꾸리지 못하자 미국 데이비스컵 대표팀에 뽑히기도 했다. 이 결정은 데이비스컵 감독인 페리 존스의 지지를 받긴 했지만, 시민권자도 아닌 단순 거주자를 뽑은 데 대한 미국 내 저항도 만만치 않았다.

언제나 네트 가까이에서 공격적인 발리를 구사한 그는 1959년 프로로 전향하기 직전 호주오픈과 윔블던을 석권하면서 정점에 올랐다. 하지만 US오픈 결승에서 닐 프레이저에게 졌다. 윔블던 1번 시드 올메도는 4강에서 로이 에머슨을 물리친 뒤, 결승에서 당시 성장세에 있는 로드 레이버를 물리쳤다. 한 달 뒤 데이비스컵에서 성공 가도를 이어갔지만 포레스트 힐스에서 열린 결승에서 호주의 우승을 막지는 못했다. 1958년 올메도는 미국 대표로는 사상 처음으로 데이비스컵에서 2개의 단식과 1개의 복식 모두 승리를 거둔 선수로 기록됐다. 이 기록은 이후 1972년 부쿠레슈티에서 루마니아를 상대한 스탠 스미스와 1981년 아르헨티나를 홈에서 상대한 존 매켄로, 그리고 1995년 모스크바에서 러시아를 상대로 샘프러스가 재현해냈다. 또 1997년 요나스 브요크만과 2015년 앤디 머리도 이 위업을 달성했다.

알테아 깁슨
출생: 1927년 8월 25일, 미국

장신에 힘이 넘치고 발군의 체력을 지닌 깁슨은 잔디 테니스에서 큰 성공을 거둔 최초의 흑인 여성이다. 인종 장벽을 극복해야 해서 비교적 늦은 나이에 성공의 사다리를 탔다. 그녀가 미국 바깥으로 꾸준히 나갈 수 있게 된 건 28살 때였다. 이 때문에 그녀의 승리는 더욱 값진 측면이 있다.

그러나 깁슨은 기회가 주어지면 주저하지 않았다. 1956년 롤랑가로스에 처음 방문했을 때 그녀는 단식과 복식 타이틀(영국의 안젤라 벅스턴과 짝을 이뤘다)을 휩쓸었다. 한 달 뒤 윔블던 복식 타이틀을 땄고, 그들은 이후 2년간 타이틀을 방어했다. 1957년 윔블던 잔디에서 깁슨의 힘은 누구도 감당하기 어려운 수준이었고, 결국 그는 한 세트도 내주지 않고 타이틀을 거머쥐었다. US오픈에서도 우승했다. 그녀의 탁

앙리 코셰가 1929년 윔블던 1번 코트에서 경기를 치르고 있다.

월한 기량은 윔블던에서 또다시 챔피언에 오르면서 재차 확인됐다. 이는 최근 3년간 윔블던에서 5개의 우승 트로피를 가져갔다는 의미였다. 깁슨은 1958년 포레스트 힐스에서 타이틀 방어에 성공했고 이견이 없는 세계 1위의 선수로서 프로 전향했다. 깁슨은 2003년 세상을 떠났고 2013년에는 자신의 이미지가 담긴 우표가 발행되기도 했다.

앙리 르콩트
출생: 1963년 7월 4일, 프랑스

천부적인 재능을 지니고, 종종 뛰어난 샷메이킹으로 예측불허의 플레이를 선보인 왼손잡이 르콩트는 화려한 선수 경력 내내 등 부상에 시달리며 결국 두 번이나 수술대에 올랐다. 그는 전형적인 프랑스인다운 기질과 유머로 관중을 즐겁게 만들기로 유명한 선수였다. 1988년 프랑스오픈 준우승을 차지했고 1982년부터 10년 넘게 프랑스 데이비스컵 대표로 참가했다.

가장 빛나는 커리어는 1991년 데이비스컵 결승. 단식에서 피트 샘프러스를 물리친 데 이어 기 포르제와 함께 복식에서도 승리를 거두며 1932년 이후 처음으로 프랑스에 데이비스컵 트로피를 선물했다.

르콩트는 1983년 몬테카를로에서 비외른 보리에게 마지막 투어 경기 패배를 안겼고, 이듬해 슈투트가르트에서 열린 보리의 복귀전에서도 승리를 거뒀다. 8개의 타이틀을 획득했고 가장 꾸준한 활약을 펼친 건 1986년으로 프랑스오픈과 윔블던 4강에 올랐다. 프랑스오픈에서는 미카엘 페른포르스에게, 윔블던에서는 보리스 베커에게 각각 패했다.

앙리 코셰
출생: 1901년 12월 14일, 프랑스

1987년 4월 사망한 앙리 코셰는 동시대인들이 묘사한 바에 의하면 "테니스 역사상 가장 위대한 천재"였다. 그의 발리에는 비교 불가의 예술성이 깃들어 있었고 무자비한 스매시, 그리고 당시 무서운 강서버들에게 반격할 수 있는 능력은 한 시대의 전설이 되어 버렸다.

프랑스 사총사 가운데 윔블던을 우승한 3번째 선수였으며, 한 번이 아니고 1927년과 1929년 두 차례나 해냈다. 첫 우승은 한 편의 동화였다. 8강전에서 미국의 프랑크 헌터에게 두 세트를 먼저 내줬고 빌 틸든과의 4강에서는 두 세트를 빼앗기고 3세트에서도 1-5까지 뒤지고 있었다. 결승에서는 같은 국적의 장 보로트라에게 역시 두 세트를 먼저 내주고, 6번의 매치 포인트 위기에 직면해야 했다. 윔블던 단식에서 그는 43승 8패를 기록했고 복식에서도 두 차례 우승했다.

프랑스오픈에서 1926년부터 1932년까지 격년으로 단식 우승을 차지했고 복식에서도 3회 우승했으며, 데이비스컵 단식에 58회 출전해 44승을 거뒀다. 다른 사총사 멤버들과 함께 데이비스컵 챌린지 라운드에서 프랑스의 6회 우승을 합작했다. 하지만 1933년 영국이 데이비스컵 우승 트로피를 가로챈 극적인 경기는, 바로 앙리 코셰가 프레드 페리에게 패했을 때였다.

광속 서버 앤디 로딕은 강력한 서브와 포핸드를 구사하는 전형적인 미국 스타일의 선수였다.

앤디 로딕
출생: 1982년 8월 30일, 미국

두 개의 주니어 그랜드슬램 타이틀을 획득하며 주니어 세계 1위에 오른 앤디 로딕은 미국 테니스의 커다란 희망이었다. 브래드 길버트의 지도하에 2003년 US오픈에서 그의 유일한 메이저 대회 우승을 차지했지만 안타깝게도 더 큰 성공은 이루지 못했다. 로딕은 윔블던 결승에 2년 연속 진출하고 US오픈 결승과 2009년 윔블던 결승에도 올랐지만, 매번 로저 페더러의 벽을 넘지 못했다.

그는 2004년 데이비스컵 준결승에서 당시까지 가장 빠른 서브 속도인 시속 155마일(249km)을 기록하기도 했는데, 빅서브를 앞세운 로딕은 오늘날의 관점에서 보면 반쪽짜리 선수이긴 했지만 매우 위협적이었다. 게임이 잘 풀리는 날에는 잔디 코트에서 그를 이기기는 특히 어려웠다. 퀸스클럽 챔피언십에서 5회 우승을 달성하기도 했다. 32개의 타이틀과 2003년 11월 짧은 기간 세계 1위를 달성한 'A-로드'는 피트 샘프러스의 공백을 메우는 데 실패한 미국 선수로 기억될 것이다.

앤디 머리
출생: 1987년 5월 15일, 스코틀랜드

그것은 국가 전체의 집착이었다. 1936년 프레드 페리 이후 자국 출신의 윔블던 챔피언이 나오지 않고 있었기 때문이다. 로저 테일러(1967년 4강)와 팀 헨먼(통산 4회 윔블던 4강)이 근접했으나 오랜 기다림은 계속됐다. 2005년, 주니어 시절 화려한 기록(2004년 US오픈 주니어 챔피언)을 가진 스코틀랜드 출신 앤디 머리가 18살의 나이에 퀸스오픈 3회전에 올랐을 때 역시, 영국 국민의 기대를 끌어안은 한 무더기의

위대한 선수들

영국 테니스 선수들 가운데 가장 막내로 자리를 잡았을 뿐이었다. 하지만 머리는 그러한 기대에 완벽하게 부응했다.

앤디 머리는 2006년 산 호세에서 첫 ATP 투어 타이틀을 획득했고 윔블던과 US오픈에서 나란히 16강에 올랐다. 이듬해 처음 톱10에 진입했지만 손목 부상으로 시즌을 접어야 했다. 2008년 US오픈에서 처음 그랜드슬램 결승에 올랐지만 로저 페더러에게 3-0으로 패했다. 그러나 5개의 타이틀을 따내고 세계 랭킹 4위에 오르면서 최고 시즌을 보냈고 페더러와 나달, 조코비치와 함께 남자 테니스 빅4 가운데 한 명이 됐다.

2009년 머리는 6개의 타이틀을 획득했지만 윔블던 준결승에서 앤디 로딕에게 뼈아픈 패배를 당했다. 2010년 호주에서 두 번째 그랜드슬램 결승에 올랐지만 역시 페더러를 넘지 못했고, 윔블던 준결승에서는 나달에게 덜미를 잡혔다. 익숙한 패턴은 계속 반복됐다. 2011년 머리는 호주오픈 결승에 다시 올라 조코비치에게 패했다. 앤디 머리 역시 과거 영국 선배들의 전철을 밟게 되는 것이었을까?

2012년 반전이 일어났다. 코치 이반 랜들과 함께하면서부터였다. 랜들은 자신 역시 그랜드슬램의 아픔을 간직하고 있는 데다, 머리의 게임에 새로운 강인함을 불어넣을 수 있는 것처럼 보였다. 머리는 그해 처음으로 윔블던 결승에 올라 로저 페더러에게 졌다. 그럼에도 불구하고 온 국민이 경기 직후 그와 함께 뜨거운 눈물을 흘렸고, 용기를 북돋워 줬다.

이는 결과적으로 앤디 머리의 부담을 덜어줬다. 3주 뒤 런던 올림픽에서 바로 그 경기장에 돌아와, 결승에서 페더러를 3-0으로 물리치고 금메달을 획득한 것이다. 또 US오픈 결승에 올라 조코비치와 5세트 접전 끝에 승리를 거두고 4차례 계속된 그랜드슬램 결승전 패배의 멍에에서 벗어났다.

2013년을 호주오픈 결승에서 조코비치에게 패하며 시작했지만 머리는 자신감이 충만한 채 윔블던에 도착했다. 그는 조코비치를 3-0으로 누르고 77년 동안 기다려온 영국 챔피언이 됐다. 머리가 감당해야 했을 엄청난 중압감을 고려해보면, 그것은 테니스 역사상 가장 뛰어난 업적 가운데 하나로 볼 수 있다.

하지만 그랜드슬램에서의 실패는 이후에도 계속돼 2015년과 2016년 호주오픈 결승에서 패했다. 2015년 데이비스컵에서 최고의 기량을 선보이며, 출전한 모든 경기에서 승리를 거뒀다. 이는 1981년 월드그룹 방식이 도입된 이후 최초의 사건이었고, 앤디 머리의 활약에 힘입은 영국은 1936년 이후 처음으로 우승컵에 입을 맞췄다. 2016년 머리는 조코비치에게 호주오픈과 프랑스오픈 결승에서 모두 패했지만, 윔블던 결승에서 밀로스 라오니치를 꺾고 두 번째 윔블던 정상에 올랐다. 2017년 다시 부상이 발목을 잡았다. 머리는 고질적인 고관절 부상으로 수술대에 올랐으나 2022년 7월 여전히 현역에 머물며 도전을 계속하고 있다. 머리의 선수 경력은 앞으로 어떻게 진행될지 모른다. 하지만 분명한 건 앤디 머리는 프레드 페리 이후 최고의 영국 선수로 기억될 것이라는 점이다.

야나 노보트나
출생: 1968년 10월 2일, 체코슬로바키아

수많은 좌절 끝에 노보트나는 마침내 1997년 11월 뉴욕 매디슨 스퀘어 가든에서 열린 연말 체이스 챔피언십에서 처음 빅타이틀을 획득했다. 결승에서 메리 피어스를 3세트 만에 제압한 그녀는 1998년 커리어 최고인 세계 2위까지 올랐다. 노보트나는 그 세대에서 가장 기술이 뛰어나다는 평가를 받았으며, 꽤 오랜 기간 "거의 여자"라고 불렸다. 최후의 서브앤발리어로 잔디 코트에 최적화되어 있던 노보트나는 윔블던 결승에 두 차례나 올랐음에도 불구하고 1993년 첫 결승전은 긴장을 떨쳐내지 못해 망쳤고, 1997년은 잔인하게도 부상에 좌절했다.

그러나 당시에는 몰랐겠지만 최고의 순간은 서서히 다가오고 있었다. 1993년 윔블던 결승전, 하나 만들리코바 코치의 지도하에 마지막 세트에서 슈테피 그라프에게 4-1로 앞서고 있던 노보트나는 5-1을 만들 수 있는 포인트에서 그만 더블 폴트를 저지르고 말았다. 그리고 이후 단 한 게임도 따내지 못했다. 시상식에서 켄트의 공작부인이 자신의 어깨에 기대 흐느껴 우는 노보트나를 위로하는 모습은 영원히 잊지 못할 윔블던의 추억이 됐다.

1997년 악몽은 끝나지 않았다. 마르티나 힝기스에게 1세트를 먼저 빼앗고도 역전패를 당하고 말았다. 그리고 1998년 마침내 세 번만에 행운이 찾아왔다. 결승에서 나탈리 타우지아트를 물리치고 첫 번째 그랜드슬램 타이틀을 품에 안은 것이다.

야니크 노아
출생: 1960년 5월 16일, 프랑스

프랑스 태생의 야니크 노아는 아서 애시가 자선 행사를 위해 카메룬을 방문했을 때 발굴한 선수였다. 당시 고작 10살이었던 노아와 가족은 카메룬에서 살고 있었는데, 애시는 프랑스 테니스협회장인 필립 샤트리에와 연락해 니스에 있는 테니스 훈련장에 노아를 보냈다. 그때부터 역사는 시작됐다.

다부진 체격의 노아는 베이스라인에서 공격적인 플레이를 선호했고 때때로 감탄사가 절로 나오는 감각적인 터치도 선보였다. 1979년 낭시에서 총 23개 타이틀 가운데 첫 번째를 획득했다. 4년 뒤에는 프랑스오픈에서 우승해 1946년 마르셀 베르나르드 이후 처음으로 프랑스 출신 챔피언이 됐다. 결승 상대는 디펜딩 챔피언 매츠 빌랜더였다.

이 감격스러운 순간을 능가한 건 1991년, 노아가 프랑스의 데이비스컵 감독으로 지휘봉을 잡아 미국을 꺾고 59년 만의 우승을 달성했을 때였다. 노아는 1996년 다시 감독을 맡아 스웨덴을 물리치고 정상에 올랐다.

노아는 1982~1987년 톱10에 머물렀고, 1984년 앙리 르콩테와 짝을 이뤄 프랑스오픈 복식 우승도 거머쥐었다.

은퇴 후 여생 동안 그는 노래하는 팝스타였다(노아는 은퇴 뒤 1991년부터 꽤 인기 있는 팝가수로 활동했고, 데이비스컵 우승을 차지한 뒤 선수들과 함께 스타디움에서 노래를 부르기도 했다 – 옮긴이). 어머니와 함께 빈곤한 어린이를 돕는 자선 단체도 세웠다. 노아의 아들 호아킴은 미국 NBA 시카고 불스의 프로 농구 선수다.

앤디 머리는 현대 테니스에서 오랜 기간 꾸준히 좋은 성적을 내는 선수다.

야로슬라브 드로브니
출생: 1921년 10월 12일, 체코슬로바키아

야로슬라브 드로브니는 체코슬라비아 국적으로 처음 윔블던에 나갔다. 1952년 결승에서는 이집트 국적으로 나갔고, 2년 뒤 결승에서 타이틀을 차지할 때에는 런던 거주자였다. 그러나 아마도 드로브니는 켄 로즈웰이 단 하나의 메이저 타이틀을 차지하지 못하게 만든 장본인으로 영원히 기억될 것이다.

1954년 결승전 당시 우승 후보에 좀 더 가까운 것은 19살의 로즈웰이었다. 이는 드로브니가 큰 경기에서 중압감을 쉽게 이겨내지 못했던 탓도 있었다. 하지만 이런 걱정은 말끔히 해소됐다. 감각적인 왼손잡이 드로브니는 이미 프랑스오픈 타이틀을 2차례 차지했고 이탈리아 오픈에서도 3회 우승한 상태였다. 윔블던 8강에서 2번 시드 루 호드를 꺾은 데 이어 버지 패티를 물리치고 결승에 올라왔다.

드로브니의 3번째 윔블던 결승전은 대회 역사상 가장 격정적인 결승전으로 막을 내렸다. 안경을 쓴 건장한 드로브니는 엄청난 포핸드와 다이내믹한 스매싱, 그리고 심지어 현대 테니스의 기준으로 봐도 빠르기 이를 데 없는 서브와 최상의 발리를 마음껏 펼쳐 보이며 13-11, 4-6, 6-2, 9-7의 승리를 거뒀다. 그는 역사에 기록될 명승부 이후 4차례 더 뛰다 1960년, 그가 16살에 처음 윔블던에 출전한 지 22년 만에 은퇴했다.

야니크 노아는 뛰어난 운동선수면서 다채로운 삶을 살았다.

얀 코데스
출생: 1946년 3월 1일, 체코슬로바키아

얀 코데스는 1973년 윔블던에서 우승했기 때문에, 누구보다 끈질기고 열심히 뛰었던 이 선수의 업적이 제대로 조명받지 못한 측면이 있다. 그해는 각국 테니스협회와의 갈등 때문에 93명의 선수가 ATP의 명령에 따라 대회 출전을 보이콧한 대회였기 때문이다. 게다가 클레이 코트에 익숙한 코데스가 예전부터 "잔디는 젖소들에게나 필요한 것"이라고 말한 사실도 별 도움은 안 된 것 같다.

그러나 그가 1970년과 1971년 이미 프랑스오픈 단식에서 우승했다는 사실은 과소평가될 수 없다. 특히 두 번째 타이틀 획득 당시에는 결승에서 일리 나스타세라는 재능이 넘치지만 다소 기복이 있는 뛰어난 선수를 물리치기도 했다. 마치 윔블던 우승이 요행이 아니었다는 걸 증명이라도 해주는 것처럼, 코데스는 석 달 뒤 US오픈에서도 생애 두 번째 결승에 올랐다. 스탠 스미스와의 준결승에서 매치 포인트 위기를 극복한 뛰어난 리턴이 승부의 결정타였다. 하지만 박진감 넘치는 결승전에서는 2년 전 포레스트 힐스에서의 패배를 갚으려는 존 뉴콤의 힘을 당해낼 수가 없었다.

코데스는 1975년 체코슬로바키아 대표로 나가 데이비스컵 결승에 진출했고 5년 뒤 우승팀의 일원이 됐다. 데이비스컵 59회 단식에 출전해 39승을 기록했다.

에디 딥스
출생: 1951년 2월 23일, 미국

출처가 불분명한 이야기이긴 하지만 에디 딥스의 플레이 도중 누군가가 근처 매점에 핫도그와 음료수를 사러 다녀왔는데도 그 포인트가 여전히 진행 중이었다는 설이 있다. 진실 여부를 떠나, 이 작은 키의 미국 선수가 세상에서 가장 무너뜨리기 어려운 뛰어난 수비력을 갖고 있다는 점은 확실했다.

1984년 111경기에 출전해 84승을 거두면서 가장 많은 상금을 받은 선수로 기록됐다. 1972년 프로로 전향한 그는 클레이 코트에서 특히 잘했고 1975~1976년 프랑스오픈 4강에 연속 진출했다. US오픈에서는 총 3번 8강까지 올랐다. 22개의 단식 타이틀을 획득했고 연말 톱10에 4차례 포함됐다. 1978년 최고 랭킹은 5위다.

엘레나 데멘티에바
출생: 1981년 10월 15일, 러시아

1998년 프로로 전향한 엘레나 데멘티에바는 강력한 그라운드 스트로크와 효율적이면서도 공격적인 베이스라인 플레이를 앞세워 수년간 그랜드슬램에서 일정 수준의 성공을 이어갔다. 상대 선수들은 데멘티에바의 약점으로 지적된 서브를 적극적으로 공략했으나 데멘티에바는 이를 견뎌냈고, 서브에서 괄목할 만한 향상을 보인 끝에 2008년 베이징올림픽에서 디나라 사피나를 3-6, 7-5, 6-3으로 꺾고 금메달을 차지하며 자신의 첫 메이저 타이틀을 품에 안았다.

그랜드슬램에서 최고 단계까지 간 건 2004년과 2008년이었는데, 두 번의 결승전과 두 번의 4강 진출을 해냈다. 프랑스오픈과 US오픈에서 결승전에 올랐지만 각각 러시아 동료인 아나스타샤 미스키나와 스베틀라나 쿠즈네초바에게 처참하게 무너졌다. 4년 뒤 그녀는 윔블던과 플러싱 메도우에서 4강에 올랐고 각각 비너스 윌리엄스에게 6-1, 7-6, 엘레나 얀코비치에게 6-4, 6-4로 패했다. 모스크바 출신인 데멘티에바는 테니스 판도를 뒤흔들지는 못했지만 여자 테니스의 성공에 이바지했다는 점은 분명하다. 2010년 은퇴할 때까지 10년간 20위 안에 들면서 16개의 타이틀과 1486만 달러의 상금을 벌어들였다.

앨리스 마블
출생: 1913년 9월 28일, 미국

가냘픈 체형만 본다면 앨리스 마블이 2차 대전 이전, 가장 공격적이었을 뿐 아니라 서브앤발리를 새로운 경지로 끌어올린 선수였다는 걸 믿기 어려울 것이다. 더욱 놀라운 사실은 그녀의 메이저 대회 우승 도전이 무르익었을 때 폐결핵 판정을 받아 다시는 뛸 수 없다는 의사의 진단을 받았다는 사실이다.

그러나 그녀는 2년의 휴식을 마치고 다시 돌아와 싸웠다. 마블은 1936년 US챔피언십에서 그해 윔블던 우승자인 헬렌 제이콥스를 꺾고 우승했다. 이듬해에는 당시 윔블던 센터 코트 역사상 가장 짧은 바지를 입은 채 처음 출전해 4강에서 폴란드의 자드위가 제드제요프스카에게 졌다. 1938년 제이콥스에게 또다시 윔블던 4강에서 발목을 잡혔지만, 그해 US챔피언십 타이틀을 거머쥐면서(이후 2년 더 우승했다) 마불은 1939년 윔블던에 훨씬 큰 자신감을 갖게 됐다.

마침내 꿈은 이뤄졌다. 마블은 결승까지 10세트를 치르는 동안 단 19게임만 내주며 올라가, 영국의 케이 벤지스를 6-2, 6-0으로 꺾고 윔블던 3관왕을 달성했다. 이미 혼합복식에서 돈 버지와, 그리고 여자복식에서 사라 파비앙과 짝을 이뤄 우승한 상태였다.

엘리자베스 "베시" 무어
출생: 1876년 3월 5일, 미국

최근 여자 테니스의 권위가 5세트 경기 진행 여부를 놓고 흔들리고 있긴 하지만 US 챔피언십에서는 1891년부터 1901년까지 11년 동안 이 방식이 통용된 적이 있다. 특히 1901년 베시 무어의 경기는 여자 선수들은 3세트만 해야 한다는 결정을 내리게 만든 계기가 됐다.

사실 무어는 16살이었던 1892년 처음 결승에 올라 마벨 케이힐에게 패했다. 이는 훗날 1978년 팸 슈라이버에 의해 깨지기 전까지 최연소 결승 진출 기록이었다. 당시 여자 테니스 사상 처음으로 열린 5세트 경기에서 무어는 아쉽게 졌다.

1901년 무어는 두 번째로 결승에 진출했고 마침내 우승을 차지했다. 그 과정은 험난하기 짝이 없었다. 무어는 올 커머스 파이널(지난해 우승자에게 도전권을 확보할 수 있는 일종의 도전자 결정전 – 옮긴이)에서 마리온 존스를 4-6, 1-6, 9-7, 9-7, 6-3으로 총 58게임 끝에 이겼다. 다음날 챌린지 라운드에서는 디펜딩 챔피언 머틀 맥카티어를 6-4, 3-6, 7-5, 2-6, 6-2로 또다시 47게임 끝에 물리치며 여자 테니스 최초로 이틀 연속 5세트를 치른 선수로 기록됐다.

당시 여자 선수들은 규정이 바뀐 사실에 기뻐하지 않았다. 남자들이 "깔보고 있다"고 생각했기 때문이다. 특히 무어는 1903년과 1905년에도 우승을 차지했는데, 특히 결승전만큼은 3세트로 제한하는 것이 옳지 않다고 말했다.

엘리자베스 라이언
출생: 1892년 2월 5일, 미국

당대 최고의 선수 가운데 하나였던 라이언은 윔블던 단식 우승은 없지만 혼합복식 7개 타이틀을 포함해 19회 윔블던 우승 기록 보유자다. 이 기록은 훗날 빌리 진 킹이 1979년 마르티나 나브라틸로바와 함께 여자복식 우승으로 20번째 윔블던 타이틀을 획득하며 깨졌다. 놀라운 사실은 바로 그해 엘리자베스 라이언이 윔블던 올 잉글랜드 클럽에서 쓰러져 세상을 떠났다는 것이다. 빌리 진 킹이 기록을 깨기 전날 밤이었다. 라이언은 1912년부터 1934년까지 단복식을 합해 650승 이상을 거뒀다.

1914년과 1920년 두 차례 윔블던 올 커머스 단식에서 승리를 거뒀지만, 뛰어난 발리와 슬라이스 포핸드의 소유자인 엘리자베스는 아쉽게도 챌린지 라운드에서 두 번 모두 패했다. 12개의 복식 타이틀과 13회의 결승 진출, 7회 혼합복식 결승행(5명의 다른 파트너와 함께 우승했다)은 아직도 윔블던의 기록으로 남아 있다. 복식에서는 4명의 파트너와 짝을 이뤘지만 가장 자주 호흡을 맞춘 이는 수잔 랑글렌이었다. 그들은 1919~1923년 5회 연속 우승을 차지했고 1925년에도 다시 정상에 올랐다.

그 외에도 라이언은 프랑스오픈 복식 4회 우승과 US오픈 1회 우승을 차지했다. 그녀는 1924년에 커리어의 정점을 찍었는데, 27개의 단식과 27개의 복식, 21번의 혼합복식을 합해 75회 우승 타이틀을 가져갔다.

엘스워스 빈스
출생: 1911년 9월 28일, 미국

윔블던 데뷔전 우승을 일군 9명의 남자 선수 가운데 한 명인 캘리포니아 출신 빅맨 빈스만큼 인상적인 선수도 드물 것이다. 전성기는 1932년이었는데, 당시 그는 겨우 20살이었고 그보다 2년 전에는 자신의 테니스 자체에 커다란 의구심을 품고 있었다. 시드니 우드의 무미건조한 테니스에 무기력하게 패했기 때문이다.

그는 강력하고 과감한 포핸드와 정교한 컨트롤, 파워 넘치는 스매싱과 인상적인 발리를 앞세워 1932년 여름 최고 기량을 선보였다. 윔블던 결승전에서 버니 오스틴을 맞아 전에 없던 대포알 같은 샷을 선보이며 6-4, 6-2, 6-0 승리를 완성했다.

2개월 뒤 빈스는 US오픈 타이틀을 되찾았지만 1933년 윔블던 결승에서 보인 그의 불꽃 튀는 천재성은 퇴색됐다. 빈스는 잭 크로포드와의 클래식 매치에서 패했고 데이비스컵에서도 프레드 페리와 오스틴에게 졌으며, US오픈 4회전에서 빗시 그란트에게 패한 뒤 라켓의 줄을 끊어 버리고 프로 전향을 선언했다. 그와 빌 틸든의 첫 대결에는 1만 4637명의 관중이 운집했다. 1939년 프로 골프 선수로 변신해 미국 최

옐레나 오스타펜코의 공격적 성향은 롤랑가로스에서 결실을 보았다.

고의 골퍼가 됐다.

예브게니 카펠니코프
출생: 1974년 2월 18일, 러시아

1996년 예브게니 카펠니코프는 존 매켄로 이후 처음으로 단식과 복식 세계 랭킹 5위 안에 들었다. 프랑스오픈에서 단복식을 동시에 석권하면서 받은 보상이었다(이는 1968년 켄 로즈웰 이후 처음으로 달성한 위업이다). 카펠니코프는 그해 3개의 단식 타이틀과 4개의 복식 타이틀을 추가했다. 롤랑가로스에서의 대성공은 남녀 통틀어 그랜드슬램 타이틀을 따낸 첫 번째 러시아인으로 기록됨을 의미했다. 결승전보다 한층 인상적인 승리는 그에 앞서 리처드 크라이첵과 피트 샘프러스를 물리친 것이었다.

카펠니코프는 6살 때 테니스를 시작해, 단복식을 모두 좋아하는 그의 성향으로 인해 다른 톱10 선수들보다 훨씬 많은 경기를 치렀다. 1994년과 1996년 그는 총 171 경기를 소화했지만 그는 메이저 대회 단식 타이틀 획득을 위해 복식의 비중을 줄였다. 1997년 1월에는 호주오픈을 준비하는 도중 체육관에서 펀치백을 때리다 손이 부러지는 끔찍한 부상을 당하는 시련을 겪었고, 그해 첫 4개월은 아예 뛰지 못했다. 1999년 다시 전성기 기량을 회복한 카펠니코프는 호주오픈 결승에서 토마스 엔크비스트를 꺾고 우승해 세계 1위에 등극했다.

옐레나 오스타펜코
출생: 1997년 6월 8일, 라트비아

어머니에게 5살부터 테니스를 배운 오스타펜코는 재능 있는 볼룸 댄서이자 국내 주니어 대회 우승자였다. 그녀는 선택의 기로에서 테니스를 직업으로 삼았다. 2014년

윔블던 주니어 챔피언에 올랐고 타슈켄트에서 열린 WTA 투어에서 처음 본선에 이름을 올렸다. 공격적인 스타일의 모 아니면 도 식의 강력한 포핸드를 가진 오스타펜코는 첫 경기에서 전 세계 11위 샤하르 피어를 2-0으로 꺾었고 2라운드에서 세니아 페르바크에게 졌다. 2015년 그랜드슬램 무대에 첫선을 보인 그녀는 윔블던과 US오픈 2라운드에 진출했지만 2016년 4대 메이저 대회 가운데 한 차례도 1회전 통과에 성공하지 못했다.

따라서 누구도 2017년 그녀의 결과를 예상할 수 없었다. 호주오픈 3회전 진출로 시즌을 출발한 그녀는 롤랑가로스에 도착했다. 47위 오스타펜코는 결승전에서 시모나 할렙에게 한 세트를 먼저 내줬지만 역전에 성공해 1933년 이후 처음으로 프랑스오픈에서 시드 없이 우승한 선수가 됐다.

올가 모로조바
출생: 1949년 2월 22일, 러시아

올가 모로조바에게 생애 최고의 순간은 1974년이었다. 소련 여자 선수 사상 처음 윔블던 결승에 오른 것이었다. 비록 톱시드인 크리스 에버트에게 6-1, 6-2로 압도당했지만 3번 시드 모로조바는 대회 기간 탄탄한 경기력을 선보였고 당시 시드 배정자가 8명밖에 없는 상황을 충분히 이용해 결승 이전까지 강적을 만나지 않았다.

체육 교사 자격증을 갖고 있던 그녀는 이미 1968년 알렉스 메트레벨리와 짝을 이뤄 혼합복식 결승전에 올라, 윔블던 결승에 오른 첫 번째 소련 여자 선수로 기록됐다. 1972년 이탈리아 오픈 준우승을 차지하면서 소련 여자 선수로는 처음으로 주요 국제 대회 단식 결승에 진출하기도 했다. 1년 뒤 다시 이탈리아 오픈에서 버지니아 웨이드와 함께 복식 정상을 밟았다.

유즈니 부샤드의 그랜드슬램 최고 성적은 윔블던 준우승이다.

당시 아마추어와 프로가 모두 출전할 수 있었지만, 소련 선수들이 받은 상금은 모두 러시아 협회에 돌아갔고 1977년 모로조바와 다른 소련 선수들은 당국에서 국제 대회 출전을 금지하면서 출전이 묶이기도 했다. 테니스가 다시 올림픽 종목이 될 수 있다는 사실을 알고 있었던 소련은 선수들의 아마추어 선수 신분을 잃게 하고 싶지 않았던 것이었다. 그러나 쓸데없는 짓이었다. 왜냐하면 테니스가 다시 올림픽에 돌아왔을 때는 프로에게도 출전이 허용됐기 때문이다.

요한 크리크
출생: 1958년 4월 5일, 남아공

요한 크리크는 1979년 그의 첫 번째 풀 시즌에 US오픈 8강에 오르고 1년 뒤 4강에 진출하기도 했지만 톱10을 유지할 만큼 일관된 실력을 보여주진 못했다. 프랑스오픈에서 두 차례 준결승에 진출한 그는 1981년 호주오픈에서 우승하고 이듬해 타이틀을 방어하면서 모든 코트에서 두루 능하다는 걸 증명했다. 크리크는 1982년 호주오픈 결승에서 스티브 덴튼을 물리쳤는데, 당시 대회는 그랜드슬램으로 제대로 인정받지 못해 많은 선수가 불참했었다.

크리크는 14개의 단식 타이틀과 8개의 복식 타이틀을 보유했다. 당시 많은 국가에서 남아공 여권 소지자의 입국을 불허했기 때문에 플로리다 네이플스로 이주해 미국 시민권을 획득했고 시니어 투어에서 활약했다.

웨인 페레이라
출생: 1971년 11월 15일, 남아공

큰 키와 옅은 붉은색 머리칼의 오른손잡이 페레이라는 1990년 그랜드슬램 단식 경기에 처음 출전해 당시 16번 시드를 받았던 프랑스의 야니크 노아를 꺾었다. 1989년 주니어 복식 세계 1위에 올랐던 페레이라는 잔디와 하드, 클레이와 카페트라는 4가지 다른 코트 표면에서 모두 우승한 아주 드문 현대 테니스 선수로 기록됐다.

이 다재다능한 올라운드 플레이어는 2005년 은퇴 전까지 톱10 근처에 늘 머물렀는데 1973년 공식 랭킹 시스템이 갖춰진 이후 이러한 기록을 낸 첫 번째 남아공 선수였다. 강력한 서브와 안정적인 리턴을 겸비한 그는, 아파르트헤이트 정책 폐지 이후 선수들이 자유롭게 투어를 다니며 남아공 테니스가 국제 대회에 재진입할 수 있도록 끌어올린 주역이었다. 학생 시절 크리켓과 축구, 배드민턴 선수였던 그는 애틀랜타 올림픽에서 단복식 모두 8강에 진출했다.

윌리엄&어네스트 렌쇼
출생: 1861년 1월 3일, 영국

많은 역사가들은 이 쌍둥이 형제를 현대 테니스의 창시자로 꼽는다. 분명 그들은 겨울철 영국과 아일랜드의 혹독한 날씨를 피해 프랑스의 리비에라까지 가서 테니스를 치며 1년 내내 테니스에 목숨을 건 초창기 인물들 가운데 한 명이다. 오른손잡이로 첼트넘 스쿨에서 지도를 받은 그들은 게임의 지배자였고, 특히 1880년대 윔블던에서 부드럽고 파워 넘칠 뿐 아니라 과감한 플레이로 당대 최고가 됐다.

어네스트는 감각이 뛰어났고 윌리엄은 파워, 특히 스매싱과 네트 앞 플레이가 좋았다. 형제는 3차례 윔블던 결승전에서 만났고 어네스트가 1888년 한 번 승리했다. 당시 윌리엄 렌쇼는 1881~1886 6회 연속 타이틀을 석권했지만 1887년 챌린지 라운드에서는 팔꿈치 부상으로 기권해야 했다.

윌리엄은 1889년 그의 형 어네스트를 상대로 한 설욕전에서 7번째 타이틀을 획득했다. 치열하고 아슬아슬했던 승부였다. 결승전에서 윌리엄은 4세트 2-5의 상황에서 6번이나 매치 포인트 위기를 벗어나야 했고, 5세트에서도 5-0으로 뒤지고 있었다. 그러나 놀랍게도 결국 8-6으로 승리했다. 윔블던 남자 단식 7회 우승은 2017년 로저 페더러의 8회 우승으로 깨졌으나 1880년부터 1889년 사이에 형제가 기록한 7번의 복식 우승은 아직도 기록으로 남아 있다.

윌프레드 배델리
출생: 1872년 1월 11일, 영국

보리스 베커가 1985년 17세에 첫 타이틀을 거머쥐기 전까지 윔블던 최연소 남자 단식 우승자는 윌프레드 배델리였다. 1891년 결승전에서 그는 19살 5개월 23일에 조슈아 핌을 물리치고 우승했는데 그해는 디펜딩 챔피언인 월로그비 해밀턴이 참가하지 않아 챌린지 라운드가 따로 없었다.

비록 그보다 앞서 활동했던 윌리엄 렌쇼나 도허티 형제만큼 재능을 인정받지는 못

위대한 선수들

이본 굴라공은 매 경기마다 관중들을 매료시켰다.

했지만 윌프레드와 허버트 형제는 1890년대 초반 테니스를 평정했다. 윌프레드는 1892년 챌린지 라운드에 올라온 조슈아 핌을 물리치고 자신의 타이틀 방어에 성공했고 허버트와 함께 1891년과 1894~1896년, 4차례 복식 정상에 올랐다.

유즈니 부샤드
출생: 1994년 2월 25일, 캐나다

여자 테니스의 떠오르는 스타였던 유즈니 부샤드는 뛰어난 외모 덕분에 순식간에 테니스 홍보 대사로 자리매김했다. 2011년 17세에 처음 WTA 투어 본선에 이름을 올렸지만, 본격적으로 치고 올라온 시기는 2013년이다. 오사카 투어 결승에 올라 샘 스토서에게 패해 준우승을 차지했고, 이후 두 차례 더 투어 4강에 올라 시즌 막판 '올해의 여자 신인상'을 수상하며 세계 32위를 기록했다.

2014년에는 가속도가 붙었다. 호주오픈 4강에 올라 페트라 크비토바에게 패했고 프랑스오픈 4강에서도 마리아 샤라포바에게 졌다. 윔블던에서는 결승까지 진출했으나 역시 크비토바의 벽을 넘지 못했다. 그해 부샤드는 누렌버그에서 첫 WTA 타이틀을 품에 안았고 세계 5위까지 올라섰다. 2015년 호주오픈 8강에 올랐지만 이후 팔 부상과 컨디션 조절 실패로 세계 랭킹 48위까지 떨어졌다. 부샤드는 이후 그랜드슬램 대회에서 3회전 이상 진출하지 못하고 있다.

이바 마졸리
출생: 1977년 8월 12일, 크로아티아

이바 마졸리는 7살에 테니스를 시작해 그녀의 잠재력을 마음껏 발휘하기 2년 전까지 톱10에 꾸준히 이름을 올렸다. 1997년 6월 프랑스오픈에서 크로아티아 사상 첫 그랜드슬램 우승을 달성하며 보여준 눈부신 기량은 그녀를 갑작스럽게 돋보이게 했다. 당시 9위였던 마졸리는 야나 노보트나를 꺾고 하노버에서 우승한 데 이어 함부르크에서도 루산드라 드레고미르를 이기고 정상에 올랐다. 롤랑가로스에서 네 경기 연속 풀세트까지 갔는데 이 과정에서 린지 데븐포트를 물리쳤고, 슈테피 그라프를 꺾고 올라온 아만다 쿠체를 제압하며 결승에 올랐다. 결승에서 마졸리는 마르티나 힝기스에게 79분간의 경기 끝에 시즌 첫 패배를 안겼을 뿐 아니라 브레이크 포인트를 한 차례도 내주지 않았다.

불행히도 프랑스오픈 당시의 혈기와 자신감은 시즌 후반기까지 이어지지 못했다. 윔블던 8강까지 올라 안나 쿠르니코바에게 패했지만, 세계 4위에서 정점을 찍은 그녀의 자신감은 7월부터 10월까지 점점 내려가 1997년 말에는 6위까지 밀렸다. 1998년 마졸리는 롤랑가로스 8강에 올랐지만 부상과 사투를 벌인 끝에 2004년 은퇴하기 전까지 단 1개의 투어 타이틀(2002년 찰스턴) 추가에 그쳤다.

이반 랜들
출생: 1960년 3월 7일, 체코슬로바키아

아마도 가장 근면하고 헌신적인 프로페셔널 테니스 선수인 이반 랜들은 그의 생애 가장 중요한 경기들의 아주 세세한 키포인트들을 정확하게 기억해 내는 백과사전 같은 기억력의 소유자이기도 하다. 1980년부터 1992년까지 13년 동안 최상위 레벨에서 꾸준히 활약하며 톱10 밖으로 밀린 적이 없었다.

랜들의 커리어는 1984년 일대 전환점을 맞았다. 4대 그랜드슬램 대회 가운데 3차례 준우승만 차지했던 그가 프랑스오픈 결승에서 존 매켄로를 만난 것이다. 매켄로가 첫 두 세트를 딴 뒤 갑자기 무너져 버리면서, 랜들은 자신의 통산 8회 메이저 우승 타이틀 가운데 첫 번째 영광을 거머쥐게 됐다. 그 뒤부터 랜들은 상대를 엄청나게 압박해 거의 포기하게 만드는 테니스로 명성을 떨쳤지만, 윔블던만큼은 예외서서 두 차례 준우승과 5차례 4강 진출에 만족해야 했다. 랜들 자신도 스스로가 잉글랜드 잔디의 변화무쌍함을 정복할 수 있다고 믿지는 않아 보였다.

랜들은 1983년 2월 처음 세계 1위에 올라 4차례 연말 세계 1위를 기록했다. 테니스 역사에서 가장 긴 연승 기록을 두 번 갖고 있다. 1981년 10월 18일부터 44연승과 1983년 1월부터 시작된 실내 코트 66연승이다. 94개의 단식 타이틀 소유자인 동시에 52회 준우승자였다. 훗날 투어 코치로서의 새로운 역할을 찾았고, 앤디 머리의 2012년 US오픈과 2013년, 2016년 윔블던 우승을 도왔다.

이본 굴라공
출생: 1951년 7월 31일, 호주

순수한 즐거움과 매력의 관점에서만 놓고 본다면, 여자 테니스에서 이 호주 원주민 출신 양털 깎기 장수의 딸에 버금가는 수준에 도달한 선수는 극소수일 것이다. 챔피언으로서의 재능은 유럽으로 첫 투어를 가기 훨씬 전에 드러났다. 행복과 행운이 깃든 소녀는 언제 어디서 경기를 하든 즐거움을 발산했고, 1970년 윔블던 첫 출전에서 굴라공이 받은 어마어마한 인기는 신속히 전 세계로 퍼져나갔다.

때로 포핸드가 불안했고 경기 도중 자주 집중력을 잃는 모습을 보였지만, 굴라공은 1971년 처음 출전한 프랑스오픈에서 우승을 차지했다. 그리고는 기분 좋게 윔블던으로 건너가 위대한 챔피언인 빌리 진 킹을 4강에서 손쉽게 제압하더니, 같은 호주의 마가렛 코트마저 2-0으로 이겨버렸다. 두 번째 윔블던 우승은 9년 뒤 1980년에 달성됐는데 그 긴 시간 동안 굴라공은 윔블던 준우승을 3차례 차지했고, 호주오픈에서 4개의 단피식 타이틀을 따낸 동시에 두 아이의 엄마가 됐다. 굴라공은 66년 만에 윔블던에서 엄마로서 챔피언에 오른 선수가 됐다. 당시 그녀의 매끄러운 기술과 담대한 기질은 전혀 변함이 없었다.

이본 페트라
출생: 1916년 3월 8일, 인도차이나

198cm의 프랑스 식민지 출신 오른손잡이 페트라는 그랜드슬램 단식 사상 최장신 챔피언으로 기록돼 있다. 이본 페트라는 고향인 인도차이나에서 맨발로 테니스를 배웠다. 서브와 네트 앞에서의 파워를 앞세워 약점으로 여겨진 백핸드를 보완했다. 페트라는 1946년 2차 대전 이후 첫 윔블던 챔피언에 깜짝 등극했다. 특히 전쟁 포로로 잡혀 무릎 수술을 받은 뒤 경기를 치러, 얼마나 잘 칠 수 있을지 불확실한 상황에서 거둔 승리였다. 그는 또한 긴 플란넬 바지를 입고 우승한 마지막 선수이기도 했다.

8강에서 디니 페일스를 꺾어 모두를 놀라게 만든 그는 톰 브라운에게 먼저 두 세트를 내주고 역전승을 거둔 데 이어 제오프 브라운과의 결승에서도 두 세트를 뒤지다 승부를 뒤집었다. 프랑스오픈에서 2회 복식 챔피언에 올라 데이비스컵에 자동 선발된 그는 1947년 발 수술을 받은 뒤 고전을 거듭하다 이듬해 1월 코치로 전향했다. 페트라는 1937년 윔블던과 US오픈 혼합복식 준우승을 차지했다.

이형택
출생: 1976년 1월 3일, 강원도 횡성

2003년 1월 12일은 한국 테니스에 기념비적인 날이다. 사상 처음 한국 선수가 ATP 투어 대회에서 우승컵을 들어 올린 날이었고, 이날의 주인공은 당시 27살의 이형택이었다.

아디다스 인터내셔널이라는 이름의 이 투어 대회는 등급상 가장 낮은 ATP 250 시리즈였지만, 실제 이형택이 이 대회에서 물리친 선수들의 면면은 무게감이 달랐다. 앤디 로딕, 웨인 페레이라, 그리고 그해 프랑스오픈을 정복하고 세계 1위까지 올라선 후안 카를로스 페레로까지 톱10급 선수들을 차례차례 쓰러뜨리고 얻은 성과였다.

강원도 횡성에서 태어난 이형택이 한국 테니스의 온갖 새로운 기록과 전설을 만들어 나가리라고 예상한 이는 많지 않았다. 10대 시절부터 국내 최고 유망주로 각광받기는 했지만 1990년대 중반까지만 해도 한국 테니스는 국제 투어 무대 도전과는 거리가 멀었기 때문이다. 하지만 삼성증권 테니스단에 들어가 주원홍 감독의 전폭적인 지원으로 꾸준히 세계 무대를 노크했고, 서서히 결실을 맺어갈 수 있었다. 2000년 US오픈에서 16강까지 올라 당시 세계 최고의 선수로 군림하던 피트 샘프러스와 1세트 팽팽한 타이 브레이크 접전을 벌여 전 세계에 처음 이형택이란 이름 석 자를 제대로 알렸다.

3년 뒤 국내 최초로 ATP 투어 정상에 오른 이형택은 꾸준히 세계 100위 이내에 이름을 올리며 정글 같은 투어 무대에서 살아남았다. 선수 말년이라고 할 수 있는 2007년 US오픈 32강전에서 당시 떠오르는 별인 영국의 앤디 머리를 꺾는 이변을 일으키며 두 번째 메이저 16강 진출에 성공했는데, 이는 그의 나이 32세 때 이룬 쾌거였다. 이형택은 최고 랭킹 36위까지 올랐다.

이형택은 태극마크를 가슴에 달았을 때 더 강해졌다. 1998년 방콕 아시안게임에서 3년 선배 윤용일과 함께 단체전 금메달을 획득했고, 국가대항전인 데이비스컵에서는 거의 혼자 힘으로 난적들을 꺾는 영웅적인 활약을 펼치며 20년 만에 대표팀을 세계 16강 격인 월드그룹에 올려놓기도 했다.

이형택의 커리어는 적어도 일본의 니시코리 케이가 등장하기 전까지는 아시아에서 독보적인 성취였다고 해도 과언이 아니다. 원핸드 백핸드를 사용했고 네트 앞 감각적인 발리에 능해 복식에서도 제몫을 톡톡히 해내는 전천후 스타일이었다. 177cm의 크지 않은 신장 탓에 서브에서의 한계가 있었지만, 다양한 테크닉으로 이를 극복했다.

2009년 현역에서 은퇴한 이형택은 지도자와 방송인, 유튜버를 오가며 의욕적인 활동을 이어가고 있다. 2021년 대한테니스협회 부회장을 역임하기도 했고 이듬해 7월 새롭게 창단한 오리온 테니스단의 감독으로 부임했다.

일리 나스타세
출생: 1946년 7월 19일, 루마니아

테니스 역사상 가장 재능이 넘치고 화려한 나스타세는 한없이 사랑받다 바로 다음 순간 증오의 대상이 되곤 했다. 커리어 통산 57개의 타이틀을 수집했고 이 가운데는 1972년 US오픈과 이듬해 프랑스오픈 트로피도 포함돼 있다. 그러나 그는 더 많은 우승을 차지할 수 있었는데 특히 윔블던이 그러했다. 1972년과 1976년 준우승에 머물렀다.

나스타세는 둘째가라면 서러워할 엔터테이너였다. 라켓을 손에 쥐면 수다스러웠고 웃음을 줬고 또 때때로 상처도 줬다. 문제는 너무 자주 다혈질이었다는 점인데, 유머와 면박의 아슬아슬한 경계를 잘 구분하지 못한 유형의 선수였다.

나스타세는 1969년 루마니아 데이비스컵 대표로 출전해 윔블던에서 열린 영국과의 경기를 승리로 이끌며 결승에 진출했고, 1971년과 1972년에도 결승행을 이끌었다. 그러나 루마니아는 그때마다 미국에 패했다. 특히 1972년 스탠 스미스와 결승전 첫 경기에서 긴장감을 이겨내지 못하며 3-0으로 완패한 것이 잘 알려져 있다. 나스타세는 불과 3개월 전, 날씨로 인해 사상 처음 일요일에 열린 윔블던 결승에서 5세트 접전 끝에 스미스에게 패하기도 했다.

그러나 그 두 대회 사이에 열린 US오픈에서는 달랐다. 나스타세는 결승전에서 아서 애시에게 4세트 2-4로 뒤지고 있었고, 또한 5세트도 먼저 브레이크를 당했지만 역전에 성공했다. 이온 티리악과 복식 파트너로 친분을 쌓은 나스타세는 총 146번 출전한 데이비스컵 단식과 복식에서 109승을 거뒀다. 데이비스컵 감독을 거쳐 루마니아 테니스 협회장을 역임했다.

대한민국 테니스의 자존심이자 길잡이였던 이형택은 은퇴 후에도 후진 양성과 테니스 저변 확대를 위해 활발하게 활동하고 있다.

ㅈ

잭 크라머
출생: 1921년 8월 1일, 미국

잭 크라머는 1939년 18살에 미국 데이비스컵 대표로 출전해 조 헌트와 복식을 뛰었

위대한 선수들

일리 나스타세는 코트에서 때로 마치 광대처럼 행동하며 팬들의 많은 사랑을 받았다.

다. 챌린지 라운드에서 뛴 최연소 선수였다. 그러나 그가 윔블던에서 긴 바지 대신 반바지를 입고 단식에서 우승한 최초의 선수였다는 점은 선수와 프로모터, 정치가와 TV 해설가로서 그가 테니스에 기여한 눈부신 성과에 비한다면 그다지 중요하지 않을 것이다.

크라머는 1946년 종전 이후 국제 테니스가 다시 활기를 찾기 시작했을 때 전성기를 맞이했다. 그해 크라머는 US오픈에서 우승했지만 윔블던 3회전에서 야로슬라브 드로브니에게 패했는데 손에 고약한 물집이 잡힌 게 문제였다. 하지만 이듬해 크라머는 엄청났다. 비록 4강전에서 디니 페일스에게 한 세트를 내주긴 했지만 톰 브라운과의 결승전에서 불과 48분만에 6-1, 6-3, 6-2로 무자비한 승리를 거뒀다. 7경기에서 단 37게임만 내줬고 이는 1922년 챌린지 라운드가 폐지된 이후 어떤 선수도 범접하지 못한 기록으로 남았다.

몇 주 뒤 크라머는 US오픈을 거머쥐었지만 프로로 전향해 선수와 프로모터 양쪽 방면에서 성공을 이어갔다. 마침내 오픈 테니스 시대가 열리자 그는 모든 토너먼트 대회를 통합하는 그랑프리 서킷을 창시했다. 1973년 크라머가 ATP 선수들의 윔블던 보이콧 사태를 주도하자, 영국 내에서의 그의 인기는 뚝 떨어졌다.

잭 크로포드
출생: 1908년 3월 22일, 호주

우아함과 장인 정신으로 팬들을 매료시킨 클래식한 선수. 빌 틸든은 기교적인 측면에서 크로포드를 앙리 코셰 다음으로 평가했다. 훗날 크로포드의 호적수가 되는 프레드 페리 역시 같은 칭찬을 아끼지 않았다.

키가 크고 체중이 많이 나가는 편인 크로포드는 보통 베이스라인에 머문 채, 크리켓 셔츠의 기다란 소매를 걷어 올리지도 않고서 라켓을 휘둘렀지만, 언제나 정확함과 빠른 속도를 자랑했다. 이것은 1933년 윔블던 결승전에서 극명하게 드러났다. 그는 엘스워스 바인스를 4-6, 11-9, 6-2, 2-6, 6-4로 이겼는데 그 경기는 당시까지 윔블던 최고 명승부로 꼽혔다.

크로포드는 US오픈이 열리는 포레스트 힐스에서 캘린더 그랜드슬램을 완성할 유력한 후보로 꼽혔지만 너무 지친 나머지 네트에서 지속적인 압박을 가한 프레드 페리에게 5세트 접전 끝에 패하고 말았다. 그 뒤로 크로포드는 이전과는 전혀 다른 선수가 돼 버렸다.

쟈크 브뤼뇽
출생: 1895년 5월 11일, 프랑스

브뤼뇽은 프랑스 사총사 가운데 복식 전문 선수였다. 다소 불안정한 성격 탓에 1926년 윔블던 결승에서 5번의 매치 포인트를 잡고도 패하는 등 단식에서는 약점이 있었지만, 복식에서는 어떤 파트너와 짝을 이루더라도 해낼 수 있는 기술과 능력을 갖추고 있었다. 빌 틸든은 "토토(브뤼뇽의 별명)가 복식에서 잘 모르는 건 알아야 할 가치가 없는 것이다"고 말했다.

브뤼뇽은 윔블던과 프랑스오픈 복식에서 장 보로트라와 호흡을 맞춰 각각 두 차례 우승했다. 브뤼뇽은 또한 수잔 랑랑과 짝을 이뤄 프랑스오픈 혼합복식을 5번 정복했다. 그는 보로트라와 1928년 호주오픈 복식에서 우승했고 데이비스컵에 31회 출전해 22승을 거뒀다. 브뤼뇽은 레종도뇌르 훈장을 받았고 훗날 데이비스컵 감독을 맡았다. 브뤼뇽과 보로트라는 40대 이후에도 여전히 강력한 팀을 이뤄 1939년 프랑스오픈 결승에 진출해 매치 포인트를 잡았으나 아쉽게 패한 적도 있다. 그들은 그랜드슬램 고별전에서 53세와 51세의 나이로 1948년 윔블던에 나왔고 3라운드까지 진출하며 관중들의 뜨거운 성원을 받았다.

쟝 보로트라
출생: 1898년 8월 13일, 프랑스

승부처에서 도전 의지를 표시하기 위해 갑자기 검은 베레를 쓰는 걸로 유명한 멋쟁이 스타일의 소유자. 그럼에도 불구하고 일생 동안 보로트라처럼 테니스를 진지하게 여긴 사람은 또 없었다. 그는 95살에 세상을 떠났는데, 90살이 넘어서도 매주 1~2회 테니스를 칠 정도로 강인한 인물이었다.

보로트라의 테니스는 네트 앞에서의 두려움 없는 공격이 밑바탕이다. 또 그의 백핸드 발리와 스매시는 역대 최고의 기술로 평가된다. 1920년대와 1930년대 초반까지 데이비스컵을 지배한 프랑스 사총사의 일원으로 유명한 보로트라는 1924년과 1926년 윔블던에서 우승했고 1928년 호주오픈, 1931년 프랑스오픈 트로피를 품에 안았다. 그에 더해 4대 그랜드슬램 대회 모두에서 복식과 혼합복식 타이틀을 차지했다. 1922~1937년 프랑스 데이비스컵 대표로 뛰었고 1947년 재합류했다. 1977년까지 윔블던 등 시니어 대회에 수차례 나왔다. 보로트라는 윔블던의 50주년, 75주년,

100주년 행사에 모두 참석한 유일한 인물이었다.

제니퍼 캐프리아티
출생: 1976년 3월 29일, 미국

제니퍼 캐프리아티는 그랜드슬램 3회 챔피언이자 전 세계 랭킹 1위 선수다. 그녀는 세계 테니스계에 매우 광범위하면서도 현재까지 지속되는 영향을 끼쳤다. 캐프리아티는 압박감으로 인해 코트 밖에서 갖가지 이슈를 일으켰고, 이는 결국 14세 이후 국제대회 출전이 가능한 연령 제한 제도의 재도입에 영향을 미쳤다.

캐프리아티가 처음 스포트라이트를 받은 건 13세 때였다. 와이트먼컵 미국 대표로 나선 그녀는 영국의 클레어 우드를 6-0, 6-0으로 물리쳤다. 그 경기를 지켜본 빌리 진 킹은 캐프리아티가 18살이 될 즈음 세계 챔피언에 오를 것으로 예측했다. 한동안 그 예언은 실현되는 듯했다. 캐프리아티가 14세에 톱10에 들며 역대 최연소 여자 선수가 됐기 때문이다. 1991년 15세 때 그녀는 마르티나 나브라틸로바를 물리치고 윔블던 사상 최연소 4강 진출자가 됐다. 또 세계에서 가장 돈을 많이 버는 40명의 스포츠 스타 가운데 하나로 이름을 올렸다.

하지만 그녀는 엄청난 성공을 감당하지 못했다. 비록 1992년 바르셀로나 올림픽 결승전에서 슈테피 그라프를 물리치고 금메달을 획득했지만, 약물 의혹과 상점 절도 등에 연루되었고, 단기간 반짝 부활하기도 했지만 한계는 뚜렷했다. 그래도 캐프리아티는 결국 어려움을 극복해 내고 선수 말년에 꾸준히 메이저 대회에서 좋은 성적을 거둬, 호주오픈 2회 연속 우승(2001~2002)과 프랑스오픈(2001) 우승을 차지하며 연말 세계 랭킹 2위까지 올라섰다. 어깨 부상과 계속된 수술로 인해 2005년 은퇴했다.

제랄드 페터슨
출생: 1895년 12월 17일, 호주

캐논 서브와 그 못지않게 효과적인 세컨 서브를 장착한 건장한 체격의 이 호주 선수는 1919년 윔블던 데뷔 직전 1차 대전 당시 공로로 참전 훈장을 받았다. 페터슨은 윔블던에서 처음으로 8번 경기해 승리한 선수가 됐는데, 7번의 올 커머스 라운드 경기와 1번의 챌린지 라운드였다. 결승에서 호주의 노만 브룩스를 꺾었다. 당시 브룩스는 1차 대전으로 인해 1914년 이후 5년 만에 타이틀 방어에 나선 참이었다.

페터슨은 우승할 자격이 있는 선수였다. 비록 이듬해 빌 틸든이 7경기를 승리한 뒤 챌린지 라운드에 올라, 페터슨의 빠른 속도를 제어할 수 있는 올라운드 플레이의 진수를 선보이긴 했지만. 흥미롭게도 1922년 페터슨이 다시 윔블던에 돌아왔을 때 챌린지 라운드는 폐지됐고 처치 로드에서 처음 대회가 열렸는데, 1라운드 부전승을 받아 두 번째 정상에 오르는 데는 6경기면 충분했다.

페터슨의 서브는 강력했지만 때때로 범실이 많은 문제가 있었다. 1927년 호주오픈 우승 당시가 그랬다. 29개의 에이스를 터트렸지만 더블 폴트 수도 똑같았다. 페터슨은 호주오픈 복식에서 5차례 우승했고 1920년 혼합복식 우승도 해냈다. 데이비스컵에 46차례 나와 32승을 거뒀다.

조 윌프리드 송가
출생: 1985년 4월 17일, 프랑스

또 한명의 주니어 톱 랭킹 선수인 송가는 성인 무대로 나아가는 과정에서 등과 무릎, 복부 부상으로 제동이 걸렸다. 2003년 주니어 세계 2위에 올랐고 윔블던 주니어 4강과 US오픈 주니어 우승을 차지해 세계 테니스의 손짓을 받게 된 그때, 그의 꿈은 의사의 진단을 받고 산산이 조각날 위기에 처했다. 허리 디스크 판정을 받게 되면서 테니스를 그만둬야 할 수도 있게 된 것이다.

송가는 그들이 틀렸음을 보여줬다. 2007년 퓨처스와 챌린저 대회에서 연승 행진을 벌이며 드라마틱한 복귀에 성공해, 세계 50위권에 진입했다. 퀸스 대회 3회전에 진출했고 윔블던 16강에 올랐다. US오픈 팀 헨만의 은퇴 경기에서 승리를 거뒀고 3회전에 올라 나달에게 패했다.

2008년을 시작하면서 송가는 그의 부활이 잠깐 스쳐 지나가는 미풍이 아님을 보여줬다. 호주오픈 시드를 받지 못한 상태로, 준결승에서 나달을 물리치고 결승까지 올라 노박 조코비치에 이어 준우승을 차지한 것이다.

이후 송가는 다시 전성기의 성공을 반복하지 못했지만 5차례 그랜드슬램 4강에 올랐다. 호주오픈(2010), 프랑스오픈(2013, 2015), 윔블던(2011, 2012). 혼혈아인 그는 아버지 디디에가 1970년 콩고에서 프랑스로 이주해 핸드볼 선수로 뛰었다. 송가 스스로 자신의 파워풀한 서브가 아버지의 강력한 핸드볼 어깨에서, 그리고 차분함은 프랑스 출신 어머니 에벨린에서 비롯됐다고 믿고 있다. 188cm의 키와 빠르고 강한 몸, 그리고 평정심의 소유자인 그는 외모 때문에 복싱 전설 무하마드 알리와 비교되

장 보로트라의 테니스는 검은색 베레모와 함께 완성된다.

'프랑스 '뉴 사총사'의 선두주자였던 송가는 2022년 은퇴를 선언했다.

위대한 선수들

쥐스틴 에넹의 원핸드 백핸드는 당대 최고로 평가받았다.

지나 게리슨, 시민 공원에서 윔블던 결승까지 오른 인물

존 뉴콤
출생: 1944년 5월 23일, 호주

테니스 역사상 최고의 카리스마 소유자. 그의 트레이드마크가 된 콧수염이 채 영글기도 전인 17세까지 테니스에 재능을 쏟아붓지 않았던 존 뉴콤은 로드 레이버와 함께 아마추어와 프로 자격으로 모두 윔블던 남자 단식 우승을 기록했다. 실제로 그는 1967년 아마추어로서 마지막 우승했고 1969년 레이버에 이어 준우승, 그리고 이후 2년 연속 윔블던 챔피언에 올랐다. 아마 ITF가 그의 출전을 제한하지 않았다면 3회 연속 윔블던 정상에 설 수도 있었을 것이다. 당시 ITF는 전통적인 테니스 대회와 마찰을 빚은 미국의 단체가 주도한 월드 챔피언십 테니스(World Championship Tennis)와 계약한 프로 선수들을 받아들이지 않았다.

1963년 19살 존 뉴콤에게는 데이비스컵 데뷔전에서 미국을 맞아 챌린지 라운드에서 단식 경기를 치러야 하는 버거운 임무가 주어졌다. 그는 단식 두 경기에 모두 졌고 이후 1967년까지 단식 선수로 선발되지 않았다. 하지만 당시 뉴콤은 단식과 복식에 걸쳐 가장 꾸준하고 경쟁력 갖춘 서브앤발리 선수로 주목받았고, 복식에서는 토니 로체와 뛰어난 호흡을 자랑했다.

윔블던 복식 6회 우승 가운데 다섯 번을 왼손잡이 로체와 함께 일궜고, 호주오픈에서도 5차례 가운데 네 번을 로체와 함께했다. 1967년 뉴콤은 US오픈 단식 정상에 올랐고 영국의 로저 테일러와 함께 다소 기이한 결승전에서 승리를 거두며 첫 복식 우승도 달성했다. 뉴콤-테일러 조가 세트 스코어 2-1로 앞선 상황에서 어둠이 엄습했는데 다음 날로 미루는 결정을 내리는 대신, 9점짜리 타이 브레이크가 실험적으로 적용된 것이다. 결과는 뉴콤과 테일러의 5-3 승리였다.

존 브롬위치
출생: 1918년 11월 14일, 호주

스핀과 전략 전술의 대가인 브롬위치는 역사상 가장 뛰어난 복식 선수로 알려져 있다. 하지만 그의 전성기인 2차 세계 대전 기간 국제 대회 출전이 6년간 막혀 제한적인 성공을 거둘 수밖에 없었다. 브롬위치는 양손잡이인 이단아였다. 포핸드 드라이브와 발리 모두 오른손과 왼손을 모두 번갈아 사용했다. 주된 업적은 1939년과 1946년 호주 챔피언십에서 기록됐는데, 그는 같은 호주 출신의 아드리안 퀴스트를 물리치고 우승했다. 또한 퀴스트와 함께 2차 대전 발발 직전 US오픈 복식에서 우승하기도 했다. 이 둘의 찰떡궁합은 1938~1940년과 1946~1950년까지 호주오픈 복식 8차례 우승으로 이어졌다. 브롬위치는 1948년 윔블던 결승에 올라 5세트 5-3으로 앞선 상황에서 3차례 매치 포인트를 잡았지만, 위기에서 탈출한 밥 포켄버그에게 7-5, 0-6, 6-2, 3-6, 7-5로 역전을 허용했다.

쥐스틴 에넹
출생: 1982년 6월 1일, 벨기에

이 자그마한 체구의 벨기에 여인은 뛰어난 백핸드의 소유자이며 도전을 즐겼다. 취미가 스카이다이빙이라는 사실에서 알 수 있듯이 에넹은 두려움이 없다. 1999년부터 시니어 선수 생활을 시작한 그녀는 와일드카드를 받고 데뷔해 우승까지 차지한 다섯 번째 선수다. 손목 부상이 잠재적인 위험 요소였지만 에넹은 기술의 완성도와 단호한 의지력을 앞세워, 2003년 프랑스오픈과 US오픈 정상에 올랐다. 또 호주오픈과 윔블던 4강에 올라 그해 10월 세계 1위에 오르기도 했다.

이듬해 세계 1위로 출발해 호주오픈을 타이틀 리스트에 추가했지만 호흡기 질환으로 앤트워프 대회 출전을 포기해야 했다. 에넹은 다시 복귀해 정상 컨디션을 되찾는 듯했지만 몇 달 뒤 바이러스성 감염으로 다시 주저앉았다. 롤랑가로스 디펜딩 챔피언으로 출전해 2라운드에서 전염성 단핵구증으로 좌절했고 올림픽에서 다시 최상의 테니스를 선보이며 금메달을 땄으나, 또다시 몸이 아파 US오픈 타이틀 방어에 실패한 채 4라운드에서 짐을 싸야 했다.

그녀가 건강 문제를 완전히 해결한 건 2005년 봄에 이르러서였다. 프랑스오픈 타이틀을 다시 획득해 이후 3년간 챔피언 자리를 지켰다. 햄스트링 부상으로 남은 시즌 타격을 입었지만 연말 톱10에 안착했다. 좀처럼 이기기 어려운 선수라는 명성을 얻으면서 2006년 4대 메이저 대회 결승전에 모두 진출했고 2007년 US오픈 타이틀을 추가했다. 윔블던에서는 4강까지 올랐다. 에넹은 베를린 대회에서 디나라 사피나에게 3세트 접전 끝에 패한 뒤 프랑스오픈을 코앞에 두고 은퇴를 선언했다. 당시 그녀는 세계 1위이자 프랑스오픈 디펜딩 챔피언이었고, 가장 유력한 우승 후보이면서 5번째 롤랑가로스 트로피를 들 수 있는 유력한 후보로 꼽혔다.

에넹은 2010년 다시 WTA 투어에 복귀해 두 번째 출전 대회인 호주오픈 결승까지 올랐다. 하지만 이듬해 1월 팔꿈치 부상을 이유로 두 번째 현역 은퇴를 선언했다. 에넹은 43개의 투어 타이틀과 7차례 그랜드슬램 우승을 기록했고, 두 번의 연말 WTA 챔피언십 정상에 올라 약 311억 원의 누적 상금을 기록했다.

가장 큰 아쉬움은 윔블던 우승이 없다는 것이다. 2006년 결승까지 오른 게 최고 성적인데, 아멜리 모레스모에게 2-6, 6-3, 6-4로 졌다.

지나 게리슨
출생: 1963년 11월 16일, 미국

10살부터 테니스를 시작한 지나 게리슨은 휴스턴 존 윌커슨의 공공 공원 프로그램에서 기회를 얻었다(존 윌커슨은 텍사스주 출신의 테니스 코치로, 휴스턴 맥그레고리 공원에 무료 테니스 프로그램을 보급해 공공 테니스 발전에 크게 기여했다 - 옮긴이). 그녀는 1978년 전미 14세 이하 챔피언십에서 결승에 올라 세간의 주목을 받았다. 그때부터 지나의 미래 전망은 분홍빛이었다. 1989년 11월 최고 랭킹 4위까지 오른 그녀의 최고 전성기는 의심할 바 없이 1990년 윔블던이었다. 당시 모니카 셀레스와 슈테피 그라프 모두를 3세트까지 가는 접전 끝에 연파하고 1957년 알테아 깁슨 이후 처음으로 결승전에 오른 흑인 여자 선수가 됐다.

테니스가 1988년 서울 올림픽부터 메달 스포츠로 다시 복귀하게 되면서, 게리슨 잭슨 부인이 된 지나는 팸 슈라이버와 함께 여자복식 금메달을 획득했고 단식에서도 동메달을 목에 걸었다. 비록 지속적으로 좋은 모습을 보여주지는 못했지만 움직임이 빠른 공격형 발리 전문 선수로, 베이스라인 게임이 대세였던 여자 테니스에 가장 모험적인 선수로 평가됐다.

지미 코너스
출생: 1952년 9월 2일, 미국

일리노이주에서 온 '거리의 싸움꾼'인 이 전설적인 선수는 "결코 포기하지 않는다(Never-say-die)"는 투지로 테니스 팬들을 사로잡아 버렸다. 지미 코너스는 사실 미국 정신을 대변한다. "짐보(Jimbo)"로 불린 그는 모든 대회의 강력한 우승 후보였다. 코너스는 그의 기나긴 경력 내내 스틸 라켓인 T-2000을 사용했는데, 다른 선수들이 더 이상 쓰지 않고 심지어 제조사가 생산을 중단할 때까지 사용을 고집했다.

사실 그의 게임은 약점이 있었다. 스트로크는 효율적이긴 하나 정통파와 거리가 있었고 서브 역시 제한적이었다. 그럼에도 불구하고 상대는 코너스를 꺾기 어려웠다. 그의 파괴적인 투핸드 백핸드와 그라운드 스트로크 컨트롤 능력 때문이었다.

코너스는 가장 체력이 좋은 선수였고 늘 끝까지 공을 쫓아가 많은 사람들이 졌다고 생각한 포인트도 포기하지 않았다. 관중들의 흡인력도 대단했다. 공격적인 스타일과 코트에서의 악동 기질 덕분에, 코너스는 테니스를 점잖은 스포츠에서 명품 반바지를 입은 복싱 경기처럼 만들어 버린 일등 공신이 됐다.

보리와 매켄로, 그리고 그리 길지 않았지만 랜들과 빌인 라이벌전은 언론의 뜨거운 관심을 받았다. 23년의 뛰어난 선수 경력에서 1974년과 1982년, 두 차례 윔블던 정상에 올랐고 3차례 결승까지 진출했다.

코너스는 109개의 단식 우승 타이틀을 쌓아 올렸고 이는 좀처럼 깨기 힘든 기록으로 남아 있다. 코너스는 5차례 US오픈 우승(1974, 1976, 1978, 1982, 1983)과 한 번의 호주오픈 우승(1974)을 기록했고, 프랑스오픈 준우승에 두 차례 진출했다. 복식에서는 일리 나스타세와 호흡을 맞춰 윔블던(1973)과 US오픈(1975) 정상에 올랐다.

코너스는 US오픈의 3가지 각기 다른 코트 표면에서 우승한 유일한 업적을 남기기도 했는데 1974년에는 잔디, 1976년 클레이, 그리고 플러싱 메도우로 옮겨 하드 코트에서 우승했다. 31세에 마지막으로 US오픈에서 우승했고, 8년 뒤인 39세에도 끊임없이 도전해 4강까지 올랐다.

짐 쿠리어는 악착같은 승부사로 정평이 나 있다.

짐 쿠리어
출생: 1970년 8월 17일, 미국

1986년과 1987년 두 차례 오렌지볼을 제패한 주니어 유망주 짐 쿠리어는 1998년 당시까지, 오픈 시대 역사상 4대 메이저 대회 결승전에 모두 진출한 6명 가운데 하나로 이름을 올린 상태였다. 그 가운데 두 대회에서 우승했다. 호주오픈에서 2회(1992, 1993) 우승했는데 두 차례 모두 경기장 주변의 야라강에 몸을 던지며 우승 축하 세리머니를 펼쳤다. 프랑스오픈에서는 1991년과 1992년 두 차례 우승했다.

1996년 부상으로 메이저 대회 30회 연속 출전 기록이 끝났다. 톱10 밖으로 떨어진 이후, 기교는 여전했지만 상대를 뚫어내는 파워를 잃었다.

1992년 쿠리어는 흰색 야구 모자를 쓰고 나와 유명세를 탔고 잠시 세계 1위에 오르기도 했지만 6주 천하에 그쳤다. 이듬해 조금 더 성공을 거둬 윔블던에서 가장 좋은 8강의 성적을 내기도 했고 세계 1위에 17주 동안 머물렀다.

찰스 "척" 맥킨리
출생: 1941년 1월 5일, 미국

1961년 로드 레이버에 이어 준우승을 차지한 '땅딸보'이자 힘이 장사인 맥킨리는 2년 뒤 윔블던 정상에 섰다. 맥킨리는 재학 중인 샌안토니오 트리니티 칼리지의 특별 출전 허가를 받고 나왔다. 유난히 이변이 속출한 특별한 대회였다. 그 결과 맥킨리는 결승에 오르기까지 단 한 명의 시드 배정자도 만나지 않았다. 당시는 시드를 8명에게만 줬고 그마저도 단 2명만 출전했기 때문이다. 결승에서 맥킨리는 프레드 스톨에게 승리를 거뒀고, 이후 2번 더 패배를 안겼다.

맥킨리는 1961년과 1963년, 1964년 US오픈 복식 챔피언에 3차례 올랐다. 데이비스컵 미국 대표팀에 고정적으로 선발돼 1960~1965년 38차례 나가 29승을 거뒀다. 1963년 챌린지 라운드에서 호주를 상대로 3-2의 기념비적인 승리를 이끌기도 했다.

맥킨리는 과감한 다이빙과 점프 발리, 스매싱으로 관중들을 매료시켰다. 보리스 베커라는 또 다른 존재가 등장하기 전까지.

카롤리나 플리스코바
출생: 1992년 3월 21일, 체코슬로바키아

186cm의 장신 오른손잡이 플리스코바는 2012년 처음으로 그랜드슬램에 출전했지만 롤랑가로스와 윔블던 모두 1회전 탈락했다. 전환점은 2013년이었다. 플리스코바는 쿠알라룸푸르 대회 결승에서 마텍-샌즈를 꺾고 첫 WTA 투어 타이틀을 획득했고, 그해 처음 세계 100위를 돌파했다. 2015년 서울과 린츠에서 두 개의 타이틀을 더했지만 그랜드슬램에서 이렇다 할 성적은 내지 못했다. 최고 성적이 호주오픈 3회전 진출이었다. 그러나 그해 세계 24위까지 올랐다.

2016년에도 이와 비슷한 흐름처럼 보였다. 노팅엄과 신시내티에서 투어 정상에 올라 세계 랭킹을 계속 끌어올렸으나 여전히 그랜드슬램에서는 부진했다. 하지만 US오픈에서 생애 최고의 테니스를 펼치며 윌리엄스 자매를 물리치고 결승에 올라 안젤리크 케르버와 풀세트 접전 끝에 패했다(마지막 세트에서는 3-1로 앞서고 있었다!). 2017년 롤랑가로스 4강에 올랐고 호주오픈과 US오픈 8강을 기록했다. 플리스

카롤리나 플리스코바는 186cm의 장신을 이용해 강력한 서브를 구사한다.

코바는 2021년 윔블던 결승에 올랐으나, 당시 세계 1위 애슐리 바티의 벽을 넘을 수 없었다. 하지만 여전히 경쟁력을 잃지 않고 있어 앞으로도 몇 년간 그랜드슬램 우승 후보로 주목받을 것으로 보인다.

카를로스 모야
출생: 1976년 8월 27일, 스페인

마요르카 출신의 라파엘 나달이 등장하기 전까지, 카를로스 모야는 스페인 테니스 사상 처음으로 1999년 3월, 아주 잠깐이긴 했지만 세계 1위까지 오른 원조 간판스타였다. 그러나 이후 등 부상으로 커리어 후반부를 조기에 접어야 했다.

그랜드슬램에서의 첫 우승은 1998년 롤랑가로스였다. 1997년 호주오픈 결승, 1998년 US오픈 4강 진출도 빼놓을 수 없다. 이후 등 부상 후유증으로 그의 최고 성적은 프랑스오픈 2회, 호주오픈 1회 등 3번의 메이저 대회 8강 진출에 머물렀다.

그러나 모야는 매우 꾸준한 기량을 유지했고, 효과적인 톱스핀을 앞세워 마스터스 시리즈에서 3번 우승했다. 또한 준우승도 세 차례 했으며, 1998년에는 연말 마스터스컵에도 진출했다. 총 18개의 타이틀을 획득했고 조국의 데이비스컵 대표팀에도 충실히 참여해 2003년 결승 진출을 이끌었으며 이듬해에는 우승까지 차지했다. 지금은 라파엘 나달의 코치로 합류해 30세를 넘긴 나달의 영광을 함께 이끌고 있다.

캐롤라인 보즈니아키
출생: 1990년 7월 11일, 덴마크

이 재능 있는 덴마크 선수는 2005년 15살 생일이 불과 8일 지났을 때 프로에 데뷔했다. 그녀는 2006년 윔블던 주니어 타이틀을 획득했고 2007년에 접어들면서 톱100에 이름을 올렸다. 그녀가 두각을 나타내기 시작한 시즌은 2008년이었다. 보즈니아키는 3개의 WTA 투어 타이틀을 손에 넣었고 호주오픈 16강에 올라 처음으로 세계 20위에 진입했다.

2009년에는 윔블던 웜업 이벤트인 이스트본 대회 우승을 비롯해 3개의 챔피언십을 더 획득했다. 그녀는 US오픈에서 처음 그랜드슬램 결승에 올라 킴 클리스터스에게 7-5, 6-3으로 졌다. 보즈니아키는 2010년 6개의 타이틀을 획득하며 생애 첫 세계 1위에 올라 2011년까지 이를 지켰다. 하지만 여전히 첫 그랜드슬램 타이틀을 가질 수는 없었다. 2012년 호주와 US오픈 4강에 그쳤고 2014년 US오픈 결승전에서 세리나 윌리엄스에게 6-3, 6-3으로 패했다.

보즈니아키는 2018년 호주오픈에서 우승하며 마침내 숙원을 풀었고, 2020년 은퇴를 선언했다.

캐슬린 맥케인
출생: 1896년 5월 7일, 영국

리슬리 갓프리와 결혼하면서 키티 갓프리라는 이름으로 알려진 그녀는 틀림없는 영국 테니스의 전설이다. 수많은 승리와 긴 선수 생명, 그리고 무엇보다 넘치는 매력 때문이다.

1차 대전 이전까지 명실상부한 영국 최고 여자 선수인 맥케인은 1924년과 1926년

캐롤라인 보즈니아키는 지난 10여 년 동안 가장 주목받은 테니스 스타 중 하나였다.

윔블던 단식과 혼합복식을 석권했고 아주 특별한 기록을 세우기도 했다. 1924년 단식 결승에서 첫 세트를 빼앗기고 다음 세트에서도 1-4로 뒤진 상황에서 승부를 뒤집으며, 이 대회에서 유일하게 헬렌 윌스를 꺾은 선수로 기록됐다. 1926년에는 남편인 레슬리와 함께 두 번째 혼합복식 타이틀을 거머쥐며 부부로서 윔블던에서 우승한 유일한 복식조로 남게 됐다. 또 US오픈에서 복식 2회, 혼합복식 1회 우승을 차지했고 1920년과 1924년 올림픽 단식 동메달을 획득했다. 복식에서는 1920년 금메달과 1924년 은메달, 혼합복식에서는 1920년 은메달과 1924년 동메달을 목에 걸었다.

올 잉글랜드 배드민턴 단식 챔피언십을 4차례 석권한 그녀는 80세가 될 때까지 테니스를 즐겼다. 1988년 서울올림픽에서 92세의 나이로 기자회견을 열어 1시간이 넘도록 외신 기자들을 상대로 현대 테니스에 대한 추억과 견해를 밝히기도 했다.

커트 닐슨
출생: 1930년 11월 19일, 덴마크

덴마크 출신의 커트 닐슨은 위협적인 서브를 바탕으로 1953년과 1955년 두 차례에 걸쳐 시드를 받지 않은 채 윔블던 결승까지 올랐으나, 두 번 모두 뛰어난 발리를 자랑하는 비크 세이샤스와 토니 트레버트에게 패했다. 1951년 닐슨은 챔피언 딕 사비트를 3회전에서 만나 5세트까지 몰아붙이기도 했다. 닐슨은 파워에 기반한 플레이를 선보였는데, 이는 1955년 윔블던에서 특히 돋보였다. 그는 아베 세갈, 니키 피에트란젤리와 켄 로즈웰을 연이어 꺾고 결승에 올랐다. 1957 US오픈 혼합복식 정상에 오르며 덴마크 사상 첫 그랜드슬램 챔피언이 됐다. 스칸디나비아반도 전체에서

가장 뛰어난 선수였던 그는 특히 우드(Wood) 표면에서 열린 실내 챔피언십에서 단식 5번, 복식 4번 우승했다. 닐슨은 또한 미국과 프랑스의 실내 챔피언십 우승을 차지했고 1954년 본머스에서 열린 영국 하드 코트 복식 경기에서도 우승했다. 재미를 추구하는 선수로 1960년 프로로 전향해 나중에는 토너먼트 심판과 감독관, 행정가로 변신했다. 1948년부터 1960년까지 데이비스컵에 96회 출전해, 1953년 비공식 세계 랭킹 7위까지 올랐다.

케이 니시코리
출생: 1989년 12월 29일, 일본

일본을 넘어 아시아가 낳은 역대 최고의 선수. 케이 니시코리는 5살 때 테니스를 시작했다. 14살에 미국으로 건너가 IMG 테니스 아카데미에 입학했는데, 과감한 결정은 결실을 보았다. 2008년 ATP 투어 첫 타이틀을 18살 1개월의 나이에 획득해 일본 선수로는 16년 만에 ATP 투어 챔피언에 오른 것이다. 이후 US오픈 16강에 올랐고 그해 연말에는 세계 100위에 진입해 ATP 신인상을 받았다.

2009년 오른쪽 팔꿈치 수술을 받아 주춤했지만 2011년 30위권 진입에 이어, 2012년 고향인 도쿄에서 두 번째 투어 타이틀을 획득하면서 19위를 기록했다. 2013년 멤피스에서 3번째 타이틀을 품에 안은 그는 호주오픈과 프랑스오픈 모두 16강에 진출했고 랭킹 11위까지 치솟았다.

2014년 니시코리는 일본 테니스 역사상 처음으로 톱10에 진입했다. 그해 4개의 타이틀을 획득한 니시코리의 최고 하이라이트는 역시 US오픈이었다. 밀로스 라오니치와 스탄 바브린카, 노박 조코비치를 차례로 꺾으며 사상 첫 그랜드슬램 결승에 올랐다. 결승에서는 마린 칠리치에게 6-3, 6-3, 6-3으로 졌다. 니시코리는 2016년 US오픈 4강에 올라 챔피언 스타 바브린카에게 패했다. 이후 오랫동안 톱10 선수의 위상을 유지했지만 잦은 부상이 근심거리다.

켄 로즈웰
출생: 1934년 11월 2일, 호주

윔블던과 인연을 맺지 못한 수많은 뛰어난 선수들이 있었지만, 켄 로즈웰만큼 기품과 재능이 넘친 선수는 없었다. 강한 서브가 없었음에도 로즈웰은 두 가지 측면에서 잔디 테니스 역사에 자신의 이름을 새겼다. 첫째 그의 아름다운 스타일이다. 특히 백핸드를 내세운 수준 높은 그라운드 스트로크는 역대 최고로 꼽힐 만하다. 또 다른 요소는 그만이 가진 지속성인데 1953년부터 30년에 걸쳐 최고 수준을 유지했다. 1953년 로즈웰이 호주오픈과 프랑스오픈에서 첫 번째 메이저 타이틀을 획득한 이후 1978년 43세의 나이로 마지막 타이틀을 차지할 때까지였다.

그의 지속적인 성공이 더욱 놀라운 이유는 1957년부터 1968년까지 프로로 뛰어 그 어떤 중요한 대회에도 출전할 수 없었기 때문이다. 호주오픈에서 로즈웰의 첫 타이틀과 마지막의 간격은 19년이었고, 포레스트 힐스에서는 무려 14년 동안 활약했다. 윔블던에서는 무려 20년이어서, 1954년 야로슬라브 드로브니와의 첫 결승전을 시작으로 1974년 팔팔한 젊은 지미 코너스와의 대결까지 계속됐다.

시드니에서 태어난 로즈웰은 8개의 그랜드슬램 단식 타이틀과 9개의 복식 타이틀을 차지했다. 그러나 그의 스타일과 기술, 매너가 가장 잘 발휘된 윔블던에서는 단 한 번도 우승하지 못했다.

켄 맥그리거
출생: 1929년 6월 2일, 호주

비록 1951년 윔블던 준우승자였고 이듬해 호주오픈 단식 챔피언에 올랐지만, 켄 맥그리거는 기본적으로 복식 전문이었다. 프랭크 세드먼과의 파트너십은 당시 누구나 두려워할 만큼 강력했다.

1951년 그들은 더블 그랜드슬램을 달성했고 1년 뒤에는 US오픈을 제외한 모든 타이틀 방어에 성공했다. 1950년 맥그리거-세드먼이 패한 윔블던 8강전(6-4, 31-29, 7-9, 6-2, 94게임)은 4시간 5분에 걸친 혈투였다. 이 최장 시간 기록은 1966년 젠 스콧-니키 필리치가 클리프 리체이-토르벤 울리히 조를 5세트 96게임 끝에 꺾은 윔블던 1라운드 경기에 의해 깨졌다.

1950년 맥그리거는 예상치 않게 호주 데이비스컵 대표팀의 단식 주자로 선발되었고, 전 윔블던 챔피언인 테드 슈뢰더를 물리치는 이변으로 미국을 충격에 빠뜨리며 우승을 차지했다. 전직 축구선수이기도 한 그는 1952년 데이비스컵 챌린지 라운드에서 토니 트레버트를 꺾은 뒤 프로로 전향했다.

케이 니시코리는 아시아 남자 테니스 선수 최초로 세계 랭킹 4위에 올랐다.

콘치타 마르티네즈
출생: 1972년 4월 16일, 스페인

1994년 나브라틸로바와 맞붙었던 윔블던 결승전. 콘치타 마르티네즈가 자신의 강점인 투핸드 백핸드를 이때보다 더 확실하게 보여준 적은 찾기 어렵다. 당시 결승에서 마르티네즈는 나브라틸로바의 단식 고별전이자 윔블던 10회 우승을 저지했을 뿐 아니라 스페인 선수로는 사상 처음으로 윔블던의 주인공이 됐다. 2년 뒤 이탈리아 오픈에서는 처음으로 4회 연속 우승을 기록했고 애틀랜타 올림픽에서 아란차 산체스와 함께 동메달을 땄다.

그렇지만 전체적으로 봤을 때 마르티네즈는 자신감이 다소 부족했고 특히 올라운드 플레이가 점점 중요해지는 추세에서 네트 전진을 너무 주저했다. 1995년 10월 커리어 최고 랭킹 2위에 올랐고 페드컵에서 무패 행진을 달리며 스페인의 3회 연속 우승을 이끌었다. 그해 마르티네즈는 4대 그랜드슬램 대회 모두 4강에 올랐지만 1996~1997년 들어 점점 타이틀 획득이 어려워졌다. 특히 1997년 랭킹은 1988년 프로 데뷔 이후 가장 낮은 12위까지 떨어졌다. 2006년 33살의 나이에 은퇴했다.

크리스 에버트
출생: 1954년 12월 21일, 미국

테니스계에서 크리스 에버트라는 이름은 즉각적으로 3가지 특별한 자질을 떠올리게 한다. 집중력과 결단력, 그리고 세련됨이다. 크리스틴 마리 에버트는 19년에 걸친 그녀의 커리어에서 온갖 기록을 작성했는데, 그녀의 기록을 능가하는 선수는 위대한 챔피언 마르티나 나브라틸로바가 유일하다.

모든 선수들의 로망인 정확하고 흔들림 없는 투핸드 백핸드를 선보이기 이전부터, 에버트는 플로리다 테니스계에서 이미 명성을 떨치고 있었다. 그녀의 끈질김과 강인한 인내심은 1947년 캐나다 남자 단식 우승자였던 그녀의 아버지 지미가 포트 로더

위대한 선수들

콘치타 마르티네즈는 1994년 팬들의 사랑을 받은 윔블던 챔피언이다.

11번을 승리했지만 나브라틸로바가 결국 따라잡아 43승 37패로 마무리됐다. 나브라틸로바는 둘이 격돌한 13번의 메이저 결승전에서 9번 승리했다.

훗날 WTA 회장에 오르게 된 에버트는 여자 테니스의 모범적인 전도사였다. 그녀는 아무리 선심의 판정이 확실히 잘못됐다 하더라도 눈썹을 올리거나 입을 삐죽거리는 이상의 행동을 하지 않는 완벽한 통제력을 보였다. 그녀는 1975년부터 1982년까지 세계 1위였고 1989년 US오픈에서 은퇴를 발표할 때까지 4위 밖으로 떨어지지 않았다.

크리스틴 트루먼
출생: 1941년 2월 16일, 영국

크리스틴 트루먼은 성공과 실패를 반복하며 윔블던 관중들에게 숱한 감정의 롤러코스터를 타게 한 장본인이다. 그녀는 훗날 제인스 부인이 돼 가정을 이룬 다음에도 영국 여자 선수로서 가장 많은 사랑을 받았다. 훌륭한 주니어 시절을 보낸 그녀는 1956년 첫 윔블던 출전을 시도했지만 당시 15세로 16살 연령 제한 규정에 막혔다. 하지만 1년 뒤 매우 화려한 데뷔전을 치렀다. 시드를 받지 않고 준결승에 올라 그해 챔피언인 알티아 깁슨에게 패했다.

이후에도 윔블던에서의 화려한 패배가 뒤따랐지만 해외 무대에서는 달랐다. 이탈리아 오픈이 끝나고 2주일 뒤 트루먼은 1959년 프랑스오픈에서 18살 4개월의 나이로 정상에 오르면서 모린 코널리가 보유하고 있던 역대 최연소 롤랑가로스 챔피언 기록을 4개월 앞당겼다. 그녀의 기록은 1987년 슈테피 그라프에 의해 바뀌고, 1989년 아란차 산체스 비카리오, 그리고 현재는 1990년 16살 6개월의 나이에 프랑스오픈을 우승한 모니카 셀레스의 기록으로 대체됐지만, 트루먼은 최연소 아마추어 챔피언이라는 타이틀을 보유하고 있다.

1961년 윔블던 결승에 올랐지만 다리 부상으로 안젤라 모티머에게 패했다. 1960년 마리아 부에노와 함께 호주오픈 복식 챔피언에 오른 트루먼은 여동생인 넬과 와이트먼컵 복식에 뛰었다. 아주 솔직하고 사랑스럽고 정직한 인격의 소유자인 트루먼은 강한 포핸드와 변칙 발리를 앞세워 게임을 풀어나갔다. 그러한 특성은 트루먼의 BBC 라디오 해설에서도 느낄 수 있다.

데일에서 그녀를 처음 가르쳤을 때부터 널리 알려져 있었다.

그러나 그와 크리스, 그리고 누구도 예상치 못한 일이 벌어졌다. 가장 촉망받는 미국 테니스의 미래로 꼽히는 15세의 여학생이 1970년 8월 노스캐롤라이나의 작은 대회에 출전해 당시 세계 최고의 선수이자 1968년 오픈 테니스 개막 이후 사상 처음으로 캘린더 그랜드슬램을 달성한 마가렛 코트를 꺾은 것이다.

에버트는 클레이 코트에서 자랐고 네트 건너편 상대보다 베이스라인에서 더 오래 랠리하는 데 익숙했기 때문에, 그녀의 가장 큰 성공이 프랑스오픈 최다 7회 우승을 비롯해 클레이에서 나왔다는 사실은 놀랍지 않다. 에버트의 강력하고 효율적인 투핸드 백핸드는 원래 그렇게 계획됐다기보다는 우연히 발달하게 됐는데, 이는 그녀의 157회 단식 우승(나브라틸로바에 이은 역대 2위)과 880만 달러의 상금 획득에 가장 중요한 무기였다. 1972년까지 아마추어로 활동한 그녀는 3년 뒤 여자 테니스 사상 처음으로 상금 100만 달러를 돌파했다. 1973년부터 시작해 1979년 이탈리아 오픈에서 트레이시 오스틴에게 6-4, 2-6, 7-6으로 패하기까지 거둔 클레이 코트 125연승은 아직 남녀 통틀어 깨지지 않는 기록이다.

초창기 그녀와 지미 코너스의 로맨스는 이 젊고 귀여운 선수의 매력을 한껏 더해 주기도 했다. 그녀의 커리어를 통틀어 두 명의 위대한 라이벌이 있다. 첫 번째는 이본 굴라공으로, 에버트가 21승 12패로 앞섰다. 또 다른 하나는, 지금은 테니스 레전드 가운데 한 명으로 추앙받는 나브라틸로바이다.

흔히 너무 자주 만나면 서로를 싫어하게 된다고 하지만 이 두 명의 위대한 챔피언은 서로에게 존경심뿐 아니라 영감까지 불어넣었다. 자존심을 건 끝없는 도전이 이어졌다. 그들은 총 80회 대결했다. 더 경험 많고 성숙했던 에버트가 처음 12번에서

크리스 에버트, 완벽한 테니스 전도사

킴 클리스터스
출생: 1983년 6월 8일, 벨기에

투어 최고 인기 스타인 킴 클리스터스는 2005년 심각한 부상을 딛고 재기에 성공했다. 그전까지 클리스터스는 4차례 그랜드슬램 결승에 올랐지만 한 번도 우승하지 못했다. 그래도 2003년 WTA 연말 챔피언십에서 우승했고, 그해 8월에는 처음으로 세계 1위에 오르기도 했다.

2004년 3월, 클리스터스는 심각한 손목 부상으로 1년 동안 투어를 떠나야 했다. 2005년 마침내 수술 후 재활에 성공해 복귀했을 때 드라마틱한 상황이 벌어졌다. US오픈에서 자신의 첫 메이저 우승을 차지하는 등 총 9차례 투어 우승을 기록한 것이다. 특히 클리스터스는 US오픈에서 그해 윔블던 챔피언인 비너스 윌리엄스와 톱시드 마리아 샤라포바, 그리고 결승에서 역시 부상을 딛고 올라온 메리 피어스를 차례로 물리쳤다. 그해 상금으로 220만 달러를 벌어들였는데 당시까지 여자 테니스 역사상 가장 높은 금액이었다.

여자 테니스의 새로운 흐름인 파워를 앞세운 선수 가운데 한 명인 클리스터스는 흥미 만점의 경기를 펼쳤는데, 특히 그녀의 트레이드마크이기도 한, 바깥쪽으로 빠지는 공을 슬라이딩하며 받아내는 기술이 일품이었다.

2007년 브라이언 린치와 결혼해 은퇴했고 이듬해 첫 아이인 제이드 엘을 낳았다. 클리스터스는 2009년 복귀해 US오픈에서 자신의 두 번째 우승을 차지하는 등 즉각적인 영향력을 발휘했고 호주오픈에서 통산 3번째 트로피까지 들어 올렸다. 그해 WTA 연말 파이널에서도 우승했다. 2012년 US오픈을 끝으로 은퇴했다. 하지만 무려 7년 뒤 또 다시 복귀를 선언해 세상을 놀라게 했는데, 안타깝게도 코로나19 팬데믹 상황과 맞물려 이렇다 할 활약을 보여주지 못한 채 2022년 테니스 코트와 영원히 작별했다.

토니 로체
출생: 1945년 5월 17일, 호주

너무 고통스러워 주술사까지 동원해야 했던 어깨 부상은 꾸준함의 대명사인 왼손잡이 로체의 앞길을 막아섰지만, 그럼에도 불구하고 그는 대단히 뛰어난 커리어를 갖고 있다. 그는 훗날 최고의 코치로 계속 정진해 이반 랜들과 호주 데이비스컵 대표팀, 그리고 패트릭 라프터와 로저 페더러의 코치를 맡았다.

호주 선수로는 드물게 초창기 성공은 1966년 프랑스오픈 타이틀을 차지한 클레이코트에서 시작됐다. 1년 뒤 복식에서 우승했고 단식은 준우승에 그쳤지만 모든 코트에서 두루 능통하다는 것을 증명해가기 시작했다. 1968년 윔블던에서 로드 레이버에게 패해 준우승을 차지했으며, 2년 동안 US오픈 결승에서 레이버와 로즈웰에게 각각 패했다.

로체는 두터운 선수층을 지닌 호주에서 시련을 겪기도 했지만 존 뉴콤과 매우 환상적인 파트너십을 형성하는 이점도 누렸다. 로체의 위협적인 왼손 서브와 날카로운 발리는 뉴콤의 올 라운드 플레이와 결합해 11개의 그랜드슬램 타이틀을 합작했다. 윔블던 복식에서도 5회 우승을 해냈는데, 이는 1997년 또 다른 호주 복식조인 마크 우드포드-토드 우드브리지 조가 5년 연속 우승을 달성할 때까지 20세기 최고 기록이었다. 데이비스컵에 1964년부터 1978년까지 출전해 단식 7승 3패, 복식 7승 2패를 기록했다.

토니 트레버트
출생: 1930년 8월 16일, 미국

뛰어난 운동 신경을 갖춘 챔피언인 마리온 앤서니 트레버트의 기록 리스트에는 1955년 윔블던 1회 우승과 1954~1955년 프랑스오픈 2회 우승, 그리고 1953년과 1955년 US오픈 2차례 우승이 있다. 총 5차례의 우승을 더욱 빛나게 만드는 건 롤랑가로스를 제외하고 단 한 세트도 내주지 않았다는 점이다.

토니 로체는 존경받는 선수이자 코치였다.

1955년 그의 퍼포먼스는 미국 테니스 사상 최고로 꼽힌다. 트레버트는 23개의 토너먼트 대회에서 18회 우승했고 106승 7패를 기록했다. 이 가운데는 36연승 기록도 포함되어 있다. 빅 세이샤스와 함께 12개의 복식 타이틀도 거머쥐었고, 프랑스오픈에서는 3차례 정상에 올랐다.

1953년과 1955년 세계 1위에 올랐고 1951~1955년, 프로로 전향하기 전까지 데이비스컵 대표로 뛰었다. 35차례 데이비스컵에 출전해 27승을 올렸고, 오픈 테니스 시대가 개막하자 1976년 다시 돌아와 데이비스컵 감독을 맡아 1978년부터 팀의 2년 연속 우승을 이끌었다.

트레버트는 이후에도 국제무대에서 명성을 떨쳐, 2004년까지 미국 TV 해설자로 활동했고 US오픈 장내 아나운서도 맡아 시상식을 진행하기도 했다.

위대한 선수들

토마스 무스터
출생: 1967년 10월 2일, 오스트리아

"아이언맨", "클레이의 황제". 당신이 무엇으로 부르든지 간에 이 완고하고 냉혹한 왼손잡이 선수는 코트에서 강철 같은 의지와 놀라운 체력을 보여주며 강렬한 인상을 남겼다. 무스터는 1986년 힐베르숨에서 첫 타이틀을 거머쥔 이후 10년간 42개의 우승컵을 수집했는데 딱 두 번을 제외하고 모두 클레이 코트였다. 특히 1995년 힐베르숨에서 2년 연속 타이틀 방어에 성공했다. 무스터는 1995년 12개의 ATP 투어 이벤트에서 우승했는데, 그 가운데 6번은 타이틀 방어에 성공한 것이었다. 무스터에게 가장 의미 있는 두 가지 타이틀 가운데 하나는 프랑스오픈으로, 1994~1995년 클레이 시즌 111승 5패 기록의 정점을 찍었다. 나머지 하나는 1997년 하드 코트인 에센에서 거둔 기념비적인 승리였다.

1996년 2월 그가 잠시 세계 1위에 올라 존 매켄로 이후 처음으로 왼손잡이 넘버원으로 등극하자, 안드레 애거시와 같은 동시대 라이벌들은 의문을 제기하기도 했다. 특정 코트 의존성이 지나치게 높았다는 것이다. 그러나 무스터가 1989년 마이애미 오픈 결승 직후 교통사고를 당해 심각한 무릎 수술을 받아 커리어가 거의 끝장날 가능성이 높은 상황에서, 이를 극복해 나간 과정은 전 세계의 찬사를 받기 충분했다. 그리고 8년 뒤, 바로 그 마이애미 오픈에서 다시 정상에 오르자 강철 같은 무스터조차 복받쳐 오르는 감정을 주체할 수 없었다.

토마스 베르디흐
출생: 1985년 11월 17일, 체코슬로바키아

5살 때 처음 라켓을 잡은 토마스 베르디흐는 2002년 프로로 전향했고, 빅서브를 바탕으로 한 게임 스타일로 2004년 처음 세계 50위권을 돌파했다. 그는 2007년 처음으로 윔블던 8강에 올라 라파엘 나달에게 패했지만 2010년 그랜드슬램 4강 이상 진출에 성공했다. 첫 번째는 프랑스오픈이었다. 4강에 올라 로빈 소덜링에게 패했다. 윔블던에서는 통산 8회 챔피언인 로저 페더러와 노박 조코비치를 잇달아 물리치고 결승까지 올랐지만 나달에게 져 준우승을 차지했다. 2012년 베르디흐는 체코 데이비스컵 대표로 출전해 1980년 이후 첫 우승에 기여했다. 베르디흐는 2014년과 2015년 호주오픈 준결승에 올랐고 2016년과 2017년에는 윔블던에서도 4강에 올랐지만 그랜드슬램 우승의 영광을 맛보지 못한 채 2019년 선수 생활을 마감했다.

토마스 베르디흐는 2006년부터 10년 이상 20위 이내에 머물며 꾸준한 기량을 선보였다.

트레이시 오스틴
출생: 1962년 12월 12일, 미국

3명의 다른 프로 선수들인 팸, 제프, 존을 배출한 테니스 가문에서 가장 유명한 선수인 트레이시 오스틴은 두 갈래로 묶은 머리에 핑크색 체크무늬 원피스를 입고서 여자 테니스에 젊음의 힘을 불어넣으며 최연소 기록들을 숱하게 갈아치웠다. 25개의 국내 타이틀을 수집하며 뛰어난 주니어 경력을 쌓은 오스틴은 1979년 US오픈 최연소 우승을 차지했다. 1980년 트레이시와 존은 사상 처음이자 아직까지 유일한, 윔블던의 남매 혼합복식 우승자가 됐다.

베이스라인에서 뿜어져 나오는 그녀의 강력한 투핸드 백핸드는 심지어 포핸드보다 더 효과적일 정도로 명성을 떨쳤다. 오스틴은 1979년 로마에서 처음으로 중요한 타이틀을 차지했는데, 당시 4강전에서는 크리스 에버트의 클레이 코트 125경기 연승 기록을 막아내기도 했다. 1981년 두 번째 US오픈 우승을 차지했지만 팔꿈치와 목 부상이 계속되면서 결국 은퇴의 길을 걷게 됐다. 이에 대해서는 어린 나이에 너무 많은 경기를 소화해서 그렇지 않냐는 문제 제기가 있었지만, 그녀는 이를 완강히 부인했다. 1989년 복귀를 시도했으나 자동차 사고로 다리가 부러지면서 뜻을 이루지 못했다. 현재 스콧 홀트 부인이란 이름으로 미국 TV와 영국 BBC에서 종종 테니스 해설을 하고 있다.

팀 헨만
출생: 1974년 9월 6일, 영국

17살까지는 잘 생기고 지적인, 하지만 아직은 덜 다듬어진 팀 헨만이 단식보다는 복식에서 잘할 것이라는 평가가 많았다. 그는 1994년 9월 발목 위 다리뼈가 세 군데나 부러지는 부상을 입었지만 2년 뒤부터 단식에서 자리를 잡아가더니 아주 빠르게 발전하며 기대감을 높였다. 헨만은 1995년 100위 안에 들었고 투어에서 가장 안정적인 선수로 2002년 세계 4위까지 올랐다.

헨만은 영국인들의 기대를 한 몸에 받으며 4차례 윔블던 4강에 진출했고 1996년부터 2004년까지 딱 한 차례만 8강 진출에 실패했다. 2004년 프랑스오픈과 US오픈 4강에 오른 헨만은 비록 그랜드슬램 결승에 오르는 못했지만, 프레드 페리 이후 최고의 영국 선수로 자리를 굳혔다.

그러나 옥스퍼드 출신의 헨만은 1995년 복식 경기 도중 화를 참지 못해 공으로 볼걸을 맞히는 불행한 사건에 연루되면서, 윔블던 사상 처음으로 실격을 당하는 불명예를 남기기도 했다. 2005년 등 부상이 재발해 정상 컨디션을 잃어버리면서 2007년 결국 은퇴했다.

ㅍ

판초 곤잘레스
출생: 1928년 5월 9일, 미국

오픈 테니스 시대 개막이 지연되면서, 한 위대한 선수의 성취가 가로막힌 사례로 아마도 리카르도 알론소 곤잘레스의 경우 이상을 찾기는 어려울 것이다. 이 거구의 캘리포니아-멕시칸은 윔블던에서 끝내 우승하지 못한 최고의 선수로도 꼽힌다. 그의 천둥 같은 강력한 서브, 그리고 온몸에서 뿜어져 나오는 강력한 파워에 아름다움까지 서려 있는 감각적인 샷을 보면 경탄을 금할 수 없다. 마침내 곤잘레스가 1968년 이후 비로소 재능을 선보이며 세계의 주목을 받게 됐을 때, 전 세계 테니스는 그의 출전이 가로막힌 20년간 얼마나 많은 것을 잃었는지를 절감할 수밖에 없었다.

상대 선수는 물론 경기 관계자, 때로는 관중에게도 불같이 화를 내는 성격으로 잘 알려진 곤잘레스는 1949년 프랑스오픈과 윔블던 복식 챔피언에 올랐다. 3개월 뒤 US오픈 단식에서 두 번째 우승을 차지하면서 프로로 전향했다. 당시 그 대회는, 가끔 곤잘레스가 프로 대회에 출전했을 때를 제외하고, 테니스계가 1968년 전까지 마지막으로 목격한 곤잘레스의 뛰어난 경기였다. 1968년 곤잘레스는 41세가 됐고 심지어 손주까지 봤지만 그의 마법 같은 실력은 여전했고 특히 1969년 찰리 파사렐과의 US오픈 1회전에서는 먼저 두 세트를 내준 뒤 22-24, 1-6, 16-14, 6-3, 11-9로 1박 2일 5시간 12분, 112게임을 치르며 대역전승을 거두기도 했다.

그는 기량과 쇼맨십 양쪽에서 두루 뛰어났다. 데이비스컵에 단 한 차례만 출전해 1949년 챌린지 라운드에서 호주를 상대로 프랭크 세드먼과 윌리엄 시드웰을 모두 물리쳤다. 곤잘레스는 1995년 윔블던 대회 도중 세상을 떠났다.

판초 세구라
출생: 1921년 6월 20일, 에콰도르

동일한 이름을 가진 판초 곤잘레스를 제외한다면, 170cm의 작은 키에 안짱다리를 갖고 있지만 카리스마 넘치는 캐릭터의 소유자인 판초 세구라보다 아쉬움을 남긴 선수도 없을 것이다. 프로를 인정하지 않았던 당시에는 다른 대안이 없었기 때문이다. 세구라는 뛰어난 심판이기도 했다. 어릴 적 구루병을 앓았기 때문에 다리가 휜 그는 강력한 에너지와 투지, 그리고 넘치는 파이팅과 끝없는 열정으로 이를 보완해 나가면서 높은 인기를 누렸다. 1947년 프로로 전향하기 전까지 두 차례 윔블던에 나가 이렇다 할 성과를 내지 못했던 그는 몇 년 뒤 웸블리에서 열린 프로 토너먼트 대회 참가를 위해 영국으로 다시 돌아가 강력한 인상을 남겼다. 20세기 미국에서 3년 연속 대학 교류전에서 우승한 유일한 선수이기도 한 세구라는 1942년부터 1946년 사이 계속해서 US오픈 4강에 올랐고, US 실내 챔피언십과 클레이 코트 챔피언십 정상에 올랐다. 베테랑 선수로 은퇴하기 전에도 세구라는 몇몇 대표적인 현대 테니스 스타들의 코치를 겸했다.

패트릭 라프터
출생: 1972년 12월 28일, 호주

부드러운 성격의 호주 선수 패트릭 라프터는 1995년 10월 손목 수술을 받은 뒤 힘겨운 부활 과정을 겪었지만 갑자기, 그리고 드라마틱하게 1997년 최대의 성과를 거두게 된다. 뛰어난 서브앤발리 플레이어인 그는 US오픈에서 안드레 애거시와 마이클 창을 차례로 꺾은 뒤 결승에서 그렉 루세스키를 압도하며 우승을 차지했다.

물오른 라프터의 테니스는 프랑스오픈에서 처음 징조를 보이기 시작했다. 그는 준결승까지 올라 그해 챔피언인 세르지 부르게라에게 졌다. 플러싱 메도우에서의 우승으로 그는 1976년 포레스트 힐스 시절 열린 US오픈에서 우승한 마크 에드몬슨 이후 첫 호주 출신 US오픈 챔피언에 올랐다. 그해 연말 그랜드슬램컵과 하노버에서 열린 ATP 투어 챔피언십에서 샘프러스에게 두 차례 패했지만, 1987년 팻 캐시 이후 처음으로 호주 출신 연말 왕중왕전 출전 자격을 얻었다.

9명의 자녀 가운데 3번째인 라프터는 2년간 부상으로 신음하며 1997년 62위까지 떨어졌지만 다시 커리어 통산 최고인 2위까지 올라갔다.

이로써 그는 1974년 존 뉴콤 이후 연말 성적이 가장 좋은 호주 선수가 됐다. 1998년 US오픈 타이틀을 성공적으로 방어한 라프터는 커리어 통산 11개의 타이틀을 끝으로 은퇴했다. 2010년 호주 데이비스컵 감독으로 선임된 라프터는 2015년까지 지휘봉을 잡았다.

팸 슈라이버
출생: 1962년 7월 4일, 미국

팸 슈라이버는 1978년 메이저 대회 두 번째 출전 만에 역대 최연소 US오픈 여자 단식 결승에 오른 선수가 됐다. 당시 나이 16세 2개월, 아직도 아마추어였음은 물론 고등학생이었다. 슈라이버는 호주오픈에서 3차례 준결승에 오르고 윔블던과 US오픈에서 각각 두 차례 더 4강에 올랐지만 가장 오래 기억에 남을 성공은 역시 마르티나 나브라틸로바와의 파트너십일 것이다.

1981년부터 1990년까지 그들은 20개의 메이저 타이틀을 합작해 루이스 브로우와 마가렛 듀퐁이 보유한 기록과 동률을 이뤘다. 1984년에는 캘린더 그랜드슬램을 달성하기도 했다. 사이좋게 79개의 타이틀을 합작하는 동안 그들은 1983년 4월부터 시작된 109연승이라는, 아직도 깨지지 않는 대기록을 세웠다. 연승 행진은 1985년 윔블던 결승전에서 케이시 조던-엘리자베스 스마일리에 패하며 끝났다.

슈라이버는 1988년 서울올림픽에서 지나 개리슨과 복식 금메달을 획득하기도 했다. 체격이 큰 182cm의 슈라이버는 공화당 대선 캠프에 합류해 테니스에 집중하지 못했음에도 불구하고, 1980년부터 1989년 초까지 빠른 코트 표면에서 서브앤발리를 앞세워 톱10에 꾸준히 이름을 올렸다. 최고 랭킹은 3위로, 1984년부터 1988년까지 6차례 달성했다. 때로 논란이 되는 의견을 피력하는 데 전혀 거리낌이 없는 그녀는 미국 테니스협회 이사회 멤버로도 활동했다.

팻 캐시
출생: 1965년 5월 27일, 호주

선수 말년에 캐시는 끊임없는 부상과의 전쟁 속에 좌절과 싸워야만 했다. 하지만 1987년 7월 일요일 오후의 기념비적인 사건, 바로 이 고전적인 서브앤발리 선수가 그토록 갖고 싶어 했던 타이틀인 윔블던 우승의 기억을 지울 수는 없을 것이다. 캐시는 준결승에서 지미 코너스를, 결승에서 이반 랜들을 모두 3-0으로 꺾었다. 그것은 아주 놀라운 이변이었다. 불과 1년 전 캐시는 등 부상에 이어 급성 맹장염까지 발발하면서 세계 랭킹이 413위까지 떨어진 상태였다. 하지만 그는 분연히 일어나 수술을 받고 3주 뒤 윔블던에 출전해 8강까지 올랐고, 이듬해에는 우승까지 차지했다.

1988년 5월 최고 랭킹인 4위를 기록했고 앞선 호주오픈에서는 생애 두 번째 4강에 올랐다. 바야흐로 테니스 최고의 영광에 다시금 도전할 수 있을 것 같았다. 십 대 시절인 1984년 US오픈 결승에서 이반 랜들을 상대로 두 개의 매치 포인트를 잡았던 첫 경험처럼. 하지만 1989년 4월 도쿄 대회에 출전한 그는 오른쪽 발목 아킬레스건이 파열됐다. 이후 간헐적 승리를 거뒀음에도 불구하고 이 런던 태생의 기타를 잘 치는 선수는 1990년 홍콩에서 자신의 마지막 6번째 단식 타이틀을 획득하고 커리어를 마감했다. 팻 캐시는 현재 시니어 이벤트 대회에 출전하고 있다.

팻 캐시의 뛰어난 운동 능력은 1987년 윔블던 우승의 원동력이었다.

페트라 크비토바
출생: 1990년 3월 8일, 체코

페트라 크비토바의 무한한 잠재력은 2008년 프랑스오픈에서 처음 발견됐다. 18살인 그녀는 2라운드에서 샘 스토서를 6-2, 6-1로 격파하며 16강까지 올랐다. 첫 WTA 투어 타이틀은 이듬해 호바르트에서 획득했지만 진정한 전환점은 2010년이었다. 윔블던 4강에 올라 세리나 윌리엄스에게 패했다. 올 잉글랜드 클럽의 잔디에 능한 그녀가 2011년 윔블던 결승에 오른 건 놀라운 일이 아니었다. 그러나 진짜 충격은 결승에서 마리아 샤라포바를 완벽하게 압도하며 1990년대 태생으로는 남녀를 통틀어 처음으로 그랜드슬램 챔피언에 올랐다는 사실이다.

2014년 크비토바는 다시 한번 윔블던에서 우승했지만 2016년 강도의 칼에 왼손을 찔리는 시련을 겪었고 그 이후 최고의 자리에서 잠시 물러나 있다. 하지만 2019년 호주오픈 결승에 올라 준우승을 차지하는 등 여전히 출전하는 대회마다 우승 후보로 평가받고 있다.

페트르 코르다
출생: 1968년 1월 23일, 체코슬로바키아

프라하에서 열린 데이비스컵 대회에서 이반 랜들의 볼보이였던 코르다는 연약한 체구에도 불구하고 남자 테니스에서 가장 끈질긴 선수로 각광받았다. 뛰어나기보다는 괜찮은 수준의 주니어 선수였던 그는, 투어에 진출한 지 5년이 지나서야 첫 단식 타이틀을 획득했다. 1991년 뉴헤이븐에서 고란 이바니세비치를 물리쳤다. 그해 코르다는 프랑스오픈 결승에 올라 짐 쿠리어에게 패했다. 사타구니 부상으로 1996년 두 차례 수술대에 올랐던 탓도 있었지만 다른 한편으로는 자신감 상실로 인해 주변의 기대에 온전히 부응하지 못했다.

1997년 192cm의 왼손잡이 코르다는 다시 순항하기 시작했다. US오픈에서 뛰어난 플레이를 펼치며 피트 샘프러스를 꺾었지만 요나스 브요크만과의 다음 경기에서 열병이 도져 기권했다. 그렇지만 1993년 한 차례 우승하기도 했던 그랜드슬램컵 출전 자격을 획득했고, 패트릭 라프터와 그해 최고의 명승부로 불릴 만한 4강전을 치렀다. 코르다는 1998년 호주오픈 결승에서 마르셀로 리오스를 물리치며 마침내 그랜드슬램 타이틀을 획득했다. WTA 투어 선수였던 레지나 라츠르토바와 결혼한 그는 1998년 약물 양성 반응으로 징계를 받은 첫 번째 선수로 기록됐다. 코르다의 차녀 넬리 코르다는 LPGA 투어 1위에 오르는 성공적인 프로골프 선수로 성장했고, 막내 아들 세바스챤 코르다도 ATP의 기대주로 각광받고 있다.

폴린 베츠
출생: 1919년 8월 6일, 미국

폴린 베츠는 매우 지능적이고 움직임이 빠른 선수로, 베이스라인 게임에서 동시대 선수들을 압도했다. 그녀는 뛰어나고 우아한 백핸드 덕분에 '미국의 수잔 랑랑'이라 불리기도 했지만 2차 대전이 없었다면 국제적으로 훨씬 큰 성공을 거둘 수 있었을 것이다. 그녀는 당대 최고의 미국 선수였고 특히 1942~1944년에는 포레스트 힐스의 잔디 코트에서 루이스 브로우를 두 번이나 꺾고, 마가렛 오스본마저 제압하며 3년 연속 우승을 차지하기도 했다.

1946년 26살의 나이에 마침내 윔블던에 참가할 수 있었던 이 민첩한 올라운드 플레이어는 그 대회에서 절정의 기량을 발휘하게 된다. 6경기에서 단 20게임만 내줬고 결승에서 브로우를 6-2, 6-4로 제압한 것이다. 3개월 뒤 US 챔피언십에서 도리스 하트를 꺾고 프로로 전향하면서, 그녀는 윔블던 역사상 단식 경기에서 단 한 번도 패한 적이 없는 4명의 챔피언 가운데 하나가 됐다. 이는 그녀와 함께 로티 도드, 수잔 랑랑, 모린 코널리만이 보유한 기록이다.

프란체스카 스키아보네
출생: 1980년 6월 23일, 이탈리아

오랜 기간 동안 WTA 투어의 '떠돌이'로 불린 프란체스카 스키아보네는 2010년 갑작스럽게 테니스계에 태풍을 몰고 왔다. 사만다 스토서를 물리치고 거둔 프랑스오픈 우승이 아무도 예상하지 못했던 것이었음은 말할 것도 없고, 이듬해에는 다시 한번 결승에 오르면서 반짝 활약이 아니었음을 입증하기까지 했다. 이탈리아 여자 선수가 획득한 첫 번째 그랜드슬램 타이틀이었다. 이로써 그녀는 모국의 테니스 역사에 확실한 위치를 점할 수 있게 됐다.

페트라 크비토바가 2011년 윔블던 결승전에서 승리한 뒤 기뻐하고 있다.

스키아보네는 2011년 호주오픈 16강전에서 오픈 시대 역사상 최장 시간 경기를 한 여자 선수로 기록됐다. 러시아의 스베틀라나 쿠즈네초바와 4시간 44분 동안 혈투를 벌인 끝에 6-4, 1-6, 16-14로 승리했다. 6번의 매치 포인트 위기를 극복하고 천신만고 끝에 8강에 오른 것이다.

뛰어난 전술 능력을 갖춘 공격형 플레이어인 스키아보네는 '결코 포기하지 않는' 자세로 세계 테니스 팬들의 사랑을 받았다. 프랑스오픈 우승을 포함해 8개의 투어 타이틀을 획득했고 총 11차례 결승에 올랐다. 4대 그랜드슬램에서 모두 8강에 오른 것은 물론 페드컵에서도 국가대표로 활약했다.

프랑소아 듀르
출생: 1942년 12월 25일, 프랑스

이 사랑스럽고 헌신적인 테니스 열정주의자는 프랑스의 새로운 세대들에게 도움을 준 선도자이기도 했지만, 무엇보다 독학으로 놀라운 성공을 거뒀고 트레이드마크가 된 다소 기이한 형태의 기술을 계속 발전시켜 나갔다. 다소 어색한 그녀의 백핸드는 효율 만점이었고 서브 역시 때때로 그냥 경기를 계속하기 위한 가벼운 것처럼 보였지만 수많은 득점으로 연결된바, 확실히 그 이상의 무언가가 있었다. 비록 그녀의 주요한 성과는 복식에서 나왔지만(그녀는 윔블던에서 5명의 다른 파트너들과 6회 이상 준우승을 차지했다) 1967년 프랑스오픈 단식 챔피언십을 거머쥐며 19년 만에 롤랑가로스에서 우승한 프랑스 국적 선수로 기록됐다.

그해 그녀는 롤랑가로스에서 5회 연속 복식 우승의 첫 단추를 끼우기도 했다. "프랭키"로 잘 알려진 그녀는 1968년 오픈 시대 개막 이후 처음 프로로 전향한 여자 선수였고, 1965년부터 1975년까지 꾸준히 톱10을 유지했다.

프랭크 세지먼
출생: 1927년 10월 29일, 호주

타고난 피지컬과 스피드, 체력을 갖춘 프랭크 세지먼은 22개의 메이저 대회 단식 및 복식 타이틀을 보유하고 있다. 같은 호주의 존 뉴콤보다 3개 적고 로이 에머슨에 6개 모자란다. 그의 성취가 더욱 놀라운 이유는 이들이 모두 1953년 프로로 전향하기 전까지 불과 4년 동안 이룬 것이기 때문이다. 움직임이 좋고 발리에 능해 단식 못지않게 복식에도 능통한 그의 첫 번째 메이저 우승은 1949년이었다. 호주오픈 결승전에서 존 브롬위치를 꺾었다. 호주오픈 타이틀 방어에 성공한 그는 1년 뒤 다른 곳에서도 위력을 발휘했다.

1951년 US오픈 결승에서 아트 라르센에게 단 4게임만 내주며 압도적인 우승을 차지했고 켄 맥그리거와 함께 복식에서 유일한 캘린더 그랜드슬램을 달성했다. 1952년 윔블던의 영광이 찾아왔다. 단식 결승에서 야로슬라브 드로브니를 물리친 데 이어, 복식에서도 맥그리거와 짝을 이뤄 우승했고, 혼합복식에서는 도리스 하트와 호흡을 맞춰 윔블던 3관왕을 차지한 마지막 선수로 기록됐다.

1950년 데이비스컵 단식에서 톰 브라운과 테드 슈레더를 물리치는 이변을 일으켰고, 복식에서는 브롬위치와 함께 짝을 이뤄 미국의 4년 연속 승리를 막아냈다. 세지먼은 1911년 노만 브룩스 이후 처음으로 데이비스컵 결승전에서 3경기 모두 승리를 거둔 선수가 됐다.

프랭크 파커
출생: 1916년 1월 31일, 미국

때때로 포핸드의 위력이 떨어지는 한계를 보였지만, 안정적인 그라운드 스트로크를 지닌 파커는 돈 버지와 지속적 파트너십을 형성해 1937년 데이비스컵 챌린지 라운드에서 프레드 페리 없는 영국을 물리치는 데 일등 공신이 됐다. 파커는 데이비스컵 14차례 경기에서 12승을 거뒀는데 1938년에는 호주를 상대로 두 번의 단식에서 모두 승리를 거두며 미국의 타이틀 방어를 이끌었다.

프랑스오픈에서 두 차례 우승한 파커의 꾸준함은 괄목할 만했다. 1933년부터 1949년까지 17년간 톱10에 머물렀다. 이는 1988년 지미 코너스가 넘어설 때까지 깨지지 않은 기록이었다. 1968년 52세의 나이로 US오픈에 참가해 역대 최고령 선수로 기록됐는데, 첫 출전 이후 무려 36년이 흐른 뒤였다. 1949년 잭 크라머, 판초 곤잘레스, 판초 세구라 등과 함께 프로로 전향했다. 1968년 US오픈 출전은 오픈 시대를 만끽하기 위한 결정이었다. 파커는 1라운드에서 패했지만 상대는 챔피언에 오른 아서 애시였다. 파커는 1948년 세계 랭킹 1위에 올랐다.

프랭크 헤도우
출생: 1855년 1월 24일, 영국 런던

역사는 프랭크 헤도우가 챔피언 선배인 스펜서 고어보다 테니스에 대한 애정이 부족했다고 적고 있다. 실론(스리랑카의 옛 이름)에서 차를 재배하던 그는 당시까지만 해도 새로운 스포츠였던 테니스를 해보라는 친구의 권유를 받았다. 헤도우는 빠르게 테니스를 익혀 윔블던에서 5연승을 거두었고, 고어와의 챌린지 라운드에서 한 세트도 내주지 않은 채 승리했다. 하지만 헤도우는 다시 실론으로 돌아가 버렸다. 테니스라는 스포츠에서 미래를 찾을 수 없었다고 말했다는 설이 있다. 어찌 됐든 헤도우는 윔블던에서 단 한 세트도 잃지 않은 유일한 선수로 남아 있다.

프레드 스톨
출생: 1938년 10월 8일, 호주

프레드 스톨은 지금도 고향인 호주에서 존경받는 TV 해설자로 많은 사랑을 받고 있다. 외향적인 성격 때문에 "분노의 프레드"로 불린 그는 1960년대 가장 성공한 선수

프루 맥밀란(오른쪽)과 밥 휴이트가 1967년 윔블던 남자복식 우승 트로피를 건네받고 있다.

였다. 단 하나의 예외는 바로 윔블던이다. 그는 윔블던에서 1963년부터 1965년까지 3년 연속 준우승에 그쳤다. 1935~1937년 준우승한 베이몬 고트프리드와 똑같은 신세였다. 반면 스톨은 1965년 프랑스오픈에서 우승했는데, 잔디 코트 스페셜리스트가 거둔 빛나는 업적이었다. 1966년에는 US오픈에서도 우승했다.

거기에 더해 스톨은 밥 휴이트, 그리고 로이 에머슨과 함께 짝을 맞춰 복식 선수로도 뛰어난 재능을 보였다. 휴이트와 함께 1963~1964년 호주오픈 정상에 올랐고 1962년과 1964년에는 윔블던을 제패했다. 에머슨과는 1965년 프랑스오픈 및 US오픈에서, 그리고 1년 뒤 호주오픈에서 정상에 올랐다. 총 16차례 메이저 대회 복식 정상에 오른 그는 1969년 윔블던 단식 우승 후 안 존스와 짝을 이뤄 혼합복식에서도 승리했다. 호주 데이비스컵 대표팀에 합류해 3회 우승을 달성하는 과정에서 16번 단식에 나가 13승을 책임졌다.

프레드릭 슈뢰더
출생: 1921년 7월 20일, 미국

과묵한 이 근육질 선수는 매우 효율적인 발리를 앞세워 윔블던 첫 출전 만에 우승을 따낸 또 다른 선수다. 슈뢰더의 경우는 딱 한 번의 도전뿐이었다. 냉장고 수리공인 그는 훗날 테니스 라디오 방송국에서 일하기도 했다. 1949년 슈뢰더는 챔피언이 되기에 충분했다. 성공 과정도 박진감이 넘쳤다. 1회전에서 가드너 물로이에게 먼저 두 세트를 내줬고, 8강에서는 프랭크 세드먼에게 매치 포인트를 잡혔다. 그러나 첫 서브에서 풋폴트를 범했음에도 불구하고 세컨 서브에서 과감하게 네트 앞으로 달려 나가 끝내기 발리를 성공시켰다.

슈뢰더의 성공은 대부분 2차 대전 도중 나왔다. 1942년 그는 NCAA와 US오픈을 동시에 우승한 사상 두 번째 선수가 됐다. 1940년 돈 맥네일이 첫 번째였다. 포레스트 힐스에서는 복식에서 세 번 우승했다. 1946년 데이비스컵이 다시 열렸을 때 그는 미국 대표팀에 뽑혀 첫 번째 단식에서 잭 브롬위치를 꺾고 팀의 5-0 완승에 힘을 보태며 우승 타이틀을 방어했다. 미국이 이후 3년간 챔피언 자리를 유지하는 동안 슈뢰더는 데이비스컵 단식에서 무패 행진을 이어갔다. 모두 호주를 상대로 거둔 우승이었다.

프루 맥밀란
출생: 1942년 5월 20일, 남아공

오늘날 맥밀란이 라디오와 TV에서 테니스를 분석하는 걸 들어보면 왜 이 효율 만점의 선수가 항상 라이벌들보다 한발 앞서 나갔는지를 쉽게 이해할 수 있다. 특히 전략적 사고가 중요한 복식에서는 더욱 그렇다. 포핸드와 백핸드 모두 두 손으로 라켓을 잡는 그의 독특한 스타일과 밥 휴이트의 공격 본능이 더해진 조합은 경기력뿐만 아니라 재미난 볼거리를 선사했다.

1960년대 초반 호주 출신 휴이트가 남아공 이민을 택하면서 운명적으로 얽힌 그들은 남아공 타이틀 4회, 윔블던 3회, 그리고 프랑스와 US오픈에서 각각 1회 정상에 올랐다. 이들은 윔블던에서의 첫 우승과 마지막 타이틀 획득까지 13년의 긴 시간을 함께했다. 1978년 8강에서 존 뉴콤-토니 로체 조를 물리쳤을 뿐 아니라 결승에서 존 매켄로-피터 플레밍 조도 이겼다.

"우리는 서로를 꿰뚫어 보고 있었죠." 늘 경기할 때 흰 모자를 쓰는 맥밀란이 말했다. "비결은 언제나 서로가 뭘 할지 알고 있었다는 겁니다" 맥밀란의 복식 74회 우승은 역대 7위의 기록이다. 혼합복식에서도 7번 우승했는데 베티 스토브와 짝을 이뤄 윔블던과 US오픈에서 2회씩 우승했다.

플라비아 파네타
출생: 1982년 2월 25일, 이탈리아

플라비아는 1997년부터 ITF 서킷 대회에 출전했다. 3년 뒤 프로로 전향해 2004년 폴란드 소포트에서 WTA 타이틀을 신고했다. 2005년(보고타, 아카풀코), 2007년(방콕), 2008년(비냐델마르, 아카풀코), 2009년(팔레르모, LA)에도 단식 타이틀을 추가했다.

파네타는 이탈리아 선수로는 처음으로 세계 10위 안에 들었다. 그럼에도 불구하고 2010년 WTA 파이널에서 복식 정상에 오른 데 이어, 이듬해 호주오픈에서 지셀라 둘코와 짝을 이뤄 우승하면서 그녀의 미래는 복식에 더 적합해 보였다(특히 2011년 복식 세계 1위에 오르면서).

하지만 그녀의 단식 커리어는 중단되지 않았다. 2013년 US오픈 4강에 올라 빅토리아 아자렌카에게 패했고 이듬해 호주와 US오픈 8강까지 진출했다. 2015년에는 더욱 좋았다. US오픈에서 26번 시드를 받아, 8강에서 페트라 크비토바를 물리치고 4강에서 시모나 할렙을 꺾으며 생애 첫 그랜드슬램 결승에 올랐다. 파네타는 같은 이탈리아 출신의 절친 로베르타 빈치와 결승에서 만났다. 파네타는 그랜드슬램 역사상 첫 이탈리아 선수들 간의 결승전에서 승리를 거두면서, 33살 6개월의 나이로 오픈 시대 개막 이후 최고령 그랜드슬램 챔피언이 됐다. 동시에 첫 메이저 대회 타이틀을 차지하기까지 가장 많은 대회에 출전한(49회) 선수가 됐다. 마지막에 웃은 그녀는 트로피를 들어 올리면서 시즌 종료 뒤 은퇴를 선언했고, 이보다 더 좋을 수 없는 해피엔딩을 맞았다.

피터 맥나마라
출생: 1955년 7월 5일, 호주

재능이 뛰어난 오른손잡이 맥나마라는 호주보다는, 유럽과 미국 투어를 하기 적당한 잉글랜드 허트포드샤이어에 거주했다. 그는 1983년 3월 로테르담의 카펫 코트에서 끔찍한 사고를 당했다. 마침 맥나마라가 브뤼셀 대회 결승에서 이반 렌들을 꺾으며 톱10의 위상을 확실히 다지고 있을 때였다. 무릎 수술을 받고 복귀를 시도했지만 결국 지도자의 길을 택했다. 복식에서는 같은 호주 출신의 폴 맥나미와 함께 1979년 호주오픈 복식 정상에 선 뒤, 1980년과 1982년 윔블던 복식 우승을 차지했다.

오버사이즈 라켓을 처음 택한 선수 가운데 한 명인 맥나마라는 1982년 함부르크에서 호세 히구에라스를 상대로 5시간 6분의 마라톤 경기에서 패하면서 ATP 투어 단식 최장 시간 기록을 세우기도 했다.

하나 만들리코바
출생: 1962년 2월 19일, 체코슬로바키아

타고난 재능과 뛰어난 운동 능력의 소유자인 만들리코바는 윔블던 준우승자인 베티 스토브의 지도를 받았고 그 뒤 야나 노보트나와 함께했다. 13년간 23개의 타이틀을 차지했지만 크리스 에버트와 마르티나 나브라틸로바라는 세기의 천재들만 아니었다면 더 큰 성공을 거뒀을 것이다. 1978년 세계 주니어 챔피언 만들리코바는 1980년 톱10에 진입했고 7년간 세계 6위 아래로 떨어지지 않았다.

1980년과 1987년 호주오픈 정상에 올랐고 1981년 프랑스오픈, 1985년 US오픈에서 우승했다. 하지만 윔블던에서는 그녀의 우아한 기술과 감각적인 터치가 가장 빛을 발해야 했음에도 불구하고 결국 우승과 인연을 맺지 못했다. 만들리코바는 준우승만 두 차례 차지했다. 1981년에는 5위였던 그녀가 2번 시드를 받으면서 윔블던 조직위는 WTA의 맹비난을 받아야 했지만, 4강에서 나브라틸로바를 일축하면서 이 결정은 정당화됐다. 그러나 당시 존 로이드의 부인인 에버트가 결승에서 만들리코바를 압도했다. 5년 뒤 두 번째 준결승전에서 만들리코바는 에버트에게 빚을 갚았지만, 이번에는 나브라틸로바의 설욕전을 막을 수 없었다.

하젤 호치키스 와이트먼
출생: 1886년 12월 20일, 미국

1909년 필라델피아에서 열린 US 챔피언십 출전 전까지 잔디 코트에서 경기를 해본 적조차 없는 이 수줍음 많은 여대생은 와이트먼컵의 창시자로 널리 알려져 있다. 와이트먼컵은 지금은 폐지된 미국과 영국의 연례 맞대결인데, 1923년 하젤 호치키스 와이트먼이 트로피를 기증했다. 그녀는 당대 아주 유명한 선수였고 여자 테니스 반세기 동안 막강한 영향력을 행사했다.

코트에서 아주 빠르고 강하며 열정적인 그녀는 1909년 처음 US 내셔널 챔피언에 오르고 나서 34년이 지난 1943년, 또다시 복식 타이틀을 거머쥔 독특한 기록을 남겼다. 와이트먼은 실내 코트 복식 챔피언에 10차례 정상에 오르는 기록을 세우기도 했다. 그녀의 도움을 받은 대표적인 선수가 헬렌 윌스로, 이들은 1924년 윔블던과 US

오픈, 올림픽 금메달을 합작했고 윌스는 딕 윌리엄스와 짝을 이뤄 혼합복식에서도 금메달을 따냈다.

해럴드 솔로몬
출생: 1952년 9월 17일, 미국

"솔리"라는 애칭으로 불린 그는 22개의 단식 타이틀을 획득한 정교한 클레이 코트 스페셜리스트였다. 복식 타이틀은 1개뿐이다. 1976년부터 1980년까지 꾸준히 톱10에 이름을 올렸지만 최정상까지 올라서지는 못했다. 솔로몬은 1972년과 1978년 미국의 데이비스컵 우승을 도왔고 6차례 연말 마스터스 토너먼트 출전 자격을 획득했다.

그러나 성공은 사실상 프랑스오픈에 국한됐다. 36승 13패 전적을 가진 그는 1976년 결승에서 아드리아노 파네타를 꺾었는데 미국 선수로는 21년 만에 거둔 프랑스오픈 우승이었다. 솔로몬은 1974년 롤랑가로스 4강에 올라 비외른 보리에게 패했고 1980년 4강에서도 보리를 만나 단 4게임만 따내며 졌다. 1977년 마지막으로 포레스트 힐스의 녹색 잔디에서 열린 US오픈 4강에 올랐다.

해리 호프만
출생: 1906년 12월 8일, 호주

테니스 역사상 최고의 코치로 알려져 있다. 1950년대와 1960년대, 컨베이어 벨트처럼 끊임없이 나온 호주의 테니스 수재들은 그의 지도에 힘입은 바 크다. 호프만은 그가 배출한 프랭크 세드먼, 루 호드, 켄 로즈웰, 애슐리 쿠퍼, 닐 프레이저, 로이 에머슨, 로드 레이버, 존 뉴컴과 그 밖의 수많은 선수로 말미암아 오히려 복식 선수로서 자신이 거둔 뛰어난 성공은 가려져 있는 측면이 없지 않다. 그는 1929~1930년 잭 크로포드와 호주오픈 복식 정상에 오른 걸 시작으로 7개의 메이저 타이틀을 보유했고, 아내인 넬과 함께 4개의 혼합복식 타이틀도 갖고 있는데, 이는 부부 혼합복식 부문 기록이다.

호프만의 지도하에 호주 데이비스컵 대표팀은 38승 6패를 기록했고 16차례 우승을 차지했다. 그는 1969년 데이비스컵 감독에서 물러난 뒤 미국으로 이주해 테니스 지도를 계속한 끝에 플로리다에 테니스 아카데미를 열었다. 존 매켄로와 비타스 게룰라이티스가 제자들이었다. 1972년 호프만은 비쩍 마르고 수줍음이 많아 보이는 13살의 소년이 코트 한구석에서 있는 것을 가리키며 이렇게 말했다. "저쪽에 있는 저 놈을 봐. 언젠가 세계 챔피언이 될 거야." 그가 옳았다. 그 작은 소년은 바로 존 매켄로였으니까.

헬렌 제이콥스
출생: 1908년 8월 6일, 미국

1930년대 여자 테니스는 두 명의 헬렌이 지배했다. 헬렌 제이콥스의 입장에서 보면, 불행하게도 그녀는 헬렌 윌스에 밀린 만년 이인자였다. 실제로 그들의 초반 7경기에서 제이콥스는 단 한 세트도 따내지 못했다. 1933년 US오픈 결승에서 거둔 승리도 개운치 않았다. 마지막 세트에서 윌스가 0-3으로 앞선 상황에서 심판에게 다리에 통증을 느껴 기권하겠다고 말했기 때문이다. 제이콥스는 1932년부터 4년 연속 포레스트 힐스에서 우승했지만 윌스가 출전했던 건 그때 한 번뿐이었다.

2번 시드를 받은 제이콥스가 결국 9번째 시도 만에 1936년 윔블던 결승에서 힐데 스펄링을 물리치고 우승했을 때 역시, 헬렌 윌스는 출전 명단에 이름을 올리지 않았다. 그들은 윔블던 결승전에서 4차례 격돌했다. 제이콥스는 그녀의 라이벌보다 힘에서 부족했지만 용감하게 달려들었고, 1935년 승리에 가장 근접한 기회를 만들었다. 제이콥스는 마지막 세트를 5-3으로 리드하고 있었고 매치 포인트까지 잡았다. 네트 앞에 달려가 경기를 끝내는 스매싱을 날리려 했지만 때마침 강한 바람이 불면서 놓치고 말았다. 결국, 그녀의 정신력과 의지도 날아가 버렸다.

헬린 윌스 무디
출생: 1905년 10월 6일, 미국

동시대 어떤 선수보다 강타를 친 것으로 유명하고 역대 최고의 아마추어 챔피언으로 추앙받는 헬렌 윌스 무디는 1998년 1월 1일 92세를 일기로 세상을 떠났다. 그녀는 1923년부터 1938년 사이에 19개의 그랜드슬램 단식 타이틀을 획득했다. 프랑스오픈 4회, US오픈 7회(첫 우승이 17살), 윔블던 8회(1927~1938년 단 9번 출전) 우승이다. 윔블던 8회 우승 기록은 1990년 마르티나 나브라틸로바가 9번째이자 마지막 타이틀을 따내며 깨졌다.

매 경기 집중력과 결단력이 돋보여 "작은 미스 포커 페이스(Little Miss Poker Face)"로 알려진 그녀는 1926년 칸에서 수잔 랑랑과 생애 단 한 번 맞붙어 패했다. 포레스트 힐스에서 열린 US오픈을 제외하고, 그녀는 뛰어난 라이벌인 헬렌 제이콥스에게 메이저 대회에서 늘 승리를 거뒀다. 놀라운 6년의 기간 동안 그녀는 프랑스오픈과 윔블던, US오픈에서 단 한 세트도 내주지 않았고 1928~1938년 와이트먼컵에서 영국을 상대로 30전 21승을 거뒀다.

흰색 모자챙이 트레이드마크인 헬렌 윌스는 의사인 아버지에게 테니스를 배웠고 특히 버클리 테니스 클럽을 방문한 호주 선수들의 지도를 받았다. 14살 생일에 헬렌 윌스는 클럽 멤버십을 생일 선물로 받았다. 1939년 헬렌 윌스 무디 로크라는 이름을 갖게 된 그녀는 1924년 파리 올림픽 금메달을 획득했는데 그때가 1988년 서울올림픽에서 부활하기 전, 마지막으로 테니스가 올림픽 종목일 때였다.

후안 마르틴 델 포트로
출생: 1988년 9월 23일, 아르헨티나

후안 마르틴 델 포트로는 2006년 18세에 100위권에 진입한 주니어 천재였다. 2008년이 전환점이었다. 4개의 커리어 타이틀을 차지했고 조국 아르헨티나를 데이비스컵 결승으로 이끌었다(스페인에 패했다). 그해 델 포트로는 톱10에 든 가장 어린 선수였다. 2016년 리우올림픽에서 은메달을 목에 걸었고, 2017년 US오픈은 최상의 컨디션에서는 여전히 누구라도 이길 수 있다는 걸 증명한 대회였다.

2009년 델 포트로는 호주오픈 8강에 오르며 시즌을 시작해 롤랑가로스 4강에 진출했다(두 번 모두 로저 페더러에게 졌지만 롤랑가로스에서는 5세트 접전을 펼쳤다). 윔블던 2라운드에서 레이튼 휴이트에게 패해 기세가 꺾였지만, US오픈이 찾아왔다. 힘의 테니스를 구사한 델 포트로는 준결승에서 라파엘 나달을 꺾고 결승에서 페더러까지 이기며 생애 첫 메이저 타이틀을 차지했다(그랜드슬램에서 나달과 페더러를 동시에 꺾은 첫 번째 선수였다).

2010년 손목 부상으로 시즌 대부분을 날려 버린 뒤 2011년 돌아와 2개의 타이틀과 2012년 런던올림픽 동메달을 획득했다. 2013년 4개의 타이틀을 수집했지만 손목이 다시 고장 났다. 2014년과 2015시즌 대부분을 놓쳤고, 2016년 조심스럽게 복귀를 시도했다. 이후 2018년 US오픈 결승에 올라 노박 조코비치에게 패하며 준우승을 차지하는 등 부상에서 벗어나면 여전히 강력한 선수임을 증명했지만 커리어 내내 크고 작은 부상에 시달리다 2022년 은퇴했다.

후안 마르틴 델 포트로는 훌륭한 커리어를 보냈지만 잦은 부상에 시달렸다.

현재와 미래의 스타들

미래의 그랜드슬램 챔피언은 어떤 선수일까. 페더러의 서브, 나달의 포핸드, 조코비치의 백핸드를 두루 갖춰야 할까. 한 가지 확실한 건 테니스는 지금도 끊임없이 진화하고 있고, 현재 투어 무대를 빛내고 있는 선수들은 과거보다 더 뛰어난 능력을 갖춰야만 한다는 사실이다.

권순우
출생: 1997년 12월 2일, 경북 상주

권순우의 테니스 인생에서 데이비스컵을 빼놓아서는 결코 안 된다. 그가 한국 테니스 팬들에게 처음 이름 석 자를 각인하게 된 계기가 2017년 데이비스컵 우즈베키스탄전이었기 때문이다. 당시 부상당한 정현의 '대타 선수'로 출전해 세계 80위 데니스 이스토민과 팽팽한 접전 끝에 3-1로 패했다. 이 경기는 권순우 커리어의 일대 전환점이었고, 투어급 선수로 성장하는 발판이 됐다. 권순우의 데이비스컵 활약은 과거 대선배 이형택을 떠올리게 할 만큼 탁월했다. 2021년 정현이 빠진 상황 속에서도 국가대표팀을 혼자 힘으로 이끌어, 마침내 이듬해 오스트리아를 꺾고 2008년 이후 14년 만에 데이비스컵 파이널 16강에 진출시켰다.

권순우는 이형택, 정현과 함께 한국 테니스 역사에 빛나는 남자 선수 3인방이다. 하지만 이 두 명과 달리 권순우는 전형적인 '대기만성형'으로 성공한 경우다. 주니어 시절 쟁쟁한 또래 동료들에 비해 전혀 두각을 나타내지 못했지만, 건국대 진학 이후 오히려 기량이 꾸준히 상승해 10대 시절 자신보다 앞서 나갔던 국내 라이벌들을 모두 압도하는 실력을 갖춰 나갔다. 권순우는 2019년 초 국가대표 출신 임규태를 코치로 영입하면서 투어 선수로서 두각을 나타내기 시작했고, 세계 100위 이내에 진입해 투어 선수로서의 활동을 안정적으로 이뤄나가고 있다.

권순우 커리어의 최정점은 2021년에 찾아왔다. 코로나19 팬데믹 상황 속에서 출전한 카자흐스탄 아스타나 오픈에서 권순우는 2003년 이형택 이후 18년 만에 감격적으로 ATP 투어 정상에 우뚝 섰다. 권순우는 이 대회에서 두산 라요비치, 알렉산더 부블릭, 제임스 덕워스 등 까다로운 상대를 차례로 물리치며 역사를 썼다. 이형택이 27세에 아디다스 인터내셔널 챔피언에 오른 데 비해, 권순우는 그보다 어린 23세 9개월의 나이로 한국 최연소 ATP 챔피언으로 기록됐다.

권순우는 한 템포 빠른 포핸드가 최대 강점이다. 베이스라인에 바짝 붙어 라켓 스윙 스피드를 빠르게 가져가는 권순우의 포핸드는 세계적인 선수들도 인정하는 훌륭한 테크닉이다. 2022년 윔블던 1회전에서 권순우는 우승 후보 조코비치와 예상외의 접전을 벌이며 3-1로 패했는데, 당시 조코비치는 경기 뒤 인터뷰에서 "권순우의 스트로크는 굉장했다"라며 칭찬을 아끼지 않았다. 권순우는 빠른 속도의 포핸드와 함께, 상대의 허를 찌르는 포핸드 드롭샷이 일품이다. 다만 180cm의 비교적 작은 신장

이형택에 이어 두 번째로 ATP 투어 대회 단식 우승을 차지한 권순우는 미래가 더욱 기대되는 선수다.

나오미 오사카는 아시아 선수로서는 최초로 그랜드슬램에서 4회 우승했다.

닉 키리오스가 마이애미 오픈에서 즈베레프를 상대로 트위너를 구사하고 있다.

을 갖고 있어 경기 도중 서브 에이스를 터트리는 경우가 톱플레이어들에 비해 현저히 적다. 권순우는 최고 랭킹 52위까지 올랐으며, 2022년 현재 이십 대 중반 전성기를 맞이 있어 앞으로 활약이 더 기대되는 선수다.

나오미 오사카
출생: 1997년 10월 16일, 일본

2010년대는 누가 뭐래도 '여제' 세리나 윌리엄스의 시대였다. 힘과 기술에서 누구도 전성기 윌리엄스의 적수가 되기 어려웠다. 2018년 US오픈 결승전에서 윌리엄스가 일본인과 아이티인의 피가 반반씩 섞인 곱슬머리 21살 신성에게 패하리라고 예상한 이는 많지 않았다. 윌리엄스는 당시 주심이었던 카를로스 라모스와 심한 언쟁을 벌이며 스스로 무너진 측면도 있었지만, 그 경기를 지켜본 대다수의 전문가들은 이렇게 생각했다. "힘 대 힘으로 윌리엄스를 누를 수 있는 엄청난 선수가 나타났다."

일본 오사카에서 태어나 나오미 오사카라는 이름을 갖게 된 그녀는 현역 최고 슈퍼스타다. 그녀의 상업적 가치는 러시아의 테니스 요정으로 불린 샤라포바 못지않다는 평가를 받는다. 실제로 2020년 오사카가 벌어들인 수입은 모든 종목을 통틀어 역대 여자 스포츠 스타가 벌어들인 최고 액수를 경신했다. 2020 도쿄올림픽에서는 성화 최종 점화 주자로 선정되는 등 테니스를 넘어 일본 스포츠 전체의 아이콘 대접을 받았다.

경기 외적인 영향력, 그리고 논란도 적지 않았다. 오사카는 2020년 US오픈에서 '흑인의 생명은 소중하다(Black Lives Matter)' 운동에 적극적으로 동참해, 매 경기 마스크에 흑인 인권을 상징하는 인물의 이름을 새기고 출전해 화제를 모았다. 이듬해 프랑스오픈을 앞두고는 선수의 정신 건강에 해롭다며 기자회견을 거부한 끝에 중도 기권하며 논란의 중심에 서기도 했다.

오사카는 여자 테니스에서 압도적인 수준으로 강하고 빠른 첫 서브와 공격적인 포핸드를 바탕으로 호주오픈과 US오픈을 각각 두 차례씩 정복했다. 이가 시비옹테크와 함께 '포스트 세리나 윌리엄스' 시대의 선두에 있어, 앞으로의 커리어가 더욱 기대되는 선수다.

닉 키리오스
출생: 1995년 4월 27일, 호주

'악마의 재능'으로 불리며 1980년대 존 매켄로 이후 코트 안팎에서 가장 많은 화제를 뿌리고 있는 문제적 인물. 전문가들은 "키리오스가 조금만 더 테니스에 집중했다면 세계 테니스 판도가 바뀌었을 것"이라고 입을 모은다. 키리오스는 코트에서 늘 심판과 언쟁을 벌이고, 라켓을 때려 부수는 건 기본이며, 때로는 의자까지 집어 던지는 기행을 일삼는다. 부적절한 언행으로 심판에게 수시로 경고를 받고 벌금이 쌓여, 누적 벌금 액수만 10억 원이 넘는 새로운 기록을 달성하기도 했다.

그래도 재능만큼은 탁월하다. 키리오스의 서브는 존 이스너, 이보 카를로비치 못지않게 빠르고 강력한데다 정교함까지 갖추고 있어 현역 서버 가운데 최강으로 꼽힌다. 그라운드 스트로크에서는 백핸드에서 다소 약점을 보이고 있지만, 파워 넘치는 포핸드가 압권이며, 무엇보다 승부에 연연하지 않는 듯 보이는 익살스럽고 창의적인 방식의 테니스로 수많은 상대의 전의를 상실하게 했다.

키리오스는 나달과 페더러, 조코비치를 처음 만나 모두 승리를 거둔 아주 특별한

다닐 메드베데프는 빅4가 테니스계를 점령한 이후 18년만에 새롭게 세계 랭킹 1위에 오른 선수이다.

경력의 소유자다. 2014년 나달과 대결한 윔블던 16강전에서 3-1 승리를 거뒀고, 이듬해 마드리드 오픈에서 로저 페더러와 매 세트 타이 브레이크 접전을 펼친 끝에 이겼다. 2017년 조코비치와 두 차례 대결해 2연승을 거두며 '빅3 킬러'로서 명성을 높였다.

하지만 들쭉날쭉한 멘털과 코트 밖에서의 불성실한 언동으로 인해 성장하지 못한 채 답보 상태로 20대 중반 전성기 시절을 보냈다. 그래도 키리오스가 테니스에 집중하면 무섭다는 사실은 2022년 윔블던에서 입증됐다. 초강력 서브로 승승장구하며 윔블던 결승에 올라, 노박 조코비치와 창과 방패의 치열한 대결을 벌이며 테니스 팬들의 눈길을 사로잡았다. 앞으로 남자 테니스의 판도는 악마의 재능 키리오스가 얼마나 테니스에 다시 집중할 수 있느냐에 따라 갈릴 것이다.

다닐 메드베데프
출생: 1996년 2월 11일, 러시아

단 한 차례의 메이저 우승으로 테니스 역사의 한 페이지를 강렬하게 장식한 선수가 있다면 그는 아마도 메드베데프일 것이다. 2021년 전 세계 테니스 팬들의 눈과 귀가 집중된 US오픈 결승전에서 메드베데프는 노박 조코비치를 3-0으로 물리치고 우승컵을 들어 올렸다. 2021년 US오픈은 조코비치가 로드 레이버 이후 52년 만의 '캘린더 그랜드슬램' 대기록에 도전한 대회였다. 메드베데프는 조코비치의 역사적인 그랜드슬램 도전을 저지한 선수로 오래 기억될 것이다.

메드베데프는 2022년 8월 기준, 역대 최장신 세계 1위 기록 보유자다. 198cm의 장신이면서 코트 위에서의 움직임이 다람쥐처럼 빨라 베이스라인 스트로크 랠리에서도 최상급 능력을 갖추고 있다. 특히 메드베데프가 하드 코트에서 구사하는, 베이스라인에서 5~6m 뒤에서 받는 독특한 리턴 방식은 나달과 조코비치 등 당대 최고의 선수들도 두려워할 만한 무기이다. 하드 코트에서는 조코비치에 필적할 만한 능력을 발휘하지만 클레이 코트에서 자신감을 잃는 것이 이십대 중반까지 오면서 그가 보여준 유일한 약점이다.

메드베데프 커리어 최고의 성과는 물론 US오픈 우승이지만, 2021년 월드투어 파이널스에서의 인상적인 활약도 빼놓을 수 없다. 8명의 톱랭킹 선수들만 모아 최강자를 가리는 이 왕중왕전에서, 메드베데프는 당시 세계 1~3위인 조코비치, 나달, 그리고 도미니크 팀을 차례로 격파하고 우승했다.

그의 경력은 아직 현재진행형이지만, 메드베데프는 아마도 훗날 테니스 빅3의 시대를 끝낸 종결자 가운데 한 명으로 평가받을 가능성이 높다. 마라트 사핀, 카펠니코프에 이어 러시아 남자 테니스에서 역대 3번째로 세계 1위에 오른 선수이기도 하다.

데니스 샤포발로프
출생: 1999년 4월 15일, 이스라엘

샤포발로프가 자신의 홈구장이라고 할 수 있는 몬트리올 마스터스에서 같은 왼손잡이 나달을 꺾으며 전 세계에 센세이션을 일으켰을 때 그의 나이는 불과 17세였다. 이 한 번의 승리로 샤포발로프는 순식간에 '넥스트 제너레이션'의 선두 주자로 꼽혔으나 아직까지는 '원 히트 원더'에 그치고 있다.

러시아에서 이스라엘을 거쳐 캐나다로 온 이민자 혈통의 샤포발로프는 호쾌한 원핸드 백핸드가 트레이드 마크다. 특히 높은 바운스의 공을 훌쩍 뛰어올라 때리는 '점프 원핸드 백핸드'는 샤포발로프만의 절기라는 찬사를 받는다. 늘 모자를 거꾸로 눌러쓰고, 서브 준비 자세에서 공을 두 다리 사이로 튀기는 독특한 루틴의 소유자다. 그랜드슬램 최고 성적은 2021년 윔블던 4강. 이 대회 우승자 조코비치를 가장 위협했던 선수로 기억된다.

도미니크 팀
출생: 1993년 9월 3일, 오스트리아

최근 15년 이상 남자 테니스를 주름잡은 빅3 선수들 다음으로 가장 먼저 메이저 챔피언에 오른 선수가 도미니크 팀이다. 1990년대 클레이 코트 최강자로 불린 토마스 무스터 이후 오스트리아가 낳은 가장 뛰어난 테니스 스타다.

팀은 커리어 초창기 전형적인 '클레이 코트 스페셜리스트'로 출발했다. 클레이에서 효과 만점인 톱스핀 포핸드를 내세워 여러 차례 우승 트로피를 들어 올렸고, 이 과정에서 때로는 '흙신' 나달을 꺾는 이변을 일으키기도 했다. 그의 선배 나달의 성장기처럼, 클레이 스페셜리스트에서 점차 모든 코트에서 두루 잘하는 올라운더로 진화했다.

이런 성장 속에서 첫 메이저 우승은 놀랍게도 클레이가 아닌 하드 코트에서 나왔다. 2020년 코로나 팬데믹 속 무관중으로 진행된 US오픈에서 팀은, 나달과 페더러가 불참하고 조코비치가 선심을 공으로 맞혀 실격당한 불의의 사건 등으로 찾아온 천재일우의 기회를 놓치지 않았다. 4강에서 메드베데프를, 결승에서 즈베레프를 차례로 물리치고 '포스트 빅3 시대'의 첫 메이저 타이틀을 품에 안았다.

팀의 기술적 강점은 역시 파워와 스핀으로 중무장한 포핸드. 킥 서브를 넣은 뒤 이어지는 3구를 포핸드로 쳐 득점하는 공격 방정식으로 빅3의 아성에 당당히 맞섰으며, 원핸드 백핸드 또한 매우 공격적으로 구사한다.

라일리 오펠카
출생: 1997년 8월 28일, 미국

2m 11cm의 테니스 역대 최장신 선수. 크로아티아의 이보 카를로비치와 공동 기록 보유자다. 미국에서 가장 인기 있는 스포츠인 농구를 택했어도 손색이 없는 신체 조건을 갖고 있으나, 프로 테니스 선수로도 성공 가도를 달리고 있다. 미국의 저명한 코치 톰 굴릭슨의 지도를 받았다. 타점 높은 서브는 존 이스너, 카를로비치와 마찬가지로 위력 만점인데, 이들과 다소 구별되는 지점은 장신답지 않게 비교적 탄탄한 그라운드 스트로크를 보유하고 있다는 사실이다. 2019년 2월 뉴욕 오픈에서 생애 첫 ATP 투어 타이틀을 획득했고, 주로 북미 하드 코트 시즌에 두각을 나타낸다. 테일러 프리츠와 함께 미국 테니스의 현재와 미래를 책임질 기대주. 거대한 백곰을 연상케 하는 외모와 달리, 오펠카는 예술과 패션에 깊은 소양을 갖추고 있어, 은퇴 후 패션업계에서 일하는 것을 구상 중이라고 한다.

데니스 샤포발로프는 역동적인 스트로크를 구사한다.

도미니크 팀은 모든 공에 혼신의 힘을 쏟는다.

라일리 오펠카가 휴스턴 오픈 결승전에서 존 이스너를 상대로 서브를 넣고 있다.

레일라 페르난데스
출생: 2002년 9월 6일, 캐나다

2021년 US오픈의 주인공은 신데렐라 스토리를 쓴 에마 라두카누였지만, 사실 엄밀한 의미에서 돌풍을 일으킨 장본인은 페르난데스에 가까웠다. 비록 결승에서 라두카누에게 패했지만, 페르난데스는 결승까지 올라오는 과정에서 가장 강력한 우승 후보였던 나오미 오사카를 물리쳤을 뿐 아니라 안젤리크 케르버, 스비톨리나, 그리고 2번 시드의 사발렌카까지 엄청난 강적들을 모조리 꺾었다. 시상식에서도 페르난데스는 '신 스틸러'에 가까웠다. 준우승 소감을 요청한 장내 아나운서의 질문에 "2001년 9/11 테러를 이겨낸 뉴욕을 사랑한다"고 밝혀 모두의 기립 박수를 이끌어내기도 했다.

필리핀계 캐나다 이민자의 후손인 페르난데스는 168cm의 작은 키가 가진 핸디캡을, 까다로운 왼손잡이 스트로크를 십분 활용해 이겨낸 경우라 할 만하다. 2022년 7월 최고 랭킹 14위까지 오른 페르난데스는 앞으로 라두카누와 함께 여자 테니스계를 이끌어갈 최고의 신성으로 꼽힌다.

로렌조 무세티
출생: 2002년 3월 3일, 이탈리아

로렌조 무세티는 2021년 롤랑가로스에서 커다란 주목을 받았다. 당시 대회 우승자였던 노박 조코비치를 5세트까지 몰아붙인 접전을 벌였기 때문이다. 게다가 두 세트를 선취하며 조코비치를 탈락 직전까지 위협했으나 후반 체력과 뒷심 부족으로 '리버스 스윕'을 허용했다. "테니스 선수가 되지 않았다면 배우가 되고 싶었다"고 말할 정도로 수려한 외모에, 요즘 선수들이 잘 선택하지 않는 원핸드 백핸드를 구사하고 있어 스타성이 풍부하다. 2022년 7월 함부르크 오픈 결승에서 무서운 신예 알카라스를 제압하고 첫 우승을 차지했다. 무세티는 이탈리아 테니스가 야닉 시너와 함께 미래를 맡긴, 발전 가능성이 무궁무진한 영건이다.

레일라 페르난데스는 2021년 US오픈 준우승을 차지했다.

2021년 프랑스오픈에서 로렌조 무세티는 조코비치를 상대로 5세트 접전 끝에 패배했다.

마리아 사카리
출생: 1995년 7월 25일, 그리스

치치파스와 함께 그리스 테니스의 현재와 미래를 책임지고 있는 근육질의 여성 테니스 스타. 사카리는 늘 민소매 차림의 상의를 입고 나와 울퉁불퉁한 어깨 근육으로 팬들의 시선을 강탈한다. 탄탄한 근육질 체형에 걸맞은 파워 테니스로 중무장했다. 사카리의 포핸드는 여자 테니스 선수들 가운데 가장 강한 편에 속한다. 다만 172cm의 작은 신장 탓에 강한 서브를 때릴 수 없는 점이 약점으로 꼽힌다. 사카리는 2021년 프랑스오픈 8강전에서 우승 후보 이가 시비옹테크를 물리쳐 그랜드슬램 챔피언에 오를 절호의 기회를 잡았지만, 준결승전에서 대회 우승자인 크레지코바를 상대로 잡은 매치 포인트 기회를 끝내 살리지 못했다. 이어진 US오픈에서도 4강에 올랐지만, 당시 떠오르는 스타 에마 라두카누 돌풍의 희생양이 되고 말았다.

마테오 베레티니
출생: 1996년 4월 12일, 이탈리아

베레티니의 윔블던은 영광과 아픔이 교차한다. 2021년 자신의 첫 메이저 대회 결승 진출이라는 꿈을 이뤄준 윔블던. 그는 이듬해 준우승 쟁반을 우승컵으로 바꾸기 위해 호기롭게 출전했지만, 단 한 경기도 못 하고 쓸쓸히 짐을 싸야 했다. 코로나바이러스 감염 때문이었다.

이탈리아 테니스의 역사와 전통에서 윔블던은 사실 조금 낯선 공간이다. 지중해의 햇살이 뜨겁게 내리쬐는 환경 속에서, 아무래도 녹색 잔디보다는 붉은색 클레이가 더 친숙하기 때문일 것이다. 하지만 베레티니는 '로마 오픈'으로 상징되는 이탈리아의 클레이 코트 테니스 대신 잔디와 하드에 최적화된 강력한 공격 테니스를 내세운다.

그가 세계 테니스계에 두각을 나타낸 첫 대회는 2019년 US오픈이었다. 당시 세계 25위로 4강까지 올라간 베레티니는 라파엘 나달을 1세트 타이 브레이크까지 몰아붙이며 위협했다. 2년 뒤 윔블던에서는 결승까지 올랐지만, 역시 노박 조코비치의

마리아 사카리의 파워풀한 백핸드 스트로크.

현재와 미래의 스타들

2021년 윔블던 준우승자 마테오 베레티니는 4대 그랜드슬램 모두에서 8강 진출 이상의 성적을 기록하며 꾸준한 성과를 올리고 있다.

벽을 넘지 못하고 준우승에 머물렀다. 대다수 '넥스트 제너레이션' 스타들과 마찬가지로 빅3는 베레티니에게도 참으로 야속한 존재였다.

베레티니는 196cm의 키에서 뿜어나오는 플랫 서브가 일품이며, 특히 강력한 첫 서브 뒤 이어지는 포핸드 강타로 대부분의 득점을 해결한다. 다만 백핸드가 믿음직스럽지 못해 수비적인 슬라이스로 대응하는 경우가 많은데, 이는 앞으로 베레티니가 메이저 챔피언에 오르기 위해서 반드시 해결해야 할 숙제다.

미오미르 케츠마노비치
출생: 1999년 8월 31일, 세르비아

케츠마노비치는 '제2의 조코비치'라는 수식어를 받는다. 과연 이 막중한 별명을 실현할 수 있을지 지켜봐야 하겠지만, 케츠마노비치는 이미 세르비아의 차세대 에이스로 손색이 없을 만한 인상적인 행보를 이어가고 있다. 특히 실수 없는 깔끔한 투핸드 백핸드는 조코비치와 비교할 만한 기술이다. 2021년 오스트리아 오픈(클레이)에서 첫 타이틀을 획득했고, 그랜드슬램 최고 성적은 2022년 호주오픈 16강 진출. 케츠마노비치는 왕년의 아르헨티나 스타인 다비드 날반디안을 코치로 영입해 미래가 더욱 기대되는 선수다.

바보라 크레지코바
출생: 1995년 12월 18일, 체코

크레지코바는 복식 전문 선수가 단식을 제패할 수 있다는 사실을 새삼 일깨워준 사

미오미르 케츠마노비치는 탄탄한 스트로크를 구사하며 '제2의 조코비치'라 불린다.

그랜드슬램 복식 5회 우승자인 바보라 크레지코바는 프랑스오픈 단식 타이틀까지 거머쥐었다.

비앙카 안드레스쿠는 견고한 스트로크를 바탕으로 2019년 US오픈을 제패했다.

세바스찬 코르다의 누나는 도쿄올림픽 여자 골프 금메달리스트이자 LPGA 세계 랭킹 1위에 올랐던 넬리 코르다이다.

례다. 2021년 프랑스오픈 전까지 크레지코바는 단식에서 이렇다 할 두각을 나타내지 못했지만, 복식에서는 2018년부터 메이저 대회를 석권하는 등 뚜렷한 강세를 보였다. 결과적으로 2021년 프랑스오픈이 대전환점이었다. 크레지코바는 결승에서 파블류첸코바와 풀세트 접전 끝에 승리를 거두고 메이저 첫 단식 타이틀을 거머쥐었다. 복식에 강한 선수답게 크레지코바는 탄탄한 그라운드 스트로크뿐 아니라 네트 앞 플레이에서도 안정감을 보이며 여자 단식에 새로운 바람을 불어넣었다. 크레지코바는 2022년 2월 세계 랭킹 2위까지 올랐다.

비앙카 안드레스쿠
출생: 2000년 6월 16일, 캐나다

캐나다 테니스는 최근 들어 강세를 보이는 것이 사실이나, 2019년 비앙카 안드레스쿠가 메이저 챔피언에 오르기 전까지는 역사와 전통에서 이웃 나라 미국과 비교조차 할 수 없는 수준이었다. 그래서 안드레스쿠가 2019년 US오픈 결승전에서 미국의 '여제' 세리나 윌리엄스를 물리친 것은 그 충격의 강도가 더 높을 수밖에 없었다. 캐나다 테니스 사상 첫 그랜드슬램 챔피언에 등극한 안드레스쿠는 세계 랭킹 4위까지 오르며 이 부문에서도 또 하나의 신기원을 열었다.

안드레스쿠가 챔피언에 올랐을 때 그녀의 나이는 불과 19세였다. 10대 여자 선수가 메이저 챔피언에 오른 건 2006년 US오픈 마리아 샤라포바 이후 13년 만의 일이었다. 안드레스쿠는 루마니아 출신 부모에서 태어나, 캐나다와 루마니아 양쪽 팬들에게 많은 지지를 받고 있다. 아직은 US오픈 깜짝 우승 외에는 내세울 커리어가 많지 않지만, 파워풀한 그라운드 스트로크를 지닌 안드레스쿠는 앞으로 10년 여자 테니스를 이끌어갈 재목임이 틀림없다.

세바스찬 코르다
출생: 2000년 7월 5일, 미국

세바스찬 코르다는 저명한 스포츠 집안의 막내다. 막내아들보다 훨씬 유명한 스포츠 스타는 작은누나인 넬리 코르다. 2020 도쿄올림픽에서 박인비와 경쟁해 골프 금메달을 획득한 LPGA 투어의 간판스타다. 아버지 페트르 코르다는 전 세계 랭킹 2위까지 오른 체코 테니스의 전설이고, 어머니 레지나 역시 WTA 26위까지 오른 바 있다. 명문가의 후손답게 막내 코르다는 언론의 지대한 관심 속에 서서히 성장해나가고 있다. 2020년 불과 스무 살이 채 되기도 전 롤랑가로스 16강에 올라 아버지가 지켜보는 가운데 '흙신' 나달과 일합을 겨뤘다. 2018년 호주오픈 주니어 대회에서 우승하면서 주니어 랭킹 1위에 올랐고, 196cm의 큰 키에서 나오는 서브, 그리고 알렉산더 즈베레프와 비교될 만한 탄탄한 백핸드가 장기다.

스테파노스 치치파스
출생: 1998년 8월 12일, 그리스

그리스 테니스 역사상 최고의 선수. 2021년 세계 랭킹 3위까지 올랐고 프랑스오픈 준우승 타이틀을 갖고 있다. 메드베데프, 즈베레프와 더불어 넥스트 제너레이션의 빅3로 불릴 만큼 20세를 전후해 남자 테니스 투어 무대를 주름잡은 선수다.

치치파스는 2018년 문자 그대로 혜성처럼 등장했다. 세계 랭킹 63위로 출전했던 4월 바르셀로나 오픈에서 결승까지 올라 라파엘 나달에 이어 준우승을 차지했다. 그해 연말 21세 이하 선수들이 겨루는 넥스트 제너레이션 파이널 대회에서 알렉스 드 미노를 물리치고 우승을 차지하더니, 한 달 뒤 호주오픈 16강전에서 디펜딩 챔피언 로저 페더러를 3-1로 꺾는 파란을 일으켰다. 당시 승리 뒤 "지구상에서 가장 행복한 사람"이라고 외친 치치파스는 해마다 기량이 상승해 2021년 마침내 프랑스오픈 결승까지 진출했다. 조코비치를 상대로 두 세트를 선취했지만, '살아있는 전설'의 노련한 경기 운영을 극복하지 못하고 뼈아픈 역전패를 당했다.

치치파스는 어깨까지 내려오는 금발에 70년대 비외른 보리를 연상케 하는 수려한 외모를 갖추고 있어 스타성이 풍부하다. 다만 코치이자 아버지인 아포스톨로스에 대한 의존도가 높다는 비판에서 자유롭지 못한데, 실제로 치치파스는 위기 상황을 극복하는 정신력이 다소 떨어져 큰 대회에서 기대 이하의 성적을 내는 경우가 적지 않았다. 치치파스는 프랑스오픈 준우승에서 볼 수 있듯, 클레이 코트에서 상당히 강한 면모를 보인다. 아이러니하게도 그가 가장 선호하는 코트는 윔블던 잔디다.

아리나 사발렌카
출생: 1998년 5월 5일, 벨라루스

사발렌카는 벨라루스의 대표적인 여자 테니스 스타 빅토리아 아자렌카의 뒤를 이을 기대주였고, 그 기대에 부응하는 인상적인 활약을 이어갔다. 2021년 연말 세계 랭킹을 2위로 마쳤다는 사실이 이를 뒷받침한다. 하지만 문제는 큰 대회에서 2% 부족한 활약이었다. 세계 2위에 걸맞지 않게 중요한 고비마다 무너져 메이저 대회 2주 차 진입조차 여의치 않았다. 가장 아쉬운 건 2021년 프랑스오픈이었다. 대회 직전 열린 마드리드 오픈 결승전에서 당시 세계 1위 애슐리 바티를 물리치며 단숨에 우승 후보로 급부상했지만, 결과는 3회전 탈락이었다.

사발렌카는 전 세계 여자 테니스 선수를 통틀어 가장 공격적인 스타일을 갖고 있다. 182cm의 키에서 나오는 강서브는 물론이고, 포핸드와 백핸드 모두 강타를 날리는 공격 지향형이다. 매 경기 수십 개의 위너를 폭발시키지만, 이것이 또한 약점으로 나타나 어마어마한 수의 범실을 쏟아내며 무너지는 경우가 적지 않다. 사발렌카는 그라운드 스트로크를 때릴 때 경기장이 떠나갈 정도의 기합 소리를 내는 것이 특징인데, 이 분야 역대 최고로 꼽히는 마리아 샤라포바에 비견될 정도다.

안드레이 루블레프
출생: 1997년 10월 20일, 러시아

안드레이 루블레프는 ATP가 야심 차게 꺼내든 넥스트 제너레이션 파이널의 초대 결승 진출자다. 당시 루블레프에게 아픈 패배를 안긴 주인공이 바로 한국의 정현이다. 정현의 끈질긴 수비에 루블레프는 인내심을 유지하지 못하고 스스로 무너졌다. 하지만 루블레프는 그날의 패배를 교훈 삼아 한 걸음씩 앞으로 나아갔다. 강한 기합 소리와 함께 내뿜는 파워 포핸드로 ATP 투어 대회에서 여러 차례 정상을 차지해 나가며 톱

올라운드 플레이어인 스테파노스 치치파스는 클레이 코트에서 특히 강하다.

10에 진입했다. 2020년 하반기 루블레프의 약진은 괄목할 수준이었다. 함부르크 오픈과 상트페테르부르크 오픈, 비엔나 오픈 등 ATP 500시리즈에서 연속 우승을 차지하며 차세대 거물급으로 격상됐다.

루블레프는 메드베데프, 하차노프 등과 함께 러시아 테니스의 중흥기를 이끌고 있는 주역이지만 그랜드슬램이나 마스터스 시리즈 등 큰 대회에서 우승 후보들을 넘지 못하는 한계를 극복하는 것이 여전한 숙제로 남아 있다.

알렉산더 즈베레프
출생: 1997년 4월 20일, 독일

남자 테니스에 '넥스트 제너레이션' 열풍을 몰고 온 독일의 테니스 천재. 2017년 20세의 나이에 로마 오픈 결승전에서 노박 조코비치를 물리치고 마스터스 시리즈 우승 타이틀을 차지하며 '차세대 황제'라는 수식어를 받았다. 즈베레프가 198cm의 큰 키에서 내리 꽂는 첫 서브는 시속 220km를 넘나드는 엄청난 속도를 자랑한다. 메드베데프와 마찬가지로 큰 키에도 비교적 빠른 발을 갖고 있어 그라운드 스트로크, 특히 백핸드는 세계 최정상급의 기술로 평가된다.

아버지 알렉산더와 어머니 이리나는 모두 프로 테니스 선수 출신이며 1991년 러시아에서 독일로 국적을 바꿨다. 즈베레프의 형 미샤도 테니스 프로페셔널의 길을 선택해 ATP 랭킹 25위까지 오른 대표적인 테니스 가족이다. 5살 때 처음 라켓을 잡은 즈베레프는 일찍부터 주니어 세계 1위에 오르며 두각을 나타냈고, 주니어 시절 대한민국의 정현과 라이벌 구도를 형성하기도 했다.

즈베레프는 실내 하드 코트 시즌에 특히 강한 면모를 보인다. 두 차례나 연말 월드 투어 파이널 챔피언에 올랐다. 2020년 코로나가 한창 기승을 부릴 때 US오픈 결승에 올라 두 세트를 선취해 첫 메이저 우승을 목전에 뒀으나, 뒷심 부족으로 도미니크 팀에게 역전패했다. 즈베레프는 커리어 초창기 더블 폴트를 남발하는 약점을 보였으나 이십대 중반으로 향하면서 이를 점점 개선하고 있다. 2022년 롤랑가로스에서 나달과 준결승전에서 만나 첫 세트만 90분 가까이 소요되는 대접전을 벌였으나, 경기 도중 발목이 꺾여 인대가 손상되는 심각한 부상을 입고 다음을 기약해야 했다. 즈베레프는 2022년 7월 최고 랭킹 2위까지 올랐다.

파워 테니스를 구사하는 아리나 사발렌카는 가장 공격적인 선수이다.

안드레이 루블레프는 강력한 스트로크를 앞세워 ATP 투어 타이틀을 벌써 11개나 차지했다.

알렉산더 즈베레프가 로마 오픈 준결승전에서 치치파스를 상대로 포핸드 스트로크를 구사하고 있다.

그랜드슬램에서 세 차례 우승컵을 들어 올린 애슐리 바티는 2022년 26세의 나이에 은퇴를 선언했다.

애슐리 바티
출생: 1996년 4월 24일, 호주

1983년 비외른 보리가 26세에 충격적인 은퇴 선언을 한 것만큼이나, 애슐리 바티의 26세 전격 은퇴는 놀라운 사건이었다. 바티는 보리와 달리 천적(매켄로)도 없었고, 커리어의 전성기가 만개할 시점이었기 때문에 더욱 의외의 선택이었다. 2022년 3월, 44년 만에 호주 출신으로 여자 단식 정상에 오른 금자탑을 쌓은 지 불과 2개월도 채 되지 않은 시점이었다. 바티는 "테니스에 모든 정열을 다 쏟아냈고 성공했다. 지금이 떠나기에 완벽한 시점"이라며 테니스 코트에 사직서를 던졌다.

사실 바티의 커리어는 반전과 놀라움의 연속이었다. 2010년 프로 무대에 뛰어든 바티는 복식 선수로 점차 정착에 성공하던 2014년, 갑자기 크리켓 전향을 선언했다. 기다란 막대로 움직이는 공을 때리는 기본적인 메커니즘 외에 테니스와 크리켓의 공통점은 거의 없었다. 2년 넘게 외도하던 바티는 다시 테니스로 돌아왔는데, 이때부터 바티의 커리어는 본격적으로 만개했다.

2019년 롤랑가로스 결승전에서 단 4게임만 내주며 1973년 마거릿 코트 이후 최초의 호주 출신 챔피언에 등극했다. 바티의 성공은 코로나 팬데믹 속에서도 계속됐다. 2020년 해외 투어 일정을 접은 채 국내에 머물렀지만, 2021년 다시 도전을 재개해 윔블던 챔피언이란 가장 큰 영광을 누렸다.

바티는 이듬해 1월 호주오픈 결승전에서 미국의 대니얼 콜린스에게 2세트 1-5로 뒤지다 짜릿한 역전 드라마를 쓰며 이본 굴라공 이후 44년 만에 호주 국적의 호주오픈 챔피언에 오르는 최전성기를 누렸다. 이때 바티는 거의 무적의 선수로 군림했고, 바티의 은퇴 이후 37연승의 신화를 쓴 이가 시비옹테크 역시 적수가 되지 못했던 시절이었다.

바티는 여자 테니스에서 보기 드문 테크니션이다. 서브의 정확도가 높아 매 경기 많은 에이스를 터트렸고, 서브 뒤 이어지는 포핸드 공격의 날카로움은 동시대 라이벌들과 비교 불가였다. 특히 바티의 기술적 특징은 여자 테니스에서 잘 구사하지 않는 백핸드 슬라이스였다. 바티는 백핸드 슬라이스를 매우 공격적으로 사용해, 슬라이스 구질에 익숙하지 않은 수많은 경쟁자들을 울렸다. 은퇴 선언 이후 바티의 소식은 골프장에서 들려오고 있다.

야닉 시너
출생: 2001년 8월 16일, 이탈리아

ATP가 2017년부터 새롭게 도입한 차세대 경연장인 넥스트 제너레이션 파이널의 초대 개최지는 이탈리아 밀라노였다. 그만큼 이탈리아가 테니스에 투자하겠다는 의지로 해석할 수 있는데, 이탈리아 테니스의 역량이 집결돼 탄생한 천재 선수가 바로 야닉 시너다. 시너는 2019년 넥스트 제너레이션 파이널 결승에서 강력한 우승 후보 알렉스 드 미노를 물리치고 깜짝 우승을 차지했다. 당시 시너의 랭킹은 95위에 불과했지만, 이듬해 19살의 나이에 프랑스오픈 8강에 올라 라파엘 나달을 1세트 타이브레이크까지 몰아붙이며 강력한 인상을 남겼다.

188cm에 76kg. 새털처럼 가벼운 몸을 가진 시너는 민첩한 풋워크를 바탕으로 시원한 포핸드와 백핸드 좌우 강타를 구사한다. 2021년 워싱턴 오픈에서 19살의 나이에 우승해 ATP 500시리즈 역대 최연소 우승자로 등재됐다. 7살 때 처음 라켓을 잡았지만 12살까지는 주니어 스키 선수로 활동해 이 분야에서 최고까지 오른 특이한 경력의 소유자로, 시너의 긴 다리에서 나오는 풋워크를 보고 있으면 스키를 타는 듯한 부드러움이 느껴진다.

최근에는 서브를 보완해 메이저 대회에서 우승 후보들을 위협하며 차세대 넘버원 후보다운 기량을 점점 뽐내고 있다. 2022년 윔블던 우승자인 조코비치가 풀세트 접전까지 몰리며 가장 고전한 상대가 바로 8강에서 격돌한 야닉 시너였다. 카를로스 알카라스, 펠릭스 오제-알리아심과 함께 미래 테니스를 이끌어갈 차세대 챔피언 후보다.

에마 라두카누
출생: 2002년 11월 13일, 캐나다

라두카누가 2021년 US오픈 우승컵을 들어 올린 사건은 150년 넘는 근현대 테니스에서도 손꼽힐만한 '신데렐라 스토리'였다. 세계 랭킹 150위가, 본선에 이름을 올릴 자격이 없어 예선 3경기를 치른 뒤, 1회전부터 결승까지 내로라하는 세계 톱랭커들을 도장 깨기를 하듯 격파한 전대미문의 사건이었다. 남녀를 통틀어 메이저 대회 예

야닉 시너가 2022년 몬테카를로 대회 16강에서 루블레프를 상대로 역전승을 거두고 기뻐하는 모습.

2021년 US오픈 챔피언 에마 라두카누는 이미 평전이 출간될 정도로 전 세계의 주목을 받고 있다.

선부터 뛴 선수가 트로피를 차지하는 기적을 처음으로 실현한 주인공이 바로 라두카누다.

라두카누는 중국 혈통이 섞인 영국 선수다. 동서양이 합쳐진 이국적인 외모와 군더더기 없는 테니스 실력으로 라두카누는 나오미 오사카와 함께 가장 상업적 가치가 높은 선수로 꼽힌다. 단순히 스포츠 브랜드뿐 아니라 패션 및 보석의 글로벌 명품 업체들의 러브콜을 받았고, 영국 매체 가디언은 라두카누 1인의 순수 가치가 1200만 파운드 이상이라고 보도했다.

다만 테니스 실력은 조금 더 검증이 필요하다는 시각이 있다. 라두카누는 US오픈 우승 이후 이렇다 할 성적을 내지 못하고 주춤했다. 이듬해 호주오픈과 프랑스오픈, 윔블던까지 전부 2라운드를 통과하지 못했다. 발이 빠르고 세컨 서브가 시속 150km 이상을 기록하는 등 메이저 챔피언에 오를 수 있는 자질을 갖추고 있지만, 아직 경험이 많지 않은 라두카누에게는 조금 더 시간이 필요해 보인다.

온스 자베르
출생: 1994년 8월 28일, 튀니지

모든 스포츠 종목을 통틀어 아랍계 여자 선수를 찾기는 쉽지 않다. 엄격한 이슬람 계율에 얽매여 있는 중동과 북아프리카 지역에서 여자 스포츠 선수로 대성한다는 것은 그만큼 어려운 일이다. 이 때문에 온스 자베르가 내딛는 한 걸음 한 걸음은 아랍 스포츠의 새로운 역사다.

자베르는 2022년 윔블던 결승에 올라 준우승을 차지했다. 아랍계 여자 테니스 선수가 거둔 역대 최고의 성과였음은 물론이다. 테니스와 도무지 어울릴 것 같지 않은 카르타고의 후예 튀니지에서 자베르가 테니스의 새 역사를 써온 과정은 눈물겹다. 테니스 동호인 어머니의 손을 잡고 따라가 우연히 배우게 된 테니스였다. 10살 때 학교 테니스 코트가 없어져, 어머니는 자베르가 훈련할 수 있는 테니스장을 찾기 위해 동분서주해야만 했다.

결국 16세 때부터 벨기에와 프랑스에서 제대로 된 테니스 훈련을 받은 자베르는 시니어 무대 적응에 성공해 2020년 아랍계 여성 최초로 호주오픈에서 메이저 8강에 진출했다. 자베르는 무작정 힘에 의존하지 않고 매우 섬세한 기술을 선호하며, 때로

코트에서는 더없이 진지하지만 경기가 끝나면 승패와 상관없이 언제나 환한 미소를 짓는 온스 자베르는 "행복부 장관"이라는 별명으로 불린다.

173cm의 단신 우고 가스통은 지능적인 플레이로 상대를 괴롭힌다.

기상천외한 샷을 성공시켜 팬들의 기립박수를 유도하는 선수다.

우고 가스통
출생: 2000년 9월 26일, 프랑스

173cm의 단신이 과연 프랑스 테니스의 미래를 책임질 수 있을까. 여전히 가능성은 반반이다. 가스통의 테니스는 독특하면서 까다롭다. 왼손잡이라는 특수성을 십분 살리는 영리한 게임 운영 방식을 선호하는데, 특히 가스통이 경기 중간중간 시도하는 드롭샷만큼은 세계적인 수준이다.

가스통은 와일드카드를 받고 나선 2020년 프랑스오픈에서 이 드롭샷 하나만으로 최고 선수들을 괴롭혔다. 32강에서 스탄 바브린카를 풀세트 접전 끝에 물리쳤고, 16강에서도 우승 후보 도미니크 팀을 상대로 무려 58개의 드롭샷을 구사, 또다시 풀세트까지 승부를 몰고 간 끝에 간발의 차로 탈락했다. 가스통은 적어도 자국에서 열리는 프랑스오픈에서만큼은 꾸준한 성적이 기대된다.

이가 시비옹테크
출생: 2001년 5월 31일, 폴란드

2020년 폴란드 출신의 19세 소녀가 유서 깊은 롤랑가로스 우승컵을 들어 올리자 세계 테니스계는 '여자 나달'의 출현이라며 흥분을 감추지 못했다. 2005년 나달 이후 남녀 통틀어 최연소 프랑스오픈 챔피언이었고, 4대 메이저 대회 전체로 확장하면 2004년 17세의 나이에 우승한 마리아 샤라포바 이후 가장 어린 나이에 이룬 메이저 우승이었다. 16강전에서 가장 강력한 우승 후보였던 시모나 할렙에게 단 3게임만 내주며 승리를 거뒀으니, 당시 시비옹테크의 기세가 얼마나 대단했는지 미뤄 짐작할 수 있다. 시비옹테크는 2년 뒤 프랑스오픈에서도 라이벌들과 넉넉한 격차를 벌리며

이가 시비옹테크가 2022년 압도적인 실력으로 6-0 베이글 스코어를 기록하는 일이 잦아지자 "이가의 베이커리(Iga's Bakery)"라는 홈페이지도 생겼다.

두 번째 우승 트로피를 들어 올려 '여자 흙신'의 위용을 만방에 과시했다.

시비옹테크의 아버지는 1988년 서울올림픽에 출전한 폴란드의 조정 선수였다. 스포츠에 뛰어난 재능을 보인 딸에게 아버지 토마스는 "혼자 힘으로 승패를 결정할 수 있는 개인 운동을 택하라"고 권했는데, 이는 결과적으로 탁월한 선택이었다. 시비옹테크는 주니어 시절부터 일찌감치 세계 정상을 예고했다. 2018년 윔블던 주니어 타이틀을 차지했고 더 이상 주니어 레벨에서 적수를 찾기 어려운 상태에서 성인 무대로 뛰어들었다.

2020년 롤랑가로스 우승을 차지했고, 애슐리 바티가 전격 은퇴를 선언한 가운데 2022년 2월부터 7월 윔블던까지, 무려 37연승이라는 빛나는 기록을 세우며 여자 테니스의 새로운 여왕으로 떠올랐다.

시비옹테크가 특히 프랑스오픈에서 성공할 수 있었던 요인은 나달과 마찬가지로 포핸드 스트로크의 압도적인 회전량에 있었다. 시비옹테크는 가공할 라켓 스윙 스피드를 바탕으로 남자 선수에 필적할만한 3000~4000rpm이 담긴 포핸드 톱스핀 스트로크를 구사한다. 이는 매우 공격적인 스타일임에도 불구하고 회전량이 충분히 실린 스트로크의 궤적으로 인해 범실을 줄일 수 있는 효과까지 더해졌다. 바티의 은퇴 이후 새롭게 세계 1위에 오른 시비옹테크가 클레이는 물론 하드와 잔디까지 정복할 수 있다면, 2020년대는 명실상부 시비옹테크의 시대로 기록될 것이다.

정현
출생: 1996년 5월 19일, 경기도 수원

정현이 2008년 세계 최고 권위의 주니어 대회인 오렌지볼 12세부에서 우승했을 때까지만 해도 그가 한국 테니스의 메이저 대회 도전사를 송두리째 뒤바꿔 놓으리라고 예상하기는 쉽지 않았다. 초등학교 6학년이었지만 정현의 키는 또래들보다 훨씬 작았고, 게다가 운동선수들에서 찾아보기 어려운 안경까지 끼고 있었기 때문이다. 정현이 테니스 라켓을 잡은 이유 자체가 선수가 되는 것보다는 어릴 적 약시 교정을 위해서였다.

하지만 미국 IMG 테니스 아카데미 유학을 다녀와 주니어 그랜드슬램 대회에 출전할 수 있는 연령대에 접어든 2013년, 그의 키는 185cm를 훌쩍 넘겨 있었고 아시아 선수 가운데서는 보기 드문 탄탄한 피지컬의 소유자가 됐다. 정현은 그해 윔블던 주니어 단식에서 준우승을 차지하며 잠재력을 제대로 꽃피웠다.

정현의 성장세는 모두의 예상을 뛰어넘었다. 2014년 인천 아시안게임에서 선배 임용규와 짝을 이뤄 복식 금메달을 획득하며 커리어가 본격적으로 만개하기 시작했다. 이듬해 3월 정현은 미국 마이애미에서 열린 마스터스 시리즈에 와일드카드 초청 선수로 출전했는데, 1회전에서 당시 세계 50위 마르셀 그라노예스를 꺾는 이변을 일으키며 눈도장을 제대로 찍었다. 그해 US오픈 본선에서는 2회전까지 올라 스탠 바브린카와 매 세트 타이브레이크를 가는 치열한 접전 끝에 0-3으로 분패했다.

정현은 차근차근 성공의 사다리를 타고 올라갔다. 2017년 11월 ATP가 야심 차게 도입한 넥스트 제너레이션 파이널에 출전권을 확보한 8명의 유망주 가운데 하나로 당당히 이름을 올렸고, 나아가 초대 우승자가 되는 돌풍을 일으켰다. 정현이 이 대회에서 꺾은 선수들은 다닐 메드베데프, 데니스 샤포발로프, 안드레이 루블레프 등 2~3년 뒤 세계를 호령하게 된 선수들이었다.

넥스트 제너레이션 파이널 챔피언에 오른 정현의 상승세는 멈추지 않고 이듬해 1월 호주오픈에서 절정을 맞게 된다. 2회전에서 다닐 메드베데프를 3-0으로 셧아웃 시킨 뒤 32강전에서 모두의 예상을 깨고 차세대 챔피언 1순위로 꼽히던 알렉산더 즈베레프를 풀세트 접전 끝에 3-2로 물리쳤다. 여기가 끝이 아니었다. 16강전에서 호주오픈 통산 최다 우승자인 조코비치를 3-0으로 꺾는 파란을 일으켰고, 4강까지 올라 로저 페더러에게 부상 기권패 하기 전까지 대한민국에 테니스 열풍을 불어넣으며 센세이션을 일으켰다.

정현의 2018 시즌 초반은 세계 톱10 그 이상이었다. 정현은 호주오픈 이후에도 마스터스 시리즈 등 큰 투어 대회에서 활약을 이어가며 6개 대회 연속 투어 8강이라는 한국 테니스 사상 최고의 성과를 냈다. 선배 이형택의 최고 랭킹도 경신해 19위까지 올랐다.

하지만 정현은 안타깝게도 잦은 부상에 시달리며 메이저 4강 신화를 달성한 상승세를 이어가지 못하고 있다. 2020년 9월 프랑스오픈 예선을 마지막으로 2년간 투어 무대에서 자취를 감췄다. 정현의 백핸드는 조코비치에 비견될 만큼 세계적인 수준을 자랑하며, 끈끈한 수비가 강점이어서 베이스라인 랠리에서 웬만하면 밀리지 않는다. 커리어 초기 문제점으로 지적된 포핸드와 서브는 점차 개선되고 있어, 고질적인 허리 부상에서 회복된다면 정현이 다시 한번 세계의 강호들과 경쟁하는 모습을 볼 수 있을 것이다.

정현은 탄탄한 스트로크를 바탕으로 2018년 호주오픈 4강에 진출하며 대한민국 테니스 역사를 새롭게 썼다.

한국계 미국인인 제시카 페굴라의 테니스에 대한 열정은 누구에게도 뒤지지 않는다.

현재와 미래의 스타들

차세대 챔피언으로 손꼽히는 카를로스 알카라스는 단점을 찾기 어렵다.

제시카 페굴라
출생: 1994년 2월 24일, 미국

통장 잔액만 따져볼 때 전 세계 테니스 선수 중 최고 부자는 로저 페더러도, 노박 조코비치도, 세리나 윌리엄스도 아니다. 바로 미국 갑부의 딸인 제시카 페굴라다. 미 프로풋볼(NFL) 버팔로 빌스의 구단주인 페굴라 가문은 미국에서 천연가스, 부동산, 스포츠 및 엔터테인먼트 사업의 큰손이다. 순자산만 약 50억 달러(한화 6조 5000억 원)에 이를 것으로 추정되는 가문의 혈통이 테니스 라켓을 잡은 것만으로도 화제를 모았다. 여기에 또 한 가지 한국과의 특별한 인연도 추가된다. 페굴라의 어머니 킴 페굴라는 1969년 서울에서 태어나 미국으로 입양됐다. 그래서 페굴라는 스스로를 '하프 코리안'이라고 자랑스럽게 부른다.

부잣집 딸이지만 테니스에 대한 실력과 열정은 결코 무시할 수준이 아니다. 2022년 WTA 랭킹 7위에 올랐고 출전하는 메이저 대회마다 8강권 이상의 성적을 올리는 수준급의 선수다. 테니스는 훈련 과정에서 엄청난 고통과 인내를 수반한다. 천문학적인 자산을 상속받을 가능성이 높은 페굴라가 세계 톱10까지 올라선 자체로 높은 평가를 받기에 충분하다.

카를로스 알카라스
출생: 2003년 5월 5일, 스페인

로저 페더러를 닮은 제2의 라파엘 나달. 2021년 지구촌 테니스를 떠들썩하게 만들며 등장한 알카라스에 대한 수식어다. 알카라스는 스무 살이 채 되기 전인 10대 시절 각종 최연소 기록을 써나가고 있는 미래의 챔피언이다.

2021년 US오픈에서 치치파스를 제압하고 8강에 올라, 마이클 창 이후 최연소 8강 진출자의 기록을 남겼다. 이듬해 활약은 더 놀라웠다. 알카라스는 4월 마이애미 오픈에서 18세의 나이에 우승을 차지했는데 이는 조코비치 이후 최연소 기록이었고, 톱10 진입에 성공하면서 2005년 나달 이후 최연소 기록을 새로 썼다. 요컨대 2000년대 중반 나달, 조코비치의 등장 이후 남자 테니스계에 출현한 가장 뛰어난 천재라는 것이다.

알카라스는 스페인 무르시아의 엘 팔마에서 태어났다. 스페인 전체에서 국민 소득이 가장 낮은 시골 마을이다. 개천에서 용 났다는 표현이 딱 어울리는 알카라스의 성장기는 그의 우상인 나달과 쏙 빼닮아 있다. 10대 주니어 시절부터 스페인 내에서 적수를 찾기 어려웠다. 2003년 프랑스오픈 챔피언에 오른 후안 카를로스 페레로를 스승으로 만나면서 알카라스의 테니스는 본격 만개하기 시작했다.

오른팔을 일직선으로 길게 뻗어 치는 알카라스의 포핸드는 엄청난 힘과 속도를 자랑해 나달과 페더러 이상의 평가를 받는다. 빠른 공격은 페더러를, 탄탄하고 끈질긴 수비는 나달을 닮았다. 하지만 알카라스가 차세대 챔피언으로 극찬받는 까닭은 테크닉에 국한되지 않는다. 코트 위에서 보여주는 침착함과 여유, 그리고 위기 상황에서 평정심을 잃지 않는 강인한 정신력이야말로 알카라스가 세계 1위와 메이저 챔피언에 오르는 건 시간 문제라는 극찬을 전문가들로부터 받는 진짜 이유일 것이다.

캐머런 노리
출생: 1995년 8월 23일, 남아공

현대 테니스의 종가인 영국이 앤디 머리 이후 모처럼 톱10 레벨의 선수를 배출했다. 캐머런 노리는 왼손잡이라는 희소성이 더해져 코로나 팬데믹이 전 세계를 강타할 즈음 두각을 나타내기 시작했다. 노리는 2021년 마스터스 시리즈 중 가장 등급이 높다고 볼 수 있는 인디언웰스에서 깜짝 우승을 차지했다. 물론 코로나19의 여파로 여러 톱랭커들이 불참을 선언한 대회라는 한계는 있었지만, 늘 앤디 머리의 그늘에 가려 있던 2인자의 마스터스 시리즈 우승은 영국 팬들을 환호하게 만들기 충분했다. 노리는 2022년 4월 마침내 톱10 진입에 성공하면서, 그렉 루세스키와 팀 헨만, 앤디 머리에 이어 4번째로 세계 10걸에 이름을 올린 영국 선수로 기록됐다. 기세를 탄 노리는 2016년 앤디 머리 이후 6년 만에 윔블던 4강에 진출하는 뜻깊은 성과도 올리며 영국 테니스의 자존심을 지켰다.

캐스퍼 루드
출생: 1998년 12월 22일, 노르웨이

2022년 6월 5일은 노르웨이 테니스에 기념비적인 날이었다. 유럽에서 테니스 불모지로 악명 높은 노르웨이 출신 선수가 메이저 대회 결승에 진출한 날이었기 때문이다. 캐스퍼 루드는 비록 프랑스오픈 결승전에서 나달의 벽을 넘지 못했지만 노르웨이 테니스의 역사적인 한 페이지를 장식했다.

캐스퍼 루드 이전에 아버지가 있었다. 아버지 크리스찬 루드는 최고 랭킹 39위까지 찍었지만, 아들은 훨씬 더 탁월한 성과를 냈다. 루드는 클레이 코트에서 열리는 대회에 특히 강해 2022년 7월까지, 총 7개의 투어 타이틀 가운데 6개를 흙바닥 위에서 들어 올렸다. 어릴 적 우상이 라파엘 나달이었고, 그의 테니스를 동경해 2018년부터 스페인 마요르카에 있는 라파엘 나달 아카데미에서 정기적으로 훈련해 왔다. 많은 전문가들은 언젠가 캐스퍼 루드가 프랑스오픈 챔피언에 오를 수 있을 거라 전망한다. 단 전제 조건은 있다. 나달이 은퇴한 이후.

코코 고프
출생: 2004년 3월 13일, 미국

2009년 세리나 윌리엄스가 호주오픈에서 특유의 파워 테니스를 선보이며 우승을 차지했을 때, TV 앞에서 이를 흥미롭게 지켜본 4살 꼬마가 있었다. 미국 대학스포츠에서 농구와 육상을 전공한 부모에게 받은 스포츠 DNA로 똘똘 뭉친 흑인 소녀였다. 결국 그녀가 택한 스포츠는 예상 밖으로 테니스였고, 코코 고프라는 이름의 이 유망주는 15살의 어린 나이에 윔블던 본선 16강까지 오르는 괴력을 선보였다. 윔블던 150년 역사에 기록된 최연소 16강 진출이었다.

2019년 윔블던에서 코코 고프는 말 그대로 센세이션을 일으켰다. 예선 통과자에 불과한 코코 고프가 1회전에서 살아있는 전설 비너스 윌리엄스를 제압하고 승승장구하자, 윔블던 조직위원회는 고프에게 센터 코트에서 경기할 수 있는 지위를 부여했다. 미국 ESPN이 중계한 이 윔블던 대회에서 1주 차 최대 시청률을 기록한 경기는 놀랍게도 페더러도, 나달도, 조코비치도 아닌 코코 고프의 경기들이었다.

캐머런 노리는 2022년 윔블던 준결승에서 조코비치를 상대로 첫 세트를 선취했지만 3-1로 역전패했다.

제2의 윌리엄스 자매 신화를 쓸 것으로 기대를 모으고 있는 고프는 순조롭게 성장하고 있다. 2022년 프랑스오픈에서 메이저 첫 결승 진출에 성공하며 챔피언 이가 시비옹테크와 멋진 승부를 벌였다. 앞으로 적어도 10년 이상 맹활약할 코코 고프가 얼마나 많은 우승 트로피를 들어 올릴 수 있을지는 아무도 모른다.

캐스퍼 루드는 빠른 발과 강력한 톱스핀으로 클레이 코트에서 특히 강한 면모를 보인다.

현재와 미래의 스타들

코코 고프는 윌리엄스 자매를 이을 미국의 차세대 선수 주자로 꼽힌다.

테일러 프리츠는 2022년 인디언웰스에서 나달을 꺾고 우승컵을 차지했다.

테일러 프리츠
출생: 1997년 10월 28일, 미국

2003년 앤디 로딕의 세계 1위 등극 이후 미국 테니스는 근 20년 가까운 침체기를 벗어나지 못하고 있다. 톱5는 고사하고 10위 안에 드는 선수들을 가까스로 배출하기 바빴다. 존 이스너, 샘 퀘리, 잭 삭 등이 강한 서브와 포핸드를 바탕으로 유럽의 스타 플레이어들과 맞섰지만 그들의 한계는 뚜렷했다. 2021년 연말 아메리칸 넘버원의 위치를 점한 미국 테니스의 새로운 희망이 테일러 프리츠였다.

그해 6월 무릎 수술을 받고 거둔 기적 같은 성과였다. 프리츠는 2022년 3월 인디언웰스 결승전에서 연승 가도를 달리고 있던 나달의 상승세를 잠재우고 생애 첫 마스터스 시리즈 타이틀을 획득했다. 미국 선수가 인디언웰스에서 우승한 건 2001년 안드레 애거시 이후 21년 만이었다. 메이저 대회에서 프리츠는 조코비치와 나달을 모두 풀세트까지 몰아붙이는 근성을 보이기도 했지만, 끝끝내 그들의 벽을 넘지는 못했다.

펠릭스 오제-알리아심
출생: 2000년 8월 8일, 캐나다

최근 캐나다 테니스의 약진은 괄목할 만하다. 여자 테니스에서 비앙카 안드레스쿠가 2019년 US오픈 우승을 차지했고, 남자의 경우 오제-알리아심과 데니스 샤포발로프라는 걸출한 젊은 스타들이 속속 등장하고 있다. 오제-알리아심의 잠재력은 무궁무진하다.

펠릭스 오제-알리아심은 데니스 샤포발로프와 함께 캐나다 남자 테니스를 이끌어갈 재목이다.

폴라 바도사는 2021년 인디언웰스에서 아자렌카를 물리치고 챔피언이 되었다.

아버지이자 코치인 샘 알리아심은 아프리카 토고 출신 이민자다. 흑인 특유의 탄력이 오제-알리아심의 테니스에 그대로 묻어있다. 193cm의 키와 높은 타점에서 나오는 강서브가 위력적이며 교과서에 실릴 것 같은 깔끔한 포핸드도 인상적이다. 하드와 잔디에서 강점을 잘 살릴 수 있는 최적의 조건을 갖춘 셈이다.

2021년 캐나다 남자 테니스 사상 최초로 US오픈 4강에 진출했다. 아직 잠재력이 완전히 발현됐다고 보기 어렵지만, 나달을 지도했던 토니 나달이 전담 코치를 맡은 이후 눈에 띄게 기량이 성장하고 있는 건 분명한 사실이다.

폴라 바도사
출생: 1997년 11월 15일, 미국

바도사는 스페인 여자 테니스의 기대주다. 가르비네 무구루사 이후 메이저 우승의 갈증을 풀어줄 선수로 기대를 한 몸에 받고 있다. 현시점까지는 잠재력을 충분히 꽃피우지 못했다. 2021년 프랑스오픈 8강에 오른 게 최고 성적이다. 하지만 누구보다 꾸준한 성적을 유지하는 장점을 발휘해, 큰 대회 우승 없이도 WTA 랭킹 2위까지 올라설 수 있었다.

바도사는 180cm의 비교적 큰 키에 최고 시속 196km를 기록할 정도로 WTA 전체에서 손꼽힐 만큼 강한 서브를 갖고 있다. 다만 긴장 상태에서 세컨 서브에 실패해 더블 폴트를 범하는 단점이 있다. 화려한 외모와 큰 키로 인해 바도사는 마리아 샤라포바와 곧잘 비교되는 선수다.

홀거 루네
출생: 2003년 4월 29일, 덴마크

불과 19세에 덴마크가 낳은 역대 최고의 테니스 선수로 올라설 만큼 차세대 테니스를 책임질 주역으로 꼽힌다. 루네는 2021년 US오픈 1회전에서 처음 세계적 스포트라이트를 받았다. 당시 145위였던 루네는 예선 세 경기를 승리로 장식한 뒤 본선에 진출, 하필이면 당시 캘린더 그랜드슬램에 도전하던 조코비치를 만났다. 루네는 놀랍게도 2세트 타이 브레이크 접전을 승리로 가져오며 조코비치에게 한 세트를 따내는 기염을 토했다.

루네는 강호 킬러로 불릴 만했다. 2022년 4월 뮌헨 오픈 결승에서 1번 시드 알렉산더 즈베레프를 물리치고 생애 첫 타이틀을 획득했고, 프랑스오픈에서도 세계 4위 치치파스를 제압하며 8강까지 진출했다.

정교하면서도 강한 파워의 포핸드를 바탕으로 안정적인 테니스를 구사하는 루네는 스무 살이 되기 전에 이미 세계 랭킹 20위권으로 진입했다.

홀거 루네가 베오그라드 오픈에서 크리스티안 가린을 상대로 포핸드 스트로크를 구사하고 있다.

위대한

전 세계에는 1년 365일 수천 명의 테니스 선수들이 뛰는 크고 작은 테니스 경기장이 있다. 야외와 실내 테니스장을 총망라한 그 경기장들은 테니스 세계 지도에서 자신들의 위치를 점하고 있다.

테니스에서 오랜 역사를 지닌 훌륭한 경기장이 여럿 있다는 사실은 크나큰 축복이 아닐 수 없다. 그중에는 깊은 역사를 자랑하거나 타고난 아름다움을 뿜어내는 경기장도 있지만, 무엇보다 이 모든 경기장은 테니스 탄생 후 두 번째 세기를 맞는 현재까지 테니스의 지속적인 발전에 기여해왔다.

물론 그 가운데 최고는 4대 메이저 대회의 보금자리들이다. 윔블던의 올잉글랜드 클럽은 고전과 현대의 조화가 매우 효과적으로 이뤄졌고, 파리의 롤랑가로스는 프랑스의 전형적인 우아함과 자부심을 느낄 수 있는 곳이다. 그리고 뉴욕 플러싱 메도우와 멜버른 파크 등 비교적 최근에 건설된 두 곳도 빼놓을 수 없다.

이 경기장들의 사연과 변화에 대해서는 뒤에서 다루겠지만, 그 못지않은 개성과 전통을 지니며, 미래 지향적인 수많은 테니스 경기장이 있다. 이들 역시 남녀 투어 대회의 전체적인 다양성을 더하며 분위기를 빛내주고 있다. 그 가운데 아마도 몬테카를로 컨트리 클럽의 매력에 빠져들지 않는 사람은 없을 것이다. 코트다쥐르의 층층이 새겨진 천국의 계단에 첫발을 디딜 때, 특히 해안가 절벽의 끝자락부터 시작되는 경사지고 단아한 정원을 올라갈 때 더욱 그렇다. 화창한 오후, 테니스 코트 사이로 보이는 푸른 지중해의 탁 트인 바다를 항해하는 작은 돛단배와 백만장자들의 화려한 요트, 그리고 대형 크루즈 선들이 이루는 전망은 너무나 매혹적이다.

몬테카를로에서 출발한 유럽 클레이 코트 투어는 2주 뒤 독일 함부르크로 이어진다. 수목이 즐비한 로덴바움 클럽에서 열리는 독일 오픈을 위한 이 경기장은 최근 큰 폭의 변화를 겪었다. 훌륭하고 오래된 목재로 지어진 예전의 경기장은 더 이상 볼 수 없다. 어떤 면에서 과거의 우아함 대신 기능성에 중점을 둔 구조물로 대체된 셈인데, 1998년 선보인 웅장한 우산 모양의 텐트형 지붕은 테니스의 진화에 발맞춘 완벽한 예라고 볼 수 있다. 이 지붕은, 최근 들어 더욱 자주 발생하며 5월 초까지 심심찮게 불어대는 돌풍을 막기 위해서였다.

1995년 독일의 할레 오픈 역시 야외 잔디 코트에 지붕을 씌우는 도전을

몬테카를로 컨트리클럽에서 바라본 지중해의 목가적인 풍경

경기장

나무로 둘러싸인 포로 이탈리코 경기장은 이탈리아 오픈의 개최지이다.

감행했다. 영국과 네덜란드, 오스트리아 외에도 윔블던 이전 시대에 존재한 잔디 코트 대회가 있었다. 독일 오픈이 한여름 잔디에서 열렸다는 사실은 잘 알려지지 않았다. 1892년 시작된 이 대회는 1923년 로텐바움에 정착하기 이전까지 세 곳에서 개최됐다. 그중 한 곳이 1894~1897년, 그리고 1902~1922년까지 보르 뎀 담터 근처 잔디밭이었는데, 겨울철에 강수량이 많으면 아이스 링크로 변신하곤 했던 곳이다.

하지만 윔블던과 롤랑가로스를 제외하고 유럽에서 가장 명성을 떨친 테니스 경기장은 이탈리아 로마의 포로 이탈리코이다. 이곳에는 1935년 독재자 무솔리니의 흔적이 남아 있다. 티베강 근처 소나무 숲 사이에 최근 새롭게 지은 센터 코트는 과거 오리지널 경기장의 모습을 통째로 감상할 수 있는 전망이 일품이다. 이곳에서는 대리석으로 건축된, 전투 준비를 마친 알몸 검투사들의 대형 동상으로 둘러싸인 화려한 경기장의 모습을 조망할 수 있다.

잉글랜드 남부 해안가의 본머스는 테니스 역사를 영원히 간직한 또 다른 중심지다. 1968년 사상 처음 프로와 아마추어가 함께 출전한 대회가 열린 곳이기 때문이다. 조금 더 영국 동쪽 해안가로 가면 이스트본의 데본샤이어 공원에 한 폭의 그림 같은 유서 깊은 코트가 있다. 그렇다고 유럽만이 모든 것을 독점했다고 생각하지 말길 바란다. 시드니의 화이트 시티는 그 못지않은 역사적 배경을 가진 곳이다. 최근 대대적인 변화를 단행하기 전까지, 화이트 시티는 과거 이스트본의 모습을 쉽게 상기시켜줄 수 있는 곳이었다.

최근 미국에는 정말 수많은 뛰어난 경기장들이 만들어졌다. 델레이비치와 보카래턴, 그리고 10년간 임시 거쳤던 케이 비스케인을 거쳐 영구적인 스타디움을 새롭게 기획하고 있는 마이애미 오픈은 미래 테니스장의 기준을 제시하고 있다(마이애미 오픈은 2018년 이후 NFL 마이애미 돌핀스의 홈경기장인 하드 록 스타디움에서 열리고 있다 – 옮긴이).

윔블던

윔블던은 20년간 수백만 파운드를 쏟아붓는 발전 계획의 절반 정도만 소화한 채, 뉴 밀레니엄을 맞았다. 21세기에도 과거의 전통은 물론 압도적인 우월성을 유지하는 것이 핵심이었다. 이미 몇몇 주요한 변화가 단행됐다. 1997년 웅장한 1번 코트가 현대적 방송 센터 등 뚜렷한 목적을 지닌 건축물들과 함께 새롭게 선보였다. 2000년에는 선수와 미디어, 올 잉글랜드 클럽 멤버들이 대회 기간을 알차게 보낼 수 있는 멋진 복지 센터도 지어졌다. 유서 깊은 클럽 하우스도 1922년 처음 건축된 이후 가장 큰 규모의 개조가 단행됐는데, 클럽 행정 사무실과 윔블던 테니스 박물관이 센터 코트의 슬라이딩 지붕 설치를 위해 다른 곳으로 옮겨진 것이다. 슬라이딩 지붕은 2009년 완성됐고 새롭게 단장한 2번과 3번 코트는 이후 2년에 걸쳐서 공개됐다.

이 모든 것은 시간의 흐름에 따라 지속된 정책인 동시에, 과거의 가장 좋았던 것을 유지하면서 진행됐다. 이 정책들은 1877년 월풀 로드에서 약 3km 거리의 장소에서 개최된 제1회 윔블던 대회의 원칙을 유지하고 있다. 당시

윔블던 – 새롭게 조성된 윔블던의 모습은 센터 코트에 설치된 개폐식 지붕에서 확인할 수 있다.

윔블던에 가기 위해서는 걷든 자전거를 타든 간에, 대부분의 관중들은 진흙길이나 윔블던 기차역의 오솔길을 이용해야 했다. 초창기에는 관중석이 없었지만 윔블던 대회의 인기가 점차 올라감에 따라, 사업가 정신이 충만한 젊은이들이 늦게 와 서서 봐야 하는 관중들에게 0.5페니를 받고 벽돌을 나눠줬다는 일화도 전해진다.

30명도 채 안 되는 선택된 관중들만이 3열로 된 작은 관중석에 앉아서 첫 대회의 결승전을 관람했지만 이후 관중석을 확장해 1881년에는 센터 코트 3면을 둘러싼 자리에 약 3000명 정도가 앉아서 결승전을 봤다. 윔블던에서 처음 도입된 고정 건축물인 셈이다. 1919년 윔블던은 더 큰 규모의 경기장이 필요하다는 것이 확실해졌고, 훗날 경기장 관리 위원장이 된 에드윈 풀러는 당시 클럽 회장이 "코트에 물을 공급할 수 있는 호수나 개울가 옆에 위치한 땅이 있는가"라고 물어봤다고 기억한다. 결국 누군가가 윔블던 파크 로드(지금은 처치 로드로 불린다)에 13.5에이커(약 1만 6500평)의 농경지가 있다는 소식을 들었고, 1922년 14만 파운드(오늘날 화폐 가치로 약 120억 원)의 비용을 들여 이주를 마무리했다. 물론 그것은 결코 '마무리'가 아니었고 시작에 불과했지만 말이다.

새로운 센터 코트에는 9989개의 좌석과 3600명이 설 수 있는 입석 공간이 있었다. 입석 공간은 점차 줄어 2000명 규모까지 축소됐다가 스포츠 경기장 안전 규정에 의해 결국 없어졌고, 좌석은 1만 3120석으로 늘어났다. 2년 뒤에는 많은 선수와 관중이 다소 불편해 하면서도 그 어떤 메이저 대회 경기장보다 친숙하게 여겼던 1번 코트가 2500개의 좌석과 750명 규모의 입석 공간을 갖춰 개장했다. 좌석이 이곳저곳 추가되면서 1966년 영국이 데이비스컵에서 이집트를 꺾은 직후 철거 일꾼들이 진입할 때까지 1번 코트에는 총 6500개의 좌석이 있었다.

윔블던 클럽은 1번 코트가 철거될 때 사람들이 예전의 행복했던 기억을 떠올리기 위해 벤치를 구입하는 데 관심이 있을 거라고 생각했다. 일단 올 잉글랜드 클럽 멤버들이 회원 할인가로 그 의자들을 구입한 뒤 경매를 열기로 기획됐다. 그런데 몇몇 전직 선수들을 비롯한 회원들이 의자를 싹 다 가져가 버리면서 경매는 없던 일로 됐다. 그보다 몇 해 전 센터코트를 리모델링할 때 나브라틸로바는 미국에 있는 자신의 아파트 베란다 명당자리에 놓기 위해 윔블던의 구식 철제 의자 3개를

윔블던 남쪽 지역에서 코트를 바라본 모습.

챙겨가기도 했다.

모두 좌석으로만 이루어진 1만 1000명 규모의 1번 코트 확장 계획은 건축가 스탠리 피치가 초기에 고안했던 센터 코트 설계에 기반하고 있었다. 하지만 결국 1922년 당시에는 누구도 생각하지 못했던 다양한 유형의 관중석과 홍보 시설이 포함되었다.

테니스 팬들에게 지금은 상식이 됐지만, '올 잉글랜드 잔디 테니스 & 크로케 클럽'은 보금자리뿐 아니라 명칭 자체도 바뀌었다. 원래 이름은 '올 잉글랜드 크로케 클럽'이었다. 잘 알려지지 않은 또 한 가지 사실은, 1909년부터 윔블던의 상징인 짙은 녹색과 보라색이 도입됐다는 것이다. 또 1913년 ITF가 대영제국이 영원히 지속될 것이라고 생각하고 대회 이름에 '월드 챔피언십'이라는 타이틀을 붙였다는 것도 몰랐을 것이다. 하지만 명칭 자체가 중요하게 부각된 적은 한 번도 없었다.

시간이 흐르면서 1877년 9개에 불과하던 코트 수는 경기장이 처치 로드로 이동하면서 13개로 확대됐고, 최근에는 18개로 늘었다. 특히 관중 수가 매년 25%씩 치솟던 1970년대에는 윔블던 경기장이 너무 불편하고 특히 야외 코트 자리를 점하기 위해서는 전쟁을 치러야 한다는 불만이 제기됐다. 그러나 아오랑기 공원까지 규모가 확대되고 일부 시합 코트와 연습 코트가 북쪽 지역에 배정되면서 이 문제는 대부분 해결됐다. 단, 영국 선수가 야외 코트 한 곳에서 커다란 이변을 일으킬 때만 제외하고!

야외 코트 주변을 서성이며 몇 시간씩 줄을 선 사람들은 오후 피크 타임대 몇 시간 정도는 정문 게이트가 자주 닫힌다고 말할 것이다. 일찍 경기장을 뜨는 사람들 덕분에 다음 입장을 기다리는 사람을 위한 좌석이 생길 때까지 기다려야 하기 때문이다. 사람들이 잘 모르는 점은 센터 코트와 1번 코트 외 다른 17개 코트의 좌석이 8000석 이상이며, 이들 대부분은 지정 좌석이 아니라는 사실이다.

심판과 서비스 담당 직원들로 구성된 윔블던 명예 스튜어드 연합은 관중 관리를 책임지고 있다. 이는 1927년 처음 실험적으로 도입됐고 1950년 정식으로 결성됐다. 그들은 일반적인 안내와 도움 외에도 자원봉사자들과 함께 경찰을 도와 실내 및 야외 코트 입장을 안내한다.

윔블던의 또 한 가지 특징은 아름다운 정원과 울타리 등으로 이뤄진 자연미일 것이다. 1997년 이후부터는 1번 코트 주변에서 시작되는 폭포도 볼 수 있다. 1번 코트는 지하 깊숙이 위치하고 있으며, 지붕은 센터 코트의 지붕과 높이를 맞추도록 설계되었다. 대회 기간 윔블던 그라운드는 2만 1000송이의 피튜니아와 1만 3000송이의 제라늄이 이루는 아름다운 색채로 장식된다. 이 모든 것들이 어우러져 영국 시골 정원에서 열리는 테니스 대회를 완성하는 것이다.

롤랑가로스

롤랑가로스만큼 최고의 관전 스포츠로 비약적인 성장을 거둔 테니스를 보여주는 동시에, 이러한 세계화의 추세 속에서도 개최국의 개성을 확실하게 보존한 경기장도 없을 것이다. 따지고 보면 당연한 일이다. 프랑스어는 영어 및 스페인어와 함께 테니스에서 사용되는 3대 공용어이기 때문이다. 실제로 오랫동안 영어와 프랑스어로 스코어가 기록되었으며 egalite(듀스)와 jeu decesif(타이 브레이크), reprise(타임)과 같은 용어는 영어만큼 보편적으로 사용되고 있다.

롤랑가로스는 프랑스에서 가장 유명한 비행기 조종사 이름이다. 그는 1918년 10월 1차 대전이 끝나기 5주 전 비행 전투에서 전사했다. 파리 당국은 롤

파리의 화창한 봄날에 경기를 즐기러 온 관중들이 롤랑가로스 경기장을 가득 메우고 있다.

랑가로스에 관한 기억이 미래 세대의 커다란 스포츠 이벤트에 기념되어야 한다고 생각했다.

마침 프랑스에서는 데이비스컵 타이틀 방어를 위해 포르트 다테이유 근처에 테니스 코트를 건설해야 했는데, 롤랑가로스라는 이름이 주저 없이 선택됐다. 프랑스 챔피언십은 초반 3년간 외국 선수들의 출전을 허용하지 않았고, 그 기간 크루아-카텔란의 라싱 클럽과 파샹데리의 스타드 프랑세에서 번갈아 개최했다. 그러나 현재 발간되고 있는 롤랑가로스의 공식 안내서에는 "그 두 클럽은 얼마 안 가 엄청난 인파의 무게를 감당하지 못했다"라고 쓰여 있다.

경기장은 당시 유행하기도 했던, 콘크리트를 강화하는 "아르 데코" 건축 스타일 덕분에 1년도 안 돼 완공됐다. 흥미로운 사실은 여자 테니스가 수잔랑랑 시절을 제외하면 에버트-나브라틸로바 라이벌 시대가 열리기 전까지 남자 테니스처럼 많은 관중을 끌어모으지 못했음에도 불구하고, 이 붉은색 클레이 코트에 가장 먼저 발을 디딘 건 프랑스와 영국 간 맞대결(8-4로 영국 승)에 출전한 여자 선수들이었다는 점이다.

그 뒤 35년간 이렇다 할 큰 변화는 없었다. 하지만 1968년 오픈 테니스 시대의 개막으로 관중 수가 빠르게 증가하면서 전환점을 맞았다. 그해 열린 학생 시위와 운송 노조 파업으로 관중들은 롤랑가로스로 이동조차 어려웠고, 경기가 끝난 뒤에도 도로 점거 시위로 인해 숙소로 돌아가기도 어려운 상황이 벌어졌지만, 그럼에도 불구하고 남자 단식이 5세트 방식으로 돌아간 1976년에는 대회 2주 동안 누적 관중이 10만 명을 넘어섰다. 그로부터 정확히 3년 뒤 관중은 20만 명을 넘어서기 시작했고 2015년에는 46만 3328명이란 놀라운 숫자를 기록했다.

1960~1970년대에는 암표상 따위는 없었다. 오늘날 암표상들은 포르

하늘에서 내려다 본 롤랑가로스 경기장 전경

트 다테이유 지하철역에서 고든 베넷 아베뉴 게이트로 이어지는 구름 관중들에 섞여, 남는 표를 악착같이 구하려 한다. 이러한 광경은 1970년대 초반, 오전 11시에 센터 코트에서 시작한 영국 버지니아 웨이드의 여자 단식 8강전에 단 71명의 관중만 있었다는 점을 상기하면 격세지감이다. 심지어 이 71명에는 영국 기자들 12명이 포함되어 있었다.

프랑스오픈의 전신인 프랑스 챔피언십은 5월 마지막 주에 시작해 6월 첫째 주에 끝나는, 클레이 코트 최강자를 가리는 비공식 세계 챔피언십 대회였다. 적어도 남자 단식에 있어서는 어릴 때부터 클레이 코트에 익숙한 선수들만 성공하는 대회로 여겨졌다. 하지만 최근에는 클레이 아래에 깔린 지반이 한층 단단해지고, 더 빠른 공이 도입되면서 롤랑가로스의 테니스 속도는 확실히 더 빨라졌다.

서브앤발리 선수들도 이제는 과거 그 어느 때보다 롤랑가로스에서 우승할 수 있다는 믿음을 갖게 됐다. 물론 1997년 시드를 받지 않고도 매우 공격적인 플레이를 펼치며 우승한 구스타보 쿠에르텐의 존재가 있긴 하지만, 롤랑가로스에서 네트 플레이어가 베이스라이너를 능가한 사례는 1983년 야니크 노아까지 거슬러 올라가야 한다.

관심과 성원이 높아지면서 자연스럽게 새로운 건물이 지어지고 기존 시설은 확충됐다. 1984년 센터 코트 리모델링을 통해 관중석이 확대됐고 '수잔 랑랑 거리'가 생긴 것도 이때였다. 그보다 4년 전에는 4500명을 수용할 수 있는 제2의 센터 코트인 1번 코트가 새롭게 지어졌다. 이 1번 코트에는 롤랑가로스 조직위원회 사무실과 기업 접대용 시설이 있었는데, 훗날 중요도에 있어 3번째 코트로 밀리고 만다. 1994년 1만 명의 관중석은 물론 미디어 레스토랑과 각종 업무실까지 포함한 '수잔 랑랑 코트'가 새롭게 오픈했기 때문이다.

수잔 랑랑 코트와 새롭게 지어진 7개의 연습 코트는 과거 폰드 데 프린세스 스타디움 부지에 지어졌다. 법적인 문제가 발생해 첫 삽을 뜬 이후 3년의 세월이 흘러서야 프랑스 테니스협회장인 크리스챤 바임스가 개장식을 할 수 있었다.

윔블던의 예선전은 그랜드슬램 본선을 제외하고 "세상에서 가장 어려운 토너먼트"로 불리기도 했으며, 본선 대진표에 이름을 올릴 수 있느냐 아니냐는 정말 큰 의미가 있었다. 프랑스오픈 예선도 윔블던과 마찬가지로 한동안 롤랑가로스가 아닌 멀찌감치 떨어진 다른 곳에서 치러졌다. 그러나 1997년 이후부터는 시설을 보강해 모두 롤랑가로스 중심부에서 열리고 있다. 최근에는 시설 확대가 승인돼 필립 샤트리에 코트에 개폐식 지붕을 설치해 2020년 대회부터 사용하고 있다.

롤랑가로스를 거닐다 보면 윔블던과 마찬가지로 오랜 전통을 느낄 수 있다. 또 단식 챔피언 시상식을 지켜보면 프랑스오픈의 웅장한 역사를 또다시 실감할 수 있게 된다. 남자 단식 타이틀을 차지하는 선수는 "머스키티어컵(Coupe des Mousquetaires)"이라는 이름의 트로피를 받는데, 과거 프랑스 테니스를 빛낸 남자 사총사 가운데 지금은 아무도 시상식에 참석할 수 없어 서글프기도 하다. 여자 단식 우승자는 "수잔 랑랑 컵"을 받는데, 이보다 더 적절한 트로피 이름이 또 어디 있겠는가!

플러싱 메도우

플러싱 메도우에 있는 미국 국립 테니스 센터는 1978년 처음 공식적으로 문을 열었다. 초창기 US오픈 개최지 포레스트 힐스에서 약 5마일 떨어진 곳이었다. 또 1978년은 US오픈이 1975년부터 3년간 잔디를 접고 녹색 클레이를 실험했다가 결국 폐기하고 하드 코트 시대를 연 바로 그 해이기도 했다.

처음에는 맨해튼의 무역 센터에서 바라볼 때 21.6에이커(약 2만 6000평) 크기의 루이 암스트롱 센터 코트 정도만 눈에 띄는 정도였다. 하지만 플러싱 메도우는 훨씬 화려하고 인상적인 재개발 과정을 거치면서 19년이 흐른 1997년 새롭게 단장했다. 1997년 8월 25일 월요일, 돈 버지 등 전·현직 챔피언들이 참석한 가운데 새로운 스타디움 코트의 개관식이 열렸는데, 그 코트의 이름이 바로 아서 애시였다.

센터 코트 역할을 했던 루이 암스트롱 스타디움은 2만 명 규모였고 인접한 그랜드스탠드는 5000명을 수용할 수 있었다. 1998년 이 옛 센터 코트는 관중석 최상층 20줄 정도를 없애면서 1만 명 규모로 축소됐는데, 철거된 위쪽 좌석들은 사실 아래에서 열리는 테니스보다는 맨해튼의 화려한 스카이라인을 보기에 더 적합했다.

건축물에 대한 관점에 따라 아서 애시 스타디움은 탁 트인 시야와 관중석 접근성이 탁월한 현대 건축의 결정판이거나, 아니면 다소 혼란스러운 스타

플러싱 메도우에서 바라 본 맨해튼의 스카이라인

플러싱 메도우

웅장한 아서 애시 스타디움은 1997년 US오픈이 열린 플러싱 메도우에서 공개됐다.

일과 아이디어의 잡탕이라고 생각될 수 있다. 로제티 연합의 건축가인 지노 로제티는 경기장 컨셉트를 "테니스 공원"으로 소개했다. 더 큰 것이 더 아름답다는 의견과, 개성이 없고 매력도 떨어지는 콘크리트 정글에 지나지 않는다는 나름 타당성을 지닌 의견이 분분했지만 어쨌든 US오픈의 새 보금자리는 여타 그랜드슬램 대회 경기장에 결코 뒤지지 않는 대등한 파트너로 거듭나게 됐다.

일부 순수주의자들은 아서 애시 스타디움의 관중 수용 능력이 2만 3000명이 아니라 그 3분의 1 수준으로 줄어든다면 더 좋았을 것이라고 제안하기도 했지만, 이 시설은 두 배나 더 커진 46.5에이커(약 5만 7000평) 크기로 확장됐고 공간 대부분이 매력적이면서도 실용적인 용도로 쓰이고 있다. 상단 좌석에서 플레이를 상세하게 보고 싶은 사람에게는 담력뿐만 아니라 완벽한 시력도 필요하다. 선수들의 샷에 실린 파워나 섬세함을 보고 전술을 읽는 것은 고사하고, 선수가 플레이하는 중인지조차 분명하지 않을 수도 있다.

예전 시설에는 28개의 야외 코트와 2개의 주경기장, 그리고 9개의 실내 코트가 있었지만, 지금은 11개의 연습 코트를 포함한 45개의 코트가 있다. 멕시코만에서 내려오는 허리케인과 같은 악천후로 경기 스케줄에 자주 문제가 생기면서, 지금은 메인 코트에 개폐식 지붕이 건설됐다. 잔디 대신 하드코트로 바꾸는 엄청난 차이까지는 아니지만, 1920년대 스타일의 클럽 하우스를 지닌 포레스트 힐스의 웨스트 사이드클럽과 현재의 플러싱 메도우는 상당히 다르다. 웨스트 사이드클럽은 전 세계에서 건너온 테니스인들에게 1년에 딱 2주 동안만 공개되는 회원제 클럽이었다. 오픈 시대 개막 전까지만 해도 포레스트 힐스는 이를 충분히 감당할 수 있었지만, 기하급수적인 테니스의 성장세로 인해 모든 부분이 한계점에 도달했으며, 특히 주차장을 비롯한 필요 공간 확보에 심각한 어려움이 있었다.

그러나 포레스트 힐스에서 열린 US챔피언십을 취재한 행운의 기자들은 몇 가지 좋은 기억들을 갖고 있는데, 특히 "해피 아워"라고 불리는 이 시간에는 가장 인기 있는 코트의 경기를 언제나 북적거리는 클럽 베란다에서 관중의 시선으로 감상할 수 있었다. 당시 센터 코트에 들어오기 위해서는 회원은 물론 좌석 티켓을 구입한 관중들 다수가 여자 탈의실과 메인 스타디움으로 가는 두 줄의 복도를 지나 클럽 하우스를 통과해야 했다. 대회 첫 열흘 동안에는 클럽 하우스 앞에 두 곳의 센터 코트가 운영됐다. 그러다 마지막 며칠을 남기고는 코트 손상과 마모가 상당히 진행되기 때문에 이 두 코트는 가운데에 라인을 긋고 새로운 하나의 센터 코트로 통합됐다.

모든 경기장은 흰색 제라늄꽃으로 뒤덮여 있었다. 하지만 퀸스 지역의 혼탁한 공기가 짙게 자국을 남겨 플라스틱으로 만들어진 꽃의 정체가 쉽게 드러나곤 했다. 그래서 결승전에 맞춰 그 꽃들을 붉은색으로 덧칠했다. 경기장을 찾은 순진한 팬은 대회 2주 차 금요일 잔디 색깔이 분명 짙은 갈색이었는데, 다음 날 아침 센터 코트의 잔디가 아름다운 녹색으로 변한 것을 보고 놀라움을 금치 못하곤 했다. 사실 잔디 역시 다시 색칠했기 때문이었다.

물론 훌륭한 추억이긴 하지만 테니스와 US오픈은 포레스트 힐스 시대를 넘어섰고, 이를 아련한 추억 이상으로 바라본다면 곤란하다. 1976년 당시 포레스트 힐스에서 하루 최다 관중은 1만 7000명. 지금은 낮과 야간 세션까지

위대한 경기장

센터 코트의 개폐식 지붕이 눈에 띄는 호주오픈의 심장부 멜버른 파크.

합해 4만 명 이상의 일일 관중이 들어올 수 있다. 경기장이 지나치게 붐빈다고 느끼는 경우는 낮 경기가 너무 늦게 끝나 야간 경기 관람객들이 입장을 기다려야 할 때뿐이다.

미국인들은 스포츠를 굉장히 사랑하고 스포츠 관련 통계의 신봉자들이다. 미국 테니스협회는 아서 애시 스타디움을 개관하면서, 단순히 전 세계 미디어에 경기 통계와 팩트만 주는 데 그치지 않았다. 그들은 또 다른 요긴한 정보도 제공했는데, 무려 411개의 화장실을 갖추고 1996년 이래로 여자 화장실 수를 4배 늘린 사실도 공개했다. 또 아서 애시 스타디움과 루이 암스트롱 스타디움 주변에만 35개의 음식 판매대가 있고, 매일 아침 7시부터 저녁 11시까지 라켓 줄을 매는 12~15명의 스트링어들이 대기하고 있다. 그것도 부족하다면, 2년 반에 걸쳐 아서 애시 스타디움을 지을 때 500명에 달하는 건설 인력들이 동원됐고, 그 가운데 5%가 여성이었다는 사실도 참고하길 바란다.

그러나 중요한 사실 가운데 하나는 뉴욕시가 프라이빗 펀드를 조성해 이 경기장을 만들었고, 모두가 이곳에 가보고 싶어 한다는 점이다. 이에 따른 불만도 제기된다. 코트와 가까운 박스 좌석의 너무 많은 비중을 기업 관계자들에게 팔았다는 것. 그러나 슬프게도 이러한 현상은 테니스뿐 아니라 모든 스포츠의 상업적인 현실이고, 점점 늘어만 가는 비용을 이런 방식으로 충당할 수밖에 없었다.

아마도 US오픈이야말로 테니스를 가든파티에서 상업적 비즈니스로 바꾼 전형적인 예가 될 것이다. 그러나 US오픈은 테니스 스타들과 그들의 헌신을 잊지 않고 있다. 그들은 2006년, 한 미국 여성 선수가 세운 기록과 여자 테니스 권리 신장을 위한 투쟁을 기념하기 위해 이 시설 전체의 이름을 "빌리 진 킹 국립 테니스 센터"로 개명했다.

멜버른 파크

하나의 명칭이 굳어지면 그것이 언제부터 바뀐 것인지 기억하기란 쉽지 않다. US오픈이 플러싱 메도우로 넘어가 선수들이 포레스트 힐스라고 부르는 걸 중단하기까지 족히 10년이 걸린 것과 마찬가지로, 1997년 호주오픈 개최 지역이 빅토리아 정부의 압력 속에 플린더스 파크에서 멜버른 파크로 이름을 바꾸기로 한 사실 역시 기억하기 쉽지 않다.

그러나 경기장 그 자체만큼은 달랐다. 멜버른 크리켓 그라운드와 야라강에 둘러싸인 이곳은 스포츠 전체를 통틀어 대단히 뛰어난 경기장이며, 1988년 처음 개장할 때부터 인상적이었지만, 이후 외연을 확장하고 시설이 좋아지면서 호주오픈은 테니스에서 가장 편안한 안식처가 됐다. 한 가지 걱정거리가 있었다면 웬만해선 견디기 힘든 뜨거운 날씨였을 텐데, 이것은 나중에 얘기하도록 하자.

극한의 날씨에 대비해 테니스 역사상 처음 도입된 센터 코트의 개폐식 지붕을 제외한다면, 멜버른 파크에 들어선 당신을 가장 먼저 놀라게 하는 건 바로 공간일 것이다. 이곳은 폐쇄된 기찻길을 개조해 테니스 코트를 만들고 뛰어난 풍경의 피크닉 공간을 조성했다. 여기서 사람들은 대형 야외 스크린으로 센터 코트의 경기를 지켜볼 수도 있고, 그냥 단순히 이 변화무쌍한 도시의 푸른 하늘을 만끽할 수도 있다. 심지어 경기장에 들어오기 전부터 장엄함을 느낄 수 있다. 잔디밭으로 둘러싸인 약 50m 길이의 길을 걸어서 경기장 정문의 회전문을 통과한 뒤 계단을 30칸 정도 올라서면, 경기장의 가운데 높이에 해당하는 중앙 홀에 다다른다.

호주오픈의 역사에서 언급한 것처럼, 개최지를 쿠용의 전통 컨트리클럽에서 멜버른으로 바꾸는 과정에서도 적지 않은 진통이 있었지만, 잔디에서 약간 빠른 하드 코트인 리바운드 에이스(Rebound Ace)로 바꿀 때는 더욱 그러했다. 그러나 지금은 아무도 이를 슬퍼하며 과거를 그리워하지 않는다. 물론 약간의 그리움 정도는 있겠지만, 만약 변화가 없었다면 1988년 이후 호주오픈이 이렇게 큰 성장을 거듭할 수 없었고, 전 세계의 격찬을 받지도 못했을 것이다. 무엇보다 과거의 호주오픈 경기장은 윔블던과 롤랑가로스, 그리고 특히 플러싱 메도우와 같은 메이저 대회 경기장의 발전과 보조를 맞출 여유 공간이 거의 없었다.

당신이 선수이든 관중이든 미디어 관계자이든, 현재 메이저 대회 테니스 경기장 가운데 멜버른 파크를 능가하는 곳을 찾기는 쉽지 않다. 물론 이곳에서는 모자와 선크림을 꼭 챙겨야 한다. 그리고 코트 지도도 빼놓을 수 없다. 13번과 14번 코트가 굉장히 멀리 떨어져 있는 윔블던 코트는 나름대로 논리가 있는데, 13번은 남쪽에서 가장 높은 숫자의 코트이고, 14번은 북쪽 코트 가운데 첫 시작점이기 때문이다. 반면 멜버른에서는 쇼코트(show court)인 1, 2, 3번 코트가 5, 6, 7번 코트와 같은 지역에 있다. 그렇다면 4번 코트는 대체 어디 있을까. 13, 14, 15, 16, 17번 코트 사이에 있는 4번 코트로 가려면, 당신은 스포츠용품이 가득 진열된 상점을 지나쳐 반대편으로 향해야 한다.

물론 이 같은 문제가 심각한 건 아니다. 1월에 멜버른 파크로 여행을 가는 건 테니스 시즌을 굉장히 특별하게 시작하는 방법이다. 이곳에서는 1998년 최다 관중 기록을 세운 뒤 8000~1만 명을 수용하는 야외 쇼코트를 또 하나 건설했는데, 이 경기장은 다른 시기에 열리는 다른 종목 스포츠와 나눠 쓰는 용도로 지어졌다. 앞서 언급한 것처럼 한 가지 결점은 역시 뜨거운 날씨다. 리바운드 에이스라는 인공 코트 표면은 클레이 스페셜리스트나 서브앤발리 위주의 선수 모두에게 최고의 테니스를 구사할 수 있게 하는 장점이 있지만, 날씨가 매우 더울 때는 심각한 문제가 발생한다. 열이 심하게 반사되면 신발에 닿은 발바닥이 타는 듯한 느낌을 받는데 이것은 극복하기 쉽지 않은 문제다. 또 어떤 선수들은 날씨가 평범할 때는 괜찮지만, 뜨거워지면 코트 표면이 끈적끈적해져 몸을 돌리거나 비트는 동작을 하기가 어렵다는 반응을 보이기도 했다.

처음 도입될 때 반드시 그럴 의도는 아니었지만, 호주오픈 센터코트의 개폐식 지붕은 날씨가 너무 더울 경우 닫을 수 있다는 정책을 적용하는 유일한 그랜드슬램 대회다. 일부 선수들은 반대했지만 1998년 이 정책은 더욱 강화됐다. 기본적으로 지붕이 열린 상태에서 경기를 시작하면 이후 기온이 얼마나 올라가든 열린 상태로 경기를 마쳐야 한다. 반대로, 날씨로 인해 야외 코트에서 어떠한 경기도 치를 수 없다는 결정이 내려진다면, 센터 코트의 지붕은 다음 경기 시작 전까지 닫혀야 한다. 이는 극심한 무더위에 경기를 마치고 집중 치료를 필요로 하기도 하는 선수뿐 아니라 관계자와 관중, 자원봉사자의 건강과 안전을 위한 조치로 볼 수 있다.

1997년에는 날씨가 너무 더워 센터 코트 지붕을 닫지 않고는 경기를 치르기 어려운 상황이었음에도 불구하고, 주니어 선수들이 야외 코트에서 경기를 해 그 규정이 제대로 지켜지지 않았다는 비판을 받았다.

멜버른 파크는 전 세계에 호주오픈의 보금자리로 알려졌지만, 호주 국민에게는 그 이상의 의미가 있다. 개폐식 지붕과 뛰어난 빌트인 시설 덕택에 경기장은 회의장이 되거나 팝 콘서트장, 복싱 경기장, 아이스 댄스 무대 등으로 빠르게 변신할 수 있다. 라커룸 복도에 걸려 있는 사진을 보면 그 용도를 잘 알 수 있다.

그러나 남은 11개월 동안 경기장을 채우는 대부분의 엔터테이너는 임시 방문객일 뿐이다. 호주오픈이 열리는 1월 2주의 기간 동안(종종 더 충분한 준비를 위해 2~3주 뒤로 미루자는 의견이 검토되고 있기는 하지만), 1905년까지 거슬러 올라가는 호주오픈의 명예로운 챔피언 명단에 이름을 올리려는 희망을 품고 매년 이곳을 다시 찾는 테니스 스타들이야말로 진짜 주인공이다.

멜버른 센터 코트는 시대의 변화와 흐름을 함께 한 현대 테니스의 이미지를 그대로 담고 있다.

최고의 명승부

스포츠에는 오랜 시간 기억에 남을 명승부가 있다. 테니스도 마찬가지이고, 이 명승부들은 이제 테니스의 전설이 됐다.

당대에 끼친 영향이 막대하거나 혹은 아주 드라마틱한 방식으로 경기가 치러져 세대를 초월한 전설의 명승부들이 있다. 1926년 프랑스 리비에라에서 맞붙은 수잔 랑랑과 헬렌 윌스의 처음이자 마지막 대결이 그러했다. 90년이 지난 지금 그때의 뛰어난 승부를 기억하는 사람은 거의 남아 있지 않지만, 다수의 현대 테니스 역사가들은 이 경기를 하나의 평범한 승부 이상으로 바라본다. 여기에는 TV 드라마와 같은 흥미로운 요소들이 한껏 담겨 있어, 다음 페이지에 소개할 명승부 열전에 포함되는 것이 너무 당연할 것이다.

1980년 비외른 보리가 존 매켄로를 물리치고 5번째이자 마지막 윔블던 타이틀을 차지한 그 경기 역시 테니스 전설이 되기에 충분했다. 테니스 역사상 가장 유명한 동시에 가장 박진감 넘치는 타이 브레이크가 펼쳐진 바로 그 승부다. 타이 브레이크만 23분간 지속됐는데, 이 과정에서 비외른 보리는 5번의 브레이크 포인트를 놓쳤고 결국 매켄로가 34번째 포인트를 획득하면서 끝이 났다. 18-16으로 마무리된 이 승부는 아직도 윔블던 결승전에서 가장 긴 타이 브레이크 기록으로 남아있다. 최종 승자는 보리였지만, 훗날 TV에서 30분짜리 특별 다큐멘터리로 방영된 건 바로 그 타이 브레이크였다.

코트에서 냉철하기로 유명한 비외른 보리조차도 감정의 동요를 느낄 만한 수많은 명승부가 있는데, 1977년 비타스 게룰라이티스와 맞붙은 윔블던 준결승이 바로 그러한 경우일 것이다. 아직도 많은 사람들에게 역대 최고의 경기라는 평가를 받는 경기다. 1985년 프랑스오픈 결승전 마르티나 나브라틸로바와 크리스 에버트의 경기도 명승부 카테고리에서 빼놓을 수 없겠다. 그전까지 16번 대결해 딱 1차례 승리했을 뿐인 30살의 에버트가 선보인 수준 높은 경기력은, 테니스 사상 최고의 라이벌전이 얼마나 매혹적인가를 유감없이 보여줬다.

상상을 초월할 정도로 감정의 극한을 오간 경기도 있다. 판초 곤잘레스와 찰리 파사렐의 경기가 그 예다. 1969년 윔블던 1회전. 파사렐이 거의 이긴 것처럼 보인 경기는 날이 어두워지면서 중단되었고, 다음날 41세의 베테랑 곤잘레스에 의해 드라마틱한 반전이 일어났다. 단순히 역전이란 극적 요소뿐 아니라, 두 선수가 보여준 테니스의 수준과 용기, 놀라운 체력 등도 괄목할 만했다. 5시간 12분이 걸린 이 경기는 당시까지 그랜드슬램 최장 시간 기록이었다.

어떤 경우에는 인간의 나약함이 가슴 아픈 명승부의 순간을 만든다. 야나 노보트나가 1993년 윔블던 결승전에서 슈테피 그라프와 접전 끝에 패한 뒤, 그를 위로하는 켄트 공작부인의 어깨에 기대 슬피 우는 모습은 전 세계에 강렬한 인상을 남겼다.

숨 막히게 뛰어난 테니스로 장식된 경기도 있다. 1972년 댈러스에서 열린 WCT 챔피언십 결승 켄 로즈웰과 로드 레이버의 경기가 대표적인 예다. 당시 프로페셔널 테니스는 아직 시작 단계였지만 이 두 명은 이미 테니스 역사에 남을 만한 경험이 풍부한 선수들이었다. 아주 가끔 경기 속도가 떨어지긴 했지만, 대부분 시선을 사로잡고 영감을 주는 뛰어난 경기였.

승리에 취한 로즈웰은 시상식에서 눈물을 흘릴 뻔했다. 기쁨에 도취된 상태가 지속된 나머지 5만 달러의 우승 상금을 받는 것조차 잊고 호텔로 돌아가 버려, 나중에 친구가 다시 와서 상금을 받아 가는 해프닝도 벌어졌다.

아서 애시 역시 1975년 윔블던 우승 직후 그와 유사한 특별한 감정을 느꼈을 것이다. 어린 시절 테니스를 칠 수 있을지조차 불확실했던 선수가 타이틀을 차지하는 건 그 자체로 대단한 영광이었다. 하지만 그 경기에서 당시 적수가 없었던 세계 1위 지미 코너스를 상대로 치밀한 전략을 통해 거둔 승리는 한 편의 흥미진진한 모험담이라 할 수 있다.

영화로 만들어질 법한 또 다른 이야기는 와일드카드 출전자의 우승 스토리다. 3차례 윔블던 결승에 진출했지만 2001년 당시 세계 125위에 불과했던 고란 이바니세비치. 관중들의 사랑을 한 몸에 받은 그가 5세트 9-7의 스코어로 그랜드슬램 트로피를 차지한 순간은 참으로 극적이고 낭만적이었다.

이는 7년 뒤 라파엘 나달이 로저 페더러를 마침내 뛰어넘어 우승을 차지하는 동시에 스위스 넘버원의 윔블던 6연패를 막아낸 "역대 최고의 명승부"로 이어졌다.

1995년 슈테피 그라프와 모니카 셀레스의 환상적인 US오픈 결승전은 셀레스가 2년 전 함부르크에서 칼에 찔린 뒤 첫 맞대결이어서 더욱 특별했다. 또한 1996년 ATP 투어 파이널에서 피트 샘프러스와 보리스 베커라는 두 거인이 빠른 실내 하드 코트에서 맞대결한 것 역시 명성과 기록에서 모자람이 없다. 데이비스컵에서 한 경기만 고른다는 건 거의 불가능에 가까운 일이지만, 1996년 말모에서 프랑스의 아르노 보에츠가 스웨덴의 니클라스 쿨티를 5세트 끝에 누르고 마지막 결정전에서 승리한 것은 아마도 데이비스컵의 모든 요소가 총망라된 명승부였을 것이다.

칸, 1926년

세기의 대결

수잔 랑랑 vs. 헬렌 윌스

티켓을 구하지 못한 관중들은 근처의 높은 건물에 올라가 당대 가장 위대한 두 선수의 대결을 훔쳐보기까지 했다. 이는 패자보다 오히려 승자가 상처 입은 경기이기도 했다.

그랜드슬램은 물론 올림픽이나 국제 대회, 심지어 빌리 진 킹과 보비 릭스의 그 유명한 성대결조차 1926년 프랑스 리비에라에서 열린 수잔 랑랑과 헬린 윌스의 처음이자 마지막 대결보다 더 뜨겁지는 않았다. 결전지는 칸의 칼튼 클럽. 전 세계 저널리스트들이 모여들었고 미국 만화가 제임스 서버는 이 경기를 "세기의 대결"로 명명했다. 이 경기가 랑랑이 뛴 최후의 명승부가 될 것이라고는 누구도 생각하지 못했다.

경기 전 상황도 특별했다. 둘 사이의 강력한 라이벌 구도는 프랑스 캠프 쪽에서 더 심각하게 받아들여졌다. 21살의 윌스는 US내셔널 챔피언십을 3차례나 평정했고 올림픽 단복식 금메달까지 획득한 선수였다. 랑랑은 경기를 앞두고 "저 소녀는 정신이 나간 게 틀림없습니다. 제 홈코트에서 정말 저를 이길 수 있다고 생각하는 건가요?"라고 말하며 이 대결에 흥미를 더했다.

랑랑은 이미 윔블던과 롤랑가로스의 단식, 복식, 혼합복식 3관왕을 차지한 터였다. 하지만 끈질김과 정확성으로 대표되는 윌스의 스타일은 랑랑의 섬세한 기술과 멋진 대조를 이뤄, 세계 최고 여자 선수라는 랑랑의 위상을 위협하고 있었다.

랑랑은 엄청난 심리적 압박을 받았다. 너무나 확실한 우세가 점쳐졌기 때문이었다. 랑랑의 부모 역시 다음날 경기에서 딸이 어깨에 짊어질 자부심과 위신을 지나치게 강조하는 바람에, 랑랑은 새벽 2시 30분까지 잠자리에 들지 못한 것으로 알려졌다.

경기장 앞쪽 좌석은 포르투갈의 전 국왕 마이클과 그리스의 왕자 조지, 러시아의 대공 마이클, 푸두코타의 라자와 라니, 그리고 대영제국의 가장 큰 토지 소유주인 웨스트민스터 공작의 예약석이었다. 그들이 등장하자 마치 할리우드 스타가 입장한 듯 기립 박수가 쏟아졌다.

대중의 관심은 폭발적이어서, 관중석 사이사이와 코트를 제외한 모든 공간이 4000여 관중으로 꽉 들어찼고, 경기장 근처에 살던 사람들은 돈을 받고 자리를 팔기도 했다. 테니스 역사상 최초의 암표가 거래된 경기였다. 랑랑이 첫 세트를 6-3으로 이겼다. 하지만 2세트 랠리가 길어지고 윌스의 저항이 본격화되면서 랑랑은 심리적으로 흔들리기 시작했다. 점점 은빛 물통에 담긴 음료를 찾는 빈도가 잦아졌다. 윌스는 매우 강하고 깔끔한 그라운드 스트로크를 때리기 시작했고, 2세트를 가져갈 것처럼 보였다. 그러나 결국 랑랑의 예술적인 기량을 넘을 수는 없었다. 하지만 랑랑의 승리가 결정되기 전까지 어마어마한 장면이 기다리고 있었다.

랑랑이 6-5로 앞선 상태에서 윌스가 또 한 차례 엄청난 포핸드 크로스를 작렬했는데, 라인 근처에 떨어져 아웃이 아닌가 싶었다. 수많은 사람들이 랑랑의 승리로 판단하고 선수들에게 달려가려는 순간, 선심 찰스 홉스가 인파를 헤치고 주심에게 와 자신은 "아웃"이라고 외치지 않았다고 말했다. 윌스의 샷이 들어갔다는 최종 판정이 나오자 경기장은 혼란의 도가니에 빠졌다.

랑랑은 그 게임을 따내지 못했다. 마침내 13번째 게임에서 다시 윌스의 서브 게임을 브레이크하며 경기에서 승리했지만, 그녀는 감정을 주체하지 못하고 울음을 터뜨렸고, 승자라기보다는 패자에 가깝게 보였다. 어떤 면에서는 실제로 그러했다. 랑랑은 자신의 지배력이 끝나가고 있다는 걸 깨달았고, 이후 윔블던에서 무단으로 이탈한 논란의 사건 직후 프로 전향을 선언했다. 윌스는 경기에서 졌다. 하지만 프레드릭 무디라는 남편을 만났고, 이후 윔블던에서 8차례 정상에 올랐다.

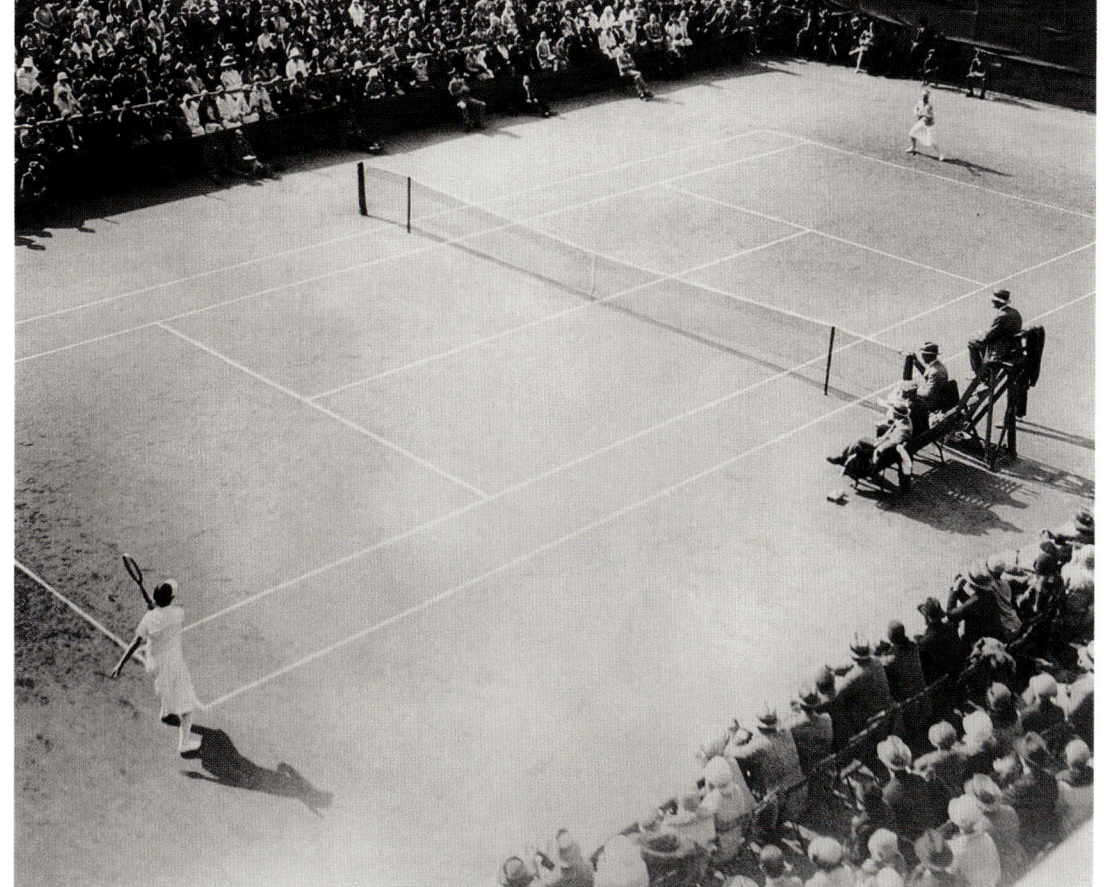

헬렌 윌스(아래)와 수잔 랑랑이 칸에서 세기의 대결을 벌이고 있다.

경기 결과

1926년 2월 프랑스 칸
랑랑이 윌스에게 6-3, 8-6으로 승리했다.

판초 곤잘레스 vs. 찰리 파사렐

윔블던, 1969년

곤잘레스의 마지막 테니스 레슨

판초 곤잘레스 vs. 찰리 파사렐

이것은 열정적이고 용감하고 기술이 넘치지만 오랫동안 테니스의 중심에서 활약하지 못한 한 선수가, 모두의 예상을 깨고 자신의 아들뻘인 옛 제자와의 대결에서 승리한 놀라운 이야기다.

41년 뒤 이스너와 마훗의 대결이 열리기 전까지, 총 112게임이 소요된 이 경기는 윔블던 최장 시간 기록을 갖고 있었다. 대회 첫째 주 화요일 오후에 시작한 이 경기는 41살의 곤잘레스가 자신보다 16살 어린 상대 선수에게 마지막 세트에서 두 번이나 0-40의 열세를 뒤집고, 7차례의 매치 포인트를 극복한 끝에 결국 승리를 거둔 명승부다.

5시간 12분이 걸렸다. 윔블던 역사에 남을 멋지고 감동적인 승부가 된 건 1세트가 도무지 끝날 기미를 보이지 않고 어둠이 깔리면서 곤잘레스가 다음날로 승부를 미뤄야 한다고 주장할 무렵부터였다.

2년 전 윔블던 사상 처음으로 디펜딩 챔피언(당시 마누엘 산타나)을 1라운드에서 꺾은 파사렐은 첫 세트를 가져올 기회를 숱하게 잡았다. 실제로 23-22로 앞서기까지, 파사렐은 곤잘레스에게 11번의 세트 포인트를 잡았다. 특히 마지막 포인트에서 누구나 끝났다고 생각할 정도로 회심의 한 방을 날렸고, 곤잘레스는 이를 무기력하게 지켜볼 수밖에 없었지만 결국 아웃 판정이 됐다. 12번째 세트 포인트에서 파사렐은 곤잘레스가 도저히 막을 수 없는 곳으로 로브를 떨어뜨렸다.

곤잘레스는 물론 대부분의 사람들은 이 경기가 일단 중단되어야 한다고 생각했다. 곤잘레스는 주심에게 다가가 경기를 중단하라고 항의했지만, 로열 박스 옆 어둠 속에 있던 경기 감독관이 "계속하라"고 지시하자 분노를 주체할 수 없었다. 화가 난 곤잘레스가 2세트 들어 계속 불만을 토로하고 주심을 향해 "공을 볼 수가 없다"고 소리치며 라켓까지 집어던지자 관중석 곳곳에서 야유가 나왔다. 15분도 채 되지 않아 6-1로 2세트를 내주는 동안 곤잘레스는 거의 아무것도 하지 못했다.

그러나 둘째 날 이 야유는 환호로 바뀌었다. 하룻밤 휴식 효과를 확실하게 본 듯, 곤잘레스는 3세트에서 끈질기게 살아남는 데 이어 4세트를 확실하게 지배하기 시작했다. 이때부터 관중들은 백전노장의 편에 섰다. 압박감은 파사렐 쪽으로 집중됐고 3세트 14-15에서 승패를 결정한 두 개의 더블 폴트까지 범했다. 푸에르토리코 출신 파사렐을 주니어 시절 지도한 스승이기도 한 곤잘레스는 파사렐의 자신감이 떨어졌다고 확신했다. 하지만 그 역시 마지막을 향해 가는 이 격렬한 싸움에서 몹시 지쳐 있었다. 5세트 5-4로 앞선 파사렐이 3개의 매치 포인트를 먼저 잡았다. 그러나 파사렐의 결정적인 두 차례 로빙 실수로 곤잘레스는 위기에서 탈출했다. 6-5에서 파사렐은 다시 3번의 매치 포인트를 잡았지만 곤잘레스가 스매싱, 발리, 서브 3가지 위너를 차례로 날렸다.

또다시 잘못 올린 로브로 인해 파사렐은 8-7에서 매치 포인트를 한 차례 놓쳤다. 그러다 9-9에서 마침내 무너졌다. 파사렐은 자신의 서브를 러브 게임으로 내줬고 곤잘레스는 마치 호랑이가 먹이를 사냥하듯이 경기를 끝내 버렸다. 곤잘레스는 10번 연속 포인트를 따내며 40-0으로 매치 포인트를 잡았고, 파사렐과 달리 한번에 해결했다. 파사렐의 로브가 마지막 순간까지 빗나간 것이다.

곤잘레스의 승리는 더없이 짜릿했지만, 한편으로는 진한 아쉬움도 남겼다. 곤잘레스가 아마추어에서 뛰지 못한 그 기간이 테니스에 얼마나 큰 손실이었는지를 절감할 수 있었기 때문이다.

판초 곤잘레스가 흐르는 땀을 닦으며 잠시 숨을 고르고 있다.

경기 결과

1969년 6월 23~24일 윔블던 1회전 곤잘레스가 파사렐에게 22-24, 1-6, 16-14, 6-3, 11-9로 역전승을 거두었다.

WCT 결승전, 1972년

댈러스의 테니스 클래식

켄 로즈웰 vs. 로드 레이버
서던메소디스트대학교 캠퍼스 홀을 가득 메운 관중들은 첫 포인트부터 그들이 지금 테니스 최고의 작품을 감상하고 있다고 느꼈고, 경외감 속에 두 명의 호주 선수들이 벌이는 전투를 지켜봤다.

이 대결은 당시 37살의 나이에 아직도 세계 여섯 손가락 안에 드는 켄 로즈웰이 자신의 오랜 라이벌인 로드 레이버와 7개월 만에 재격돌한 경기였다. 우승 상금 역시 사상 처음 5만 달러가 넘는 엄청난 규모였다. 당시 두 달 뒤 열린 윔블던 남자 단식 우승 상금이 1만 달러였다는 점을 감안하면 이 금액이 어떤 의미를 지니는지 쉽게 이해할 수 있을 것이다.

7개월 전 휴스턴에서 열린 초대 WCT 결승전이 워낙 박진감 넘쳐〈더 타임즈〉의 렉스 벨라미 전문기자는 "너무 치열한 경기여서 뛰는 선수들은 물론 관전하는 사람들도 긴장감을 견뎌내기 어려울 정도였다"고 기록했다. 이들의 두 번째 맞대결은, 로즈웰이 준결승에서 아서 애시를 6-4, 6-3, 7-6으로 물리치고, 레이버가 마티 리에슨과의 5세트 경기에서 살아남은 뒤 성사됐는데, 4강전보다 훨씬 더 격찬받은 명승부였다. 무디 콜로지움에 운집한 9300명의 관중은 물론 당시 기록인 2200만 명의 TV 시청자들 모두 3시간 34분의 클래식에 사로잡혔다. 실제로 NBC 방송사가 테니스 경기 시간이 길어져 정규 프로그램을 포기하고 중계를 계속한 것도 이 경기가 처음이었다.

출발이 좋은 레이버가 1세트를 6-4로 따냈지만 갑자기 로즈웰이 강력한 위닝샷을 잇달아 터트리면서 흐름을 바꿔 2세트를 6-0으로 따냈고, 이어 3세트도 6-3으로 가져갔다. 레이버는 4세트에도 1-3으로 끌려가면서 희망이 거의 없어 보였지만, 자신의 서브 속도를 의도적으로 줄여 로즈웰의 전략을 역으로 공략하면서 4세트 타이 브레이크를 7-3으로 따내 승부의 균형을 맞췄다.

이때부터 조성된 팽팽한 긴장감은 이 명승부를 직관하는 특권을 가진 관중들도 감당하기 어려운 수준이었다. 특히 레이버가 1-4로 뒤지다 다시 반격하면서 이 경기는 단순히 예측불허의 승부뿐 아니라 당대 최고 두 선수의 기술과 체력, 차원 높은 테니스가 집약된 명승부가 됐다.

로즈웰이 5-4에서 첫 매치 포인트를 잡았지만 로브를 시도한 것이 살짝 아웃되면서, 피로가 그의 발목을 잡는 것처럼 보였다. 그러나 타이 브레이크가 다가오면서 언제나처럼 이 작은 키의 테니스 전사는 아껴둔 힘과 정신력을 발휘하기 시작했다. 레이버가 먼저 기선을 잡으며 미니 브레이크를 해 3-1로 앞선 뒤 5-3까지 리드하며 우승까지 단 두 포인트를 남기게 됐다. 5-4에서 레이버에게는 두 번의 서브권이 있었다. 이제 그에게는 다이아몬드 목걸이와 우승컵, 그리고 링컨 컨티넨탈 승용차가 기다리고 있었다.

흥분 속에서도 경기장에는 침묵이 흘렀다. 5-4에서 레이버의 서브는 충분히 위력적이었지만 로즈웰의 눈부신 백핸드 크로스코트 리턴이 터졌다. 로즈웰의 이런 역습을 자주 경험한 레이버는 재빨리 라켓으로 공을 받아내긴 했지만 컨트롤에 실패하면서 공은 결국 베이스라인 밖으로 아웃됐다. 5-5에서 레이버는 더 강력한 첫 서브로 로즈웰의 백핸드 쪽을 공략했지만 이번에도 이 작은 거인은 완벽한 위너를 꽂아넣어 빨강머리 왼손잡이 레이버를 코트 한가운데에 좌초시켜 버렸다.

로즈웰이 6-5에서 두 번째 매치 포인트를 잡았고 레이버는 더 이상 저항할 수 없었다. 그의 리턴은 네트를 넘기지 못했다. 두 선수 모두 바닥에 주저앉아 버렸지만 관중들은 감사와 존경의 기립박수를 보냈다. 현장에서 "오늘은 테니스 전체의 승리"라고 말한 WCT 회장 마이크 데이비스는 모두가 공감하는 한 마디를 덧붙였다. "이 경기는 내가 본 가장 위대한 승부였다."

켄 로즈웰이 승리의 감격을 뒤로 한 채, 우승 트로피와 5만 달러의 상금을 받고 있다.

경기 결과

WCT 결승전, 텍사스 댈러스
로즈웰이 레이버를 상대로 5세트 접전 끝에 4-6, 6-0, 6-3, 6-7, 7-6(7-5)으로 승리했다.

비외른 보리 vs. 비타스 게룰라이티스

윔블던, 1977년

윔블던 100주년의 완벽한 이정표

비외른 보리 vs. 비타스 게룰라이티스
첫 윔블던 타이틀 방어에 나서는 냉철한 스웨덴 선수와 플레이보이로 명성을 떨친 미국 선수의 대조적 스타일이 절묘한 조화를 이루며 위대한 경기를 만들었다.

윔블던 100주년의 기념비적인 경기는 여자 단식 버지니아 웨이드의 우승이었지만, 경기력 자체로는 남자 단식 디펜딩 챔피언과 뛰어난 미국 선수 간의 4강전이었다. 100주년 기념행사에 걸맞게 수준 높았고, 거의 모든 샷이 속도와 정확성을 겸비한 끝없는 랠리의 향연이었다.

게룰라이티스는 사실 커다란 야망도, 헌신도, 자기 통제도 없었던 선수였기 때문에 위닝샷과 발리를 구사할 때 실수를 전혀 두려워하지 않았다. 이러한 게임 방식은 그가 두 대의 롤스로이스를 소유한 이색적인 뉴요커라는 사실과 부합했다. 보리는 총알처럼 빠른 패싱샷을 라인의 안쪽도 아닌 바깥쪽에 걸치도록 정확히 꽂아 넣으며, 코트 구석구석을 공략하는 능력을 유감없이 발휘했다.

둘은 이전에 볼 수 없던 테니스의 새로운 경지를 열었다. 특히 보리가 2-0으로 앞서게 된 2번째 게임의 마지막 포인트가 백미였다. 기나긴 랠리에서 두 선수는 테니스의 모든 샷을 다 보여줬다. 보리가 거의 완벽에 가까운 로브를 구사하면, 그다음 순간 똑같이 완벽한 로브를 쫓아야 했고, 이를 더 뛰어난 샷으로 받아냈다.

이때부터 테니스에서 정말 보기 드문 명장면이 시작된다. 2게임 뒤 비쩍 마른 긴 머리의 오른손잡이자, 2개월 전 이탈리아오픈 챔피언에 오른 게룰라이티스는 6차례 브레이크 포인트와 8번의 듀스 공방 끝에 무려 22포인트를 주고받으며, 자신의 서브 게임을 힘겹게 지켜냈다. 이어 이 치열한 세트의 마지막 게임. 보리는 로브와 그에 맞서는 로브, 패싱샷과 발리 등 거의 불가능에 가까워 보이는 샷의 향연 속에서 결국 세트 포인트를 잡게 됐다.

멋진 포인트를 잇달아 보여준 보리는 역시 냉정을 잃지 않았다. 단 한 번의 서브 브레이크로 첫 세트를 가져와 기선을 제압했다. 게룰라이티스는 세트를 만회하기 위해 총력을 기울였지만, 주도권을 빼앗아오려는 회심의 샷은 번번이 보리의 더 특별한 샷에 막혔다.

오직 그 현장에 있었던 사람들만이 이 경기가 얼마나 대단했는지를 이해할 수 있었다. 이는 경기 도중 "아, 정말 대단합니다!"라고 흥분하던 BBC 해설자 댄 마스켈이, 훗날 이 경기를 윔블던은 물론 역대 어느 대회의 경기보다 뛰어났다고 평가한 그 이상이었다.

5세트의 긴장감은 정말 믿을 수 없었고, 선수만큼 보는 사람도 탈진할 지경이었다. 속사포처럼 이어지는 랠리가 정점으로 치달았고, 매 포인트가 그야말로 명품이었다. 보리가 먼저 패배 위기에 몰렸다. 5세트 5번째 게임에서 러브 게임으로 서브를 내준 것이다. 하지만 게룰라이티스가 4-2로 앞서갈 수 있는 그 포인트에서 톱시드 보리가 백핸드 다운더라인 리턴으로 다시 브레이크에 성공했다. 다시 한 번 보리는 극한의 압박에서 살아남을 수 있는 능력을 발휘한 것이다. 14번째 게임에서 최후의 순간이 찾아왔다. 3시간이 지나도록 두 선수의 범실 합계는 10개가 채 되지 않았지만, 게룰라이티스가 한순간 집중력을 잃은 상태에서 리턴을 했고 보리는 마치 사자가 먹이를 낚아채듯 달려들었다. 호주에서 마크 에드몬슨을 상대로 먼저 두 세트를 내주고 7-8, 0-40의 상황을 뒤집어 데이비스컵 역사상 가장 엄청난 역전승을 거둔 게룰라이티스조차도 이번만큼은 벗어날 수 없었다.

비외른 보리(왼쪽)와 비타스 게룰라이티스가 대접전을 앞두고 포즈를 취하고 있다.

경기 결과
1977년 6월 30일 윔블던 준결승전 보리가 5세트 만에 6-4, 3-6, 6-3, 3-6, 8-6으로 게룰라이티스에게 승리를 거두었다.

존 매켄로(왼쪽)와 비외른 보리가 1980년 윔블던 결승전을 맞아 코트에 도착하면서 팽팽한 긴장감이 돌고 있다.

윔블던, 1980년

별에서 온 테니스

비외른 보리 vs. 존 매켄로

처음에는 존 매켄로에게 야유를 퍼부은 관중들은 윔블던 역사상 가장 기념비적인 타이 브레이크에서 그가 승리하자, 모두 기립 박수를 보냈다. 그럼에도 5회 연속 윔블던 타이틀은 여전히 비외른 보리의 몫이었다.

이 경기는 단순히 위대한 윔블던 결승전 그 이상이었다. 서로 다른 스타일과 기질을 지닌 두 젊은 거인이 테니스의 새로운 경지를 개척한 경기였다. 이 승부는 너무 멋진 클라이맥스 뒤, 어찌 보면 가장 개운치 않고 실망스러운 결과를 만들어내기도 했다. 그러나 승리를 향한 보리의 용기와 인내는 이 승부를 현대 윔블던 역사상 가장 위대한 결승전 가운데 하나에 등극시켰다.

게임 수를 헤아려보면 타이 브레이크가 도입되기 전인 1954년, 야로슬로프 드로브니와 켄 로즈월의 감동적인 4세트 58게임에 딱 3게임 모자랐고, 코트에서 보낸 시간(3시간 53분)을 따져보니 1시간이 더 걸렸다. 뛰어난 경기력을 선보인 매켄로와 지나치게 신중한 보리의 1세트 이후, 이 경기는 인상적인 기억의 보물 창고가 됐고 특히 그 자체가 하나의 경기로 승화된, 위대한 명승부 속의 명승부인 4세트 타이 브레이크에 의해 찬란하게 빛을 발했다.

타이 브레이크에서만 34포인트가 나왔다. 보리는 4세트 5-4에서 두 개의 매치 포인트를 놓쳤는데, 그중 한 포인트에서 보리는 자신감 없는 어프로치 샷을 시도했다가 매켄로에게 사정없이 얻어맞았다. 타이 브레이크에서 보리는 5번 더 매치 포인트를 잡았고 그 중 4번이 자신의 서브권이었다. 하지만 매켄로는 그때마다 훌륭하고 도전적인 패싱샷으로 살아남았다. 결국 보리의 멘털에 금이 갔고 매켄로는 7번째 세트 포인트에서 세트를 가져왔다.

결국 마지막 세트. 보리의 첫 서브 게임에서 매켄로가 30-0으로 앞섰고, 이로써 4세트 타이 브레이크를 잃은 보리의 실망감이 이어진 것처럼 보였다. 하지만 4번의 브레이크 포인트를 막아냈던 중요한 2세트 첫 게임처럼, 매켄로가 그대로 승기를 잡은 것처럼 보였을 그때, 보리는 냉정함으로 응수했다.

그 이후 보리는 자신의 서브에서 단 1점만 더 내줬고, 다시 한번 바닥에 무릎을 꿇고 과거보다 훨씬 열정적으로 트로피에 키스할 수 있었다. 자신의 5번의 결승전 가운데 가장 아슬아슬하고 중대한 승부에서의 승리를 자축한 것이다.

"저는 아직도 마지막 세트에서 매켄로가 0-4로 뒤지다 4-4로 따라붙었을 때 승부가 끝날 수도 있었다고 생각합니다. 만약 그가 5-4로 앞섰다면 큰 낭패였을 겁니다. 테니스 코트에서 그렇게 지친 건 처음이었어요"라고 보리가 말했다.

1년 뒤, 보리의 장기 집권은 아주 정당하게도 매켄로에 의해 끝이 났다. 하지만 두 선수 최고의 경기를 보여준 건 역시 1980년 결승전이었다. 이 대결 역시, 매켄로가 판정 항의를 하면서 센터 코트의 야유를 받는 것으로 시작했다가 나중에 열띤 응원으로 바뀐 수많은 경기 중 하나였다.

경기 결과

1980년 6월 5일 윔블던 결승전 보리가 5세트 혈투 끝에 1-6, 7-5, 6-3, 6-7(16-18), 8-6으로 매켄로를 제압했다.

크리스 에버트 vs. 마르티나 나브라틸로바

프랑스오픈, 1985년

왕관을 되찾은 여왕

크리스 에버트 vs. 마르티나 나브라틸로바
1985년 프랑스오픈 여자 단식은 그렇게 훌륭하지 않았다. 하지만 여자 테니스 최고봉 2명이 무실 세트로 결승까지 올라오면서 모든 것이 바뀌었다.

1968년 오픈 시대 개막 이후 크리스 에버트와 마르티나 나브라틸로바가 여자 테니스 최고의 라이벌이라는 사실에 동의하지 않는 사람은 없을 것이다. 이 라이벌 구도는 1973년 오하이오 애크론의 실내 코트에서 에버트가 7-6, 6-3으로 승리를 거둔 이래 1988년 시카고의 버지니아 슬림스에서 마지막 대결을 벌이기까지 79번의 만남으로 이어졌다. 그 가운데 전 세계 테니스계를 흥분시키고, 에버트의 커리어를 훨씬 돋보이게 만든 1985년 프랑스오픈 결승전이야말로 최고 중의 최고였다.

에버트는 당시 30세였다. 나브라틸로바는 2살 더 어렸지만 이 대결에 앞서 1년 전 에버트가 가장 강한 프랑스오픈의 느린 클레이 코트에서 6-3, 6-1로 승리를 거뒀을 뿐 아니라, 이전 16번의 대결 가운데 15번을 승리하면서 확실히 우위를 점한 상황이었다. 그런데 오늘날의 관점에서 보는 것처럼 당시에는 큰 의미를 갖기 어려웠을 수도 있지만, 에버트가 결승까지 올라오는 과정에서 슈테피 그라프와 가브리엘라 사바티니라는 두 명의 뛰어난 15세 유망주들을 차례로 물리치고 올라온 건 주목할 만했다.

에버트가 그랜드슬램에서 마지막으로 나브라틸로바를 물리친 건 2년 전이었다. 체코에서 미국으로 망명한 나브라틸로바는 그 이후 서브앤발리를 앞세워 메이저 대회 단식 6회 연속, 복식 7회 연속 타이틀을 휩쓸었다. 불리한 상황이었지만 에버트도 믿을 구석이 있었다. 평소 나브라틸로바의 체력 관리에 주목해 자신의 체력 훈련을 강화해 온 에버트는 나브라틸로바의 서브 컨디션이 최상이 아니라면 승산이 있다고 판단했다. 실제로 준결승전에서 나브라틸로바의 서브는 그다지 위력적이지 않았다.

별거 중이긴 해도 여전히 사이가 나쁘지 않던 남편 존 로이드의 도움으로 에버트는 나브라틸로바의 공격 리듬을 깰 수 있는 전략을 수립했고, 이는 앞서 나갈 때 최상의 컨디션을 발휘하는 디펜딩 챔피언의 마음을 불안하게 만들기에 충분했다. 기본적으로 로이드가 조언한 방법은, 에버트가 나브라틸로바의 포핸드 쪽으로 플랫성 공을 주지 않고 바운스가 높게 튀는 루핑 볼을 줘 칩앤차지를 시도하게끔 유도하는 것이었다.

강풍도 나브라틸로바에게 불리했다. 에버트는 첫 세트에서 3-0으로 앞서 나갔다. 비록 다시 3-3으로 추격당했지만 에버트는 계속해서 백핸드 위너를 작렬하고 안정성과 통제력에서 우위를 보이며 6-3으로 승리할 수 있었다. 선수들의 몸 상태와 경기장 조건이 두 선수 모두를 지나치게 긴장하게 만들었고, 그로 인해 테니스 경기력의 관점에서는 이 경기를 명승부로 보기 어려웠지만, 그럼에도 불구하고 경기는 점점 흥분의 도가니로 빠져들어 갔다. 기세를 탄 에버트는 2세트에서도 4-2로 앞서나갔고 5-2까지 게임 차를 벌렸지만 나브라틸로바가 반격에 성공해 타이 브레이크까지 끌고 갔고, 에버트의 결정적인 더블 폴트까지 겹치면서 7-4로 승리했다.

3세트는 훗날 나브라틸로바가 "우리 둘 사이의 가장 치열하고 아슬아슬했던 결승전"이라고 회상할 정도였는데, 회복력, 용기, 그리고 기술이 필요한 순간에 가장 잘 발휘된 경기였다. 에버트가 3-1로 리드했고 4-1까지 단 두 포인트만 남겨놨지만 3-3 동점이 됐다. 다시 그녀는 환상적인 러닝 포핸드 패싱샷을 앞세워 5-3을 만들었다. 그러나 승리를 눈앞에 둔 상황에서 에버트는 다음 12점 가운데 11점을 잃으며 5-5, 0-40에서 서브 게임을 잃을 위기에 몰렸다. 에버트는 "승리를 날려 버린 줄 알았어요. 이런 상황에서 방법은 딱 한 가지. 위너를 날려야 했죠"라고 말했다. 사실 나브라틸로바는 포핸드 발리 한 개를 놓쳤는데, 그로 인해 경기 전체를 놓쳐 버렸다. 에버트는 발리 경합 상황에서 나브라틸로바의 불안한 실수로 3번째 브레이크 포인트에서 벗어났고 다음 게임에서 매치 포인트를 잡은 다음, 그녀의 트레이드마크이기도 한 양손 백핸드 패싱샷을 뿜어냈다.

두 선수는 서로 따뜻하게 껴안았다. 패배한 나브라틸로바도 "여러분이 상상할 수 있는 최고의 경기 가운데 하나였습니다. 모든 것이 다 담겨 있었어요"라며 위안을 삼았다.

마르티나 나브라틸로바가 크리스 에버트와의 피 말리는 대접전에서 네트 앞 발리를 시도하고 있다.

경기 결과

1985년 6월 8일 프랑스오픈 여자 단식 결승전
에버트가 나브라틸로바를 6-3, 6-7, 7-5로 물리쳤다.

ATP투어, 독일, 1996년

베커가 최고의 샘프러스를 만났을 때

피트 샘프러스 vs. 보리스 베커

1996년 ATP 투어의 연말 챔피언십이 하노버로 옮겨졌을 때, 독일의 영웅과 세계 랭킹 1위의 마지막 결전은 전 세계 테니스 팬들이 갈망한 최고의 흥행 카드였다.

이 흥미진진한 결승전에서 피트 샘프러스가 보리스 베커를 물리칠 수 있었던 건 종종 그를 위기에서 구해준 내면의 강력함이 아주 정확한 타이밍에 나왔기 때문이었다. 세계 1위 샘프러스가 가장 중요한 순간 자신의 취약한 샷을 너무 많이 시도해 큰 대가를 치르는 것처럼 보인 바로 그때, 샘프러스는 정신을 가다듬고 서브를 앞세워 또 한 번 멋진 성공을 거뒀다.

승리는 경기 시작 후 정확히 4시간이 지나 4번째 매치 포인트 만에 결정됐다. 첫 매치 포인트에서 무려 53분이 지나 찾아온 그 승리는 샘프러스가 말했듯 "지금까지 치른 실내 코트 경기 중 가장 훌륭한" 경기였다. 패자인 베커 역시 동의했다. 사흘 전 베커는 8명의 최고 선수들이 격돌한 조별리그에서 샘프러스를 두 차례 타이 브레이크 명승부 끝에 물리쳤다. 그들은 최근 6년간 이 대회의 조별리그에서 5번 만났는데 흥미롭게도 거기서 진 선수가 항상 대회 우승을 차지했다. 샘프러스는 5번, 베커는 3번 우승했다.

이 경기는 정말 기념비적인 장면들이 많았다. 홈 팬들의 뜨거운 성원을 한 몸에 받은 베커가 결승전을 4개의 서브 에이스로 시작한 것부터, 23번이나 네트 위를 왔다 갔다 하다 결국 베커의 24번째 백핸드 샷이 네트에 걸리며 가장 긴 랠리로 끝난 놀라운 매치 포인트까지. 이 코트 표면의 빠르기를 감안할 때 서브의 속도가 가장 중요한 변수였고 두 선수 모두 이에 적합했다.

경기장의 분위기는 샘프러스와 베커가 관중석 위에서 100여 개의 계단을 마치 헤비급 복싱 선수들처럼 경호원들의 호위 속에 천천히 내려온 그 순간부터 불꽃이 튀었다. 샘프러스가 2세트를 따낸 뒤 함성을 내지른 장면은 그에게 이 순간이 얼마나 중요한지를 보여줬다. 3세트 타이 브레이크에서 베커가 더블 폴트를 범한 뒤, 완벽한 백핸드 패싱샷을 터뜨리며 7-4로 승리할 때도 마찬가지였다.

그러나 4세트 타이 브레이크에 비할 바는 아니었다. 그때까지 베커는 뛰어난 서브와 전성기 때의 발리를 앞세워 22번의 서브 게임에서 단지 18포인트만 내줬다. 아마도 1980년 존 매켄로와 비외른 보리의 18-16 타이 브레이크 이후 가장 박진감 넘치는 승부에서 미니 브레이크가 계속 나왔다. 베커가 5-3으로 리드했지만 다음 3포인트를 연속으로 내줬다. 그러나 샘프러스는 두 번의 엉성한 포핸드와 한 차례의 형편없는 서브, 그리고 이어진 무성의한 백핸드로 매치 포인트를 전부 날려 버렸다.

이 타이 브레이크에서 첫 14포인트 가운데 무려 10포인트가 리시버에게 돌아갔다. 샘프러스는 6-7, 7-8, 9-10 그리고 10-11에서 세트 포인트를 지켜냈다. 9-8로 앞서던 두 번째 매치 포인트에서는 포핸드 발리를 너무 세게 치며 범실을 저질렀다. 그러고 나서 24번째 포인트. 샘프러스는 관중들의 응원 압박을 극복하지 못하며 아주 손쉬운 발리를 놓쳤고 베커가 13-11로 따내 결국 두 세트씩 나눠 갖게 됐다.

그러나 1980년 윔블던에서와 마찬가지로, 대접전의 타이 브레이크 승자는 결국 최종 우승자가 되지 못했다. 아마도 누군가는 윔블던에서 손목 부상으로 3개월을 쉬었던 베커에게 동정심을 느낄 것이다. 베커는 훨씬 더 많은 서브 에이스(32-15), 하나 더 많은 위너(75-74)를 기록했고, 심지어 총득점(178-166)은 12점이나 더 획득했지만, 마지막 순간 좋은 리턴으로 베커의 서브를 전 경기를 통틀어 딱 한 차례 브레이크하고 서브권을 가져온 샘프러스를 넘지 못했다. 샘프러스는 마지막 매치 포인트에서 엄청난 랠리 교환 끝에 베커를 물리치고 우승 타이틀과 134만 달러의 상금을 받았다.

1년 전 프랑크푸르트에서 마지막으로 열렸던 이 대회 우승자인 베커는 더 크고 경기장의 기능에 충실하게 지어진 이곳에서 마법과도 같았던 빼어난 경기에 대해 다음과 같은 총평을 남겼다. "테니스란 때로 이런 걸 보여줄 수 있습니다. 정말 대단한 스포츠 아닌가요." 역시 테니스 최고 인기 선수다운 답변이었다.

경기가 끝나고 샘프러스에게 축하 인사말을 건네고 있는 보리스 베커.

경기 결과

ATP 투어 챔피언십 파이널, 독일 하노버
샘프러스가 베커를 상대로 5세트 접전 끝에 3-6, 7-6, 7-6, 6-7, 6-4로 승리를 거두었다.

데이비스컵, 스웨덴, 1996년

'끝날 때까지 끝나지 않은' 데이비스컵의 드라마

니클라스 쿨티 vs. 아르노 보이치

스테판 에드버리가 첫 단식에서 발목 부상으로 뛸 수 없게 되면서 1996년 데이비스컵 결승전은 싱겁게 끝날 걸로 예상되었지만 실제로는 데이비스컵 역사상 가장 뛰어난 결승전이 되었다.

마지막 날 스웨덴 주장 칼 악셀 하게스코그는 이렇게 말했다. "히치콕이라도 이보다 더 잘 만들지는 못했을 겁니다." 그의 말대로 프랑스는 데이비스컵 역사상 가장 스릴 넘치고 놀라운 클라이맥스를 만들어내며 3-2로 스웨덴을 꺾고 승리했다. 스웨덴이 셋째 날 마지막 경기까지 끌고 가면서 10시간의 마라톤 매치가 됐다. 출발은 토마스 앵크비스트가 맡았다. 그는 먼저 두 세트를 내준 뒤 역전에 성공해 3-6, 6-7, 6-4, 6-4, 9-7로 세드릭 피올리니를 이겼다.

그러나 관중들의 눈길을 사로잡은 그 경기조차, 아르노 보이치와 니클라스 쿨티가 보여준 최종전에 비할 수는 없었다. 쿨티는 스테판 에드버리의 대체 선수였다. 에드버리는 첫날 피올리니와의 단식에서 발목이 접질리는 부상을 당하며 3-0으로 졌고, 그의 빛나는 커리어를 동화 같은 승리로 마무리하려는 희망은 산산이 부서졌다.

최종 단식에는 테니스의 모든 것이 담겨 있었다. 뛰어난 위너와 어처구니없는 범실, 몰입과 결단력, 그리고 수시로 바뀌는 주도권까지. 현장에 있던 관중들은 어느 한쪽의 승리로 끝나는 것을 원치 않을 정도였다. 결국 좀 더 힘이 남아있던 보이치가 마지막 세트 14번째 게임에서 3번의 매치 포인트 위기를 서브로 벗어난 다음 20분이 지나서야 승리를 거뒀다. 데이비스컵 결승전이 마지막 5번째 경기 5세트에서 끝난 건 이때가 처음이었다.

스웨덴은 에이스 에드버리가 마치 지난 1985년 서독과의 대결에서 승리를 거뒀던 것처럼, 48시간의 휴식을 취한 뒤 결정적인 마지막 경기를 앞두고 회복되길 바라는 희망과의 전쟁을 치르고 있었다. 결국 바람은 이뤄지지 않았다. 그러나 아이러니하게도 쿨티는 지난 6월 이후 유일한 단식 1승을 바로 한 달 전 스톡홀름 오픈에서 에드버리를 상대로 거뒀으니, 에드버리의 생애 마지막 투어 경기를 만든 장본인인 셈이었는데, 당시 쿨티는 훨씬 순위가 높은 에드버리를 상대로 일생일대의 경기를 펼쳤다.

지난 두 번 보이치와의 대결에서 패했던 클레이 코트에서와는 달리, 쿨티의 강력한 스트로크는 이번에는 효과가 있었다. 결국 쿨티는 치열한 첫 세트를 타이 브레이크까지 끌고 가면서 행운이 따르는 듯했으나 결국 7-2로 패했다. 하지만 쿨티는 이에 굴하지 않고 다음 두 세트를 6-2, 6-4로 가져왔다. 코트가 바뀔 때마다 상대편 프랑스의 주장 야닉 노아는 보이치에게 집중력을 잃지 말라고 주문했다. 4세트 역시 첫 세트와 마찬가지로 타이 브레이크까지 갔다. 보이치의 엄청난 백핸드가 라인에 꽂히며 미니 브레이크를 해 4-3으로 앞서 나갔다. 그런데 한 포인트가 지난 뒤 쿨티는 다리에 심한 경련이 나기 시작했다. 그는 주심에게 달려가 도움을 요청했지만, 경기 감독관 켄 파라라는 그에게 ATP 투어에서는 근육 경련 치료를 허용하지만, 그랜드슬램과 데이비스컵은 아직 이 규정을 적용하지 않고 있다는 사실을 일깨워주기만 했다.

쿨티는 사투를 벌였다. 보이치는 타이 브레이크를 7-5로 따내 다시 균형을 맞췄지만 더 큰 드라마가 기다리고 있었다. 5세트 6-7의 상황에서 훗날 스위스 아내의 영향으로 스위스로 귀화하고 싶다는 뜻을 밝히기도 한 보이치는 0-40의 위기에 몰렸고, 여전히 다리를 절고 있었던 쿨티는 그럼에도 이 경기에서 가장 강력한 두 개의 포핸드 위너를 터뜨렸다. 이제 보이치는 남은 모든 포인트를 따내야 하는 수밖에 없었다. 쿨티가 남은 3개의 브레이크 포인트를 따내기 위해 계속 공격을 날렸지만 세 번 모두 실수하면서, 보이치는 결국 브레이크 위기에서 탈출했다.

쿨티는 에이스를 터뜨려 8-7로 앞섰지만 다리 경련이 재발해 고통스러워했다. 3게임 뒤, 그러니까 경기 소요 시간이 5시간을 가리키고 있을 때, 이번에는 쿨티가 3번의 매치 포인트를 방어해야 하는 처지에 몰렸다. 그는 두 개를 막았다. 하지만 3번째 샷에서 냉정한 판단보다는 희망에 기댄 큰 스윙을 했고, 결국 모든 것이 끝나고 말았다. 그러나 또 하나의 기념비적인 일이 남아 있었다. 1991년 미국과의 데이비스컵 결승전 승리를 이끈 프랑스의 주장 노아가 스웨덴의 벤치로 달려와 쿨티를 위로했고, 에드버리를 어깨 위에 올린 채 코트를 누볐다. 이날 패자는 없었고 오직 승자만이 있었다. 특히 데이비스컵 대회에 대한 신뢰와 확신이 가장 큰 승리였다.

아르노 보이치가 그의 팀 동료들과 함께 승리를 기뻐하고 있다.

> **경기 결과**
>
> 데이비스컵 결승전, 프랑스 말모
> 보이치가 쿨티를 상대로 5세트 경기에서 7-6, 2-6, 4-6, 7-6, 10-8로 승리했다.

윔블던, 2001년

와일드카드 윔블던 챔피언

고란 이바니세비치 vs. 패트릭 라프터
이보다 더 기적 같은 그랜드슬램 결승전 승리는 없다. 우승할 가능성이 거의 없다고 여겨진 와일드카드 선수와 톱시드의 대결이었다.

고란 이바니세비치는 코트에서 자신의 감정을 결코 숨기지 않는다.

자신감과 체력이 떨어진 고란 이바니세비치에게 와일드카드를 준 것은 지난 3차례 결승전 패배의 뼈아픈 결과를 참작해주는 정도로 생각되었다.

이후 2주 동안 한 편의 동화 같은 이야기가 펼쳐졌다. 이 인기 만점의 크로아티아 선수가 통산 4번째 윔블던 남자 단식 결승에 올랐을 뿐 아니라, 결승에서 우승 후보이자 이바니세비치 못지않게 팬들의 인기를 누리던 3번 시드 팻 라프터를 꺾고 새 역사를 쓴 것이다.

스코어 역시 이 두 선수 간의 변화무쌍했던 경기 향방을 잘 보여주고 있다. 이들을 응원하는 편이 둘로 갈라져 1만 3370명이 꽉 들어찬 센터 코트에는 마치 럭비 경기장 같은 열띤 분위기가 형성됐다.

결승전은 3번째 월요일에 열렸다. 대회가 날씨 탓에 계속 연기됐기 때문이다. 이바니세비치는 영국 홈 관중의 열렬한 지지를 받은 팀 헨만을 사흘간 이어진 5세트 접전 끝에 물리치고 결승에 올라왔다.

이 두 명의 주인공은 감동과 용기, 뛰어난 테니스, 그리고 손에 땀을 쥐게 하는 마지막 순간의 짜릿함을 선사했다. 4세트까지는 몇 차례 이어진 멋진 샷과 결정적인 순간에 성급하게 나온 범실에 의해 승부가 갈렸다. 3세트까지는 한 번의 서브 브레이크로 결정됐지만, 4세트는 이바니세비치가 그의 성정을 조절하지 못하면서 두 차례 서브 게임을 잃었다. 첫 서브에서 풋폴트를 저지른 뒤 세컨 서브에서 더블 폴트를 범했는데 자신은 에이스로 생각했었기에 더욱 분을 참지 못한 것이다.

다행히 이바니세비치는 모두의 걱정과 달리 침착함을 되찾아 아주 중요한 5세트에 임했고, 4세트에서 흐름을 가져온 라프터는 효과적인 서브앤발리 전략을 고수하며 첫 게임을 선취했다. 마지막 세트 내내 추격을 해야 했던 이바니세비치는 두 포인트만 내주면 패배할 수 있는 위기에 3번이나 몰렸지만 정신력으로 버텨냈고, 라프터의 서브에서 두 차례 눈부신 패싱샷을 터트리며 15-40에서 브레이크에 성공했다. 하지만 이바니세비치는 자신의 서브에서 더블 폴트를 두 차례 범했다. 두 번째 더블 폴트는 매치 포인트에서 나온 것으로, 바로 앞 매치 포인트 상황을 자신의 27번째 서브 에이스로 잡아낸 직후였다.

서브 득점으로 다시 두 번째 매치 포인트가 나왔다. 관중들은 서로 자신의 선수를 응원하며 점점 광분하기 시작했다. 그 순간 또다시 이바니세비치가 더블 폴트로 매치 포인트를 스스로 지워 버렸다. 라프터는 그 뒤 또다시 찾아온 매치 포인트 위기를 훌륭한 로브로 벗어났지만, 결국 포핸드 리턴이 네트에 걸리면서 승리를 내줬다.

라프터의 범실이 나오자, 이바니세비치는 그동안 누적된 긴장감을 모두 발산했다. 첫 번째 윔블던 결승 이후 9년 만에 이뤄낸 특별한 성취라는 현실 앞에서 그는 눈물을 흘리며 그대로 주저앉아 버렸다. 관중들 역시 사랑스러운 악당과 정의로운 스포츠맨이라는 두 명의 위대한 엔터테이너가 벌인 명승부에 감동할 수밖에 없었다.

가족과 포옹하기 위해 코칭 박스로 올라온 이바니세비치는 관중석에서 가족을 얼싸안은 뒤 이 기념비적인 순간을 두고 "모두가 정신이 나가버린 순간"이라고 묘사했고, 2년 연속 결승에서 좌절한 라프터는 "친구여, 당신이 우승했기에 나도 기쁘다"라며 승자를 축하했다.

이바니세비치가 유일한 그랜드슬램 타이틀을 획득한 이 승리는 세계 125위로 윔블던 예선전에 겨우 뛸 수 있었던 상황에서 그가 보여준 집념과 인내의 산물이었다. 이바니세비치는 윔블던 최초로 와일드카드 선수로 참석해 우승한 선수가 되었고, 윔블던 역사상 이보다 더 주목을 받을 만한 경기는 없었을 것이다. 물론 이보다 더 뛰어난 경기는 있을지 모른다. 하지만 짜릿함과 영감이라는 측면에서 비교 대상을 찾기는 어렵다.

> **경기 결과**
>
> 2001년 7월 9일 윔블던 결승전
> 이바니세비치가 라프터를 5세트 접전 끝에 6-3, 3-6, 6-3, 2-6, 9-7로 물리쳤다.

윔블던, 2008년

역사상 가장 위대한 승부

로저 페더러 vs. 라파엘 나달

세계에서 가장 뛰어난 두 명의 선수가 3년 연속 결승전에서 격돌해 테니스 역사상 최고의 스펙터클을 만들어냈다. 이 승부가 권력 이동의 출발점이었을까?

두 명의 위대한 선수가 명승부를 펼치는 가운데 나달이 발리를 시도하고 있다.

2008년 윔블던 결승전에 대한 언론의 헤드라인이 이 경기의 모든 것을 보여주지는 못했을 것이다. 그러나 이들은 그 경기가 모든 관중들과 1300만 TV 시청자들이, 테니스 역사 전부는 아닐지 몰라도, 그들의 기억에 존재하는 모든 경기를 뛰어넘었다는 것을 확실히 보여주었다.

결과는 스페인의 도전자 라파엘 나달이 6-4, 6-4, 6-7(5), 6-7(8), 9-7로 승리하면서 로저 페더러의 6회 우승을 저지했다. 윔블던 6연패는 현대 테니스의 신기록이자, 윔블던 역사 전체로 보면 타이기록이 될 수 있었다.

2008년 결승은 두 선수 모두 이겼어야 하는 경기다. 이들은 모두 승자가 될 자격이 충분했지만 테니스의 특성상 단 한 명의 승자만이 허락되었다.

4시간 48분 동안 자리에서 일어설 수조차 없는 팽팽한 긴장감 속에, 두 명의 세계 최고 선수는 테니스 팬이 아닌 사람들도 TV 앞에 딱 달라붙어 결과를 궁금하게 만든 한 편의 롤러코스터 경기를 펼쳤다. 나달의 우승으로 끝나긴 했지만 그건 이 대서사시의 일부에 불과했다.

두 선수가 서로를 넘기 위해 힘겨운 싸움을 벌이는 과정을 자세히 묘사하는 것으로는 이 명승부를 온전히 기술하기 어려울 것이다. 나달이 첫 두 세트를 비교적 쉽게 가져가며 일단 우위를 점했다. 그러자 페더러가 다음 두 세트를 모두 타이 브레이크 접전 끝에 따냈다. 마침내 경기는 타이 브레이크가 적용되지 않는 5세트까지 갔다. 이 경기는 극한의 시험 무대인 동시에 경이로운 경기였고, 위대한 스포츠 자체였다. 이는 전혀 과장이 아니다.

26살의 로저 페더러는 세계 1위이자 당시 역대 최고의 선수로 칭송받았고 2002년 이후 윔블던에서 한 번도 패한 적이 없었다. 또 잔디 코트에서 전례 없는 65연승을 기록하고 있었다. 22살의 젊은 도전자인 나달은 프랑스오픈 통산 4회 챔피언 벨트를 허리에 두르고 있었고 이미 두 번이나 윔블던 센터 코트에서 패한 준우승자이자 만년 세계 2위로서, 1966년 마놀로 산타나 이후 첫 스페인 출신 윔블던 우승에 도전하고 있었다.

1세트에서 페더러는 나달의 서브 게임을 브레이크할 기회를 두 번이나 잡았다. 하지만 그는 이 기회를 모두 날렸고 2008년 윔블던 챔피언십에서 처음 세트를 잃었다. 그는 2세트도 잃었는데, 4-1로 앞서 나가다 뒤집힌 결과였다. 세트 초반 나달은 시간 초과 경고를 받기도 했지만 생애 최고의 수비를 선보이며 관중들의 숨을 멎게 했다.

3세트 페더러가 5-4로 앞서 있을 때 첫 번째 우천순연이 찾아왔고, 디펜딩 챔피언은 타이 브레이크를 따내면서 타이틀 레이스에 복귀했다. 4세트에서 이 시나리오가 또 반복돼 나달은 5-2로 앞선 상황에서 긴장한 탓인지 페더러의 추격을 허용했다. 페더러는 6-5로 앞선 상황에서 포핸드 범실을 범하며 세트 포인트를 놓쳤다.

이후 두 개의 아주 특별한 패싱샷이 나달의 4세트 승리를 조성한 동시에 막아섰다. 하나는 나달의 포핸드였고, 또 다른 하나는 페더러의 백핸드였다. 점수를 몇 차례 더 주고받은 뒤 페더러는 결국 승부의 균형을 맞혔다.

두 번째 우천순연은 오후 8시경 2 대 2로 팽팽히 맞설 때 찾아왔다. 30분 뒤 돌아온 페더러는 5-3을 만들 수 있는 포인트에서 나달의 스매싱 위너에 막혔다. 5-5, 15-40 위기에 몰린 페더러는 혼신의 힘을 다해 필사적으로 버텨냈다. 7-7에서 페더러는 또 다른 3차례의 브레이크 포인트를 방어하기도 했지만 4번째에서 결국 포핸드 범실을 저지르며 게임을 내줬다.

나달은 챔피언십 서브권을 가졌지만 디펜딩 챔피언은 용감하게 3번째 매치 포인트를 막아내며 완강히 버텼다. 그러나 결국 그다음 매치 포인트는 막아내지 못했다. 감정이 복받친 나달은 코칭 박스로 기어 올라갔다 내려온 뒤 이렇게 말했다. "윔블던에서 뛰는 것 자체가 꿈이었지만 여기서 우승할 수 있으리라고 생각하지는 않았어요. 정말 기쁩니다."

"로저를 칭찬하고 싶습니다. 왜냐면 그가 싸우는 방식은 늘 믿을 수 없을 정도이기 때문입니다. 로저는 역사상 최고의 선수이며 특히 이곳에서 그와 경기하는 건 정말 어렵습니다. 그의 태도는 지든 이기든 늘 훌륭합니다. 그래서 로저에게 고맙습니다. 그는 여전히 세계 1위이며 여전히 세계 최고입니다. 그는 아직도 통산 5회 윔블던 챔피언이고 저는 지금 한 번 우승했을 뿐입니다. 그래서 저에게는 오늘이 더할 나위 없이 중요한 날입니다."

페더러는 패배에도 관대했다. "저는 할 수 있는 모든 걸 다했습니다. 라파는 챔피언의 자격이 있어요. 그는 환상적인 경기를 선보였죠. 오늘 저는 제 생애 최고의 코트에서 최악의 상대를 만났다고 생각합니다."

이렇게 역사상 최고의 경기는 막을 내렸다. 하지만 이는 두 명의 위대한 테니스 선수가 최고의 경기장에서 가장 영예로운 타이틀을 위해 싸운 경기로 모든 이들의 뇌리에 영원히 기억될 것이다.

> **경기 결과**
>
> 2008년 7월 6일 윔블던 결승전 나달이 페더러를 5세트 혈투 끝에 6-4, 6-4, 6-7, 6-7, 9-7로 물리쳤다.

윔블던, 2010년

기록 파괴자

존 이스너 vs. 니콜라스 마훗
흔하디흔한 1라운드 경기가 온갖 기록들을 새롭게 쓰며 테니스 역사상 가장 긴 시간의 경기가 되면서 세상을 놀라게 했다.

23번 시드를 받은 존 이스너가 프랑스의 예선 통과자인 니콜라 마훗과의 1라운드 경기에서 승리하자, 거대한 안도의 한숨이 여기저기서 터져 나왔다. 6월 24일 목요일 오후 4시 40분이었고 그곳의 어느 누구도 두 명의 주인공이 지칠 대로 지쳐 바닥에 털썩 주저앉는 모습에 전혀 놀라지 않았다. 둘이 첫 포인트를 주고받은 시점은 6월 22일 화요일 저녁 6시 13분이었다.

6-4, 3-6, 6-7(7), 7-6(3), 70-68. 스코어가 말해주듯 그렇게 장시간 버틴 것 자체가 놀라움이다. 타이 브레이크가 없는 윔블던의 마지막 5세트에서 두 선수는 놀라운 체력전을 펼쳤다. 이 세상에 실제 경기 시간만 11시간 5분이 걸리는 스포츠는 많지 않을 것이다! 모하메드 라이헤니라는 주심 역시 잊지 말아야 한다. 그 오랜 시간 내내 높은 의자 위에 앉아 있었으니까.

이 승부는 테니스 역사상 최장 시간 경기이자 최다 게임(183) 경기였다. 이 두 명의 전사가 만들어낸 업적은 여기서 그치지 않는다. 둘은 총 216개의 서브 에이스를 기록했는데, 이스너는 113개의 에이스라는 한 경기 최고 기록과 65개의 에이스로 한 세트 최고 기록을 세웠다. 또한 그는 한 경기 최다 위너(246개)를 기록하기도 했다. 마훗 역시 하루 동안 열린 최장 시간의 경기(7시간 6분)와 최다 게임 수(118)의 공동 기록 보유자가 됐다.

경기는 대회 둘째 날 오후 9시 7분 해가 저물자 세트 스코어 2-2 상황에서 일시 중단됐고 다음 날 오후 2시 5분 재개됐다.

그때까지만 해도 이런 결과가 나올 것이란 조짐은 별로 없었다. 하지만 오후 5시 45분 역대 가장 긴 경기 시간 기록이 새롭게 쓰이면서, 관중과 미디어는 비로소 역사적인 순간을 목격하고 있다고 실감하기 시작했다.

18번 코트에 자리가 모자라 코트 주변의 벽을 둘러싼 사람들과 TV 콤플렉스 지붕 위에 올라가 구경하는 사람들도 생겨나면서 분위기가 한껏 고조됐다. 주심이 스코어를 외칠 때마다 실로 놀랍고 믿기지 않을 정도였다.

밤이 가까워지면서 다시 조명이 어두워지자 경기는 오후 9시 10분에 중단됐고, 마지막 세트의 게임 스코어는 59 대 59였다. 이스너는 쓰러지기 직전처럼 보였지만 계속 경기하기를 원한 반면, 상대적으로 덜 지쳐 보이던 마훗은 공을 보기가 어렵다고 주장했다. 경기가 중단된 틈을 타 엔지니어들은 계속 늘어나는 점수에 대비해 스코어 보드 자릿수를 재정비하기도 했다!

다음 날 아침 사람들은 테니스 역사의 일부가 되기 위해 벌떼처럼 몰려들어 오후 3시 43분 경기가 재개될 때까지 이 두 검투사들을 기다렸다. 운명의 그날 경기는 '겨우' 65분간 지속됐고, 8시간 11분이 걸린 마지막 세트에서 마훗의 서브 게임이 처음이자 유일하게 브레이크 당하면서 끝이 났다.

이스너는 마라톤 경기를 끝낸 뒤 "내 생각에 그건 이기고자 하는 의지였습니다. 그런 생각이 분명히 제 마음속에 있었고 마훗 역시 마찬가지였을 겁니다. 저는 지고 싶지 않았어요. 이기는 편이 조금 더 낫겠다고 생각했죠."

"마훗보다 더 그 의지가 컸다고 생각하진 않습니다. 분명 그 역시 모든 걸 다 쏟아부었을 겁니다. 제가 그보다 조금 더 운이 좋았을 뿐이었죠."

63회에 걸쳐 살아남기 위해 서브 게임을 지켜온, 패자라는 타이틀이 어울리지 않는 마훗 역시 패배를 훌륭히 받아들였다. "지금 당장 저는 감사할 따름입니다. 놀라운 하루였어요. 존은 충분히 승자의 자격이 있습니다. 그의 서브는 믿을 수 없는 수준이었고, 그는 챔피언입니다. 가장 위대한 테니스 대회에서 가장 위대한 경기를 할 수 있어 정말 영광이었습니다."

경기 자체로 봤을 때 명승부라고 할 수는 없을 것이다. 하지만 두 선수가 서로를 브레이크할 수 없도록 한 서브 능력만큼은 경탄할 만했다. 심지어 더욱 놀라운 건 그 과정에서 이스너의 더블 폴트는 단 10개에 불과했고, 마지막 세트에서는 겨우 4개였다.

흔히 서브로 점철된 경기는 지루하다는 평가를 받지만 이 경기는 수백만 명의 마음을 사로잡았을 뿐 아니라 역사책의 한 페이지를 당당히 점유했고, 영원히는 아닐지 모르지만 아마도 아주 오랫동안 깨지지 않을 기록으로 남을 것이다.

이는 육체의 한계에 도달하는 복싱 선수들 혹은 로마 검투사들을 떠올리게 하는 경기였다. 스코어에서 이스너가 승자가 됐지만 마훗 역시 그와 나란히 옆에 설 수 있었다. 그리고 둘의 성과는 테니스계 전체로부터 깊은 찬사를 받기에 충분했다.

존 이스너와 니콜라스 마훗이 마라톤 경기 도중 휴식을 취하고 있다.

경기 결과

2010년 6월 22~24일 윔블던 1회전 이스너가 11시간 5분간의 마라톤 경기 끝에 6-4, 3-6, 6-7(7), 7-6(3), 70-68로 마훗을 꺾었다.

노박 조코비치 vs. 라파엘 나달

호주오픈, 2012년

조코비치가 남긴 위대한 흔적

노박 조코비치 vs. 라파엘 나달
세르비아의 조코비치가 그랜드슬램 역사상 가장 길고 치열했던 결승전에서 스페인의 라파엘 나달을 물리쳤다.

이 경기는 최장 시간 결승전이자 '철인'들의 경기였다. 도저히 꺾이지 않을 것처럼 보이는 강력한 의지의 소유자인 조코비치와 나달이 악수를 나눈 뒤, 조코비치가 결국 자신의 그랜드슬램 5번째 트로피를 갖고 나온 전쟁이었다. 우리는 단지 이 두 명의 운동 능력과 인내심에 경탄할 따름이다.

두 선수 모두 최상의 경기력으로 결승전에 도달했다. 나달은 그의 위대한 라이벌인 페더러를 4세트 만에 제압했고, 조코비치는 앤디 머리의 거침없는 도전을 뿌리치는 데 5세트 4시간 50분이 필요했다.

조코비치-머리 경기가 결승전이 열리기 48시간 전에 끝났음을 감안할 때, 대부분은 결승전이 길어진다면 나달이 체력 면에서 유리하리라 생각했다.

첫 세트에서는 조코비치의 포핸드 범실이 많아지면서 나달이 두 번 브레이크에 성공해 7-5로 승리했다. 이 경기의 전반적인 양상은 이미 그때 정해져 있었다. 1세트에 무려 82분이 소요된 것이다. 그 82분은 전날 빅토리아 아자렌카가 여자 단식 트로피를 가져가는 데 걸린 시간과 동일했다.

조코비치는 다음 두 세트에서 리턴 감각을 되찾았다. 그리고 왜 나달과의 이전 6번 만남에서 모두 승리할 수 있었는지를 보여줬다. 조코비치는 6-4, 6-2로 순항했고 4세트에서도 4-3으로 앞선 채 나달의 서브에서 0-40 트리플 브레이크 기회를 잡았다. 조코비치가 여유 있게 승리할 것처럼 보였다.

그러나 위대한 챔피언이 늘 그렇듯, 나달은 가장 중요한 순간 자신의 최상의 경기력을 찾는 데 성공했다. 그는 강력한 포핸드를 앞세워 위너를 연속으로 작렬하며 브레이크 위기에서 벗어났고, 타이 브레이크에서 승리하며 결국 경기를 5세트까지 끌고 갔다.

이 시점에서는 두 선수 모두 흔들릴 만했지만 오히려 최고의 테니스를 선보였고 강타에 강타를 이어가며 상대의 약점을 공략해나갔다. 나달은 인상을 썼지만 조코비치는 아주 냉철한 모습을 보였다. 누구의 멘털이 먼저 흔들릴까? 나달이 4-2로 앞서 나가면서 조코비치의 멘털이 먼저 흔들리는 듯했다. 하지만 이 뛰어난 세르비아 선수는 즉시 반격에 성공했다. 5-4에서 숨 막히는 32번의 랠리가 이어지며 관중들의 기립 박수가 쏟아졌다. 그러나 조코비치가 브레이크에 또다시 성공해 7-5로 세트를 가져갔다. 5시간 53분이 걸린 경기였고 이는 그랜드슬램 결승전 역사상 가장 긴 시간이었다. 나달은 이로써 메이저 대회 3회 연속 결승전 패배라는, 오픈 시대 개막 이후 처음인 달갑지 않은 기록의 주인공이 됐다. 반면 조코비치에게는 5번째 그랜드 슬램 타이틀이자, 세계 최고 선수로서의 위상을 다시 한번 공고히 한 승부였다.

노박 조코비치와 라파엘 나달이 결승전 명승부가 끝난 뒤 녹초가 된 채 서로를 격려하고 있다.

경기 결과

2012년 1월 29일 호주오픈 결승전 조코비치가 나달을 상대로 5세트 만에 5-7, 6-4, 6-3, 6-7, 7-5로 승리를 거두었다.

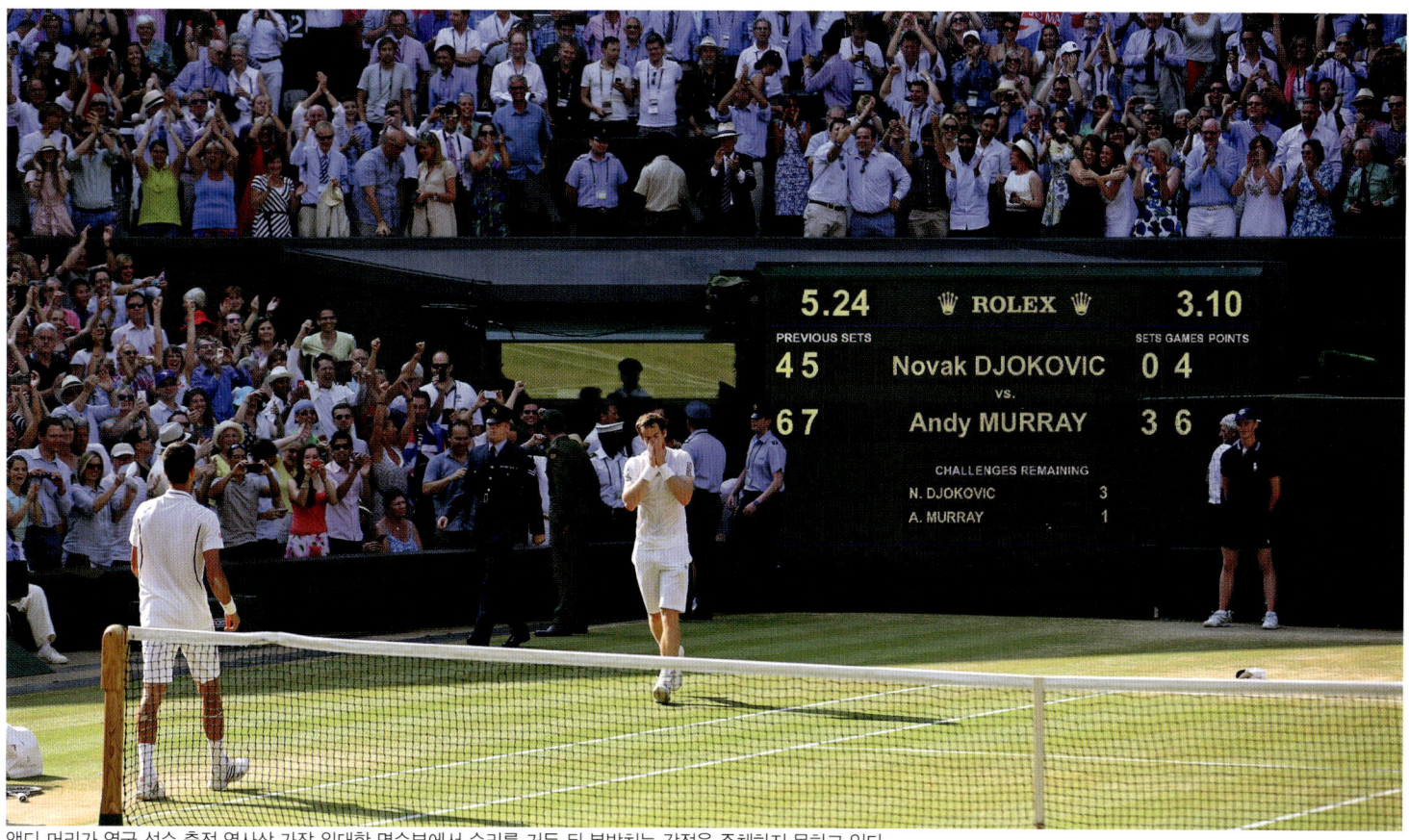

앤디 머리가 영국 선수 출전 역사상 가장 위대한 명승부에서 승리를 거둔 뒤 복받치는 감정을 주체하지 못하고 있다.

윔블던, 2013년

영국의 오랜 기다림을 끝내다

앤디 머리 vs. 노박 조코비치

영국의 엄청난 기대를 어깨에 짊어진 채 앤디 머리가 거둔 2013년 윔블던 결승전 승리는 테니스 역사상 가장 위대한 업적 가운데 하나로 평가받아 마땅하다.

18살에 헝클어진 머리로 2004년 US오픈 주니어 대회에서 우승한 이후부터, 앤디 머리는 늘 중압감에 시달려 왔다. 1936년 프레드 페리 이후 영국에 윔블던 남자 단식 타이틀을 안겨 줄 가능성을 보인 선수였기 때문이다. 머리는 1년 전 결승에 올라 로저 페더러에게 패했다. 이번에는 세계 1위 조코비치가 버티고 있었다. 중압감? 무슨 중압감이 있었을까. 겨우 2000만 명의 영국인들이 TV로 이 경기를 지켜보고 있었을 뿐이었는데.

경기는 3세트 만에 끝났지만 치열했다. 앤디 로딕이 트위터로 "이들은 서로 죽자 사자 달려들고 있어요. 5세트까지 가면 서 있을 수조차 없을 겁니다"라고 했을 정도였다. 첫 포인트에서 경기의 양상이 결정됐다. 그들은 코트 뒤편에서 양쪽 사이드로 이리저리 움직이면서 20회의 기나긴 랠리를 펼쳤다. 서로의 수비벽을 뚫기란 불가능해 보였다.

21분이 지난 뒤 머리가 첫 브레이크를 잡아 2-1로 앞섰다. 조코비치가 다시 반격에 성공했지만 머리는 7번째 게임에서 다시 브레이크해 6-4로 첫 세트를 가져갔다. 센터 코트는 들썩였다. 그러나 머리는 지금부터가 시작이라는 걸 잘 알고 있었다. 2세트가 전체 결과에 가장 중요하기 때문이었다. 그해 초 호주오픈 결승에서는 머리가 먼저 1세트를 선취했지만 도무지 지칠 줄 모르는 조코비치가 다음 세 세트를 내리 따냈었다.

조코비치가 2세트 초반 다시 살아났지만 머리의 기세는 시들지 않았고, 먼저 흔들린 건 조코비치였다. 모하메드 래이해니 주심이 논란의 여지가 있는 판정에 대해 번복을 거부하면서 냉정을 잃기 시작했다. 머리는 11번째 게임에서 브레이크했고 마지막 순간 총알 같은 서브 에이스를 터트려 7-5로 세트를 가져갔다.

머리는 3세트 2-0으로 앞서면서 윔블던 타이틀을 확실히 손에 쥐는 듯했다. 하지만 순순히 굴복할 세계 1위 조코비치가 아니었다. 조코비치는 경기력을 다시 한 단계 높여 4게임을 연속으로 따내며 4-2로 리드를 잡았다. 머리의 멘털이 흔들렸을까? 머리는 다시 승리 방정식을 되찾아 조코비치의 서브를 두 번 브레이크해 5-4로 앞선 상태에서 역사에 남을 서브권을 가져왔다. 그는 40-0에서 듀스까지 따라잡혔지만, 4번째 매치 포인트에서 조코비치의 백핸드가 네트에 걸리면서 정말 어렵게 승리를 거뒀다. 머리는 기쁜 만큼 지치기도 한 탓인지 라켓을 떨어뜨리고 코칭 박스를 향해 포효했다.

경기 후 머리는 이렇게 말했다. "윔블던 우승은 테니스 선수에게 가장 영예로운 일입니다. 마지막 게임이 되자 그런 생각이 들더군요. 머릿속이 복잡했습니다. 그런데 조코비치의 몇몇 샷은 정말 대단했어요. 그 마지막 게임은 제 인생에서 정신적으로 가장 어려웠던 순간일 겁니다." 흔히 최고의 상은 가장 힘겨운 투쟁 끝에 얻어진다고 한다. 하지만 그 어떤 타이틀도 앤디 머리처럼 힘겨운 싸움에서 얻어내지는 못했을 것이다.

경기 결과

2013년 7월 7일 윔블던 결승전 머리가 6-4, 7-5, 6-4로 조코비치를 물리쳤다.

테니스 비즈니스

1968년 오픈 시대 개막 이후 테니스는 모든 영역에서 발전을 거듭해왔다. 테니스의 상업적 측면 역시 마찬가지였다. 광고부터 의상, 대회 상금과 기업 후원에 이르기까지 테니스는 단순히 사람들이 즐기는 취미 그 이상이 됐다. 비즈니스로 진화한 것이다.

테니스 비즈니스가 얼마나 많은 돈을 창출하는지를 헤아리기는 불가능해 보인다. 그러나 합리적으로 추론해 볼 때 이는 수십억 달러 규모이며 그와 연계된 사업들 역시 수십억 달러 규모로 판단된다.

또한 테니스 비즈니스에 얼마나 많은 사람들이 직간접적으로 연관되어 있는지를 정확히 파악하기는 어렵겠지만 적어도 100만 명 이상으로 추정된다.

1968년 오픈 시대 개막으로 테니스가 대규모 산업으로 바뀌는 데 청신호가 켜지면서 테니스와 관련된 수많은 재정, 운영, 마케팅, 후원, 행정 조직이 생겨났다. 이들은 순차적으로 기존의 인쇄, 음식 서비스, 출판, 보안 분야에서도 많은 돈을 벌 다양한 기회를 창출해냈다. 또 지난 40년간 새로 지은 수많은 테니스 경기장에 포함된 디자인 팀과 건축가, 건설 회사 등도 빼놓을 수 없다.

국제테니스연맹(ITF)의 기능이 얼마나 커졌는지를 나타내는 지표는 가맹국이 140여 개국으로 대폭 확대됐다는 점이다. 오픈 시대 이전 ITF의 주된 역할은 테니스 규정을 확립하고 데이비스컵을 운영하는 것뿐이었다. 그러나 지금은 지난 25년간 참가국이 두 배로 늘어난 데이비스컵에 훨씬 더 많이 관여할 뿐만 아니라, 국제 심판진 양성에서부터 테니스 불모지에서의 저변 확대까지 총괄하는 중요한 임무를 수행한다.

오픈 시대 이전까지 남녀 테니스 선수들은 함께 힘을 모을 수 있는 단체가 없었다. 또 투어 대회를 조직하고 행정 지원, 심판, 물리치료사를 비롯한 의료진 등을 총괄 관리하는 체계적인 조직은 물론, 미디어 지원팀과 기하급수적으로 늘어나는 정보를 인터넷에 올리는 스태프들도 존재하지 않았다.

테니스 비즈니스의 규모 변화를 이야기하기 위해서는 테니스 상금의 증가를 고려해야만 한다. 1968년 테니스가 프로와 아마추어 선수 모두에게 개방된 첫해, 윔블던의 총상금은 2만 6150파운드로 한화 약 4000만 원 수준이었다. 이는 2019년에 3800만 파운드(약 600억 원)로 치솟았으며, 윔블던 외 다른 3개의 메이저 대회와 ATP 및 WTA 투어의 상금까지 더하면 2억 달러(약 2380억 원)에 달한다.

19살에 프로로 전향한 로저 페더러는 2017시즌을 시작할 때 누적 상금만 1억 500만 달러(약 1250억 원)였으며, 아마도 광고 수입은 그 두세 배에 달할 것이다. 2003년 은퇴한 피트 샘프러스는 선수 활동 수입으로만 4300만 달러(약 513억 원)를 벌어들였고 보리스 베커와 이반 랜들 그리고 스테판 에드버리 등은 통산 2000만 달러를 상회하는 상금을 획득했다.

물론 모든 선수가 그렇게 어마어마한 돈을 버는 건 아니다. 그럼에도 이미 500명이 넘는 남녀 테니스 선수들은 상금 자체로만 백만장자가 되었고, 따라서 그들의 돈을 관리해주고 성공과 인기의 극대화를 돕는 대규모 상업적 에이전트 부대의 존재는 어찌 보면 당연한 일이다.

영국의 바그넬 하비는 테니스의 상업적 가치를 가장 먼저 깨달은 인물이었다. 1970년대 초반 윔블던을 설득해 지금은 남녀 투어의 거의 모든 대

애거시와 페더러가 두바이의 럭셔리 호텔의 유일무이한 테니스 코트에서 호텔을 홍보하고 있다.

회에서 중요한 부분을 차지하는 기업 후원이라는 영역에 발을 내딛도록 한 장본인이었다.

그러나 테니스 선수가 하나의 상품으로 공격적인 마케팅의 대상이라는 사실을 대중에게, 그리고 특히 선수 자신들에게 입증하기 위해 누구보다 많은 일을 한 사람은 미국인 도널드 델이었다. 그가 설립한 프로 선수 후원 업체인 프로서브(Pro-serve)는 훗날 선도적인 지위를 잃기는 했지만, 마크 맥코맥의 거대한 IMG(International Management Group)와 AI(Advantage International)와 함께 가장 잘 알려진 3대 기업 가운데 하나이다.

도널드 델은 아서 애시와 가까운 친구이자 비즈니스 파트너였다. 1968년 당시 아서 애시가 아마추어로서 US오픈과 US아마추어 오픈을 동시 석권한 직후, 델은 댈러스 석유 산업계의 거물 라마르 헌트와 함께 택시를 타고 맨해튼으로 달렸다. 그 택시 안에서 헌트는 애시를 설득해 프로 전향 후 월드 챔피언십 테니스에 합류하도록 하는 데 드는 비용을 물었고, 델은 "수백만 달러"라고 답했다. 당시까지만 해도 상상할 수 없는 액수였다. 하지만 그 거래는 성사됐고 에이전트 후원의 첫 벤치마크 사례가 됐다.

오늘날에는 유망주를 잡아 매니지먼트 계약을 하는 것은 코트에서의 경쟁 못지않게 치열하다. 에이전트는 선수의 상금에만 기대지 않고, 선수 혹은 대회 자체에 회사명을 새기길 원하는 기업과의 협상을 통해 부가적인 수입을 창출해 수수료를 챙긴다. 계약을 맺은 선수들의 수익성이 더 좋아지면 로저 페더러와 노박 조코비치, 마리아 샤라포바처럼 고부가가치의 TV 광고를 찍는 계약으로 확장된다. 또한 의류와 테니스공, 라켓 등 장비와 관련된 또 다른 영역의 테니스 비즈니스로도 이어진다.

이온 티리악은 테니스 세계의 산전수전을 다 겪은 인물이다. 1960년대 선수 시절 돈을 아끼기 위해 하루 2달러짜리 선수 식당과 개인 저택의 무료 숙소를 이용하던 그는 코치 생활을 거쳐 선수 매니지먼트 및 1500만 달러짜리 토너먼트 대회 운영을 담당하면서 테니스계에서 가장 모험적이고 성공적인 사업가가 됐다.

매년 수익이라는 말보다 "흑자"라는 용어를 써서 발표하는 윔블던을 제외하고 다른 메이저 대회는 수지 타산을 일체 공개하지 않는다(윔블던은 예전부터 남는 돈을 테니스 발전을 위해 영국 테니스협회에 헌납한다). 하지만 티리악은 그랜드슬램 대회의 실제 매출을 4억 달러로 추정한다.

티리악에 따르면 ATP마스터스 시리즈 하나를 개최하는 데 1000만~1500만 달러가 들지만 수익은 20~30%를 상회한다. 그는 "모든 마스터스 대회는 수익성이 굉장히 좋다"고 말한다. 그보다 한 단계 아래 대회는 상금 규모가 훨씬 떨어지지만 유명 선수들의 출전 수당으로 인해 운영 비용은 비슷하게 들기도 하는데, 대회 조직위는 이들의 출전이 관중 유치와 스폰서십 계약에 있어 매우 중요하다고 보고 있다. 이 초청료는 5만 달러에서 시작해 손꼽힐 정도로 이름값이 높은 선수들의 경우 무려 50만 달러에 이르기도 한다.

토너먼트 수익은 티켓값 외에도 다양한 분야에서 뽑아낼 수 있다. 예를 들어 소니 에릭슨 오픈처럼 기업이나 상품의 이름이 이벤트의 타이틀에 따라 붙는 직접 스폰서십이 가장 중요하다. 실감하기 어려운 이야기일지 모르지만 테니스 스폰서십의 시작은 상금 제도가 정착하기 전으로 거슬러 올라간다. "로빈슨즈(Robinsons)"는 테니스와 직접적인 관련은 없었지만 이 스포츠와 연계된 상업적 가치를 선보인 최초의 상품으로 꼽힌다. 이는 1934년 윔블던 센터코트와 1번 코트에서 처음으로 선수들에게 제공되었다. 토너먼트 대회가 스폰서를 유치한 첫 번째 사례는 1965년 담배 회사인 로스만스가 윔

도널드 델은 테니스의 상품화를 개척한 주역이었다.

블던 직전 개최된 베켄햄 국제 대회를 후원한 것인데, 100년 이상의 역사를 자랑하는 그 대회는 결국 영국 테니스협회에 의해 폐지되었다.

스폰서십 규모는 등급과 대회의 매력도에 따라 달라지지만, 보통 남녀 투어 대회의 경우 25만 달러에서 200만 달러에 이른다고 볼 수 있다. 담배 광고가 금지되면서 테니스계는 한때 타격을 입은 적도 있었지만, 남녀노소 모두에게 인기 있는 테니스 대회에 광고판을 붙이고 싶어 하는 기업은 셀 수 없이 많다. 자동차 업계 하나만 봐도 메르세데스 벤츠, 오펠, 푸조, 로버, 포드 등이 포함된다. 컴퓨터 업계 역시 IBM, 컴팩, 코렐 등으로 만만치 않다. 과거 볼보와 영국 보험사 커머셜 유니온, 나비스코, 그리고 여자 테니스 후원의 개척자 버지니아 슬림스도 테니스에 막대한 투자를 한 주요 기업이다.

기념품부터 패키지 티켓, 여행사와의 우대 계약 등 다양한 형태의 마케팅은 이제 테니스 비즈니스에서 널리 통용될 뿐 아니라 매우 중요한 역할을 하고 있다. 특히 세계적으로 인정받는 윔블던에서는 1년 내내 마케팅 활동이 활발하다. 1979년 올 잉글랜드 클럽이 시작한 윔블던 머천다이징 프로그램은 다음 3가지 목표를 갖고 수행되어 왔다. 첫째, 전 세계에 윔블던을 널리 알리고, 둘째, 챔피언십의 이미지를 고양하며, 셋째, 메인 스폰서십에만 의존하지 않고 최대한 많은 수입원을 확보하는 것이다.

윔블던은 영국부터 극동아시아까지 전 세계에 걸쳐 수많은 라이센스를 보유하고 있는데, 1998년 극동아시아 경제 침체가 오기 전까지 일본 시장은 전체 머천다이징의 50%를 점유하고 있었고 1997년에는 총 규모가 5000만 달러에 육박했다. 주요 상품은 의류, 신발, 테니스 라켓, 가방과 공이었다. 그 외에도 윔블던은 수건과 가죽 제품, 선글라스, 크리스털, 도자기와 보석류까지 추가했다. 윔블던은 해로드 백화점과 스포츠 유통업체 릴리화이트에 "숍

인 숍(Shop in Shop)" 형태의 아울렛을 운영했고, 히드로와 개트윅 공항에 면세점을 뒀다. 윔블던의 상징인 엇갈린 라켓과 "W" 모양은 40개국 이상에서 상품 등록됐다.

1998년 테니스는 비용과 상금 면에서 엄청난 규모로 확대된 계기가 있었다. 이미 언급한 바와 같이 윔블던은 상금 규모가 700만 파운드를 돌파했다. WTA는 향후 3년간 개최하는 모든 대회에 이름을 붙이는 대가로 200만 달러의 새로운 스폰서를 잡았다. 독일테니스연맹은 데이비스컵을 치르기 위해 함부르크에 새로운 우산형 지붕이 달린 센터 코트를 공개했는데 건설 비용이 650만 파운드에 이르렀다.

텔레비전은 당연히 테니스 비즈니스의 핵심이다. 토너먼트 기획자의 첫 번째 임무는, 특히 새로운 대회를 론칭하는 경우에는 대회를 후원하는 스폰서를 최대한 시장에 노출하는 것이었다. 반면에 170개 국가에 중계되는 윔블던은 그런 측면에서 전혀 고민이 없다. 윔블던은 모든 코트에서 광고판이 없는 유일한 대회다. 심지어 토너먼트 대회가 전 세계에 전면적인 노출을 꺼려한 경우도 있었다. 담배 회사의 후원이 허용되던 시절이었는데, 같은 담배 이름을 지닌 경쟁사가 지구촌 다른 곳에서 이미 광고를 하고 있었기 때문이다.

하지만 그런 문제는 예외적인 경우였다. 텔레비전 계약이 성사되면 메인 스폰서 및 보조 스폰서 유치와 같은 상업적 패키지를 구성하기는 훨씬 쉬웠다. 그랜드슬램 대회를 제외하면, 독일 테니스가 지배하던 1980년대와 1990년대 초 이후로 TV 수익은 감소한 것으로 보인다.

당연히 텔레비전은 시청자들이 매력을 느낄 만한 대형 스타들의 출전 여부에 대해 미리 알기를 원했고, 특히 상업 방송들은 경기 도중 광고를 충분히 내보낼 수 있는지 여부를 중요시했다. 이처럼 테니스 비즈니스의 영역 확장에는 끝이 없다. TV는 테니스 그 자체에 많은 돈을 가져다주기도 하지만, 방송에 종사하는 해설자와 자료 조사 요원, 방송 스태프 등의 고용을 유발하는 효과도 있다.

지난 30년간 테니스는 기대 이상으로 성장했으며, 미디어 역시 그에 못지않게 규모가 커졌다. 예를 들어 1971년 필자가 포레스트 힐스를 처음 방문했을 때만 해도 유럽만큼 테니스가 대접받지 못했던 US오픈에서 전업 테니스 기자는 70명에 불과했고 그중 12명이 영국인이었다. 1998년 전체 기자 수는 1000명에 육박하게 되었지만 영국 기자는 여전히 12명이다.

자연스럽게 그랜드슬램이나 큰 대회, 예를 들어 마이애미에서 열리는 소니 에릭슨 오픈과 같은 대회를 유치한 도시 역시 테니스 비즈니스의 수혜자였다. 선수와 관계자, 미디어와 관중이 호텔 객실을 잡고 레스토랑에서 식사하기 위해 몰려들었기 때문이다.

아직 축구나 야구, 미식축구와 같은 수준은 아닐지 모르지만 테니스 기념품 산업 역시 아주 큰 비즈니스로 성장해 최근에는 테니스 소장품 시장도 생겨났다. 윔블던 직전 런던에서 열린 경매가 대표적인 사례이다.

한때 직물 산업 수준밖에 되지 않았던 테니스는 연중 다른 시기, 다른 지역에서의 대회 개최를 통해 활성화되면서 이제 지구촌 전역에서 1년 365일 쉴 틈 없이 비즈니스를 벌이는 다국적 기업으로 우뚝 섰다.

마리아 샤라포바가 윔블던에서 나이키 신발을 신고 서브를 준비하고 있다.

로저 페더러가 호주오픈 기자 회견에서 미디어의 질문에 답변하고 있다.

테니스 규정

테니스가 겪은 수많은 변화를 고려해보건대(테니스의 기원은 1859년 버밍엄의 변호사인 해리 젬 소령과 그의 친구가 에지바스턴의 잔디에 선을 긋고 '테니스'라고 부른 경기를 펼친 시점까지 거슬러 올라간다), 테니스 규정은 초창기 몇몇 문제점들이 해결된 이후부터는 놀라울 정도로 거의 변화가 없었다.

남녀 프로테니스는 메디컬 타임 적용 시간 등 조금씩 다른 자체 규정이 있지만, 국제테니스연맹(ITF)은 테니스 규칙의 주된 설계자인 동시에 수호자이다.

ITF는 독자적인 규정 위원회를 두고 있다. 위원회에서는 아주 작은 것부터 꽤 합리적이고 중요한 사안까지 지속적으로 변화에 대한 요구를 검토한다. 테니스의 본질과 가치를 유지하면서도 시간의 흐름에 따른 변화에 대응하는 것 역시 중요하기 때문이다.

그런 까닭에 1875년 메릴본 크리켓 클럽(MCC)의 테니스 위원회가 초창기 규정에 포괄적인 수정을 가한 이후에는 놀랄 만큼 변화가 적었다. 지난 100년간 큰 변화라고는 타이 브레이크의 도입과 풋폴트 규정의 개정 정도였으니 말이다.

초창기 테니스 코트는 모래시계 형태였다. 이는 테니스의 창시자 중 한 명으로 알려진 월터 클롭튼 윙필드 대령과 치안 판사인 해리 젬 대령이 설계한 것으로, 세로 약 23m에 좌우 베이스라인은 9m, 코트 가운데 부분은 7.3m였다. 네트 양쪽의 높이는 150cm, 가운데는 121cm였고, 서비스 박스는 네트에서 7.9m까지였으며, 서브를 넣을 때 발은 베이스라인 바깥에 위치하게 되어 있었다. 다른 라켓 스포츠들과 마찬가지로 포인트는 서버만 가져갈 수 있었고 랠리에서 지면 서브권을 넘겨주는 방식이었다.

윔블던이 개최되면서 올 잉글랜드 클럽은 MCC의 승인하에 상당한 변화를 가했다. 가장 두드러진 변화는 직사각형 코트였다. 오늘날처럼 23.77m × 8.23m로 바꿨고 또 지금과 같은 스코어링 시스템을 도입했다. 거기에 네트 중앙 높이를 100cm로 낮췄다. 이후 5년간 다양한 변화가 채택됐다. 1892년부터 네트 양쪽 포스트 높이는 점차 줄어 현재의 109cm에 이르렀고, 네트 중앙은 91cm가 되었다(후자는 1878년 먼저 도입되었다).

1880년 서비스라인은 네트로부터 6.4m로 오늘날과 같아졌다. 같은 해 서브의 렛 규정이 처음 도입되었고, 공이 네트를 맞고 들어와도 인정되는 규정은 현재까지 이어지고 있다. 이런 과정을 살펴보면 근대 테니스 규정이 얼마나 시간의 세례를 잘 견뎌내고 있는지를 알 수 있다.

코트

테니스 코트는 직사각형 모양으로 길이 23.77m, 너비 8.23m로 되어 있으며, 코트는 네트를 사이에 두고 둘로 나뉜다. 네트를 지지하는 끈이나 철사의 최대 지름은 0.8cm를 넘을 수 없다. 네트의 양쪽 끝은 두 포스트에 붙어야 하고 이 포스트는 한 변이 15cm 이내의 사각형이나 지름 15cm 이내의 원이어야 한다. 포스트는 네트보다 2.5cm 이상 높을 수 없다. 포스트의 중심은 양쪽 코트 끝에서 0.914m 밖에 설치되어야 하고, 높이는 끈이나 철사의 맨 윗부분이 지면에서 1.07m가 되어야 한다.

단식과 복식이 모두 진행되는 코트에서 복식용 네트는 싱글 스틱이라는 두 개의 포스트에 의해 높이 1.07m로 유지된다. 이 싱글 스틱은 한 변이 7.5cm 이내의 사각형 혹은 지름 7.5cm 이내의 원이어야 한다. 싱글 스틱의 중심은 단식 코트의 양쪽 바깥 0.914m에 위치해야 한다.

네트는 최대한 양쪽으로 확장되어야 하고 두 포스트 사이의 공간을 완전히 채워야 한다. 네트의 그물망은 촘촘히 짜여 공이 통과할 수 없어야 한다(그럼에도 불구하고 요즘 빠른 서브는 가끔 통과하기도 한다). 규정에 따르면 네트는 너비 5cm 이내의 흰색 스트랩으로 팽팽하게 당겨져 가운데 높이 0.914m를 유지해야 한다. 네트의 끈이나 철사, 그리고 네트 상단은 양측 각각 깊이 5cm 이상, 6.3cm 이하의 흰색 커버로 감싸야 한다. 네트에는 광고를 붙일 수 없고, 스트랩이나 양쪽 포스트에도 마찬가지다.

그러나 ATP 투어를 자주 시청한 사람이라면 한 가지 사실을 알게 된다. 메르세데스 벤츠가 메인 스폰서가 된 이후 이 규정이 잘 적용되지 않는다는 것을. 복식 코트 양쪽 끝에 친숙한 회사 로고를 볼 수 있다.

그 옛날 잔디 코트에 새겨진 꾸불꾸불한 라인을 기억하는가. 먼저 사용한

이런 방식으로 테니스 코트 내 스폰서십을 활용하기도 한다.

클럽 멤버들이 마지막 자국을 남기고 난 그 자리에 다시 선을 그어야 했던 시절의 사람들이라면 오늘날 라인 관련 규정에 엄청난 정확성이 요구된다는 사실에 놀라움을 금치 못할 것이다. 공식 규정은 다음과 같다. "코트의 바깥 테두리를 형성하고 있는 선을 베이스라인과 사이드라인으로 부른다. 네트 양쪽으로 6.40m 떨어진 곳에 네트와 평행하게 선을 그어 서비스라인을 만든다. 서비스라인과 사이드라인 사이를 두 개의 동일한 부분으로 나눈 공간을 서비스 코트라고 부른다. 센터 서비스라인은 5cm 너비로, 양쪽 사이드라인의 사이에 이들과 평행하게 그려야 한다. 각각의 베이스라인은 중앙 서비스라인을 이어서 만든 가상의 선과 수직으로 만나는 '센터 마크'로 이등분되어야 한다. 다른 모든 선은 너비가 2.5cm 이상, 5cm 이하여야 하지만 베이스라인은 예외로 너비가 10cm까지 허용된다. 모든 측정은 선의 바깥쪽을 기준으로 한다. 선의 색깔은 하나로 통일되어야 한다. 만약 광고물이나 다른 물건을 코트 뒤편에 놓으려면 흰색이나 노란색을 포함해서는 안 된다. 밝은 색은 선수의 시야를 방해하지 않는 선에서만 사용할 수 있다."

코트 기물

테니스 코트 내 기물은 대개 뻔하다. 네트와 포스트 등 이미 코트 관련 규정에 다 언급된 것들이다. 하지만 이렇게 자명한 것을 제외한 나머지를 떠올리기는 쉽지 않을 수 있다. 예를 들어 코트 내 고정식 의자나 이동식 의자, 그리고 그곳에 앉는 주심, 네트 심판, 선심 또한 코트 기물로 간주된다. 볼보이나 볼걸 역시 마찬가지다. 따라서 만약 인플레이 도중 공이 이들에 맞더라도 포인트는 그대로 진행된다. 또 만약 선수가 네트 심판과 부딪히는 바람에 플레이가 불가능하게 되더라도 운이 나쁘다고 할 수밖에 없다.

1993년 윔블던에서 아주 생생한 예가 있었다. 남자 단식 2회전 크리스 베일리가 고란 이바니세비치에게 매치 포인트를 잡은 상황. 그는 각도 깊은 드롭샷을 받기 위해 달려갔고 네트 심판을 뛰어넘어 피하려 했지만 결국 부딪혔고, 결과적으로 패하고 말았다. 비슷한 예로 1998년 뉴캐슬에서 열린 데이비스컵 복식 경기를 들 수 있다. 영국과 우크라이나의 경기였는데, 안드레이 메드베데프가 팀 헨만의 드롭샷을 받아내려는 과정에서 네트 앞에 무릎을 꿇고 있던 볼보이에 방해받았다고 불평을 늘어놨다. 하지만 당시 심판은 볼보이가 제 위치에 있었고 그는 코트 내 고정 기물에 속하기 때문에 포인트는 리플레이될 수 없다고 말했다.

최근 도입된 또 하나의 혁신은 호크아이다. 이 전자 판독 시스템은 최근 TV 중계에 널리 사용되고 있다. 원래는 시청자들을 위한 보조 장비였지만, 지금은 애매한 판정에 도움을 주며 테니스 경기의 박진감을 높이는 수단으로 발전했다.

선수는 세트당 3번의 챌린지를 신청할 수 있고 타이 브레이크마다 1개씩 더 받는다. 챌린지가 신청되면 컴퓨터가 공의 궤적을 대형 스크린에 보여줘 관중들과 선수들은 인과 아웃에 대한 공식 결과를 볼 수 있다. 만약 선수의 챌린지가 틀린 걸로 판정되면 한 번의 기회를 잃는다. 따라서 옳게만 한다면 몇 번이고 계속해서 챌린지를 할 수 있는 것이다! 한 세트 3번의 기회를 모두 쓰면 다음 세트까지 더 이상 챌린지를 할 수 없다.

호크아이는 2006년 나스닥100 투어 대회에서 처음 도입됐다. 지금은 클레이 코트 위에 자국이 남아 그 필요성이 떨어지는 롤랑가로스를 제외한 모든 메이저 대회에 사용되고 있다. US오픈이 가장 먼저 적용했고, 윔블던과 멜버른도 그 뒤를 따랐다. 최근 선수들의 챌린지 신청 성공 비율은 약 3분의 1 정도로 집계되고 있다.

테니스공

최근 테니스공의 공기압을 줄여야 한다는 목소리가 높다. 현대 라켓 기술의 도움을 받은 서버들이 힘들이지 않고 너무나 강력한 파워를 낼 수 있기 때문이다. 매년 ITF는 승인된 테니스공의 목록을 정해 그랜드슬램과 데이비스컵, 페드컵 등 '테니스공식 규정'하에 진행되는 대회에서 사용한다.

기본적으로 공은 외관이 동일해야 하고, 색깔은 흰색 혹은 노란색이어야 한다. 이음선이 있다면 바느질 자국이 없어야 한다. 노란 공은 1970년대 중반 월드챔피언십 테니스 대회(WCT)에서 처음 도입됐다. 전통의 흰 공 대신 노란 공을 사용하게 된 계기는 컬러 TV 시대 시청자들을 위해서였다. 흰 공은 1986년 윔블던까지 사용되었다.

테니스공의 무게는 57.7g 이상, 58.5g 이하여야 하며, 2.54m 높이에서 딱딱한 바닥으로 떨어뜨렸을 때 바운스가 134.62cm 이상, 147.32cm 이하여야 한다. ITF 볼 검정위원이나 테니스공 생산업체 관계자가 아닌 사람들에게 그 외 상세한 수치는 너무 복잡하므로 생략하겠다. 해발 1200m 이상의 고지대에서 경기를 할 때에는 공기압을 높인 공을 사용한다는 정도는 알아두자.

라켓

놀랍게도 1976년까지 테니스 라켓의 사이즈와 무게, 모양, 재료 등에 관한 규정은 아무것도 없었다. 단순히 공을 때릴 수 있는 도구면 됐고, 심지어 쓰레기통 뚜껑으로 쳐도 무방했다. 그러다 지미 코너스가 프린스 브랜드의 일명 '점보 라켓'과 조금 부드럽게 스트링을 맨 '스파게티 라켓'이라는 스틸 라켓을 처음 들고나온 뒤에야 ITF는 라켓과 스트링에 관한 규정의 필요성을 절감했다. 훗날 깨달은 일이지만, 많은 이들이 적어도 주요 대회에서 오직 나무 라켓만 사용하는 규정을 적용해 엄청난 기회를 날려버린 것을 후회한다. 확실히 이로 인해 테니스에서 파워 플레이의 성장세가 꺾였고, 남자 테니스가 너무 기술적인 부분에만 의존하게 됐다고 여겨졌다.

오늘날 규정은 다음과 같다. "라켓에서 공을 때리는 표면은 평평해야 한다. 스트링은 일관된 패턴으로 서로 교차하면서 라켓 프레임과 맞닿으며, 양쪽이 마주치는 지점에서 엇갈리게 엮여야 한다. 스트링 패턴은 전체적으로 동일해야 하며, 특히 다른 부분보다 중앙이 더 촘촘하게 매여서는 안 된다. 스트링에는 다른 접착물이나 돌출물을 일체 부착할 수 없는데, 예외는 마모와 진동을 줄여주는 용도로만 제작된 적당한 크기의 부착물인 댐프너(엘보링)뿐이다."

1996년, 법정 소송 우려 속에서도 라켓 제조사 및 선수 에이전트 등 관련된 모든 이들과의 기나긴 협의 끝에 라켓의 최대 사이즈가 1997년 1월 공식적으로 승인됐다. 프로 경기용 라켓의 전체 길이는 손잡이를 포함해 전체 29인치(73.66cm)를 넘길 수 없고, 라켓 프레임의 너비는 15.5인치(29.21cm) 이내로 제한됐다. 라켓 크기 제한 규정은 2000년 1월부터 아마추어 선수들에게도 적용됐다.

서버와 리시버

테니스 규정이란 테니스 경기를 한 번도 못 본 사람들을 돕고 시시때때로 튀어나오는 의문에 답하기 위한 도구인데, 어떤 면에서는 단순하기 그지없다. 예를 들어 이런 조항도 있다. "선수들은 네트 반대편에 서야 한다. 처음 공을 전달하는 사람을 서버, 다른 사람을 리시버라 한다."

반면 초보자들이 동네에서 경기하다 떠오르는 의문에 대한 답을 주기도 한다. 예를 들어 서브를 기다릴 때 자신이 원하는 곳에 서 있을 수 있을까? 정답은 "그렇다"이다. 마찬가지로 복식에서 서버와 파트너가 원한다면 같은 쪽 코트에 서는, 전문 용어로 '호주 포메이션'(호주인들이 이 방법을 처음 사용했기 때문이다)도 가능하다. 다만 때로는 서버가 라켓을 휘두르다 공으로 같은 편의 머리를 맞히는 경우도 있다는 점. 이에 관해서는 마크 우드포드와 토드 우드브리지에게 물어보시라!

포지션과 서브의 선택

첫 게임에서 코트 사이드 선택권 및 서브·리시브 선택권은 동전 던지기로 결정된다(요즘에는 대개 동전이 사용되지만, 나무 라켓만 사용하던 시절에는 한 선수가 라켓을 회전시키면 상대방이 어느 쪽 면이 위를 향하는지를 맞히는 방식이었다). 동전 던지기 승자는 서브와 리시브 가운데 하나를 고르거나 상대방이 이를 선택하도록 할 수 있다.

한쪽이 먼저 서브 여부를 정하면 다른 선수는 코트 사이드를 정한다. 마찬가지로, 우선권자가 코트 사이드를 택하면, 상대는 누가 먼저 서브할지를 고를 수 있게 된다. 경기가 시작되기 전에 우발적으로 연기되거나 지연되는 경우, 토스 결과는 그대로 유지되지만 서브 및 코트 사이드 선택은 새로 하게 된다.

서브

서버는 두 다리를 베이스라인 뒤에, 그리고 가상의 센터 마크와 사이드라인 사이에 두어야 한다. 서버는 공을 어느 방향으로든 던질 수 있고 공이 땅에 닿기 전에 라켓으로 때려야 한다. 그리고 라켓과 공이 임팩트 되어야 서브가 완성된 것으로 간주된다. 팔이 하나밖에 없는 사람은 라켓을 이용해 공을 던지는 것이 허용된다(이 조항은 2차 대전 팔을 잃은 오스트리아 데이비스컵 대표인 한스 레들로 인해 1947년 도입되었다).

풋폴트

이는 수십 년간 가장 자주 바뀌었지만 아직도 엄청난 논란을 일으키는 규정이다. '서버는 위치를 바꿀 수 없다'는 원래 규정에 '두 발이 베이스라인 뒤

피트 샘프러스가 완벽한 서브 동작을 선보이고 있다.

에 있을 뿐 아니라 지면과 맞닿아 있는 상태를 유지해야 한다'는 내용이 추가되었다. 다시 말해 팔로우 스루 뒤 한쪽 발이 선에 닿는 것도 허용되지 않았고(1959년부터 허용), 임팩트 시에는 라인을 밟거나 코트 내로 들어오지 않지만 임팩트 직후 코트 내로 뛰어 들어오는 동작도 허용되지 않았다(1975년에야 결국 허용).

현재 규정은 다음과 같다. "서버는 서브 동작에서 걷거나 뛰며 위치를 바꿀 수 없다. 서버 위치의 실질적 변동을 일으키지 않는 약간의 발 움직임은 '걷거나 뛰며 위치를 바꾼' 것으로 간주되지 않는다. 서버는 양쪽 발 모두 센터 마크의 가상 연장선과 사이드라인 사이에서 베이스라인 뒤쪽만 밟고 있어야 한다."

따라서 서브를 넣을 때 문자 그대로 지면을 박차고 올라가는 선수들은 보통 몸을 앞쪽으로 기울여 서브가 상대에 도달하는 순간 네트 앞으로 절반 정도 다가가 발리를 준비할 수 있다. 풋폴트 선언은 아마도 테니스에서 가장 흔하고, 가장 많은 논란을 불러일으키며, 심판들이 가장 잡아내기 어려운 반칙일 것이다. 이미 과거 몇 차례 풋폴트 판정을 받은 몇몇 선수들이 또 풋폴트가 선언됐을 때 믿을 수 없다는 표정을 짓고, 나중에 자신은 평생 단 한 번도 풋폴트를 해본 적이 없다고 불평하는 모습을 보노라면 쓴웃음이 나온다. 한편 선심도 실수할 때가 있는데, 루마니아의 데이비스컵 멤버이자 훗날 테니스 국제 비즈니스계의 대명사가 된 이온 티리악은 한번은 풋폴트를 저지르기도 전에 판정이 너무 빨리 나와 항의한 적이 있다. 그리고 얼마 안 가 또다시 풋폴트 판정이 나오자, 영리한 티리악은 서브 동작을 즉시 멈추고 공을 잡은 뒤 당황한 선심에게 "제가 잘못 들은 거죠?"라는 듯한 표정을 지으며 째려본 적이 있다.

서브 폴트

대부분의 경우 서브 폴트는 명확하다. 네트를 넘지 못하거나 리시버의 서비스 박스가 아닌 곳에 떨어졌을 때, 혹은 초보자에게 자주 나오는, 서브 동작을 다 취하고도 공을 맞히지 못했을 때이다. 초보자들이 잘못 알고 있는 것 가운데 하나는 랠리 도중 네트 포스트와 같은 고정 기물을 맞히면 플레이가 계속되지만, 서브의 경우는 폴트가 된다는 점이다. 한 가지 예외는 서브가 네트를 맞고 서브 코트 내에 들어갔을 때이다. 그때는 렛이 선언된다.

첫 번째 폴트가 선언되고 나서, 서버는 처음 서브를 넣은 코트 사이드에서 다시 서브를 넣을 수 있다. 두 번째 폴트를 범하면 점수를 잃는다. 언더 서브는 규정상 전혀 문제가 없다.

서브의 순서

첫 번째 게임이 끝나면 리시버는 서버가 되고 이후 교대로 서브를 넣는다. 복식에서는 4명의 선수가 차례로 팀을 번갈아 가며 세트가 끝날 때까지 같은 순서로 서브를 넣는다. 한 팀 내 서브 순서는 다음 세트에서 바꿀 수 있다. 선수들은 첫 번째, 세 번째, 그리고 이후 두 번의 게임마다 코트 사이드를 바꿔야 한다. 또 세트 마지막 게임의 총합이 짝수로 끝난 경우에는 다음 세트의 첫 게임이 끝난 뒤 코트 체인지를 한다.

스코어

점수 계산 방식은 100년 전과 똑같다. 게임을 이기기 위해서는 최소 4점을 따야 하고 스코어는 15, 30, 40, 게임으로 구성된다. 40-40 혹은 듀스가 되

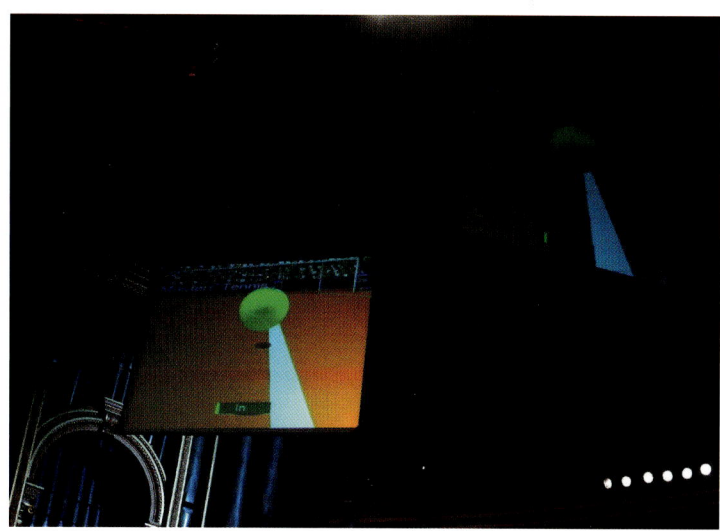

호크아이가 2005년 마스터스 대회에서 심판의 판정을 번복하고 있다.

면 먼저 두 점의 리드를 가져가는 선수가 게임의 승자가 된다. 타이 브레이크는 1960년대 옥스퍼드-캠브리지 연합 팀과 하버드-예일 연합 팀 간에 2년마다 열린 정기전인 프렌티스 컵에서 처음 도입됐다. 당시에는 총 9점을 놓고 경합을 벌이는 방식이어서 4-4가 됐을 때 양쪽 선수는 세트 포인트 혹은 매치 포인트를 잡을 수 있었다. 1971년 윔블던에 타이 브레이크가 도입됐을 당시에는 8-8 타이 브레이크로 불렸고 한 선수가 2점 이상 벌리면서 9점을 선취하는 방식이었다. 1979년, 마지막 세트를 제외하고 세트 내 점수가 6-6 상황일 때 현재의 방식처럼 타이 브레이크가 도입됐다.

그러나 2006년 ATP는 복식 경기 시간을 줄이고 대중의 관심을 끌기 위해 스코어링 방식의 변화를 단행했다. 처음 두 세트에서 게임 타이 브레이크, 즉 40-40에 도달하면 다음 포인트를 '서든 데스'로 끝내는 방식을 도입한 것이다. 또한 양쪽 팀이 한 세트씩 나눠 가지면 마지막 3세트는 '챔피언십 타이 브레이크' 방식으로 진행되는데, 어느 한쪽이 두 점 이상 리드한 상태로 10점에 선착하면 승패가 갈린다. 지금 이 책을 쓰는 시점에서 이 규정은 ATP 투어 대회에만 적용된다.

기타

이 책에서 모든 규정을 상세히 들여다보는 건 불가능하다. 어떤 경우이건 몇몇 규정은 다른 것과 겹치기도 하고 어떤 면에서는 반복적인 것들도 있지만 몇 가지는 주목할 필요가 있다. 만약 공이 시합 도중 코트 내 고정기물을 건드린다면 경기가 계속 진행되지만, 공이 선수에 맞거나 선수의 옷을 건드리면 얘기가 달라진다. 1985년 US오픈 복식 결승전에서 논란의 상황이 발생했다. 켐 플래크는 공이 그의 머리를 건드리지 않았던 것처럼 행동했고, 이로 인해 놓쳤어야 마땅한 결정적인 포인트를 잡았다. 만약 공이 네트를 넘어오지 않은 상태에서 발리를 하면 포인트를 잃고, 또 라켓을 던져서 공을 맞혀도 점수를 잃는다. 포인트 진행 도중 라켓의 모양을 일부러 바꾸는 것은 상상조차 하기 어려운 일이지만 이 경우에도 점수를 잃게 된다.

경기 도중 선수가 감정조절을 못 해 라켓 모양이 변형되는 경우가 흔히 발생하지만 이는 징계 사안이다. 그것은 언어 남용과 더불어 경고를 받는 반칙에 해당한다. 두 번째 반칙이 이어지면 포인트를 잃게 되고 세 번째는 자격상실로 이어진다.

테니스 장비

라켓과 의류, 신발 등 테니스 장비의 판매량은 테니스 시장의 활성도를 파악하기에 신뢰할 수 있는 지표다. 다른 국제 무역에서와 마찬가지로 실적은 오르내리기 마련이다. 하지만 테니스 시장에 뛰어드는 기업의 확산은 이 종목의 지속적인 성장세와 글로벌한 매력을 반영해주고 있다.

최근 제조사들은 다양한 색과 형태의 라켓을 출시하고 있다.

테니스 장비 중에 지금까지 가장 많이 변화한 것은 라켓이다. 이러한 변화는 사이즈와 모양, 재질 등에 국한된 것이 아니다. 오픈 시대 이전과 비교해볼 때, 큰 스포츠 상점에서 라켓을 고를 수 있는 선택지가 훨씬 늘었다는 것을 실감할 수 있을 것이다.

연배가 있는 독자들은 아마도 기억할 것이다. 처음 테니스를 접할 무렵, 라켓 선택은 극히 제한적이어서 대부분 국가에서 라켓은 여섯 종류를 넘지 않았고, 어떤 국가에서는 그보다도 더 적었다. 거의 모든 라켓이 나무로 되어 있었고 휘는 것을 방지하기 위해 라켓 헤드를 브레이스에 넣어 보관해야 했다. 영국의 그레이스 오브 케임브리지사에서는 스쿼시와 '리얼 테니스'를 위한 나무 프레임을 아직도 사용하고 있기는 하지만, 오늘날 나무 라켓을 만드는 제조사는 사실상 없다. 새로운 과학기술과, 그라파이트와 같은 더 견고한 소재가 만나면서 모든 나무 라켓을 다락방과 기념품점, 윔블던이나 뉴포트 로드 아일랜드, 롤랑가로스 박물관으로 몰아내 버렸다. 다양한 용품업체들이 여러 재질의 테니스 라켓 생산을 시도했다. 티타늄처럼 가벼우면서도 파워를 겸비한 물질은 매우 훌륭했지만 값이 너무 비쌌다. 결국 그라파이트나 복합 소재 라켓이 가격대비 효율성이 가장 좋은 것으로 받아들여졌다.

전 세계적으로 아마도 100여 개의 크고 작은 제조사들이 테니스 라켓을 만드는 것으로 파악된다. 하지만 주요 선수들은 15~20개 제조사 정도에서 라켓을 고른다. 최근 조사에 따르면 그랜드슬램과 같은 큰 대회는 프린스, 윌슨, 헤드, 던롭, 프로-케넥스, 슬래

과거 수백 자루의
나무 라켓이 생산된 모습

흥미로운 사실은 1975년까지 사이즈와 모양, 무게, 심지어는 재질을 정하는 그 어떤 규정도 없었다는 점이다. 스트링에 관한 규정도 전무했다. 하지만 지금은 이 두 가지에 아주 세세한 규정이 적용된다. 새로운 기회를 노리고 덩치를 키운 제조업자들이 획기적인 라켓 제조 방법을 도입하면서, ITF도 행동에 착수하기 시작했다. 지난 100년간 라켓을 제조하는 방법과 재질의 선택이 그때그때 바뀌긴 했지만, 25~27인치(63.5~68.6cm)의 사이즈와 12.5온스~16온스(354.4~467.8g)의 무게를 벗어나지 않았다.

그런데 전통을 깨는 몇 가지 움직임도 있었다. 가장 파격적인 시도는 도니스솔프(Donnisthorpe)라는 느슨한 스트링의 거대한 라켓이었는데 F.W. 도니스솔프 자신이 1920년대 윔블던에서 사용하기 위해 만들었다. 하지만 대중의 관심을 끌지는 못했다. 다만 이 라켓이 거의 50년 뒤 단명한 더블-스트링 구조의 "스파게티" 라켓의 출연과 연계되어 있다는 사실은 주목할 만하다. 1920년대 당시에는 각진 모양의 라켓을 찾기도 쉽지 않았다. 몇몇은 완벽히 원형이었고 어떤 회사의 제품은 손잡이 끝에 작은 장치를 달아 한 포인저 이렇게 6개 회사의 제품을 선호하고 있다. 물론 국가별로 선택은 매우 다양하다.

인트가 끝나면 스코어를 기록하도록 돌릴 수 있게 만들었다.

40여 년 전 와이어 스트링과 함께 등장한 메탈 프레임은 1960년대 말부터 1970년대 초 인기를 얻기 시작했으나 보다 근본적인 변화는 1930년대에 일어났다. 라켓의 테두리가 얇아지기 시작한 것이다. 하나의 판으로 만든 프레임 대신 여러 판을 겹쳐서 만든 프레임 공법이 더 강력한 힘을 견뎌낼 수 있게 해주면서, 더 단단한 테니스공의 도입과 보조를 맞출 수 있었다. 또한 대부분 자연 목재 마감으로 처리되던 라켓에 색을 입힐 수 있게 되었고, 디자인과 무늬를 새겨 넣는 제조사들의 경쟁이 치열해졌다.

최초의 라켓 혁명을 시도한 미국인은 앞서 헤드 스키 회사를 창립한 하워드 헤드였다. 그는 테니스로 관심을 돌려 프린스 볼 생산업체와 함께 첫 '점보(Jumbo)' 라켓을 만들었는데, 이는 1967년 윌슨의 T-2000 라켓 도입 이후 라켓 디자인 및 제조에서 가장 큰 혁신이었다. 지금은 오버사이즈 라켓이 굉장히 흔하지만, 1976년 당시 점보 라켓의 등장은 센세이션을 일으켰고 결국 ITF가 미래를 위한 규정을 서둘러 확립하도록 만든 계기가 됐다.

프린스 클래식 라켓은 상당한 성공을 거뒀는데 동호인들에게 이점이 확실했기 때문이다. 때맞춰 대부분 라켓 제조사들이 이와 같은 방향으로 움직였고, 윔블던이나 다른 메이저 대회를 살펴봐도 중간 사이즈나 오버사이즈

현대 테니스 라켓은 과거와 확실히 대조되는 모습이다.

안드레 애거시가 신는 테니스화는 신발 역시 패션 아이템이 될 수 있다는 걸 보여준다.

로 분류되지 않는 라켓을 사용하는 선수는 거의 없었다.

선수들마다 라켓에서 기대하는 부분이 달랐다. 비싸다고 해서, 혹은 라켓 사용에 대한 후원 비용이 크다고 해서 무조건 적합한 라켓은 아니었다. 개개인에게 최상의 경기력을 발휘하게 하고 편안함과 자신감을 주느냐가 가장 중요했다. 동시에 대부분의 선수들이 적당한 무게와 진동 조절이 조화를 이뤄 관절이나 팔 근육을 보호할 수 있는 라켓을 찾기 시작했다. 기술의 발달로 오늘날 라켓은 20~30년 전 가보로 남겨진 것들보다 더 크면서도 무게를 줄일 수 있었다.

사실 헤드의 가장 최신 모델은 길이가 28.5인치로 긴 편이지만 무게는 8온스(226.8g)에 불과하고, 요즘 보통 라켓의 평균 무게는 10~12온스(283.5~340.2g)로 과거 나무 라켓 시절보다 20퍼센트가 더 줄었다.

ITF의 전 기술 담당위원인 앤드류 코는 이렇게 말했다. "그라파이트의 등장으로 라켓 제조사들은 기본 디자인을 더욱 과감하게 할 수 있었습니다. 그 출발점은 새롭고 가벼운 소재로 라켓 헤드를 크게 만든 것입니다. 이것이 지난 30년간 라켓 기술에서 이룬 가장 큰 발전입니다."

과학자들은 모든 스포츠 장비의 발달에 결정적인 역할을 해왔지만, 그 가운데 특히 테니스에서는 라켓의 강성이 테니스의 파워에 얼마나 큰 영향을 끼치는지를 밝혀냈다. 앤드류 코는 다음과 같이 밝혔다. "강성이 좋은 라켓은 이론적으로 더 강력한 힘을 낼 수 있습니다. 왜냐면 나무 라켓처럼 에너지를 흡수해 버리지 않기 때문이죠." "이상적인 라켓은 에너지를 가능한 한 적게 흡수해 그 에너지가 공에 그대로 전달되도록 하는 라켓입니다."

라켓 강성의 증가는 라켓 프레임의 단면적이 커졌기 때문이며 "와이드 바디(wide body)"라는 말까지 등장하게 되면서 라켓은 예전과는 현저하게 달라졌다. 코는 이렇게 말했다. "나무 라켓 시대의 전형적인 던롭 맥스플라이 포트는 70인치였습니다. 오늘날에는 90인치 이하의 라켓을 찾기 어렵고 대부분의 프로들이 100인치 라켓을 사용하고 있습니다. 심지어 시장에는 동호인용으로 135인치 라켓도 공급하고 있습니다."

라켓 길이도 점점 길어지면서, 2000년부터 프로 선수들에게는 29인치 제한 규정이 생겼다. 코는 이를 이렇게 설명한다. "새로운 기술과 소재로 인해 라켓의 길이가 길어졌을 뿐 아니라, 보다 가벼운 라켓으로 더욱 세게 칠 수 있게 됐습니다." 코는 덧붙였다. "과거에 29인치 길이의 라켓을 가지고 있었다면 경기에서 이기는 건 고사하고 제대로 휘두를 수 있을지조차 의문이 들었을 겁니다. 이제 신기술로 인해 가능성의 한계가 크게 확장됐습니다."

역사를 돌아보면 심지어 테니스 초창기에도 라켓 제조사들은 선수들을 활용해 홍보했다. 랜쇼와 도허티, 1901년 처음 윔블던 챔피언에 오른 아서 고어와 같은 선수들은 모두 자신의 이름을 따서 라켓을 만들었다. 비교적 최근에 나온 '잭 크라머의 윌슨 라켓'도 이런 정책의 좋은 예였다.

1968년 오픈 시대 개막 이전에도, 선수와 용품업체의 물밑 거래는 아주 일상적이었다. 예를 들어 1930년대 슬레진저는 호주 지사를 통해 프레드 페리에게 돈을 줬다. 그것은 컴퓨터가 발명되기 이전 시대에 돈의 출처를 감출 수 있는 최상의 수법이었다. 수많은 다른 선수들도 그와 같은 은밀한 방법으로 거래했다.

물론 선수들만 득을 본 건 아니었다. 던롭-슬레진저는 선수들과 이른바 "계약 조건"이라는 기준을 만든 선구적인 회사였다. 즉, 선수의 상업적 홍보 가치에 따라 라켓과 옷을 공짜로 후원하느냐, 아니면 절반의 가격이나 정상 가에 공급하느냐가 결정되었다.

물론 오픈 시대 이후에는 라켓, 옷을 비롯한 거의 모든 용품을 선수들에게 손쉽게 후원할 수 있는 길이 열렸다. 믿을 만한 정보에 따르면 나이키는 페더러에게 10년 넘게 매년 1000만 달러가 넘는 돈을 장비 사용 대가로 지불했다. 라켓 프로모션의 모범 사례로는 지미 코너스와 윌슨 T2000 스틸 라켓의 초장기 계약을 꼽을 수 있다. 그런데 당시 윌슨이 미국 시장 판권을 갖고 있었지만 사실 제조사는 라코스테였다.

1981년 나무 라켓을 사용한 마지막 윔블던 우승자이자 2년 뒤 그라파이트로 우승한 최초의 선수인 존 매켄로는, 슈테피 그라프와 더불어 던롭의 맥스 200G와 첫 스폰서십 계약을 맺었다. 반면 비외른 보리는 도네이와 계약했는데, 실제로 벨기에의 도네이 공장의 제품 생산 실적은 보리의 성적에 따라 춤을 췄다.

테니스공은 앞에서 언급한 대로 사이즈와 무게에 관한 엄격한 가이드라인이 있다. 공이 사용되는 지역에 따라 변동의 여지가 있는데, 고도가 높은 곳에서는 공의 속도가 빨라지기 때문이다.

공 제조사는 라켓 업체보다 훨씬 유명한 회사들이 많다. 대부분 생산 라인은 중국과 인도, 극동 지역에 집중돼 있다. 가장 인기 있는 브랜드는 펜, 윌슨, 던롭, 헤드, 요넥스, 슬레진저(이 공은 1차 대전 전부터 윔블던 공식구로 사용 중이다), 낫소, 프린스, 그리고 바볼랏 등이며, 이들이 가장 큰 시장 점유율을 갖고 있다.

테니스 신발 역시 장비로 분류되는데, 디자인과 질, 색상 등에서 굉장히 큰 변화를 겪어 왔다. 오픈 시대 이전과 비교해, 부피는 커졌지만 가벼운 느낌을 받을 수 있고 신발의 쿠션이 개선되고 마감도 꼼꼼해졌다. 특정 코트 표면에 맞는 신발을 고르는 것이 중요한데, 특히 잔디에서 더욱 그렇다. 윔블던에서 선수들은 잔디 코트 신발만 신을 수 있다. 이는 선수들 자신을 보호하기 위한 목적도 있지만 잔디의 손상을 막기 위한 조치이기도 하다. 신발 자체가 중요한 패션 아이템이 된 것은 두말할 나위가 없다.

새 공 부탁합니다! 과거의 흰색 공은 노란색 공으로 대체됐다.

테니스와 정치

테니스에 막대한 자본이 유입되기 시작하면서 이해 당사자들은 끊임없이 이익을 극대화할 수 있는 길을 열어줄 수 있는 책임자의 존재를 요구해왔다. 하지만 그것은 생각보다 훨씬 어려운 일이었다

테니스가 도입된 이후, 특히 지난 50년간 가장 뚜렷한 문화 정치적 변화는 대부분 주도권 싸움의 혼란에서 비롯됐다고 볼 수 있다. 물론 예외가 없는 건 아니다. 남아프리카공화국의 아파르트헤이트 이슈도 있긴 했지만, 어쨌든 그것은 스포츠의 영역을 넘어선 사건이었다. 지금도 별반 다르지 않다. 한 가지 다른 점이 있다면 주도권의 범위와 정도가 역대 어느 때보다 더 돈의 분배에 좌우된다는 사실일 것이다.

1차 대전 전까지만 해도 테니스는 상류층의 단순한 여가 선용 수단이었다. 테니스 코트는 주로 교회 근처 잔디에 많았다. 하지만 점차 수잔 랑랑처럼 민첩하고 외향적인 성격의 소유자가 자신의 테니스가 엄청나게 많은 사람들의 돈줄이 된다는 것을 깨닫게 되고, 또 프레드 페리처럼 '가난한 챔피언'이 나오게 되면서 변화가 시작되었다.

1930년대 중반이었다. 너무나도 압도적인 경기력을 보이던 프레드 페리가 곧 프로 전향을 받아들이리라 생각되던 그때였다. '오픈 테니스'에 대한 개념이 올 잉글랜드 클럽 멤버들이 참가한 영국 테니스협회의 연례 회의에서 최초로 검토되었지만, 실제로 이를 위한 10년 계획의 필요성이 진지하게 받아들여진 건 1958년이 되어서였다. 영국 테니스협회는 ITF에서 제안한 한 가지 가이드라인을 수용했다. 그것은 아마추어리즘과 근대적 현실 사이의 절충점이었다. 즉 국제 대회 출전 선수들이 적어도 여행 비용은 물론, 먹고 살 수 있는 대가를 받아야 한다는 것을 인정하자는 것이었다. 새 규정은 1년에 150일까지 해외 대회 출전 경비를 받을 수 있도록 제한했다.

그러나 선견지명을 가진 사람들은 1930년대와 마찬가지로, 세계 최고의 선수들이 1년 내내 합리적인 수준의 생활을 할 수 없다면 이들이 프로로 떠나는 것은 시간문제일 뿐이란 걸 알고 있었다. 영국 데이비스컵 대표 빌 나이트의 아버지인 A.D 나이트는 당시 이렇게 반문했다. "만약 선수들을 위한 자국 또는 외국에서의 경비 지원이 1년에 240일 동안만 허용된다면, 나머지 3~4개월은 누가 이들을 고용하겠습니까?"

2년 뒤 ITF 정례 회의에서 영국과 미국, 프랑스, 호주가 오픈 테니스를 지지했다. 개혁안은 투표 결과 135:75로 지지를 받았지만 재적 인원 3분의 2 찬성에는 5표가 모자랐다. 그런데 부결된 속사정이 나중에 밝혀지자 실망감과 분노는 더욱 커졌다. 투표권 3장을 갖고 있던 찬성 성향의 한 위원이 세느강변으로 나들이를 하러 가느라 투표에 참석하지 못했고, 또 다른 한 명은 낮잠을 자고 있었으며, 5번째 투표권자는 화장실에 가느라 투표를 하지 못했다는 것이다.

다시 7년이 흘렀다. 텍사스의 석유 재벌 라마르 헌트가 매년 최고의 아마추어 선수들을 유혹하는 양대 프로 투어 대회의 물주로 나섰고, 1967년 윔블던 챔피언인 존 뉴콤과 토니 로체도 대회 합류를 선언했다. 이렇게 되면서 올 잉글랜드 클럽의 허먼 데이비드 회장은 행동에 나섰다. 그는 최고 선수들이 출전하지 않는다면 장기적으로 메이저 대회의 공신력에 문제가 생길 것이라는 다소 과장된 우려를 끊임없이 표출한 인물이었다. 데이비드 회장은 프로 챔피언십 대회를 윔블던 센터 코트에 유치했다. 또 아마추어 테니스가 최고 수준이라는 주장에 대해 "새빨간 거짓말"이라며 공공연하게 깎아내리기도 했다. 한발 더 나아가, 1968년부터 윔블던에서 무조건 프로와 아마추어 출전을 모두 허용하겠다고 선언했다.

몇 달 뒤 ITF의 특별 회의가 소집되면서, 많은 국가들은 영국 테니스협회의 지지를 받을 것이 틀림없는 윔블던의 이 최후통첩에 따를 것인지에 대해 고민했다. 자칫 ITF와 데이비스컵에서 축출될 수도 있는 사안이기에 신중할 수밖에 없었다. 지금은 윔블던 박물관에 액자로 전시된, 데릭 펜만의 뛰어난 연설문 두 편이 영국 테니스협회의 결정에 큰 영향을 끼쳤다.

그 가운데 12월 연례 회의에서 발표된 두 번째 연설문은 오픈 테니스를 위한 투쟁이 윔블던 대회를 위해서가 아니라 '테니스의 엉터리와 위선을 제거하기 위해서'라는 주장을 담고 있었다. "너무 오래 우리는 실행 불가능한 아마추어 규정의 지배를 받아왔다. 우리는 소위 아마추어 선수들이 늘 규정이 허용하는 범위 이상의 돈을 간절히 원해왔지만 그것 없이는 생계가 불가능하다는 사실을 알고 있습니다. 또한 이를 묵인한다면 토너먼트 대회에서 뛸 선수가 없다는 것도 알고 있습니다. 우리 자신뿐 아니라 선수들을 위해서라도 이들이 이 창피하고 위선적인 상황에서 벗어나도록 해야 합니다. 그들의 실력에 합당한 대가를 투명하고 정직하게 받을 수 있게 해줘야 합니다."

미국을 같은 편으로 끌어들이는 건 굉장히 중요한 일이었다. 다행히 미국 테니스협회장은 당시 이와 비슷한 수준의 혁신적 사고를 가진 밥 켈러였다. 켈러는 오픈 테니스의 도입을 반겼고, 어떤 일이라도 감수하겠다는 결의에 차 있었다. 그는 한발 더 나아가서 적어도 미국 내에서라도 프로와 아마추어를 막론하고 모든 전업 선수들에게 더 많은 기회를 제공해야 한다고 목소리를 높였다.

펜만과 훗날 ITF의 회장에 오른 데릭 하드윅은 어떤 이들에게는 거부감

을 일으키는 위와 같은 논리를 계속 설파했다. 그들은 오픈 테니스의 전도사가 됐고 호주, 뉴질랜드, 미국 등 오픈 테니스 제도 도입에 관한 자주적인 원칙을 가진 나라들에 힘입어, 투표 결과 찬성 10만 2064표, 반대 9978표로 승리를 거뒀다.

ITF의 강경파들은 여전히 반대했다. 하지만 이탈리아에서 아직 프로로 전향하지 않은 최고의 선수들에게 돈을 지급한 걸 인정한 사례를 비롯한 테니스 대회 내부의 위선이 점차 드러나면서, 그들 자신도 이 저항이 결국에는 실패로 끝날 것을 알고 있었다. 강경파들의 체면을 살려준 타협안도 있었다. 이른바 '등록된(registered)' 아마추어 선수들은 특정 대회에 한정해 상금을 받을 수 있게 허용하면서 다만 그 판단은 나라별 협회에 맡기기로 한 것이다. 다른 단체와 계약을 맺은 프로 선수들과 달리, 이 등록된 아마추어 선수들은 데이비스컵 참가가 허용됐다. 그런데 이 타협안은 당시에는 통했지만 얼마 지나지 않아 새로운 갈등의 원인으로 떠오르게 됐다.

영국 본머스에서 사상 첫 오픈 토너먼트 대회가 개최됐을 때만 해도 갈등을 예감한 이는 거의 없었지만, 이미 명백한 분쟁의 먹구름이 보이기 시작했다. 위선적 상황은 US오픈에서 정점을 찍었다. 데이비스컵에 뛰기 위해 아직 아마추어 신분을 유지한 아서 애시는 US오픈 우승을 하고도 상금 한 푼 받지 못한 반면, 네덜란드 협회와 '등록 선수' 계약을 한 준우승자 톰 오케르는 상금 1만 4000달러를 챙겼다.

프로 선수들의 참가 제한이 데이비스컵에 얼마나 큰 손해인가는 이 책의 데이비스컵 관련 부분에서 이미 논한 바 있다.

또한 영향력이 점점 작아지고 있음을 절감하는 데이비스컵 조직과 한창 새롭게 주가를 올리는 월드 챔피언십 테니스(WCT), 이 두 조직 간의 갈등이 증폭되고 있었다. ITF가 WCT와 계약을 맺은 선수 32명의 데이비스컵 출전을 1972년 1월부터 금지하는 결정을 내리자, 비난은 WCT의 자금줄인 라마르 헌트에게 집중됐다. 또한 앞으로 어떤 일이 벌어질지 전혀 예상하지 못한 채 이른바 판도라의 상자를 열어젖힌 ITF에게도 똑같은 비난이 쇄도했다.

잘 살펴보면 두 단체 모두 잘못이 있었다. 헌트의 측근인 전직 영국 데이비스컵 대표 마이크 데이비스와 같은 인물은 라마르 헌트가 윔블던을 비롯한 테니스계를 집어삼키려 한다는 막연한 두려움을 불식시키는 데 전혀 노력을 기울이지 않았다. 그런데 사실 이는 헌트가 그랜드슬램과 겹치는 대회를 창설하지 않는 대가로, 메이저 대회 관중 수익의 13%와 TV 중계 협상권을 달라는 요구를 하는 등 자초한 측면이 없지 않다.

사실 헌트는 괴물이 아니었다. 그는 아주 냉철한 사업가였으나 동시에 온

라마르 헌트는 텍사스 석유 재벌로 현대테니스의 개척자로 꼽힌다.

테니스와 정치

밥 켈러는 아주 중요한 시기에 미국 테니스협회의 회장을 맡고 있었다.

즈웰, 로이 에머슨과 클리프 드리스데일과 같은 이들은 US오픈 출전을 철회했다. 양쪽 모두 계속해서 자살골을 넣고 있었다.

테니스에서 재정적 보상이 더욱 확대되면서 남자 선수들 역시 여자 선수들처럼 정치적 이슈를 비롯해 자신들의 생계에 영향을 미치는 문제에 관해 자신을 대변할 단체를 구성하는 것은 자연스러운 흐름이었다. 그러나 결정적인 계기는 ITF와 WCT 간의 상호 협약이었을 것이다. WCT가 선수들과 장기 계약을 하지 않기로 결정하면서 선수들은 자국 테니스 협회에 지나치게 구속될 것을 우려했다. 그래서 1972년 US오픈에서 남자프로테니스연합(ATP)이 40명의 창립 멤버로 조직됐다.

그렇지만 당시 누구도 이렇게 빠르고 드라마틱하게 대규모 충돌이 일어나리라고는 예상하지 못했다. 이듬해 봄 유고슬라비아의 니키 필리치는 자국 협회로부터 뉴질랜드와의 데이비스컵 경기에 참가해 달라는 요청을 받았다. 필리치가 이에 응하는 대신 몇몇 단서 조항을 달자, 필리치와 친인척 관계이기도 한 유고슬라비아 테니스 협회장은 이에 응하지 않았고, 필리치가 뛰지 않자 9개월 자격 정지라는 중징계를 내렸다.

ITF의 규정에 따르면 그 징계는 다른 국가 테니스협회의 인정을 받아야 했다. 하지만 ITF 회장 헤이먼은 함께 ITF를 책임지고 있던 미국의 월터 엘콕, 프랑스의 로베르 아브데셀람과 사건을 검토한 후 압박을 이기지 못하고 필리치가 프랑스오픈에 뛰는 것이 허용되어야 한다고 했다. 필리치는 그의 에이전트인 도널드 델과 ATP의 명예 회장인 잭 크라머의 지지를 받았다. 그들은 필리치가 유고 협회에 보낸 문서를 공개했는데, 그 문서에는 필리치가 앨런 스톤과 함께 몬트리올에서 열리는 WCT 복식 결승에 진출하게 되면(실제로 그들은 진출했다), 일정이 겹치기 때문에 데이비스컵에 출전할 수 없다고 적혀 있었다.

출전 제한은 9개월에서 1개월로 줄었다. 하지만 그 결정은 필리치가 윔블던에 뛸 수 없다는 걸 의미했다. 1926년 수잔 랑랑의 '윔블던 메리 여왕 모욕 사건' 이후 가장 센세이셔널한 사건의 씨앗이 뿌려진 것이다. 이탈리아 오픈 기간에 40명이 넘는 선수들이 ATP의 초대 회장인 클리프 드라이스델에게,

건한 미국의 백만장자여서 테니스가 그에 걸맞은 최고의 방식으로 홍보와 마케팅이 이뤄지면 모든 사람들이 수혜를 볼 수 있다고 믿었다. 다만 그 뜻이 제대로 전달되지 못했다. 1971년 여름 윔블던에서의 흥분된 기자 회견에서 아주 극명하게 드러난 것처럼. 헌트는 그와 같은 위협이 영국 테니스 전통주의자들의 마음을 굳게 닫아버리는 이유를 이해하지 못했다.

1972년 출전 제한 조치는 그대로 진행됐다. 비록 이듬해인 1973년 4월 헌트와 ITF 앨런 헤이먼 회장이 WCT 대회를 1월부터 5월 사이에 자유롭게 개최하고, 나머지 기간에는 ITF가 주최하는 그랑프리 서킷과 4대 그랜드슬램을 방해하지 않기로 합의했지만, 너무 늦은 합의로 프랑스오픈과 윔블던은 구제될 수 없었다. 그 협정은 7월 ITF 총회 비준을 받아야 했고 당시 법조인이기도 한 헤이먼은 협정을 미리 적용하지 않았다. 덕분에 US 오픈은 그 제한에서 벗어날 수 있었지만, WCT 최고 선수들인 레이버와 로

앨런 헤이먼은 윔블던 보이콧이 발생한 시기에 ITF의 회장이었다.

멋지고 당당할 뿐 아니라 타고난 웅변가인 클리프 드라이스델은 선수 연합의 첫 회장이었다.

그러나 윔블던 개막일인 월요일, 경기 시작 전에 고등법원에서 공판이 열렸다. 대진표가 나온 지 4일 후, 영국 고등법원의 포브스 판사는 징계 효력 정지 처분을 기각했다. ITF 규정에 따라 필리치를 자격 정지해야 한다고 판단했기 때문이다. 포브스 판사가 필리치의 자격 정지 조치를 옹호하지 않았다는 이유로(그는 이미 국외에서 다뤄진 이 사건에 영국 법원이 끼어드는 것이 적절치 않다고 생각하기도 했다) ATP는 윔블던 보이콧이 강행될 것이라고 발표했다.

그런데 ATP멤버들이 간과한 부분은, 만약 포브스 판사가 ATP의 신청 안건을 항목별로 제대로 살펴봤다면 그는 대부분 상반되는 내용의 판결을 내렸을 것이라는 점이다. 어찌 됐든 사건은 신속하게 진행됐다. 엘던 그리피스 영국 체육부 장관은 드라이스델과 헤이먼을 각각 따로 만나 다음날 한 번 더 해결 방안을 찾아보라고 촉구했다. 드라이스델은 동의했다. 헤이먼은 이 사안이 너무 광범위해서 대회가 끝난 뒤 시대에 맞지 않는 규정을 재검토하는 것이 최선일 뿐이라고 답했다.

최후의 희망이 남아 있었다. 목요일 늦은 밤, 런던의 웨츠베리 호텔에서 ATP 이사회가 열렸다. 타협안이 제안됐다. 만약 선수들이 각국 협회보다 ATP의 결정을 최우선적으로 따를 수 있다는 문서에 ITF가 동의한다면, 필리치는 자발적으로 윔블던 출전을 철회하고 다른 선수들의 윔블던 보이콧도 중지할 수 있다는 것이었다. 드라이스델은 이사회 소속이 아니며 투표권도 없었던 3명의 회원, 켄 로즈웰과 두 명의 행동파 요원인 찰리 파사렐, 클리프 리치를 불러 의견을 들었다. 그러나 얼마 지나지 않아 새로운 중재안이 받아들여질 가능성이 거의 없다는 것이 분명해졌고, 포브스 판사의 도덕적 판결을 받아들이지 못했을 때와 마찬가지로 ATP는 많은 우군을 잃게 됐다.

필리치의 출전을 거부한 윔블던을 포함해 모든 대회를 보이콧하겠다고 알린 것이다. 그 뒤 몇 주 동안 지지 선언이 이어졌고 양쪽은 더욱 첨예하게 대립했다.

허먼 데이비드 윔블던 회장은 어쩔 수 없이 ITF의 자격 정지를 일단 중지하기로 했다. ITF 앨런 헤이먼 회장이 또 다른 중재안을 내놓겠다는 ATP의 제안을 거부하는 등 결실 없는 협상이 며칠간 이어진 끝에, 선수들은 결국 필리치가 법원 명령을 통해, 적어도 최종 판결이 나올 때까지 ITF의 징계 효력을 정지시키자는 충고를 받아들였다.

만약 그들이 공을 ITF로 넘겼다면 설사 ITF가 거부했다 하더라도 극심한 비난을 받는 건 면하고 보이콧도 진행되었을 것이다. 결국 ATP는 악역을 맡게 됐다. 호전적인 몇몇 선수들의 충격적인 행동 역시 도움이 되지 못했다. 그들은 로햄턴에서 열린 윔블던 예선전에서 존 로이드와 같은 젊은 영국 선

테니스와 정치

허먼 데이비드는 역사적인 결정이 내려질 당시 올 잉글랜드 클럽의 회장이었다.

적인 선수들은 각국 협회로부터 뛸 것을 명령받았다. 대부분은 거부했지만 일리 나스타세와 영국의 로저 테일러는 마지막 순간 출전을 결정했다.

대부분 남성이었던 관중은 윔블던의 편에 섰다. 그들에게는 영국의 기관이 미국의 미치광이 조직에 공격당하는 것처럼 보였다. 켄트 공작 부부에 이어, 로저 테일러가 윔블던 오프닝 경기에 입장하자 기립 박수가 쏟아졌고, 마치 덩케르크 전투와 같은 분위기가 형성됐다. 결국 93명의 선수가 출전하지 않았다. 그 가운데 일부는 ATP 소속도 아니었다. 하지만 관중들은 곧 비외른 보리라는 17세의 새로운 영웅의 탄생을 지켜봤다. 게다가 그해 총관중 수는 역대 2위를 기록하기까지 했다.

보이콧의 여파로 국제 남자 프로테니스 의회가 결성됐다. ITF와 ATP, 그리고 토너먼트 디렉터 각각 3명씩 모두 9명으로 구성된 단체였다. 마지막까지 몇몇 ITF 관계자들이 통제권을 행사하려 노력했지만 거기까지였다. 의회는 1990년 ATP 투어가 공식 출범하면서 사라졌다. 그렇다고 평화의 시대가 도래한 건 전혀 아니었다. 의회 내부에서 여러 차례 충돌이 있었을 뿐 아니라 ATP 내부의 혼란까지 겹쳤다. 의회와 라마르 헌트 간의 전쟁도 벌어졌는데, 헌트가 1980년대 중반 22개의 WCT 토너먼트 대회를 개최하면서 양쪽은 소송전으로 막대한 돈을 낭비했고, 이 와중에 WCT

수들을 위협해 뜻을 함께하지 않으면 미국에서 열리는 어떤 토너먼트 대회에도 출전하지 못하게 하겠다고 협박까지 했다.

보이콧 여부를 결정하는 투표에서 스탠 스미스와 다른 두 명의 영국인인 존 바레트, 마크 콕스는 출전하는 데 표를 던졌다. 아서 애시와 잭 크라머, 짐 맥마누스는 보이콧 쪽에 뜻을 모았다. 캐스팅 보트를 쥔 것은 드라이스델이었다. 하지만 그는 놀랍게도 기권을 선택했다.

새벽 2시가 훨씬 넘은 시간이었다. 얼이 빠진 드라이스델이 크라머와 함께 회의실에서 나와 몇 시간 동안 커피를 마시며 기다리고 있던 테니스 기자들에게 다가와 투표는 어느 한쪽으로 기울지 않았지만 원래 안이 그대로 유지됐다는 소식을 전했다. 모든 신문들은 이를 헤드라인으로 대서특필했다. 윔블던 사상 처음이자 마지막으로 남자 단식 대진 재추첨 결정을 내리자, ATP 멤버들이 이사회의 결정을 따를지가 관건이 되었다. 몇몇 유럽의 대표

에 참가한 보기 드문 톱클래스 선수인 이반 렌들은 주당 10만 달러 상금이 걸려 있는 대부분의 WCT 대회에서 우승하며 큰돈을 벌었다. 서로 제 살 깎아 먹기도 반복됐다. 남아프리카공화국 출신의 선수이자 프로모터로 프로테니스 의회 소속이기도 했던 오웬 윌리엄스는 마이크 데이비스가 ATP에 합류하자마자 WCT를 접수했을 뿐 아니라, 자신이 속했을 당시 결정되었던 사안에 대해서도 의회와 충돌했다.

2년 뒤 WCT는 복식 대회 개최를 제외한 모든 업무를 중단했다. 하지만 그런 상황 속에서도 의회 멤버들은 계속해서 내부 정쟁을 멈추지 않았다. 그 와중에 합의를 본 결정도 있었다. 리처드 카우프만(미국)과 게리 암스트롱(영국), 리처드 잉스(호주)를 전업 심판으로 임명한 것이다.

재미있는 건 테니스 외부에서 쏟아지는 비난을 막기 위해 일리 나스타세와 존 매켄로, 지미 코너스 등이 은퇴하거나 잠잠해진 1980년대 후반에 선

수의 규율에 관한 강력한 제재보다는 약물 복용 금지와 같은 이슈에 대해 통일된 목소리를 내자는 압력이 더욱 강해졌다는 사실이다.

하지만 그 배경에는 ATP와 ITF 간의 끊임없는 불신이 서려 있었다. 의회의 토너먼트 대표자 3명이 대부분 선수들의 편에 섰음에도 불구하고 선수들이 의회를 해산하고 떨어져 나올 만큼 분노한 점은 이해하기 어렵다. 선수들 자신이 원하는 바대로 재정적인 방향이 흘러가지 않았다는 이유 외에는 없었기 때문이다. ATP의 새 수장으로 해밀턴 조던이 부임했는데, 그는 지미 카터의 미국 대통령 당선에 큰 역할을 한 인물이기도 했다.

사건은 1989년 US오픈 도중 발생했다. ATP가 플러싱 메도우 정문 밖 주차장에서 기자 회견을 열었는데, 당시 조던 회장은 선수들이 "자신의 운명을 결정하는 데 더 큰 목소리를 낼 것"이라고 밝혔다. 이듬해 1월부터 그랑프리로 불리던 모든 대회가 ATP 투어로 명칭이 바뀌었고 그랜드슬램과 데이비스컵을 전후해서 열기로 결정됐다. 그런 눈에 띄는 선언이 자동차 주차장과 같은 곳에서 열리자 대중의 반응은 폭발적이었다. 그들은 "대회 조직위원회가 허가해주지 않아서 이곳에서 기자 회견을 열 수밖에 없었습니다"라고 설명했지만, 이는 진실과는 다소 거리가 있다.

존 매켄로가 심판과 악명 높은 설전을 주고받은 뒤 코트에서 퇴장하고 있다.

당시 ATP는 새로운 스폰서십 관련 기자 회견을 요청했고, US오픈 주최 측은 "대회 공식 스폰서와 관계가 있는 것입니까?"라고 물었다. 물론 그렇지 않았기 때문에 ATP의 요청은 거부됐다. 나중에 기자 회견을 연 진짜 이유를 알게 된 주최 측은 결정을 번복했지만 ATP는 이미 늦었다고 답했다. 기자 회견장이 불과 100미터도 떨어져 있지 않았지만 말이다.

그 이후 ATP 투어와 선수 의회, 그리고 ITF의 관계는 공식적으로는 더 따뜻해졌다. 물론 그 와중에 ITF가 자체 랭킹 시스템과 대회 시리즈를 1995년 도입한다고 해서 당혹스러울 때도 있긴 했지만 말이다. ITF는 1990년 200만 달러의 엄청난 우승 상금이 걸린 컴팩 그랜드슬램컵을 도입하며 논란을 일으켰는데, 이는 ATP 투어의 시즌 마지막 클라이맥스를 방해하려는 불순한 의도로 여겨졌다. 또 1998년 여자 그랜드슬램컵이 생기면서 갈등은 더욱 증폭되기도 했다.

ATP와 ITF의 관계는 그랜드슬램컵이 ATP의 시즌 연말 챔피언십으로 통합되면서 다시 부드러워졌다. 여자 그랜드슬램컵은 1999년 없어져 남녀 대회는 각각 다른 길을 걷게 됐다.

2000년부터 그랜드슬램 바로 아래 권위의 마스터스 시리즈 이벤트가 열리기 시작했고, 이는 연말 테니스 마스터스컵으로 마무리되었다. 마스터스컵은 처음 리스본에서 열렸고 시드니, 상하이, 휴스턴을 거쳐 4년간 상하이에 정착했다가 2009년 런던으로 옮겼으며, 2021년부터는 이탈리아 토리노에서 개최된다.

2005년 ATP는 남아프리카공화국 출신으로 디즈니 이사를 역임한 에티엔드 비에르를 회장으로 영입했다. 그는 투어 일정을 혁신하는 과정에서 로저 페더러와 라파엘 나달 등 톱플레이어들과 마찰을 빚기도 했다.

또한 전통과 역사를 자랑하는 중요한 클레이 코트 이벤트인 몬테카를로 대회와 함부르크 대회를 마스터스 시리즈에서 강등시켰다. 두 대회 조직위원회는 크게 반발했고 몬테카를로는 역사적 중요성을 인정받아 다시 복권됐지만, 함부르크는 ATP를 계약 위반으로 고소해 미국 법정에 세우기도 했다. 만약 그 소송이 성공했다면 ATP는 파산할 수도 있었다. 그러나 결국 소송은 무위로 끝났고 2009년 항소 역시 기각됐다.

WTA 역시 이에 뒤지지 않기 위해 투어 일정을 혁신해 2009년부터 상위 톱랭커들이 의무적으로 참가해야 하는 "맨더토리(mandatory)" 이벤트를 도입했다.

한 가지 흥미로운 최근의 흐름은 ATP와 WTA, ITF가 함께 보조를 맞춰 대회를 동시에 개최하거나 한 주 간격으로 열어 남녀 선수를 한 곳에 끌어모으고 있다는 점이다. 유행은 돌고 도는 법이다.

스캔들과 논란

엔터테인먼트 산업의 관점에서 나쁜 홍보란 없을지 모른다. 좋지 않은 일로 유명세를 치른 선수들이 결국 대중의 뜨거운 사랑을 받는 모습을 보면, 테니스에서도 이는 진리에 가깝다.

테니스는 어떤 면에서는 운이 좋았다고 볼 수 있다. 왜냐하면 다른 스포츠처럼 종목의 명성을 해치는 심각한 스캔들 피해는 없었기 때문이다. 지난 수년간 축구에서는 뇌물과 관련한 몇몇 사안이 터졌고 경마의 도핑, 그리고 동유럽 육상과 체조, 수영 선수들의 약물 사건이 지금 시점에 와서 아주 상세히 밝혀졌다.

예를 들어 체조의 경우, 뛰어난 학생 선수들은 성장을 최대한 늦추는 약물 치료를 받았다. 덕분에 선수들은 가볍고 날렵한 몸 상태를 유지해 국제 대회에서 최고 수준의 경쟁력을 선보일 수 있었다.

물론 테니스도 몇몇 손꼽히는 선수들이 약물 양성 반응을 보인 건 사실이다. 가장 잘 알려진 건 1995년 프랑스오픈 당시 전 세계 1위 매츠 빌랜더와 그의 복식 파트너인 카렐 노바체크의 사례였는데, 이는 사실 경기력 향상 목적이 아닌 일상적 약물 복용이었다. 하지만 1998년의 사건은 훨씬 심각했다. 페트르 코르다가 경기력 향상을 위한 약물 복용으로 최초의 출전 정지 징계를 받은 것이다. 그로부터 몇 년 뒤에는 마리아노 푸에르타 등 5명의 아르헨티나 선수가 약물 복용으로 8년 자격 정지라는 중징계를 받았다. 푸에르타는 항소에 성공하며 출전 정지 징계를 2년으로 줄였고, 2007년 다시 투어로 돌아왔다. 여자 선수 중에서 가장 유명한 사건의 주인공은 마리아 샤라포바였다. 2016년 3월 금지 약물인 멜도늄 양성 반응이 나타났다. 그녀는 의사의 처방에 의한 복용이었다고 주장했지만 15개월 자격 정지 처분을 받았다.

테니스 역사에 남은 소위 스캔들이라고 불리는 이야기의 상당수는 당시에는 상당한 파장을 일으켰지만, 지금 돌이켜보면 재미있는 일화였던 경우가 많다. 또 당시에는 틀림없이 중대한 사건으로 미디어의 분노를 사게 된 일들도, 지금 관점에서 보면 뭘 저리도 야단법석을 피웠나 싶은 경우도 적지 않다.

그 가운데 몇몇은 테니스 패션에 관한 이야기다. 1949년 윔블던에서 벌어진 소동이 대표적인 사례다. 지금까지 적용되는 "거의 흰색의 복장 규정"에 따라 파스텔 색조차 허용되지 않았는데, 당시 테드 틴링이라는 패션 디자이너가 "멋쟁이 거시(Gorgeous Gussy)"라고 불리던 거트루드 모란에게 1.3cm 너비의 레이스 장식이 달린 속옷을 입힌 것이다.

자신의 이미지에 걸맞게 평범하지 않은 복장을 제작해 줄 것을 요구한 거시가 헐링엄에서 열린 윔블던 개막 전 가든파티에 이 옷을 입고 나타나자 이 문제는 곧바로 국제적인 이슈가 됐다. 당장 영국 의회의 질문이 제기됐고, 윔블던 관계자들은 결승에 진출한 거시와 파트너 팻 토드에게 "84세의 윔블던 열혈 팬인 메리 여왕이 과연 그것을 좋아하겠느냐"는 소리를 전해야 했다.

결승 당일 어쩔 줄 몰랐던 모란은 호텔에 최대한 오랫동안 머물며 메리 여왕의 도착 여부를 전화로 확인해야 했다. 결국 날씨가 너무 더워 여왕의 참

카렐 노바체크는 1995년 프랑스오픈 당시 금지 약물 양성 반응을 보였다.

석이 취소되자 딜레마는 해결됐다. 다음 날 아침 대다수 신문은 거시의 뒤로 우승자 루이스 브로우와 마가렛 듀퐁이 걸어가고 있는, 틴링의 표현에 의하면 "뻔뻔스럽고 노골적인 호기심"이 담긴 사진을 게재했다.

틴링은 그의 저서인 〈화이트 레이디스〉에서 당시 영국 총리 클레망 아틀 리가 모란의 옷을 칭찬했을 뿐 아니라, 올 잉글랜드 클럽의 사무총장인 던컨 메카울 리의 말을 빌려 켄트의 공작 부부도 그 옷에 매우 즐거워했다는 사실을 언급하기도 했다. 그러나 윔블던이 끝난 뒤 선수들과 관계자들이 모두 모인 파티 석상에서 올 잉글랜드 클럽의 회장인 루이스 그레이그는 "나는 결코 윔블던이 다시는 디자이너들의 실험장이 되도록 내버려 두지 않겠습니다"라고 일갈했다. 결국 틴링과 윔블던의 공식적인 관계는 종료됐다. 틴링이 다시 돌아온 건 20년이 지난 뒤였다. 다만 이번에는 선수들에 대한 윔블던의 입장을 전달하고, 더 중요하게는 윔블던을 향한 선수들의 독립적이고 반항적인 의견을 대변하는 문화 전도사의 역할에 보다 가까웠다.

1926년 여자 테니스계의 여왕이나 다름없던 수잔 랑랑은 복식 파트너

제프 타랑고와 아내 베네딕트가 1995년 윔블던에서 함께 하고 있다.

디디 블라스토와 함께 윔블던 센터 코트에서 메리 여왕과 조지 5세를 바람맞혔다. 랑랑은 당시 자주 복식을 함께 했던 엘리자베스 라이언 조와 결승에서 대결하게 되어 있었다. 랑랑은 이미 프랑스 테니스협회가 자신의 원래 파트너인 라이언과 짝을 이루지 못하게 만들어 화가 나 있었고, 같은 날 단식 경기를 못하겠다고 윔블던 심판진에게 통보해 놓은 상태였다. 메시지가 잘 전달되지 않았는지 랑랑이 코트에 도착해보니 단식 경기가 먼저 열리는 일정이었고, 이를 알게 된 그녀는 모든 경기를 하지 않겠다고 거부했다.

다른 선수였다면 기권 처리가 되었겠지만 윔블던 경기 위원회는 수잔의 편을 들어줬다. 복식 경기는 다음 날로 연기됐다. 랑랑과 블라스토는 그 경기에서 3-6, 9-7, 6-2로 접전 끝에 패했다. 이틀 뒤 이른바 '여왕을 엿먹인 사건'이 대중의 큰 관심거리로 퍼졌고 랑랑은 미디어로부터 촉발된 적개심이 관중의 분노로 이어지고 있음을 혼합 복식 1회전 경기에서 느끼게 됐다. 그 날 저녁 랑랑은 단식과 혼합 복식을 모두 기권했고, 파리로 돌아가 이후 윔블던에 두 번 다시 참가하지 않았다.

테니스에서 진짜 스캔들이라고 부를 만한 것들은 은폐 혹은 무시되거나 대개 논의 대상에서 제외되었다. 만약 정말 논란거리였다면 법적 다툼으로 넘어갔을 것이기 때문이다. 그러한 부류의 스캔들에는 다음과 같은 사례가 있다.

● 25만 달러 이상의 엄청난 출전 수당을 받고 아예 나타나지 않거나 출전하더라도 성실하게 임하지 않으며, 매우 한심하고 프로답지 않은 경기력으로 첫 시합에서 패해 이른바 '먹튀'가 되는 경우.

● 출전 수당이 없다고 최선을 다하지 않거나 적어도 관중에게 그러한 인상을 남기는 경우, 1980년대와 90년대 상당히 많은 톱10 수준의 선수들이 이러한 짓을 해도 처벌할 수 있는 규정이 없었다.

● 테니스 규정의 한계를 시험하는 경우로, 명예훼손에 관한 엄격한 법이 없는 나라에서는 아마도 원고를 고의적인 부정행위로 고소할 수 있었을 것이다.

● 1995년에는 다름 아닌 바로 보리스 베커가 테니스에 약물 복용과 주사 투여가 만연하다는 의혹을 제기했다. 심지어 베커는 오스트리아의 토마스 무스터와 같이 체력이 월등한 선수들을 공개적으로 비난했고, 이러한 행위로 인해 베커는 징계를 받고 사과문을 써야 했다(베커는 1995년 몬테카를로 결승전에서 무스터에게 3-2로 역전패한 뒤 약물 의혹을 제기했다 – 옮긴이).

1995년은 변덕스러운 성격의 미국 선수인 제프 타랑고가 윔블던에서 프랑스 출신의 심판인 브루노 레베뷰가 프랑스어를 구사하지 않는 선수들에

스캔들과 논란

게 불공정한 판정을 내린다고 확신, 자격 상실 판정을 받기 직전 코트 밖으로 뛰쳐나가는 만행을 저지르며 세계 80위 답지 않은 세계적인 명성을 누린 해이기도 하다. 26살의 타랑고는 이어서 레베유 심판을 부정행위로 고발했는데, 타랑고의 프랑스인 아내인 베네딕트는 당시 사건을 보고하러 가던 그 심판을 잡아 따귀를 때린 다음, 보안 요원들 사이를 뚫고 남편의 기자 회견장에 합류했다. 당시 웬만해서는 꿈쩍도 하지 않던 기자들도 이 소동이 벌어지자 환호와 놀라움의 탄성을 내질렀다.

남편 곁에 선 타랑고 부인은 "이런 작자는 반성할 필요가 있다"고 생각해서 심판의 따귀를 때렸다고 말했다. 원래 이런 논란의 중심에 서는 것이 결코 어색하지 않은 타랑고는 그 옆에서 "잘했어, 여보"라며 맞장구쳤다.

이 드라마 같은 사건은 13번 코트 타랑고와 독일의 알렉산더 므론츠의 3회전 경기 2세트에서 시작됐다. 타랑고는 선심 판정에 항의하기 시작했다. 관중들이 참지 못하고 야유를 퍼붓기 시작하자, 타랑고가 맞서 소리쳤고 레베유 심판은 욕설 규정에 따른 경고를 줬다. 그때부터 불붙기 시작했다. 관중에게 조용히 하라는 말을 했을 뿐이라고 주장한 타랑고는 "그 경고를 받을 수 없다"라고 심판에게 일갈한 뒤 경기 감독관 면담을 요청하며 이렇게 말했다. "나 엄청 화났어!"

경기 감독관인 스테판 프란슨은 키가크고 건장한 스웨덴사람이었는데 조용한 편이지만 엄격했다. 그는 도착해 양쪽 이야기를 듣고 경고가 주어지는 게 옳다고 판단했다. 그 순간 타랑고는 레베유 심판을 보면서 소리쳤다. "당신은 테니스에서 가장 썩어빠진 심판이야." 레베유는 그 순간 그 캘리포니아 출신 선수에게 포인트 페널티를 부과했고, 타랑고는 "됐어. 나도 시합 안 해!"라고 말했다. 그는 갖고 있던 공 2개를 바닥에 내던졌고 자신의 소지품을 챙겨 쏟아지는 야유를 뒤로하고 나가 버렸다.

이어진 기자회견은 윔블던 역사상 가장 많은 사람들이 모였을 뿐 아니라 가장 독특했다. 그것은 흡사 1981

팀 헨만은 볼걸에게 꽃을 가져다주며 미안하다고 말했다.

년 런던 타블로이드지들이 존 매켄로에 대해 공정한 보도를 했는지를 놓고, 데일리 미러의 한 테니스 기자와 미국 라디오 리포터 간 싸움이 벌어진 사건에 버금갔다.

타랑고는 다음 그랜드슬램 대회 출전 정지를 받았고, 이듬해 윔블던까지 못 나오게 됐다. 1만 5000달러의 벌금은 그가 종이에 쓴 사과문으로 면제됐다. 그런데 이 사건은 타랑고가 대회 관계자들과 격렬하게 맞붙은 숱한 일들 가운데 가장 최신판이었을 뿐이다.

최고의 기념비적인 사건은 1994년 도쿄오픈에서였다. 타랑고는 마이클 창에게 3세트 자신의 서브 게임을 잃자, 관중들 앞에서 바지를 내려 버렸다. 이 노출 사건에 대해 타랑고는 이렇게 해명했다. "저는 사람들이 이 경기를 재미없어하는 줄 알았습니다. 테니스가 너무 지루하다고 불평을 하지 않습니까. 저는 창을 맞서서 온 힘을 다해 첫 세트를 따내고, 두 번째 세트에서도 브레이크에 성공해 앞서가다가 이후 4차례나 서브 게임을 내주면서 이성을 잃었습니다. 그래서 바지를 내렸고 그게 전부였습니다."

이전 100년간 윔블던 대회에서 단 한 명도 실격되지 않았지만 그해에는 3명이나 실격을 당했다. 타랑고 사건 3일전 영국의 팀 헨만은 전혀 다른 유형의 사건으로 인한 첫 번째 실격자였다. 그는 수치심에 어쩔 줄 몰라 했고 또 제대로 사과를 했음에도 불구하고 실격당했다. 늦은 저녁 복식 경기에서 화가 치밀어 공을 때렸는데 우연히 볼걸이 맞은 것이다. 앨런 밀스 심판은 나중에 설명하길 "우발적 사고였지만 규정에 따르면 자동 실격"이라고 말했다. 헨만은 2000달러의 벌금도 내야 했다. 아이러니하게도 당시 복식 경기의 상대편은 타랑고였다. 타랑고가 윔블던을 떠난 지 이틀이 지나, 머피 젠슨이라는 또 다른 미국 선수가 혼합 복식 경기에 모습을 드러내지 않으며, 역시 실격당해 1000달러의 벌금에 처해졌다.

1981년 만약 프레드 호일스 심판이 존 매켄로가 저지른 악명 높은 사건에 대해 아주 엄격한 행동을 취했다면 어땠을까라는 의문이 종종 제기된다. 1981년은 '희대의 악동(pits of the world)'이나 최고의 유행어가 된 '말도 안 돼(you cannot be serious)"와 같은 말이 테니스뿐 아니라 스포츠 역사에 길이 남게 된 해였다. 호일스가 만약 단호한 조처를 했다면 아마도 이 화가 잔뜩 난 미국 선수가 훗날 문제를 일으키며 엄청난 대가를 치르지 않을 수도 있었을지 모른다.

링컨샤이어의 농부 출신인 호일스는 종종 그 질문을 스스로에게 묻는다. 하지만 그의 입장에서 보면 쉽게 흥분하는 매켄로를 부추기는 관중들까지 납득시킬 만한 법적 규제를 가할 수 있는 행동 수칙이 없었다.

매켄로는 다른 사람들, 특히 심판진의 결점을 보면 그냥 넘어가지 못하는 성격을 갖고 있었다. 1977년 윔블던 본선에 데뷔하기도 전인, 예선전 경기에서부터 심판들은 누군가 매켄로를 위해 조용히 충고해주는 것이 좋을 것 같다고 생각하고 있었다.

테니스 코트에서의 정의 구현은 결국 자신을 망가뜨리는 한 테니스 천재의 발목을 잡았다. 1990년 멜버른에서 열린 호주오픈 4회전 미카엘 페른포르스와의 경기 도중이었다. 매켄로는 1968년 오픈 시대 이후 처음으로 그랜드슬램 대회에서 부적절한 행동으로 퇴장당한 선수라는 불명예의 주인공이 됐다.

실격은 영국 심판인 게리 암스트롱이 선언했는데, 사실 그것은 경기 감독관 켄 파라가 "내가 11년 동안 본 최악의 행동"이라며 지시를 내렸기 때문이다. 퇴장 명령을 듣고 당사자 못지않게 충격에 빠진 센터 코트의 수천 명 관중들은 이후 15분 동안 처음에는 크게 야유를 보내다가 이내 전 챔피언을 위해 "우리는 매켄로를 원한다"고 응원하며 심판의 권한 남용 쪽으로 화살을 돌렸다.

관중들은 아마도 4글자로 된 매켄로의 욕설을 듣지 못했겠지만, 그 욕설로 인해 텔레비전 방송국과 호주 신문사에 엄청난 항의 전화가 쇄도했다. 매켄로는 1987년 뒤셀도르프에서 스스로 실격을 선언한 적이 한 차례 있지만, 그의 성질머리만큼 빛나는 커리어에서 강제로 내쫓긴 건 이번이 처음이었다. 그랜드슬램에서 부적절한 행동으로 퇴장당한 건 1963년 프랑스오픈에서 스페인의 윌리 "파토" 알바레즈 이후 처음이었다.

1950년 미국의 코첼 백작이 US오픈에서 실격당했다. 4라운드에서 가드너 멀로이에게 4세트 만에 패했는데, 그 과정에서 라인 판정을 두고 심판 및 관중들과 자주 언쟁을 벌였다. 한번은 심판대 위로 기어 올라가서 마이크를 잡고 관중들에게 한바탕 연설을 하려고 하기도 했다. 결국에는 노골적으로 몇 게임을 져 버리고 심지어는 왼손으로 공을 치는 경멸적인 행동까지 보여준 뒤, 심판인 엘스워스 데븐포트 박사에게 한바탕 분노에 찬 장광설을 늘어놓았다. 매켄로는 6500달러의 벌금형을 받고 항소권이라도 가질 수 있었지만, 코첼은 평생 자격 정지를 당했다. 비록 그 징계는 몇 년 뒤 경감되긴 했지만 그의 경력은 이미 끝나 버린 뒤였다.

다시 매켄로의 멜버른 사건으로 돌아가 보자. 사람들은 3세트 그가 2-1로 앞서고 있을 때 '지킬과 하이드'의 변신 분위기가 감돌고 있음을 알아챘다. 코트 체인지를 한 뒤 매켄로는 앞선 게임 건너편에서 자신을 화나게 만든 여자 선심에게 다가가 협박하는 듯한 눈빛을 보였고 스포츠맨답지 않은 행위로 경고를 받았다. 세트 스코어 2-1로 앞선 4세트 게임스코어 2-3, 실수로 브레이크 포인트 위기를 맞자 매켄로는 라켓을 4차례 코트 바닥에 집어 던져 부쉈다. 그로 인해 포인트 페널티가 주어져 게임 스코어는 4-2로 벌어졌다.

매켄로는 경기 감독관 파라와 심판에게 조금 금이 간 것뿐이라면서, 독창적이고 그럴듯한 논쟁을 벌였지만 성공하지 못했다. 그는 라켓이 부서졌다

일리 나스타세는 종종 재미와 무례함 사이의 경계선을 아슬아슬하게 넘어서기도 했다.

스캔들과 논란

마르티나 나브라틸로바의 라이프 스타일은 수백만 달러의 스폰서십을 잃게 만든 원인이기도 했다.

오늘날 그랜드슬램 정도의 경기를 맡는 심판은 대부분 매우 수준 높은 전업 심판으로, 이들에 대한 토너먼트 조직위원회의 신뢰는 깊다. 하지만 조지 암스트롱과 프레드 호일스 시대에는 조금 달랐다. 심지어 1980년대에는 영국 심판 제레미 세일즈가 한 영향력 있는 선수의 압력에 의해 그랑프리 서킷의 전업 심판직에서 탈락한 경우도 있었다. 물론 당시 그랑프리 고위 관계자는 판정 수준이 떨어졌기 때문이라고 부인했지만, 어찌 됐든 당시 금뱃지를 단 수준 높은 심판을 강등시키는 건 아무 일도 아니었다.

스캔들의 현장에서 심판이 존중받지 못한 두 번의 전형적인 예가 있다. 한 번은 미국의 잭 스터, 또 한 번은 프랭크 하몬드가 연루된 사건이다. 미국의 중견 심판인 스터는 휴스턴의 그랑프리 마스터스 라운드 로빈에서 멕시코의 라울 라미레즈를 실격시켰다. 그런데 그가 기자 회견장에서 왜 그런 조치를 취할 수밖에 없었나를 설명하고 있는 동안 경기가 재개돼 다른 심판이 심판대 위에 올라가 있었고, 이 사실을 알게 된 그는 충격에 빠졌다.

3년 뒤 US오픈에서 개성 있는 목소리의 하몬드는 매켄로와 나스타세의 신경전을 통제해야 하는 중대한 도전에 직면했다. 〈뉴욕 포스트〉에서 "세기의 대결을 보러 오세요"라는 광고까지 낸 경기였다. 이미 경기 전부터 도발

면 어떻게 이를 계속 사용하려고 했겠냐며 항변했다. 그리고 걸어 나가면서 입으로 엄청난 욕을 쏟아냈다. 매켄로는 훗날 "말하자면 좀 설명이 깁니다"고 말했다. 그는 욕한 건 인정했지만 자격 상실 규정이 1월부터 3회 경고에서 2회 경고로 바뀌었다는 걸 몰랐다고 주장했다. "자격 상실은 언젠가 일어날 일이었어요. 유쾌한 일은 아니지만 그다지 놀라운 일도 아니죠."

징계 수위를 낮춰 달라는 항소는 매켄로의 복잡한 심성만 더 드러냈다. 그는 욕했다고 인정은 하면서도 이렇게 항변했다. "그들은 내게 굉장히 중대한 시점이라고 말하면서 나를 말릴 수 있었다고 봐요. 선심은 형편없는 판정을 내렸고, 단지 내가 그녀에게 다가가서 쳐다봤다고 그런 경고를 받아야 하는 겁니까?" 물론 그렇지 않을 수 있다. 하지만 매켄로는 이전에도 이보다 더한 짓을 한 적이 있다. 매디슨 스퀘어 가든에서 마스터스 대회가 열리고 있을 때였다. 당시 미국 대회에서 자주 만난 여자 선심의 판정에 화가 난 매켄로는 그녀에게 다가가 이렇게 말했다. "당신은 내가 13살 때부터 잘못된 판정으로 날 엿 먹여왔지."

게리 암스트롱 심판이 매켄로를 실격시키면서 테니스 역사에 이름을 남기기 14년 전 그의 아버지인 조지 역시 국제 심판이었다. 그는 포레스트 힐스의 가장 오래된 경기장에서 오픈 시대 개막 이후 최고의 감정싸움이 벌어진 경기의 주심을 보고 있었다. 일리 나스타세와 지금은 TV 해설가가 된 독일의 한스-요하킴 포맨의 경기였다. 나스타세는 특히 포맨이 근육 경련에 시달리는 상황에서 거친 매너와 못된 말버릇으로 쉽게 실격당할 수도 있었다. 두 선수의 언쟁은 라커룸까지 이어진 것으로 알려졌다. 나스타세는 1000달러의 벌금을 받아, 12개월간 누적 벌금이 3000달러에 육박했고, 자동으로 21일 출전 정지 징계까지 더해졌다. 이 사건이 더욱 유명하게 된 건 징계 효력이 단지 그랑프리 토너먼트에만 적용됐기 때문이다. 나스타세는 징계 기간 동안 각종 시범 경기와, 그랑프리를 제외한 대회에 출전해 5만 달러의 상금을 획득하며 미소 지었다.

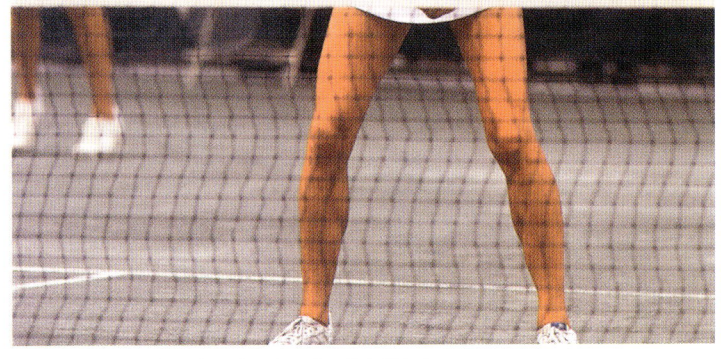

르네 리샤르는 테니스 사상 최초의 트랜스젠더 선수다.

적인 분위기가 무르익었고 두 선수 모두 심리전에서 상대를 제압하려고 들었다. 하몬드는 경기 내내 지속적으로 교묘하게 시간을 끌고 항의를 하는 나스타세에게 "나스타세, 지금 뭐하자는 겁니까?"라고 물었다. 그는 한 차례 경고를 준 데 이어 게임을 빼앗는 페널티를 줬다. 나스타세는 격분했고 하몬드 주심은 이에 자격 상실 결정을 내렸다. 15분간 경기장은 난장판이 됐다. 관중들은 맥주캔과 플라스틱 팝콘 상자를 사방에 던졌다. 결국 토너먼트 디렉터가 하몬드의 결정을 뒤집고 명예 심판인 마이크 블랑샤르를 대신 집어넣자 소동은 가라앉았다.

팬들의 분노가 경기장에서 표출되는 건 미국에서만은 아니다. 특히 십수년간 남미에서 개최된 데이비스컵은 관중들의 적대감이 방문 국가 선수들과 경기 관계자들의 안전을 위협할 정도였다. 그 결과 ITF는 경기장 분위기가 너무 적대적일 경우, 심판이 선수뿐 아니라 관중의 행동에 따라 경고와 포인트 페널티, 그리고 자격 상실을 부과할 수 있는 규정을 도입했다.

관중의 열정은 윔블던에서도 정도를 넘어선 경우가 있다. 심지어 여자 복식에서도 그랬다. 1981년 둘째 주 화요일 센터 코트에서 영국의 수 바커와 미국의 안 키요무라가 조안 러셀-버니지아 루지치 조와 맞붙었는데, 밤 9시 35분 마지막 세트 5-5 상황에서 일몰로 인해 경기가 중단되자 관중들은 분노했다. 야유와 휘파람 소리가 난무했고, 의자 방석과 프로그램 책자가 코트 위로 날아들었다. 이는 영국 언론의 사설에도 실렸는데, 한 매체는 "테니스뿐만 아니라 모든 스포츠에서 경기 종료를 선언할 때는 상식을 따르길"이라고 썼다.

섹스는 어떤 분야에서건 스캔들로 치부되기 마련이다. 빌리 진 킹과 마르티나 나브라틸로바는 훗날 레즈비언으로 커밍아웃했다. 실제로 나브라틸로바는 파트너를 여러 차례 바꾸면서 꽤 오랜 기간 가십거리이자 타블로이드지의 단골손님이 됐다.

그러나 리처드 라스킨드의 사건만큼 세간의 시선을 끈 경우는 없었다. 41살의 안과 의사인 그는 20년 전 윔블던과 포레스트 힐스에 출전했던 남자 선수다. 그런데 1975년 8월 성전환 수술을 한 뒤 이듬해 여자 선수로 캘리포니아 대회에 출전했다. 육상 종목과 마찬가지로 여성은 올림픽에서의 성염색체 검사를 거쳐 국내 또는 국제 대회 출전 여부를 허용하기로 규정한 WTA, ITF, 미국 테니스협회의 반대에도 불구하고, 라스킨드, 아니 이제 르네 리샤르는 미국 법원의 명령에 따라 미국 내 대회 출전이 허용됐다. 르네 리샤르라는 이름으로 처음 출전한 뉴저지 대회에서 대부분의 WTA 선수들은 기권했다. 신문과 TV의 엄청난 주목 속에, 리샤르는 준결승에서 17살의 미국 여자 선수인 리아 안토노플리스에게 졌다. US오픈 1회전에서 리샤르는 센터 코트 배정을 받아 버지니아 웨이드에게 패했는데, 웨이드는 당시 윔블던 챔피언이었다.

10대 시절의 비외른 보리가 옷이 헝클어진 채 런던 공원에서 여자 친구와 애정 행각을 벌인 사진이 공개된 것 역시 스캔들로 꼽을 만하다. 마찬가지로 미국 선수인 린다 지겔의 브래지어가 어떻게 경기 도중에 그 모자이크 처리된 사진이 실린 기사에 기술된 정도로 내려갔는지는 아직도 풀리지 않은 수수께끼로 남아 있다.

더욱 최근의 사건도 있다. 윔블던 2번 코트에 사진 기자들이 엄청나게 몰려들었다. 이유는 앤 화이트라는 선수가 전신이 하나로 연결된 흰색 타이츠를 입은 모습을 담기 위해서였다. 그 모습은 이후 다시는 볼 수 없었다. 그 유명한 센터 코트 침입 사건도 빼놓을 수 없다. 1996년 남자 단식 결승에서 리처드 크라이첵과 말리바이 워싱턴이 워밍업을 하고 있을 때, 알몸을 한 여인이 나타나 코트 위의 팽팽한 긴장감을 누그러뜨렸다. 또한 가브리엘 사바티니와 안나 쿠르니코바가 취한 매혹적인 포즈, 반대로 여자들에게 화제가 됐던 패트릭 라프터와 얀 마이클 갬빌의 사진 역시 흥미롭고 때로는 스캔들로 여겨진 사건들이다.

흰색 전신 타이츠는 이후 윔블던에서 금지됐다.

테니스 사건 사고

테니스 시즌이 숨 가쁘게 돌아가면서 단 하루도 뉴스가 나지 않을 때를 찾아보기가 어렵다. 때로는 가장 시선을 끄는 사건이 테니스 경기 자체보다, 경기 외적인 일인 경우도 적지 않다.

그 사건은 테니스 세계뿐 아니라 전체 스포츠계에 즉각적이고 엄청난 반향을 일으켰다. 1993년 4월 30일 금요일, 함부르크의 로덴바움 클럽 센터 코트에서 벌어진 일이다. 모니카 셀레스가 WTA 투어 8강 마그달레나 말리바와의 첫 세트 3-4에서 서브를 하기 위해 막 벤치에서 일어났을 때였다. 갑자기 귄터 파르셰라는 38세의 독일인이 관중석에서 난입해 그녀의 뒤로 다가가 왼쪽 어깨 아래쪽을 칼로 찔렀다.

부상은 생명을 위협할 정도는 아니었다. 하지만 당시 19세의 나이로 이미 6개의 그랜드슬램 타이틀을 거머쥐며 역대 최고의 선수 가운데 하나로 꼽히던 셀레스에게 이는 엄청난 충격이었다. 사실 의사는 그녀에게 "8주 뒤 윔블던까지는 충분히 회복할 수 있고, 운이 좋으면 당장 프랑스오픈도 뛸 수 있다"고 말했을 정도였다. 그러나 부상 자체보다 정신적 충격이 컸던 셀레스는 충분히 회복됐다고 판단한 1995년 8월 캐나다 오픈에서 복귀했다.

정신착란 증세를 보인 파르셰는 슈테피 그라프의 광팬이었다. 그는 그라프가 세계 1위 자리를 되찾을 수만 있다면 무슨 일이든 저지를 준비가 되어 있었다. 파르셰가 구금형을 받지 않게 되면서 다시 공격받을 수 있다는 끊임없는 두려움으로 셀레스와 가족의 고통은 가중됐다. 그러나 판사는 셀레스에게 가해진 상처의 범위가 의학적으로 충분히 입증되지 않았기 때문에, 독일 법에 따라 가벼운 형량을 선고할 수밖에 없었다.

조금 더 논의를 확장해보면 이 사건으로 인해 대회 주관사에 선수들의 안전이 갑자기 중요한 문제로 부상했고, 오늘날처럼 코트 한쪽에서 선수 뒤에 서 있는 안전 보안 요원이 배치되었다. 한 명은 코트를 바라보며 침입에 대비하고 다른 한 명의 보안 요원은 선수 뒤에 서서 관중석을 바라본다. 거기에 더해 2~3명의 보안 요원이 구석에 전략적으로 배치돼 만약의 사태에 대비한다.

코트 난입은 이전에도 이후에도 매우 많았지만, 함부르크 사태 때처럼 심각하지는 않았다. 윔블던에서 테러 위협에 대비하기 위한 보안 검사도 사실 새로운 것은 아니다. 1913년으로 거슬러 올라가 보면 당시 관중들은 가방과 짐꾸러미들을 철저히 조사받아야 했다. 왜냐하면 그해 초 '여성참정권'을 외치던 집단이 경기장에 난입한 적이 있었기 때문이다.

오늘날 올 잉글랜드 클럽은 1년 내내 철통같은 보안이 유지된다. 그런데 수십 년간 보안에 대한 필요성이 제기된 곳은 처치 로드와 서머셋 로드의 정문 정도에 그쳤다. 그러한 인식이 바뀐 건 1974년 1월 14일 강도들이 경기장에 난입해 센터 코트를 훼손한 해부터였다. 그날 아침 경기장 관리인들은 잔디에 5개의 구멍을 발견했는데, 가장 큰 구멍은 직경이 20cm나 됐다. 게다가 잔디 위에 붉은색과

모니카 셀레스가 1993년 함부르크에서 괴한에게 칼에 찔린 직후 부축을 받고 있다.

경찰관 두 명이 1996년 윔블던 남자 단식 결승전 센터 코트에 난입한 알몸의 여성을 끌고 나가고 있다.

흰색 페인트가 칠해지고 코트 주변의 창문과 출입구도 색칠되어 있었다. 당시 윔블던만 그런 일을 당한 것도 아니었다. 리즈의 헤딩리에서 열리기로 한 크리켓 시범경기가 취소됐는데, 당시 한 무리의 농성자들이 조지 데이비스의 석방을 주장하며 "조지 데이비스는 무죄다. OK"라는 슬로건을 런던 곳곳에 붙였다.

1969년에는 브리스톨의 레드랜드 클럽에서 열린 영국과 남아공의 데이비스컵 경기가 중단됐다. 아파르트헤이트 정책에 반대하는 시위자들이 경기장 바깥에서 코트의 낮은 지붕 위로 밀가루 더미를 집어 던졌다. TV 카메라와 관중들의 시선을 끌기 위해 슬로건을 담은 온갖 항의 표시도 나왔다.

지금은 아주 저명한 TV 해설자인 영국 데이비스컵 멤버 앤드류 캐슬은 텔포드에서 열린 영국 챔피언십에서 자신의 의자에 남긴 메시지로 영국 테니스협회를 놀라게 만들었다. 영국의 주민세 도입에 반대하는 내용이 카메라에 담긴 것이다.

그러나 세상에 가장 널리 알려진 코트 난입 사건은 1996년 리처드 크라이첵과 말리바이 워싱턴의 윔블던 남자 단식 결승전 직전에 일어났다. 갑자기 경기장 북서쪽 코너에서 여성 난입자가 타블로이드지의 표현을 빌리자면 '팔을 휘두르며 달려와' 활짝 웃으며 자신을 지켜보고 있던 두 선수를 지나쳤다. 당시 공식 성명은 다시 복기해 볼 만하다. "우리 윔블던은 이전까지 센터 코트에 단 한 명의 난입자도 없었습니다. 그래서 이 사건을 피할 수가 없었던 것 같습니다. 우리는 그 행위를 용서하고 싶지 않습니다만, 적어도 그 행위는 최근 며칠간의 고약한 날씨 속에서 충성스럽게 잘 버텨준 우리 팬들에게 가벼운 즐거움을 준 건 사실입니다."

테니스 역사는 궂은 날씨와 이를 극복하기 위한 극단적 조치들에 대한 풍부한 스토리로 가득하다. 1969년 US오픈 관계자들은 포레스트 힐스의 센터 코트 위에 헬리콥터를 띄워야 했다. 무려 사흘이나 결승전을 미루게 만든, 엄청난 빗물에 젖은 코트를 말리기 위해서였다. 이탈리아 사람들은 물로 가득한 클레이 코트를 말리기 위해 꽤 참신한 방법을 동원하기도 했다. 특히 예정된 날짜에 결승전을 치르느냐 마느냐가 걸려 있을 때, 그들은 클레이 코트 위에다 휘발유를 들이부었다. 그리고 불을 붙였다!

윔블던은 날씨 문제에 제법 시달려 왔지만, 이는 많은 사람들이 생각하는 것처럼 그렇게 잦은 일은 아니었다. 비로 인해 홍수가 난 날은 1914년 이후 열 손가락에 꼽을 정도에 불과했다. 가장 최악의 해는 1985년이었다. 그해는 윔블던 조직위원회가 센터 코트의 동쪽 사이드를 확장하며 새로운 미디어 센터가 완공된 것을 자랑스러워할 때였다. 오후 12시 30분까지는 비가 내리지 않았는데 이때는 첫째 주 월요일 첫 경기가 야외 코트에서 열릴 시각이었다. 그런데 험상궂은 검은 구름과 천둥이 으르렁거려 코트 커버 천을 걷어내기에는 너무 부담스러웠다. 꼼꼼한 대비는 결과적으로는 현명했다. 비가 내리기 시작했고 끔찍한 소리가 들리더니 새로 지은 건물의 한쪽 구석이 벼

테니스 사건 사고

윔블던 대홍수가 발생한 1985년에는 경기장 내 우산 사용에 관한 규정 안내가 필요 없을 정도였다.

그날이 단순히 '나쁨'이었다면 두 번째 금요일은 '최악'이었다. 영국에서 테니스서점을 운영하는 앨런 찰머스는 자신의 윔블던 다이어리에 다음과 같은 글을 썼다. "오후 1시 50분쯤 작은 토네이도가 윔블던을 강타해 혼돈과 패닉 상태로 몰아넣었다. 아마도 그날은 내 인생에서 가장 무서웠던 하루가 아니었나 싶다."

웨일스의 디아나 공주가 올 잉글랜드 클럽에 도착했을 때 단 20분 동안 약 40mm의 폭우가 쏟아졌고, 이는 7월 한 달 강수량의 3분의 1에 달하는 양이었다. 한동안 남쪽 스탠드 뒤편에 피해 있던 사람들은 북쪽 스탠드를 거의 볼 수가 없었다. 물이 배수로와 도랑에 넘쳤고 계단이 급류에 휩쓸려 출입구 몇 개가 웅덩이로 바뀌어 버렸다. 내기를 한 어떤 여성이 훌쩍 뛰어올라 그곳에서 헤엄을 쳐 신문 기자들을 기쁘게 만들기도 했다.

아마 런던 기상 센터가 대회 관계자들에게 폭풍우가 비껴갈 때까지 센터 코트의 천막을 덮어 놓으라는 경고를 하지 않았다면, 이로 인한 충격과 경기 지연은 훨씬 심각했을 것이다. 결국 비가 내리기 시작한 지 90분 만에, 그리고 비가 그친 지 40분 만에 남자 단식 4강전을 열 수 있었다. 당시 공식 발표도 예술이었다. 윔블던의 사무총장 크리스토퍼 고린지가 경기 지연에 대해 사과하면서 그 원인을 "가벼운 소나기"라고 표현한 것이다.

하지만 이 대회에서는 또 한 번의 엄청난 폭우가 다가오고 있었다. 케빈 커렌이 8강에서 17개의 서브 에이스를 폭발시키며 92분 만에 존 매켄로를 꺾은 데 이어 4강에서 지미 코너스마저 6-2, 6-2, 6-1로 물리치며 두 번째 폭우의 주인공이 되었다. 비록 보리스 베커가 그를 결승에서 꺾으며

락에 맞아 버렸다. 건물 벽의 작은 부스러기들이 떨어져 나갔고 그 가운데 하나는 현재 윔블던 테니스 박물관에 전시되어 있다. 오후 늦게 하늘이 맑아져 디펜딩 챔피언 존 매켄로가 결국 오후 6시 24분에 피터 맥나마라를 상대로 1회전을 시작하기는 했지만, 둘은 겨우 18분 동안 미끄러지기 바빴고, 결국 앨런 밀스 심판은 경기를 계속하기 너무 위험하다는 결정을 내렸다.

최연소 챔피언에 오르기는 했지만.

10년 뒤 이번에는 호주오픈이 대자연의 분노를 감당해야 할 차례가 됐다. 이 역시 남자 단식 4강전 날이었다. 이번에도 사전 경고에 따른 조치가 있었고, 비가 내리기 전 이동식 지붕이 경기장을 단단히 봉쇄했다. 이 대회 챔피언까지 오른 안드레 애거시가 미국의 애런 크릭스타인의 뒤를 따라 등장하

고 있었는데 갑자기 코트 바닥에서 한줄기 물이 흘러나왔다. 얼마 지나지 않아 물이 사방팔방에서 쏟아지면서 물바다가 됐고, 선수들은 안전한 곳으로 피했다. 경기장 근처 야라강의 범람에 대비해 설계된 상수도가 압력을 버티지 못하면서 결국 배수로가 터져 버린 것이다. 코트 바닥만 홍수가 난 것이 아니었다. 미디어룸과 락커룸까지 물이 몰아쳐 안전 조치로 모든 전기가 끊겼고, 이에 대부분의 기자들은 책상 밑에 둔 자신의 물건을 집어 들고 맨발로 빠져나가야 했다.

심판들은 종종 의도치 않게 판정 항의와 같은 흔해 빠진 것이 아닌, 비정상적인 사건에 연루되기도 한다. 불운은 여러 차례 찾아오기도 한다. 잉글랜드의 솔렌트에서 사나운 강풍이 불어닥쳐 주심이 심판대에서 추락한 경우가 바로 그것이다. 영국의 여성 심판 제인 테보는 추운 날씨에 발이 꽁꽁 얼어버려 결국 들것에 실려 가기도 했다.

또 전 WTA 투어 유럽 지부장이었던 조지나 클라크는 위로 올라간다고 항시 내려오는 긴 아니라는 사실을 확인해야 했다. 그녀는 웸블리의 벤슨&헤지스 대회에서 처음 도입된 유압식 심판대를 사용했는데 결국 내려오지 못하고 구조되어야 했다. 조금 더 침울한 이야기도 있는데, 미국의 한 선심은 US오픈 주니어 남자 단식 경기 도중 공에 맞아서 죽었다. 그는 센터 라인 선심이었는데, 공에 머리를 맞은 충격 때문이 아니라 넘어지면서 콘크리트 바닥에 머리를 부딪쳐 사망한 것으로 밝혀졌다.

논쟁을 좋아하는 선수뿐 아니라 동료 심판을 상대로 인내심을 잃어버린 주심과 선심의 이야기는 수없이 많다. US오픈 일리 나스타세가 출전한 센터 코트 경기에서 선심은 두 번이나 자신의 판정이 주심에 의해 번복돼 화가 치밀자 다음 번 판정이 요구되는 상황에서 의자를 아예 코트 반대편 쪽으로 돌려놓은 채 침묵을 지켰다. 이탈리아 심판인 루이지 브람빌라는 립턴 챔피언십에서 이반 랜들과 토드 윗스켄이 자신의 스코어 판정에 동의하지 않고 그들끼리 스코어를 매기는 상황이 벌어지자, 그냥 코트 밖으로 걸어 나가 버렸다. 비슷한 상황은 1969년 웜블던 센터 코트에서도 있었다. 당시 심판과 선심은 따로 훈련과 보수를 받지 않고 단순히 경험에 의존한 자원봉사자들이었다. 한 심판은 점수가 15-15이냐 아니면 30-0이냐를 놓고 선수들과 기나긴 논쟁을 벌인 끝에 "좋아요, 당신들 마음대로 하세요" 하고 계속 아무렇지 않게 진행한 일도 있었다.

그러나 실수란 피할 수 없는 법. 2004년 웜블던 2라운드 3번 시드의 비너스 윌리엄스와 무명의 크로아티아 출신 캐롤리나 스프렘의 경기였다. 베테랑 주심인 데드 와츠가 스코어 계산을 잘못하는 바람에 스프렘이 7-6, 7-6으로 전 챔피언에게 승리를 거뒀는데, 사실 스프렘은 승리를 거두기에는 한 포인트가 모자랐다. 알고 보니 스프렘은 타이 브레이크 2-2의 상황에서 폴트를 했는데 점수를 가져갔다.

두 선수 모두 뭔가 잘못됐다고 느꼈지만 판정에 의문을 제기하지는 않았다. 앨런 밀스 심판이 입장문을 발표했다. "유감스럽게도 주심이 실수를 해 스코어가 잘못된 상태로 끝이 나 버렸다. 두 선수 모두 그 순간 점수에 의문

경기장 지붕은 비를 막아냈지만, 아래에서 뿜어 나오는 홍수를 제어할 수는 없었다. 1995년에 벌어진 사건이다.

을 제기하지 않았고, 실수는 그 순간 즉시 바로잡아야만 하므로 결과는 그대로 유지된다." 두말할 필요도 없이 와츠는 더 이상 그해 윔블던에서 심판을 볼 수 없었다.

가장 황당한 이야기는 이탈리아 챔피언십 '아이스크림 판매원과 선심'의 일화다. 토니 피카드는 뉴질랜드의 이안 크루켄덴에게 5세트 경기에서 패했는데, 당시 누가 보더라도 그녀가 4세트에서 이기는 경기였다. 아주 결정적인 순간을 놓친 장본인은 바로 베이스라인 선심이었다. 피카드가 매치 포인트를 잡은 상황에서 왼손잡이 크루켄덴의 공은 적어도 20cm 이상 라인 밖으로 나갔다. 하지만 콜이 없었다. 모두가 선심을 쳐다보니 그는 펜스에 기대 아이스크림을 사고 있었다.

스테판 에드버리의 코치이자 영국 데이비스컵 주장, 그리고 이후 그렉 러세스키를 지도한 경력을 가진 피카드는 그날을 이렇게 회고했다. "항의할 수가 없었습니다. 당시에는 그걸로 끝이었고 내가 이길 수 있었던 경기에서 패했죠." 주심에게 훗날 그 사건에 관해 설명해 달라고 하니, 대회 관계자에게 선심을 처벌하기에 앞서(당시에는 그럴 수가 없었다, 단지 다음 경기에 그를 기용하지 않는 것뿐) 그날이 무척이나 더운 날이었다는 걸 기억해 달라고 전했다고 말했다. 매우 긴 경기에 지쳤고 더위를 느꼈으며, 갈증을 달랠 무언가가 필요했는데, 마침 아이스크림 판매원의 소리를 들었고 더는 버틸 수가 없었다는 것이다.

요즘 선수들의 가장 흔한 불만은 너무 많은 경기를 소화해야 한다는 것이다. 그런데 오픈 시대 이전 선수들은 훨씬 더 많은 경기를 치렀다. 대부분의 국제 대회는 남자 단식과 복식 모두 5세트 경기로 치러졌고 같은 선수들이 혼합 복식도 뛰어야 했다. 피카드는 본머스에서 열린 영국 하드 코트 대회에서 5세트 단식 경기를 끝내자 심판인 콜로넬 조니 레그에게 이런 얘기를 들었다고 한다. "피카드, 여기 계속 머물러도 됩니다. 당신의 복식 경기를 지금 여기서 바로 할 거니까요." 그 대회에서 호주의 돈 캔디(훗날 팸 슈라이버의 코치)는 비로 순연된 탓에 하루 3차례 5세트 단식 경기를 치렀다. 그가 얻은 보상은 심판 콜로넬 레그에게 받은 맥주 한 컵이었다.

종종 선수들은 코트 밖의 일로 대중의 미움을 사기도 한다. 1951년 빌 틸든의 동성애 고백 사건이 그런 경우였다. 물론 더욱 최근에는 제니퍼 캐프리아티가 상점에서 물건을 훔치고 약물에 연루된 일이 있었다. 캐프리아티는 너무 일찍 부와 명예를 얻어 테니스계에 나이 제한을 다시 도입하는 것을 검토하게 만든 장본인이기도 하다.

그러나 그 어떤 사건도 비어 토마스 세인트 레게르 굴드의 사건에 필적할 수 없다. 굴드는 쿡 카운티 워터포드의 고귀한 아일랜드 혈통의 후손인데 1879년 25살에 더블린에서 열린 첫 아일랜드 챔피언십 남자 단식 우승을 차지했고, 1개월 뒤 윔블던에서 자신의 처음이자 마지막 출전을 기록했다. 그는 4라운드까지 승승장구했고 챔피언 타이틀 보유자인 P.F 헤도우가 출전하지 않으면서 '올-커머스 파이널'까지 오르게 됐다. 굴드는 존 하틀리에게 6-3, 6-4, 6-2로 패했지만 플레이오프에서 C.F. 파르에게 승리해 준우승을 차지했다.

1883년 굴드는 더블린을 떠나 몬테카를로로 이주했는데, 별다른 소식이 없다 1907년 한 짐꾼의 제보에 의해 세상에 다시 나타났다. 트렁크에서 이상한 냄새가 난다는 제보였다. 굴드와 그의 아내는 살인죄로 기소됐고, 덴마크의 엠마 리븐이 트렁크에서 부패한 시체로 발견됐다. 리븐은 빌려준 돈을 찾으러 갔다가 격렬한 다툼 끝에 치명상을 입고 죽었다. 살인을 인정한 굴드는 종신형을 선고받았고, 그의 아내는 무죄

데이비드 로이드는 코트 안팎에서 자신의 의견을 말하기를 주저하지 않는다.

를 주장하다 사형을 선고받았지만 훗날 종신형으로 감형됐다.

처음에는 그다지 심각하지 않다가 나중에 커다란 사건으로 비화된 경우도 있다. 1977년 US오픈(포레스트 힐스에서 열린 마지막 대회)에서 당시 주니어 선수였던 존 매켄로가 에디 딥스와 야간 경기를 치르고 있었다. 갑자기 총소리가 났고 한쪽 스탠드에서 응급 치료사와 도우미들이 허벅지에 총을 맞은 관중을 돕기 위해 한바탕 소동을 벌였다. 당연히 선수들은 안전을 위해 경기장을 떠났다. 경기장 내에 미친 사람이 있나, 하고 사람들이 수군댔다. 결국 총이 아닌 공기총으로 밝혀졌다. 어떤 사람이 경기장 바깥에서 허공을 향해 공기총을 쏴 벌어진 일이었다. 심각한 손상은 없었다. 그런데 피해자는 집에 돌아가 자초지종을 설명하느라 곤욕을 치렀다. 지역 경찰은 피해자의 인적사항을 절대 공개할 수 없다면서 다음과 같이 설명했다. "이 가 없은 사람은 다른 사람의 아내와 함께 왔고, 우리는 그가 진짜 아내에게 당할 심각한 부상을 초래할 수 있는 그 어떤 일도 하지 않을 것입니다."

지난 수십 년간 코트 안팎에서 선수들끼리 서로를 기만한 일은 헤아릴 수 없이 많다. 1972년 런던의 로얄 앨버트 홀에서 열린 로드먼스 인터내셔널에서 클라크 그레브너는 일리 나스타세가 심판의 렛 판정에 대해 아주 큰 소리로 길게 항의하자 기분이 썩 좋지 않았다. 그 렛 판정은 아주 정당했는데, 왜냐면 그레브너가 리턴하려고 할 때 볼보이가 있어서는 안 될 위치에 있었기 때문이었다. 그레브너의 주장처럼, 계속 플레이를 했으면 그 볼보이가 머리를 얻어맞을 수도 있는 상황이었다. 그레브너는 참다못해 결국 나스타세를 네트 앞으로 불러 이렇게 말했다. "너는 클리프 리치와의 경기 때처럼 여기서 빠져나가지 못할 거다" "허튼수작을 부리면 네 머리를 라켓으로 부숴 버리겠어." 그레브너가 이렇게 말하자, 나스타세는 심판에게 달려가 이렇게 말했다. "너무 무서워서 경기를 계속할 수가 없습니다."

나스타세는 부큐레슈티에서 열린 데이비스컵에서도 이와 비슷한 일을 겪었다. 그는 이온 티리악과 함께 복식에 나가 영국의 로이드 형제와 대결했다. 나스타세와 마찬가지로 데이비드 로이드 역시 성미가 급했다. 영국 조가 첫 세트를 잃은 뒤 2세트 2-0으로 앞선 상황이었다. 로이드는 밖으로 한참 나가는 공을 잡으려다 루마니아 팀 쪽 코트까지 넘어가 버렸다. 나스타세는 늘 그랬던 것처럼, 그 상황에서 익살스러운 소리를 지껄였다. 로이드는 그 말을 정확히 알아듣지는 못했지만 뭔가 경멸하는 말이 틀림없다고 생각했다. 그는 발끈해서 이렇게 말했다. "뭐라고 말했나?" 그에 대한 나스타세의 대답은 분명 도발적이었지만, 로이드는 정확하게 뭐라고 하는지 듣지 못한 척을 했고 그 욕설을 다시 말해보라고 자극했다. 나스타세가 결국 욕설을 다시 내뱉자 로이드는 말했다. "이제 끝이야. 난 안 해. 더는 못 참아." 로이드는 경기를 포기하고 나가는 듯했지만 곧이어 방향을 바꿨고 그다음 순간 로이드와 나스타세는 서로를 향해 손가락질하며 걸어가고 있었다. 티리악과 스페인 주심 제이미 바톨리가 그들 사이에 끼어들며 말렸지만 나스타세는 로이드의 머리를 건드린 것처럼 보였고, 나중에 나스타세는 로이드의 머리를 라켓으로 때렸다는 혐의를 받게 됐다.

로이드는 바트롤리 주심과 루마니아 대표팀 주장 콘스탄틴 나스타세에 의해 코트 뒤편으로 끌려갔지만 십 분이 지난 뒤에야 경기가 재개됐고, 바트롤리 주심은 나스타세에게 경고를 했다. 경기가 다 끝난 뒤에도 사건은 계속돼, 영국 선수들은 저녁 식사 자리에서 나스타세의 행동에 대한 대응으로 남은 두 경기를 거부하느냐를 놓고 갑론을박을 벌였다. 데이비드 로이드가 최후통첩을 던졌다. "너희들은 하고 싶은 대로 해. 나는 아침에 첫 비행기를 타

일리 나스타세는 인기가 높았지만 자주 논란을 일으킨 선수였다.

고 돌아갈 거야" 그러자 전직 영국 테니스협회장이자 훗날 럭비 리그의 회장이 된 리처드 루이스가 팀에 헌신을 강조하며 이렇게 말했다. "어떻게 화가 났다고 해서 팀 전체를 망칠 수 있나?" 그러자 로이드는 그를 향해 배짱도 없다고 말했다.

그러자 "나보고 배짱이 없다고? 좋아, 밖으로 나가서 누가 더 배짱이 없는지 겨뤄보자"라고 루이스가 화가 나서 말했다. "나한테 그런 말을 한 놈은 없었어"라며 루이스는 쥐고 있던 숟가락을 식탁에 쾅 하고 내려놓고 일어나 로이드의 멱살을 잡았다. 결국 데이비스컵 주장 폴 허친스가 모두를 진정시켰다. 나스타세는 이 사실을 알고 그냥 웃을 뿐이었다.

또 다른 잘 알려진 사건 사고는 영국의 로저 테일러와 남아공의 밥 휴이트가 퀸스클럽의 라커룸에서 주먹다짐을 한 일이다. 하지만 언제나 한 선수가 다른 상대방을 도발하는 사건만 벌어지는 건 아니다. 때로는 보다 큰 상대에 대항해 선수들이 힘을 모으기도 한다. 1976년 노팅엄에서 열린 존 플레이어 인터내셔널의 마지막 대회에서 코랄스라는 도박회사가 대회장에서 베팅 숍을 운영하는 허가를 받았다. 선수들의 몸 상태는 고사하고 테니스에 관해 잘 아는 스태프조차 전혀 없었기 때문에 결국 두 명의 전직 영국 선수들이 배당에 대한 정보를 주게 됐다.

은밀한 부정행위가 일어나는지는 핵심 내부인이 아니면 알 수 없었고, 이들은 입을 다물었다. 선수들에게 어떤 베팅이 허용되는지에 대한 규정조차 없던 때였다. 1주일이 지나기도 전에 베팅 숍은 문을 닫게 됐다. 어떤 날은 손해가 너무 커 지급할 현금이 모자라기도 했다는 소문도 있었다. 그 돈의 대부분은 선수들의 최신 정보를 누구보다 잘 알고 있는, 바로 선수들 자신들에게 돌아갔다.

테니스 연대기

1872 영국 레밍턴에서 최초의 잔디 테니스 클럽이 창설되었다.

1875 테니스 규정이 처음으로 발표되었다.

1877 올 잉글랜드 클럽에서 최초의 윔블던 단식 대회를 개최했다.

1881 미국 테니스협회가 설립되었고, 챔피언십 대회가 로드아일랜드주 뉴포트에서 열렸는데, 1885년까지는 미국 시민만 참가할 수 있었다.

1884 윔블던 여자 단식 대회가 열리기 시작했다.

1895 윔블던은 1895년 대회 개최로 33파운드의 적자를 보았다.

1896 테니스는 근대 올림픽이 시작된 1896년 첫 대회부터 정식 종목으로 채택되었다.

1900 데이비스컵이 시작되었는데, 당시 출전 국가는 영국과 미국뿐이었다.

1905 영국 태생의 미국인 메이 서튼이 외국인으로는 처음으로 윔블던 단식에서 우승했다.

1913 국제잔디테니스연맹, 지금의 국제테니스연맹(ITF)이 12개국의 참여로 출범했다.

1920 수잔 랑랑이 최초로 윔블던 3관왕에 올랐다.

1923 미국과 영국 간의 연례 맞대결인 와이트먼컵이 시작되었다. 경기장 신축 공사를 끝낸 뉴욕 웨스트 사이드클럽 포레스트 힐스에서 US 챔피언십이 개최되었다.

1924 빌 틸든은 신문에 테니스에 관한 기사를 쓸 수 없게 되자 미국 데이비스컵 팀에서 사임했다.

1925 외국인도 프랑스오픈에 처음으로 출전할 수 있게 되었다. 여자 복식 선수 한 명을 제외하면 남녀 단식, 남녀 복식, 혼합복식을 모두 프랑스 선수들이 석권했다. 수잔 랑랑은 여자 단식 5경기를 통틀어 겨우 5게임만 허용했다.

1926 수잔 랑랑은 헬렌 윌스와 단 한 번 맞붙어 승리했다. 훗날 조지 6세에 즉위한 요크의 공작은 윔블던 남자 복식 1라운드에서 패배했다.

1927 프랑스가 미국과 영국, 호주를 격파하며 처음으로 데이비스컵 우승을 차지했다.

1928 프랑스오픈이 롤랑가로스에 새로운 터전을 마련했다. 남아프리카공화국의 루스 탭스콧은 윔블던에서 스타킹을 착용하지 않고 경기에 나선 최초의 선수가 되었다.

1930 빌 틸든은 37세의 나이로 윔블던에서 3번째 우승을 차지했지만, US 챔피언십에서는 캘리포니아 출신의 존 도에그에게 패하면서 그해 말에 은퇴했다.

1931 미국의 프랭크 쉴즈가 다리 근육 부상으로 경기를 포기하는 바람에 시드니 우드는 윔블던 단식 결승전에서 기권승을 거둔 유일한 선수가 되었다.

1933 영국이 데이비스컵 우승을 차지했다. 버니 오스틴이 최초로 윔블던에 반바지를 입고 등장했다.

1935 프레드 페리는 프랑스오픈에서 우승하며 가장 먼저 커리어 그랜드슬램을 달성했다.

1936 프레드 페리가 윔블던 3연패에 성공했고, 영국의 데이비스컵 4연패를 견인했다.

1937 윔블던 경기가 테니스 역사상 최초로 TV로 중계되었다.

1938 돈 버지는 사상 처음으로 캘린더 그랜드슬램을 달성했고, 윔블던에서 3대 타이틀을 동시에 정복했다.

1940 500파운드의 독일제 폭탄이 올 잉글랜드 클럽을 강타해 센터 코트 좌석 1200개가 파손되었다.

1947 잭 크라머는 반바지를 입고 윔블던 남자 단식에서 우승한 최초의 선수가 되었다.

1948 영국의 조이 개논은 와이트먼컵에서 테드 틴링이 디자인한 "약간의 색깔"이 있는 드레스를 입으려다 제지되었다.

1949 "멋쟁이 거시"라 불리던 거트루드 모란이 레이스 장식이 달린 속옷을 입고 윔블던에 출전해 이슈가 되었다.

1949 윔블던 결승전이 열린 날, 단식-복식-혼합복식 3경기를 모두 치러야 했던 루이스 브로우는 5시간 넘게 뛰면서 117게임을 소화했다.

1951 프랭크 세즈먼이 호주 선수로는 처음으로 US오픈 남자 단식에서 우승을 차지했다.

1953 모린 코널리("리틀 모")가 18세의 나이로 캘린더 그랜드슬램을 달성했다. 코널리는 22경기를 치르는 동안 단 한 세트만 내줬으며, 그해 61승 2패를 기록했다.

1954 윔블던 역사상 가장 격정적인 결승전에서 야로슬라브 드로브니가 켄 로즈웰을 물리쳤다.

1955 새로운 규정이 도입되어 매 세트마다 새 공을 사용하는 대신 처음 7게임을 진행한 다음, 이후에는 9게임을 진행한 다음 새 공을 사용하기로 하였다.

1956 BBC는 판초 곤잘레스가 프랭크 세드먼를 상대로 4-6, 11-9, 11-9, 9-7 승리를 거둔 명승부를 자정이 넘어서까지 생방송으로 중계했다.

1957 할렘의 거리에서 패들테니스로 시작했던 알테아 깁슨이 자신의 첫 번째 윔블던 우승을 차지했다.

1960	허리케인 도나 때문에 US 챔피언십이 일주일 뒤로 연기되었다. 미국이 이탈리아에 패하면서 1936년 이후 처음으로 데이비스컵 챌린지 라운드 진출에 실패했다. 오픈 테니스를 허용하자는 제안은 국제잔디테니스연맹 정례 회의에서 5표 차로 부결되었다.
1961	1914년 이래로 영국 선수끼리 맞붙은 최초의 윔블던 결승에서, 안젤라 모티머가 크리스틴 트루먼을 제압하며 우승을 차지했다.
1962	로드 레이버가 자신의 첫 번째 캘린더 그랜드슬램을 달성한 후 프로로 전향했다.
1963	윔블던은 선수들이 "거의 흰색" 복장을 착용해야 한다는 규정을 도입했다.
1964	지난 14년 동안 호주는 데이비스컵에서 11차례 우승컵을 들어 올렸다.
1965	마놀로 산타나가 스페인 선수로는 최초로 윔블던에서 우승을 차지했다.
1967	대회 기간 동안 최초로 30만 명 이상의 관중을 동원한 윔블던은 프로 선수만을 위한 대회를 별도로 개최하기도 했으며, 테니스의 "오픈" 시대를 주창했다. 영국 테니스협회는 다음 해 윔블던을 비롯해 그들의 주관하는 모든 대회에서 아마추어와 프로의 구분을 없애도록 투표함으로써 퇴출 협박에 저항했다.
1968	2월에 파리에서 ITF 특별 회의가 소집되어 연간 12번의 오픈 대회 개최를 승인했다. 첫 번째 오픈 대회는 4월에 영국 본머스에서 열렸다.
1969	로드 레이버는 두 차례 캘린더 그랜드슬램을 달성한 유일한 선수가 되었다.
1970	US오픈에서 9점짜리 타이 브레이크가 처음 도입되었다. 마가렛 코트가 캘린더 그랜드슬램을 달성했다. 월드 챔피언십 테니스(WCT)는 국제테니스연맹(ITF)에서 승인한 대회와의 경쟁에서 우위를 점하기 위해 150만 달러 규모의 대회 개최를 선언했다.
1971	글래디스 헬드먼은 남녀 상금 차이에 항의하기 위해 여자 선수들의 대회 보이콧을 주도했다. 로드 레이버는 누적 상금 100만 달러를 돌파한 최초의 선수가 되었다. ITF는 WCT와 계약을 맺은 선수들이 ITF 주관 대회에 출전하는 것을 1972년부터 금지했다.
1972	ITF와 WCT의 상호 평화 협약이 늦어지는 바람에 WCT 선수들은 프랑스오픈과 윔블던에 출전할 수 없었다.
1973	휴스턴에서 3만 472명의 기록적인 관중이 운집한 가운데 빌리 진 킹이 보비 릭스와의 "세기의 성 대결"에서 승리했다. 니키 필리치에게 내려진 징계에 반발해 남자 선수들이 윔블던을 보이콧했다.
1974	지미 코너스와 크리스 에버트가 윔블던 남녀 단식 정상에 올랐을 때 이들은 약혼한 상태였다. 인도 정부는 아파르트헤이트에 항의하기 위해 남아프리카공화국과의 데이비스컵 결승전을 거부했다.
1975	아서 애시가 윔블던 결승에서 디펜딩 챔피언인 지미 코너스를 꺾고 우승을 차지했다. US오픈에서는 잔디 코트가 녹색 클레이 코트로 바뀌었고, 조명이 설치되어 최초로 야간 경기가 열렸다.
1977	윔블던 100주년. 영국 출신의 버지니아 웨이드가 엘리자베스 2세 여왕이 지켜보는 앞에서 여자 단식 챔피언에 올랐다.
1978	프랑스오픈 50주년. US오픈 개최 장소가 포레스트 힐스에서 플러싱 메도우로 옮겨갔다.
1980	윔블던 결승에서 존 매켄로는 비외른 보리를 상대로 4세트 타이 브레이크에서 18–16으로 승리했지만 경기에서는 졌다.
1981	존 매켄로는 윔블던에서 우승하며 비외른 보리의 윔블던 6연승을 저지했지만, 코트에서의 부적절한 언행으로 12개월간 윔블던 회원 자격이 정지되었다.
1982	전년도 프랑스오픈 주니어대회 단식 챔피언 매츠 빌랜더가 17살 10개월의 나이로 프랑스오픈에서 우승했다.
1984	헬레나 수코바가 마르티나 나브라틸로바의 74연승 기록을 멈춰 세웠다.
1985	보리스 베커가 17살 227일의 나이로 윔블던 남자 단식 역대 최연소 챔피언이 되었다.
1986	1975년 체코슬로바키아가 최초로 페드컵 우승 트로피를 가져가는 데 중요한 역할을 했던 마르티나 나브라틸로바가 미국 국적을 취득한 후 프라하에서 열린 페드컵에 미국 대표팀의 일원으로 출전해 미국에 우승컵을 안겼다.
1987	쿠용에서 마지막 호주오픈이 개최되었다.
1988	슈테피 그라프는 캘린더 그랜드슬램을 달성했을 뿐만 아니라 테니스가 64년 만에 다시 정식종목으로 채택된 1988년 서울올림픽에서도 금메달을 획득했다. 플린더스 파크에서 열린 호주오픈에서는 경기 중 갑자기 굵은 빗줄기가 쏟아지는 바람에 코트 지붕이 닫히며 그랜드슬램 역사상 최초의 실내 경기가 펼쳐졌다.
1989	마이클 창은 17살 3개월의 나이로 프랑스오픈에서 우승하면서 그랜드슬램 남자 단식 최연소 우승자가 되었다.
1990	ATP 투어 대회가 시작되었다. 존 매켄로는 오픈 시대 개막 이후 그랜드슬램에서 최초로 실격되었다.
1992	모니카 셀레스는 55년 만에 처음으로 프랑스오픈 여자 단식 3연패에 성공했다.
1993	야나 노보트나는 슈테피 그라프와의 윔블던 결승전에서 접전 끝에 패한 뒤, 켄트 공작부인의 어깨에 기대 울었다. 함부르크 오픈에서 모니카 셀레스는 슈테피 그라프를 세계 랭킹 1위로 복귀시키려는 광적인 팬이 휘두른 칼에 찔렸다.
1994	안드레 애거시는 시드를 받지 않은 채 출전한 US오픈에서 우승을 차지했다.
1995	팀 헨만은 화를 참지 못해 의도치 않게 공으로 볼걸을 맞히는 바람에 윔블던 사상 처음으로 실격당했다. 4일 후, 제프 타랑고 역시 부적절한 언행으로 실격되었다.
1997	마르티나 힝기스는 호주오픈에서 우승하면서 20세기 최연소 그랜드슬램 챔피언(16살 4개월)이 되었다. US오픈에서는 2만 3000석 규모의 아서 애시 스타디움이 개장했다.
1998	데이비스컵에 역대 가장 많은 131개 국가가 참가했다. 칠레 출신의 마르셀로 리오스는 남미 선수로서는 최초로 세계 랭킹 1위에 등극했다.
1999	17년 선수 생활 동안 22개의 단식 그랜드슬램 타이틀을 거머쥔 슈테피 그라프가 은퇴했다.
2000	ATP 챔피언스 레이스가 도입되었고, 마스터스 시리즈 이벤트가 시작되었다.
2001	와일드카드를 받고 참가한 고란 이바니세비치가 네 번째 윔블던 출전 만에 단식 우승컵을 들어 올렸다.
2003	세리나 윌리엄스는 호주오픈에서 우승하며 캘린더 그랜드슬램은 아니지만, 그랜드슬램 4개 대회 연속 우승, 이른바 '세리나 슬램'을 달성했다.
2006	비디오 판독 시스템인 호크아이가 2006년 나스닥100 투어 대회에서 처음 도입되었다.
2009	윔블던 센터 코트에 개폐식 지붕이 설치되었다.
2010	존 이스너와 니콜라스 마웃은 3일 동안 183게임을 소화하며 테니스 역사상 최장 시간 경기를 펼쳤다.
2012	로저 페더러가 윔블던에서 7번째이자 17번째 그랜드슬램 타이틀을 차지했다.
2013	앤디 머리가 윔블던 결승에서 노박 조코비치를 물리치며 영국 선수로서는 77년 만에 윔블던 남자 단식 타이틀을 차지했다.
2014	라파엘 나달이 프랑스오픈에서 9번째 우승을 차지했다.
2015	노박 조코비치와 세리나 윌리엄스는 3개의 그랜드슬램에서 우승했지만 캘린더 그랜드슬램에는 실패했다.
2016	앤디 머리가 두 번째 윔블던 타이틀을 획득했다.
2017	로저 페더러와 라파엘 나달이 그랜드슬램 타이틀을 두 개씩 나눠 가졌다.
2021	노박 조코비치가 US오픈을 제외한 3개의 그랜드슬램에서 우승했다.
2022	라파엘 나달이 프랑스오픈에서 우승하면서 22번째 그랜드슬램 타이틀을 획득했다.

인명 색인

ㄱ

가드너 멀로이 Gardnar Mulloy	72
가르비네 무구루사 Garbine Mugurusa	72
가브리엘라 사바티니 Gabriela Sabatini	73
가엘 몽피스 Gael Monfils	73
고란 이바니세비치 Goran Ivanisevic	73
구스타보 쿠에르텐 Gustavo Kuerten	74
권순우	126
그렉 루세스키 Greg Rusedski	74
기 포르제 Guy Forget	74
기예르모 빌라스 Gillermo Vilas	75

ㄴ

나오미 오사카 Naomi Osaka	127
낸시 리치 Nancy Richey	75
노만 브룩스 경 Sir Norman Brooks	75
노박 조코비치 Novak Djokovic	44
니콜라 피에트란젤리 Nicola Pietrangeli	75
닉 키리오스 Nick Kyrgios	127
닐 프레이져 Neale Fraser	75

ㄷ

다닐 메드베데프 Daniil Medvedev	128
다비드 페레르 David Ferrer	75
데니스 랄스턴 Dennis Ralston	76
데니스 샤포발로프 Denis Shapovalov	128
도로시 라운드 Dorothy Round	76
도로시아 더글라스 챔버스 Dorothea Douglass Chambers	76
도리스 하트 Doris Hart	77
도미니카 시불코바 Dominica Cibulkova	77
도미니크 팀 Dominic Thiem	129
돈 버지 Don Budge	77
드와이트 F 데이비스 Dwight F. Davis	77
딕 사비트 Dick Savitt	77

ㄹ

라마나탄 크리슈난 Ramanathan Krishnan	77
라울 라미레즈 Raul Ramirez	77
라일리 오펠카 Reilly Opelka	129
라파엘 나달 Rafael Nadal	46
라파엘 오수나 Rafael Osuna	77
레이튼 휴이트 Leyton Hewitt	78
레일라 페르난데스 Leylah Fernandez	130
레지널드 도허티 Reginald Doherty	78
로드 레이버 Rod Laver	48
로렌스 도허티 Laurence Doherty	78
로렌조 무세티 Lorenzo Musetti	130
로베르타 빈치 Roberta Vinci	78
로스코 태너 Roscoe Tanner	79
로이 에머슨 Roy Emerson	79
로저 테일러 Roger Taylor	79
로저 페더러 Roger Federer	50
로지 카살스 Rosie Casals	80
로티 도드 Lottie Dod	80
루 호드 Lew Hoad	80
루시 사파로바 Lucie Safarova	81
루이스 브로우 Louise Brough	81
르네 라코스테 Rene Lacoste	81
리나 Li Na	81
리샤르 가스케 Richard Gasqeut	81
리처드 "딕" 시어스 Richard "Dick" Sears	81
리처드 크라이첵 Richard Krijicek	82
린지 데븐포트 Lindsey Davenport	82

ㅁ

마가렛 오스본 듀퐁 Margaret Osborne du Pont	82
마가렛 코트 Margaret Court	52
마누엘 산타나 Manuel Santana	82
마누엘 오란테스 Manuel Orantes	83
마라트 사핀 Marat Safin	83

마르티나 나브라틸로바 Martina Navratilova	54
마르티나 힝기스 Martina Hingis	83
마리아 부에노 Maria Bueno	85
마리아 사카리 Maria Sakkari	131
마리아 샤라포바 Maria Sharapova	85
마리오 안치치 Mario Ancic	85
마리온 바톨리 Marion Bartoli	85
마린 칠리치 Marin Cilic	86
마우드 왓슨 Maud Watson	86
마이클 스티치 Michael Stich	86
마이클 창 Michael Chang	87
마테오 베레티니 Matteo Berrettini	131
말 휘트먼 Mal Whitman	87
매디슨 키스 Madison Keys	87
매츠 빌랜더 Mats Wilander	87
머빈 로즈 Mervyn Rose	87
메리 조 페르난데즈 Mary Joe Fernandez	88
메리 피어스 Mary Pierce	88
모니카 셀레스 Monica Seles	88
모니카 푸이그 Monica Puig	88
모린 코널리 Maureen Connolly	56
몰라 말로리-쥬스테트 Molla Mallory-Bjurstedt	88
미오미르 케츠마노비치 Miomir Kecmanovic	132
미하일 유즈니 Michael Youzhny	89
밀로스 라오니치 Milos Raonic	90
밀로슬라브 메시르 Miloslav Mecir	90

ㅂ

바보라 크레지코바 Barbora Krejcikova	132
버지 패티 Budge Patty	90
버지니아 웨이드 Virginia Wade	91
베라 수코바 Vera Sukova	91
베라 즈보나레바 Vera Zvonareva	91
보리스 베커 Boris Becker	91
보비 릭스 Bobby Riggs	92
블랑쉬 빙글리 힐야드 Blanche Bingley Hillyard	92
비너스 윌리엄스 Venus Williams	92
비앙카 안드레스쿠 Bianca Andreescu	133
비외른 보리 Bjorn Borg	58
비타스 게룰라이티스 Vitas Gerulaitis	92
빅 세이가스 Vic Seixas	94
빅토리아 아자렌카 Victoria Azarenka	94
빌 라네드 Bill Larned	95
빌 틸든 Bill Tilden	95
빌리 진 킹 Billie Jean King	60

ㅅ

사만다 스토서 Samantha Stosur	95
샬롯 쿠퍼 Charlotte Cooper	95
세르히 부르게라 Sergi Bruguera	95
세레나 윌리엄스 Serena Williams	62
세바스찬 코르다 Sebastian Korda	133

셜리 프라이 Shirley Fry	96
수 바커 Sue Baker	96
수잔 랑랑 Suzan Lenglen	96
슈테피 그라프 Steffi Graf	64
스베틀라나 쿠즈네소바 Svetlana Kusnetzova	97
스탄 바브링카 Stan Wawrinka	97
스탠 스미스 Stan Smith	97
스테파노스 치치파스 Stefanos Tsitsipas	133
스테판 에드버리 Stephen Edberg	99
스펜서 고어 Spencer Gore	99
슬론 스티븐스 Sloane Stephens	99
시드니 우드 Sydney Wood	99
시모나 할렙 Simona Halep	100
실리 아우셈 Cilly Aussem	100

ㅇ

아그네슈카 라드반스카 Agnieszka Radwanska	100
아나 이바노비치 Ana Ivanovic	101
아드리아노 파나타 Adriano Panatta	101
아란챠 산체스 비카리오 Arantxa Sanchez Vicario	101
아리나 사발렌카 Aryna Sabalenka	133
아멜리 모레스모 Amelie Mauresmo	101
아서 고어 Arthur Gore	102
아서 애시 Arthur Ash	102
안나 쿠르니코바 Anna Kournikova	102
안드레 고메즈 Andres Gomez	103
안드레 애거시 Andre Agassi	103
안드레 히메노 Andres Gimeno	103
안드레이 루블레프 Andrey Rublev	133
안드레이 메드베데프 Andrei Medvedev	104
안젤라 모티머 Angela Mortimer	104
안젤리크 케르버 Angelique Kerber	104
알렉산드 즈베레프 Alexander Zverev	134
알렉스 올메도 Alex Olmedo	104
알테아 깁슨 Althea Gibson	104
앙리 르콩트 Henri Leconte	105
앙리 코셰 Henri Cochet	105
애슐리 바티 Ashleigh Barty	136
앤디 로딕 Andy Roddick	105
앤디 머리 Andy Murray	105
야나 노보트나 Jana Novotna	106
야닉 노아 Yannick Noah	106
야닉 시너 Jannik Sinner	136
야로슬라브 드로브니 Jaroslav Drobny	107
얀 코데스 Jan Kodes	107
에디 딥스 Eddie Dibbs	107
에마 라두카누 Emma Raducanu	136
엘레나 데멘티에바 Jelena Dementieva	107
엘리스 마블 Alice Marble	107
엘리자베스 "베시" 무어 Elizabeth "Bessie" Moore	108
엘리자베스 라이언 Elizabeth Ryan	108
엘스워스 빈스 Ellsworth Vines	108
예브게니 카펠리니코프 Yevgeny Kafelnikov	108

인명 색인

옐레나 오스타펜코 Jelena Ostapenko	108
온스 자베르 Ons Jabeur	137
올가 모로조바 Olga Morozova	109
요한 크리크 Johan Kriek	109
우고 가스통 Hugo Gaston	138
웨인 페레이라 Wayne Ferreira	109
윌리엄&어네스트 렌쇼 Willie&Ernest Renshaw	109
윌프레드 배델리 Wilfred Baddeley	109
유즈니 부샤드 Eugenie Bouchard	110
이가 시비옹테크 Iga Świątek	138
이바 마졸리 Iva Majoli	110
이반 랜들 Ivan Lendle	110
이본 굴라공 Evonne Goolagong	110
이본 페트라 Yvon Petra	110
이형택	111
일리 나스타세 Ili Nastase	111

ㅈ

잭 크라머 Jack Kramer	111
잭 크로포드 Jack Crawford	112
쟈크 브뤼뇽 Jacques Brugnon	112
쟝 보로트라 Jean Borotra	112
정현	139
제니퍼 캐프리아티 Jennifer Capriatti	113
제랄드 페터슨 Gerald Patterson	113
제시카 페굴라 Jessica Pegula	140
조 윌프리드 송가 Jo-Wilfried Tsonga	113
존 뉴콤 John Newcombe	114
존 매켄로 John McEnroe	66
존 브롬위치 John Bromwich	114
쥐스틴 에넹 Justin Henin	114
지나 게리슨 Zina Garrison	114
지미 코너스 Jimmy Conners	115
짐 쿠리어 Jim Courier	115

ㅊ

찰스 "척" 맥킨리 Charles "Chuck" McKinley	115

ㅋ

카롤리나 플리스코바 Karolina Pliskova	115
카를로스 모야 Carlos Moya	116
카를로스 알카라스 Carlos Alcaraz	140
캐롤라인 보즈니아키 Caroline Wozniacki	116
캐머런 노리 Cameron Norrie	140
캐스퍼 루드 Casper Ruud	141
캐슬린 맥케인 Kathleen Mckane	116
커트 닐슨 Kurt Nielsen	116
케이 니시코리 Kei Nishikori	117
켄 로즈웰 Ken Rosewell	117
켄 맥그리거 Ken McGregor	117
코코 고프 Coco Gauff	141
콘치타 마르티네즈 Conchita Martinez	117
크리스 에버트 Chris Evert	117
크리스틴 트루먼 Christine Truman	118
킴 클리스터스 Kim Clijsters	119

ㅌ

테일러 프리츠 Taylor Fritz	142
토니 로체 Tony Roche	119
토니 트레버트 Tony Trabert	119
토마스 무스터 Thomas Muster	120
토마스 베르디흐 Thomas Berdych	120
트레이시 오스틴 Tracy Austin	120
팀 헨만 Tim Henman	120

ㅍ

판초 곤잘레스 Pancho Gonzales	120
판초 세구라 Pancho Segura	121
패트릭 라프터 Patrick Rafter	121
팸 슈라이버 Pam Shriver	121
팻 캐시 Pat Cash	121
페트라 크비토바 Petra Kvitova	122
페트르 코르다 Petr Korda	122
펠릭스 오제-알리아심 Felix Auger-Aliassime	142
폴라 바도사 Paula Badosa	143
폴린 베츠 Pauline Betz	122
프란체스카 스키아보네 Francesca Schiavone	122
프랑소아 듀르 Francoise Durr	122
프랭크 세지먼 Frank Sedgman	123
프랭크 파커 Frank Parker	123
프랭크 헤도우 Frank Hadow	123
프레드 스톨 Fred Stolle	123
프레드 페리 Fred Perry	68
프레드릭 슈뢰더 Frederick Schroeder	124
프루 맥밀란 Frew McMillan	124
플라비아 파네타 Flavia Pannetta	124
피터 맥나마라 Peter McNamara	124
피트 샘프러스 Pete Sampras	70

ㅎ

하나 만들리코바 Hana Mandlikova	124
하젤 호치키스 와이트먼 Hazel Hotchkiss Wightman	124
해럴드 솔로몬 Harold Solomon	125
해리 호프만 Harry Hopman	125
헬렌 수코바 Helena Sukova	91
헬렌 제이콥스 Helen Jacobs	125
헬린 윌스 무디 Helen Wills Moody	125
홀거 루네 Holger Rune	143
후안 마르틴 델 포트로 Juan Martin Del Potro	125